한나 아렌트와 세계사랑

AMOR MUNDI

한나 아렌트와

세계사랑

홍원표 | 고 옥 | 김비환 |
김선욱 | 김영일 | 김인순 |
서유경 | 이은선 | 임경석 | 최치원 지음

인간사랑

Contents

머리말 7

제1장 한나 아렌트의 일관된 주제로서의 말과 정체성, 그리고 "실천적 보편성" _김선욱 11

제2장 한나 아렌트의 '새로운 시작' 개념과 그 변형 _홍원표 49

제3장 아렌트 정치 · 윤리학적 관점에서 본 레비나스 '타자'(the Other) 개념의 문제 _서유경 91

제4장 권력현상에서 생활현상으로 : '정치'에 대한 란다우어와 아렌트의 이해와 현대적 의미 _김영일 131

제5장 정치와 철학 사이에서 : 근대, 그리고 막스 베버와 한나 아렌트 _최치원 161

제6장 한나 아렌트에 대한 페미니즘의 수용과 전망 _김인순 197

제7장 한나 아렌트의 '탄생성'의 교육학과 왕양명의 '치량지'(致良知) : '공적 감각'과 '지행합일'의 인간교육을 위해서 _이은선 235

제8장 아렌트의 '정치적' 헌정주의 _김비환 303

제9장 한나 아렌트, 탈정치화(Entpolitisierung)와 삶의 형태로서의 정치(Politik als Lebensform) _임경석 345

제10장 탈속과 귀환의 중도에서 만난 아렌트 전향적 사유견성見性와 수행정치政治에서 동행하다 _고옥 389

Preface

2006년은 현대 여성 정치철학자로 많은 관심의 대상이 되고 있는 한나 아렌트가 탄생한 지 100년이 되는 해였습니다.

한나아렌트학회는 한국정치사상학회 그리고 사회와철학연구회와 공동으로 아렌트의 탄생 100주년을 기념하여 「한나 아렌트와 세계사랑」(Amor Mundi)이라는 주제 아래 학술회의를 개최하였습니다. 아렌트가 탄생한 10월 14일에 즈음하여 개최된 심포지엄에 깊은 관심을 갖고 논의를 활성화하는 데 기여한 참가자 여러분의 진지함은 아직도 기억에 생생합니다.

독자들께서도 알고 있듯이 1906년 독일 하노버의 유대인 가정에서 태어난 아렌트는 1933년 히틀러 치하의 고국을 떠나 파리 망명생활을 거친 후 미국에 정착하여 유수한 미국 대학에서 가르치면서 『전체주의의 기원』, 『인간의 조건』, 『혁명론』, 『과거와 미래 사이』, 『예루살렘의 아이히만』, 『정신의 삶』 등 주요 저작들을 펴냈습니다. 다행스럽게도 그의 저작들 대부분은 우리말로 번역되어 국내 독자들에게 소개되었습니다.

아렌트는 1975년 사망하기까지 억압과 폭력, 대량살상과 생명 경시가 일상사처럼 번지던 20세기의 한복판을 살면서 인간적 삶의 정치적 조건들을 깊이 체험한 끝에 고대 그리스 시대에 꽃피웠던 것과 같은 직접 민주주의 정치의 패러다임을 재음미하고 현대적 인간 실존의 지평을 한층 넓히고 높일 것을 제안한, 20세기가 배출한 걸출한 정치철학자들 가운데 한 사람입니다.

아렌트 탄생 100주년을 맞이하여 아렌트에 대한 관심이 외국 학자들 사이에 꾸준히 확산되어 왔고, 우리 지성계에서도 그의 지적 유산에 대한 관심이 고조되어 왔습니다. 한나아렌트학회는 이러한 관심을 반영하여 정치학, 철학, 교육학 등 여러 학문분야 전공자들의 다양한 접근을 통해서 학술적 소통의 기회를 가졌습니다. 늦은 감이 있기는 하지만 이때 심포지엄에서 발표한 논문들 대부분을 묶어 이제야 한 권의 책으로 출간하게 된 것을 기쁘게 생각합니다.

이 책에 수록된 논문들은 대부분 이미 국내 저명학술지에 게재되었습니다. 따라서 게재한 원고의 형태를 되도록 그대로 유지하는 형식으로 편집하였기에 체제의 통일성을 유지하지 못한 아쉬움은 있습니다. 그러나 독자들은 이 한 권의 책을 통해 아렌트 연구자들의 다양한 입장과 해석을 엿볼 수 있을 것입니다.

심포지엄을 성공적으로 개최할 수 있도록 후원해 주신 도서출판 인간사랑, 푸른숲, 그리고 한길사 측에 심심한 사의를 표합니다. 아울러 학술회의 후원과 더불어 이 책의 출간을 위해 발간비를 지원해 주신 국제평화전략연구원의 박호성 수석연구위원께 깊이 감사드립니다. 어려운 출판 사정에도 불구하고 이 책의 출판을 흔쾌히 수락해 주신 인간사랑 여국동 사장님, 그리고 편집을 꼼꼼히 맡아준 편집진께 고마움을 표합니다.

아렌트의 저작들 대부분이 국내 독자들에게 소개됨에 따라 아렌트 정치사상에 대한 관심뿐만 아니라 독특한 시각으로 한국 정치를 이해하는 데 그녀의 지적 통찰력을 적용시키려는 시도가 연구자들 사이에서 확산되고 있습니다. 아무쪼록 이러한 시기에 출간된 작은 결실이 아렌트 정치사상에 대한 이해에 조금이라도 기여하기를 바랍니다.

2009년 10월

한나아렌트학회 초대 회장 **백승현**

제 1 장

한나 아렌트의 일관된 주제로서의 말과 정체성, 그리고 "실천적 보편성"*

김선욱(숭실대학교)

I

한나 아렌트가 죽기 약 3년 전인 1972년 11월에 캐나다 토론토

* ▶ 이 논문은 전적으로 새로 쓴 논문이 아니다. 이 논문의 상당 부분은 그동안 발표해 왔던 논문들의 내용 가운데 이 글의 제목으로 제시된 주제에 적합한 부분들로 구성되어 있다. 여기에 활용된 논문들은 「의사소통과 의식적 주체의 문제 : 하버마스와 디터 헨리히의 논쟁을 중심으로」, 『대동철학』 26집(2004), 「한나 아렌트에 있어서 말과 판단의 보편성 문제 : 『예루살렘의 아이히만』을 중심으로」, 『철학연구』 대한철학회 논문집 99집(2006), 「윤리의 보편성 문제와 철인왕 콤플렉스」, 『철학』 89집 별책, 한국철학회 편(2007), 「근본악과 평범한 악 개념 : 악 개념의 정치철학적 지평」, 『사회와철학』 제13호, 사회와철학연구회(2007) 등이다.

대학에서 있었던 아렌트 사상에 집중한 컨퍼런스에서 한스 모겐소(Hans Morgenthau)는 아렌트에게 "당신은 어떤 입장이죠? 보수주의자인가요, 자유주의자인가요? 현재의 가능한 여러 정치적 입장 가운데 당신의 입장은 무엇인가요?"라고 물었다. 아렌트의 대답은 "몰라요. 정말 모르겠고 또 알았던 적도 없어요. 그런데 저는 그 같은 어떤 입장을 가졌던 적이 결코 없었던 것 같습니다. 좌파들은 제가 보수적이라고, 또 보수주의자들은 때때로 제가 좌파이거나 제멋대로라거나 신만이 아는 무엇이라고 생각하고 있다는 것을 당신은 압니다"라는 것이었다.[1] 아이히만 재판에 대한 기록을 『뉴요커』에 발표한 뒤 아렌트는 유대인들의 비난을 한몸에 받았다. 그 가운데 당시의 대표적 시온주의자였던 거숌 숄렘(Gershom Scholem)으로부터 아렌트의 서술이 보편주의적 관점에 입각하여 유대민족의 관점을 망각했다는 비난에 대해 아렌트 자신은 그러한 보편주의적 관점에 서 있지 않다고 반박했다. 뿐만 아니라 정치영역에 있어서의 플라톤의 진리주장에 반대하지만 소크라테스에 대한 아렌트의 논변은 결코 진리주장 자체를 완전히 폐기하는 것 같지는 않아 보인다. 소크라테스가 말하는 변론술이란 "타인이 가진 도크사(*δοξα*)를 파괴함으로써가 아니라 타인의 도크사를 진실되이 드러내는 가운데 진리를 이끌어내는 방법"이라고 말한 것이다.[2]

이처럼 아렌트가 이것도 아니고 저것도 아니라는 입장을 취할

---

1 ▶ Martin A. Hill, ed., "Arendt on Arendt" in *Hannah Arendt : The Recovery of the Public World*(New York : St Martin's Press, 1979), p. 333.

2 ▶ Hannah Arendt, "Socrates" in *The Promise of Politics*(New York : Schoken Books, 2005), p. 15 ; 한나 아렌트, 김선욱 역, 『정치의 약속』(푸른숲, 2006), 54쪽.

때 우리는 아렌트가 중립적 입장에 있다거나 또는 어중간한 입장에 있다고 생각하지 않는다. 그렇다고 아렌트가 "회색인"이라고는 더더욱 생각하지 않는다. 아렌트의 입장은 앞의 모겐소의 말에 대한 아렌트의 "그런데 저는 그만큼 신경을 쓸 수는 없었다고 말씀드려야겠습니다. 저는 이 세기의 진정한 물음들이 이런 종류의 것을 통해 어떤 종류의 해명을 얻을 수 있을는지 모르겠습니다"[3]라는 대답에서 보이는 것처럼 어떤 특정한 입장을 통해 자신의 입장이 드러날 수 없다는 것이다. 하지만 단지 그것만은 아닌 것 같다. 이러한 양자 부정의 방식을 통해 드러나는 아렌트의 일관된 고민은 학적이고 이성적인 차원에서의 보편성이 아니라 실천적 차원에서의 보편성, 즉 "실천적 보편성"이 어떻게 가능하며 어떻게 확보되는 것인가에 있다고 생각된다. 이러한 실천적 보편성이 바로 아렌트의 사상에 일관되게 나타나는, 그녀가 비의도적으로 추구했던 것이다.

보편성의 문제는 전통적으로 정치철학의 핵심적 문제였으며, 오늘날에도 여전히 그 중심적 지위를 놓지 않고 있다. 예컨대 보편성 문제는 자유주의와 공동체주의 논쟁에 있어서도 핵심적 측면이었다. 존 롤스(John Rawls)의 정의의 원칙들이 행위자 개개인이 가진 특수성들을 무지의 베일을 통해 가리면서 모든 사람이 동의할 수 있는 합의점을 도출하려고 했을 때, 과연 그처럼 추상화된 개인이 결정한 내용이 구체적인 상황 속에 서 있는 개인들에게도, 즉 연고성을 가진 개인(the encumbered self)에게도 문제 없이 수용될 수 있는가라는 문제

3 ▶ Martin A. Hill, ed., "Arendt on Arendt", p. 333.

가 그 논쟁의 핵심적 쟁점이기 때문이다. 이 논쟁에 비추어 볼 때 아렌트의 입장이 결코 공동체주의자의 입장이 될 수 없는 것이라고 하면서도 자유주의자의 입장도 될 수 없다고 보는 리챠드 번스타인(Richard J. Bernstein)의 판단[4]은 결국은 아렌트의 입장이 보편 개념과 연관하여 어떻게 설명될 수 있는가와 궁극적으로 결부되어 있다.

이 논문은 아렌트가 의도적이지는 않았지만 자신의 지적 역정 전반에 걸쳐 추구한 것으로 보이는 "실천적 보편성"이 무엇이고, 그 특성은 어떻게 규정될 수 있으며 또 어떻게 확보될 수 있는 것인지, 그리고 이러한 실천적 보편성에 대한 인정이 해결하는 정치철학적 문제는 어떤 것인지를 해명하는 데 있다. 이를 위해 우선 우리는 "철인왕 콤플렉스"(The Philosopher King Complex) 비판이라고 부를 수 있는 아렌트의 플라톤 비판에 대해 살펴보고, 나아가 말에 대한 아렌트의 인식과 정체성에 대한 인식 등을 차례로 검토해 보도록 하겠다.

II

보편성을 담보하는 것이 무엇인가를 이해하려 할 때 우리는 이성을 떠나서는 생각할 수 없다. 그런데 정치문제에 있어서 보편성과 이성을 연관지을 때 우리는 플라톤이 정치철학을 최초로 쓰면서 제

4 ▶ Richard J. Bernstein, *Hannah Arendt and the Jewish Question*(Cambridge : Polity Press, 1996), p. 85.

시했던 철인왕 정치 기획을 상기할 수 있다. 국가가 정의로워지기 위해서는 철학자가 왕이 되거나 왕이 철학자가 되는 방법[5]이 있다고 했던 플라톤은 전자의 방법을 『국가』에서 설명했다. 이때 철인은 지혜로운 자이며 이데아의 세계를 알고 있는 진리의 인식자로 상정된다. 그는 국가의 구성방식에 대한 지침을 제공하고 그 지침은 옳은 지침인 것으로 전제된다.

이러한 철인왕 정치 기획에 대해 철학자의 오류가능성이 전제로서 배제된 점을 놓고 인간의 지적 능력의 한계를 들면서 플라톤의 기획이 잘못되었음을 지적하는 것은 너무나 손쉬운 비판이 될 것이다. 오히려 우리가 플라톤의 전제를 그대로 수용하여 그가 과연 진리를 아는 자라고 인정했을 때에도 여전히 문제가 있는가에 논의의 초점을 둘 필요가 있다. 한나 아렌트는 이처럼 "진리를 아는 진정한 철인"이 국가를 이끌 때에도 심각한 문제가 있다는 것을 지적한다. 국가의 경영이 국가 내 거주자의 삶의 문제를 해결하기 위한 노동과 작업의 여러 활동과 그들의 생산물을 지켜내려는 수호자 계급과 사회의 안정적 조직을 기획하는 통치자 계급으로 구성되어 이루어지는 것이라면 정의는 플라톤이 말한 대로 각자가 각자의 할 일을 충실히 함으로써 이룩될 것이고, 그 결과 국가적으로 조화와 안정을 누릴 수 있을 것이다. 그러나 여기서 결여된 고려점은 인간이 근본적으로 정치적 동물이며 각자는 정치적 행위, 즉 자신의 개성을 드러내고 자신의 의견을 타인들 앞에서 보이고 들려주기를 바라며, 또한 이러한 행

---

5 ▶ Platon, *The Seventh Letter*, 326b.

위들이 어울리고 진행되는 가운데 이루어지는 것이 정치라는 점이다. 플라톤의 구상에서는 이러한 정치가 실종되고 오직 진리 실현으로서의 행정만이 존재하는 형국이 되어버린 것이다.

플라톤이 국가의 기획을 이런 방식으로 추구했던 것은 스승인 소크라테스의 죽음 때문이었다. 소크라테스의 재판과 죽음에서 플라톤이 생각한 것은 진리와 의견(또는 억견)의 대립이었고, 철학과 정치의 대립이었으며, 영원(the eternal)하고 불변하는 것에 대한 관심과 불멸(the immortal)하는 명예에 대한 관심의 대립이었다. 이 대립을 염두에 두면서 플라톤은 영원한 진리의 인식을 정치적 구조의 최상부에 놓고 마치 정신이 육체를 지배하듯 철학자가 철학자와는 다른 욕망을 가진 사람들, 즉 생산자와 상인과 수호자들을 지배하는 통치모형을 이상적인 국가의 구조로 제안하게 된 것이다.

여기서 우리가 주목할 것은 아렌트가 말한 대로 철학자들이 자신의 철학적 사유를 방해받지 않고 수행할 수 있는 최적의 환경을 만들어 주는 상태를 정의의 이름으로 플라톤이 제시했다는 것 외에도 이 과정에서 철인을 왕으로 삼음으로써만 이러한 것이 가능하다고 제안한 점이다. 철인이 왕이 되건 왕이 철인이 되건 결국은 철학자와 최고 통치자가 동일하게 될 때 국가는 이상적 모습을 띠게 된다는 것이다. 플라톤에 의한 최초의 정치철학에서 철학자가 차지하는 통치조직 내의 위상은 이후의 정치사상사에 있어 절대적인 영향력을 미치게 된다. 즉 철학자는 이성적 사유를 통해 전체를 지배하는 원리와 규칙을 제공하는 존재(또는 여야 한다)라는 것이다. 플라톤은 이처럼 현실문제에 관심을 갖는 철학자들에게 철인왕 콤플렉스를 무반성적으로 수용하게 만들고 이를 정당화한 것이다.

철인왕 콤플렉스는 철학자 또는 이론가가 이성적 사유를 통해 사회 규율의 원리를 발견하고 이를 중심으로 사회를 재구성함으로써 사회 내의 모든 문제를 일거에 해결하려는 태도를 지칭한다. 이러한 태도는 실천철학의 영역에 속한 정치철학자, 정치사상가들이 쉽게 빠질 수 있는 것이다. 이 영역의 연구자들이 자신이 절대적인 진리를 발견하여 이를 이 사회에 적용함으로써 세계를 변화시키겠다는 포부를 갖는 것도 철인왕 콤플렉스의 발현으로 볼 수 있다.

철인왕 콤플렉스의 문제는 플라톤의 철인왕 기획이 갖고 있는 문제와 직결된다. 즉 현실의 다원적인 정치적 현실에 대한 무시, 이성적 사유에 의한 보편성에의 의지를 통해 실제로는 정치적 문제들을 해결해낼 수 없는 원리들을 제시하면서 스스로는 모든 문제를 일거에 해결할 수 있는 대원리를 제시하고 있다는 착각에 스스로 몰입할 뿐만 아니라, 그러한 원리를 수용하지 못하는 현실을 비윤리적이고 정의에서 벗어나 있다고 비난하는 가운데 자신만을 정의롭게 여기는 자기 기만이 여기에서 작용한다. 철인왕 콤플렉스에 빠진 자는 자기 스스로를 불행하게 만들기도 하지만 그의 말을 믿고 따르는 사람들까지도 위험에 빠트린다.

이러한 철인왕 콤플렉스는 철학자 또는 이론가가 철학적 태도를 가지고 정치문제, 다양한 인간들이 모여 발생하게 되는 인간사에 대해 처방을 제시하려는 가운데 표출된다. 이러한 태도에 있어서 문제의 근원은 철학적 활동과 정치적 활동의 차이를 인정하지 못하는 데 있다. 정치철학은 바로 이 두 영역이 만나는 곳이다. 정치철학은 정치를 철학자의 관점에서 바라보거나 또는 철학을 정치의 입장에서 바라보는 것일 텐데, 정치철학의 전통의 출발점에 서 있는 플라톤은 바로 전자의 태도로 정치철학을 구성하려 하여 철학자의 견지에서 국가의 바람직한 구조를 제시하였던 것이다.[6] 그러므로 이제 우리는 원래의 주제와 연관하여 철학적 경험과 정치적 경험의 본질적 차이는 무엇이며, 특히 철학적 태도로 정치영역에 접근했을 때 발생하는 문제가 무엇인지를 짚어보아야 한다.

정치의 특성은 인간의 복수성(the human plurality)을 바탕으로 하는데, 이는 사람들의 의견(opinion, *δοξα*)을 통해 드러난다. 정치적 공간은 사람들이 자기에게 보여진 것(dokei moi), 즉 도크사를 표현하고 이를 설득을 통해 다른 사람의 동의를 얻어 함께 살아가는 공동생활의 장이다. 그런데 소크라테스의 죽음으로 말미암아 플라톤은 의견을 통해 정치를 이룩하는 방식에 대해 "불 같은 비난"[7]을 하며 정치에 대해서는 스승과는 다른 길을 걸어가게 된다. 플라톤의 길은 철학과 정치를 대립시키며 철학적 사유를 통해 절대적 진리를 발견하는 방식으로 의견을 무력하게 만드는 것이었다. 이 플라톤의 길은 이성에 바탕을 둔 보편성을 제시하면서 현실의 다원성, 의견의 복수성을 일거에 배제하여 현실의 문제들을 해결하려는 것이다.

사유를 통해 발견한 정치의 원리를 국가에 적용하려는 태도는 정치적 활동의 특성에 기초하여 정치를 수행하려 한 것이 아니라, 철학적 활동의 특성에 기초하여 정치를 수행하려 한 것이다. 여기서 철학적 활동은 보편성의 특징을 갖는 진리를 바탕으로 하는 것이다. 철학자는 이러한 철학적 특징의 활동에 탁월한 재능을 가진 사람이다.

---

6 ▶ Hannah Arendt, "Socrates", p. 27 ; 한나 아렌트, 68쪽.
7 ▶ 위의 글, 7, 45쪽.

이러한 사람이 사유를 통해 발견한 공동생활의 원리, 바람직한 국가의 원리를 제시하려는 것이 플라톤 이후에서 맑스에 이르기까지의 정치철학이 가져온 태도[8]였다. 하지만 정치적 활동의 특성은 인간의 복수성에 대한 인정을 바탕으로 한 공동체에 속한 다양한 개인들이 서로 자신의 생각을 표현하고 소통하는 가운데 스스로 공동체의 원리를 발견하고 꾸려나가는 데 있다. 이를 위해서는 자유로운 공적 공간, 즉 정치영역이 필요하고, 또 개인이 여기에 참여하여 자신을 표출할 자유가 요구된다.

보편적 진리를 통해 정치에 접근하는 이러한 플라톤의 방식은 정치를 살리는 것이 아니라 정치를 파괴한다. 플라톤의 길이 철학자로 하여금 폴리스에서 안전하게 살아가는 길, 또는 폴리스의 번거로운 정치적 삶으로부터 자유롭게 철학적 삶을 추구하는 길이 될지는 몰라도 플라톤이 열어놓은 이상주의적인 정치철학은 진리의 폭정(the tyranny of the truth)[9]을 정치영역에 도입한 것이며, 또한 이와 동시에 철학자는 이로써 정치의 문제들을 다 해결했다는 환상을 갖게 된다는 것이다. 여기에 바로 필자가 철인왕 콤플렉스라는 개념을 통해 지적하려는 현상과 문제점이 있다. 아렌트가 "철학자가 국가를 다스리게 된다면 그는 자신의 육체에 대해 했던 것과 같은 것을 자신의 주민에게 수행할 것이다"[10]라고 말한 것은 플라톤의 정치철학을 통해 실질적으로 구현되는 것은 폭력임을 분명히 보여준다. 철학자가

8 ▶ 위의 글, 38, 80쪽.
9 ▶ 위의 글, 28, 69쪽.
10 ▶ 위의 글.

사유를 통해 발견한 정치원리를 제시하여 이를 국가에 시행하려는 태도를 가질 때 정치적 관계란 지배와 피지배의 관계로, 또는 원리의 제시와 이의 처리(execution)라는 관계로 이해된다.[11] 바람직한 정치원리가 객관적이고 절대적인 진리처럼 존재하는 것이며, 정치철학자는 이를 "발견"하는 것이 임무이고 시민은 이들이 "발견"한 원리를 "수행"하기만 하면 된다는 것처럼 말이다. 이때 정치적 행위자로서의 시민의 자유와 자율은 훼손되고 단순한 지시 이행자로서의 역할만이 남게 된다. 지도자와 추종자의 관계로서 말이다.

이러한 맥락에서 아렌트는 소크라테스의 선택에 대해 찬탄을 보낸다. 소크라테스가 사용한 변증술은 "도크사, 즉 의견에 대립"되는 것이 아니었다. 도크사는 "나에게 그렇게 보이는 것"을 말하는 것이며, 이는 "하나의 진리"와도 다르고 또한 "무한한 오류"와도 구별되는 것이다. 그것은 "나에게 열려진 한에서의 세계에 대한 이해"를 표현하는 것이며, 이는 "주관적 환상이나 자의성이 아니라 절대적인 것이나 모두에게 타당한 것이 아니다."[12] 소크라테스는 자신의 기술을 산파술이라고 불렀는데, 이는 "다른 사람들이 그들 자신의 도크사 가운데에서 진리를 발견할 수 있도록" 하는 것이며, 따라서 소크라테스는 "그들 자신이 무엇이든 생각하도록 도와주기를 원했"[13]던 것이다.

---

11 ▶ Hannah Arendt, "The Tradition of Political Thought", *The Promise of Politics*, p. 52 ; 한나 아렌트, 96–97쪽 및 "The End of Tradition", 같은 책, 91쪽 ; 한나 아렌트, 143쪽 참조.

12 ▶ Hannah Arendt, "Socrates", *The Promise of Politics*, p. 14 ; 한나 아렌트, 52쪽.

13 ▶ 위의 책, 15, 53–54쪽.

이러한 아렌트의 평가는 아렌트가 진리 개념이나 또는 보편성 문제에 있어서 서 있는 지위가 무엇인지를 명확하게 보여준다. 즉 철학적 보편성, 이성적 보편성은 피하면서도 보편성을 통해 확보하려고 한 설득력은 포기하지 않는다는 것이다. 이런 맥락에서 아렌트는 이 같은 설득력의 지반이 우리 모두가 인간이라는 사실에 있다고 한다. "세계의 '동일성', 공통성 또는 '객관성'은 동일한 세계가 모든 사람에게 열린다는 사실과, 사람들 사이에 존재하는 모든 차이들과 세계 속에서의 그들의 위치의 차이에도 불구하고—따라서 그들의 도크사(의견)들의 차이에도 불구하고— '당신과 나는 모두 인간이다'라는 사실에 존립한다"[14]고 아렌트는 말한다.

인간이라는 사실에 대한 강조는 아렌트가 1953년 독일 함부르크 시에서 제정한 레싱상 수상연설에도 나타나 있다. 아렌트는 여기에서 레싱이 쓴 희곡 『현자 나탄』을 인용하며 모든 종교와 민족을 넘어서 인간에게 공통적으로 존재하는 '인간됨'(humanness)의 원리가 존재한다고 말한다.[15] 그런데 이러한 인간됨의 원리란 단순히 우리가 인간이라는 사실에서 나오는 것이 아니다. 『현자 나탄』에서는 유대인인 나탄이 젊은 기독교인을 설득하는 가운데 자기들은 특정한 민족이기 이전에, 특정한 종교인이기 이전에 먼저 인간이 아닌가라고 주장하고 있다. 따라서 나탄은 서로가 소통 · 공생할 수 있는 근거로서 인간됨의 사실을 제기하고 있는 것이다. 그러나 아렌트는 이러한

---

14 ▶ 위의 책, 15, 53쪽.

15 ▶ Hannah Arendt, "On Humanity in Dark Times : Thoughts about Lessing", *Men in Dark Times*(New York : Harcourt Brace Jovanovich, 1968), p. 12.

인간됨의 원리가 어떻게 인간에게 가능한지를 설명하지는 않았다. 우리가 아렌트에게 기대하는 것은 그러한 레싱의 지적을 넘어 우리가 서로 정치적으로 소통하고 좋은 삶을 나누는 근거로서의 인간됨이라는 것이 있음을 입증해달라는 것이다.

III

그런데 아렌트를 좀 더 자세히 들여다 보면 이러한 인간성이 마치 인간의 본질과 같은 것으로서 주어져 있는 것으로 보는 것을 거부하고 있음을 알게 된다. 아니, 아렌트는 마치 성선설과 성악설을 따지는 인간본질론이 전제하는 것과 같은 고정된 인간성이라는 것이 과연 존재하는가에 대해 회의적이다. 『인간의 조건』에서 아렌트는 그 책의 제목이 그 같은 고정된 인간성이 있는 것처럼 오해를 불러일으킬까 염려하기도 했다.[16]

뿐만 아니라 긍정적 의미의 인간성이 존재한다는 일상적 믿음이 잘 드러나는 예인 양심의 문제에 있어서도 아렌트는 회의적이었다. 양심에 바탕을 둔 시민 불복종의 경우에도 아렌트는 양심이라는 것이 객관적으로 확증될 수 있는 정도의 보편성을 지닌다는 믿음에 대해 지극히 회의적이었다. 이에 대한 단적인 예가 아이히만의 경우

16 ▶ Hannah Arendt, *The Human Condition* (Chicago : The Chicago University Press, 1958), p. 10.

였다. 유대인의 학살을 나치가 제도적·체계적으로 추구한 '최종 해결책'(the final solution)을 열정적으로 실행에 옮겼던 아이히만에 대해 그가 양심의 가책을 받은 적이 없었는가라는 질문이 제기되었을 때 아이히만은 자신이 명령받은 일을 하지 않았다면 양심의 가책을 받았을 것이라고 하였다. 명령받은 일이란 물론 "수백만 명의 남녀와 아이들을 상당한 열정과 가장 세심한 주의를 기울여 죽음으로 보내는 일"[17]을 말한다. 또한 아이히만은 전쟁이 끝날 무렵 자신의 부하들에게 "나는 내 무덤에 웃으며 뛰어들 것이다. 500만 명의 유대인들의 죽음에 내 양심이 거리낀다는 사실이 나에게 대단한 만족감을 주기 때문에"[18]라고 말하기도 했다. 이 말에 대해 아렌트는 전적으로 아이히만의 허풍일 뿐이라고 지적했다. 학살당한 유대인의 숫자는 통상 600만이라고 알려져 있지만 아이히만은 줄곧 500만이라고 말했는데, 이 숫자는 물론 자기가 살해한 숫자가 아니라 나치 간부와 당국의 노력의 결과였으므로 스스로 여기에 대해 양심의 가책을 운운하는 것은 이치에 맞지 않기 때문이었다. 양심이라는 말에 대한 아이히만의 허풍스런 태도뿐만 아니라 "일반인"이라면 느꼈을 법한 양심의 가책의 징후를 아렌트는 한 번도 발견한 적이 없었던 것이다. 아렌트에게 있어서 양심은 인간에게 본연적인 것이 아니라 환경과 사회적 여건에 이미 제약되어 있는 것일 뿐이었다.

뿐만 아니라 보편적 이상에 대해서도 그것이 구체적 삶과 충돌

---

17 ▶ Hannah Arendt, *Eichmann in Jerusalem* (New York : Viking Press, 1965) new edition, p. 25 ; 한나 아렌트, 김선욱 역, 『예루살렘의 아이히만』(한길사, 2006), 78-79쪽.
18 ▶ 위의 책, 46, 102-103쪽.

한다면 비난의 대상이 될 수밖에 없다는 것을 아렌트는 분명히 했다. 아이히만은 주로 저명한 시온주의자였던 유대인 지도층 인사들과 가졌던 개인적 접촉에 대해 대단히 만족했고, 그들이 문제 삼았던 소위 유대인 문제에 대해 매혹되었던 이유에 대해 자기 자신이 이상주의자였기 때문이라고 설명했다. 그는 또한 유대인의 정체성을 버리고 동화의 길을 선택했던 동화주의자들이나 정통파 유대인들과는 달리 시온주의자들은 자기와 마찬가지로 이상주의자라고 설명했다. 아이히만에 따르면 이상주의자란 "자신의 이상을 삶을 통해 실천하는 사람", "자신의 이상을 위해서라면 어떤 것, 특히 어떤 사람이라도 희생시킬 각오가 되어 있는 사람"[19]을 의미했다. "그가 필요했더라면 자신의 아버지마저도 죽음으로 보냈을 것이라고 경찰 심문에서 말했을 때 그는 자신이 어느 정도로 강력한 명령을 받고 있었는지만 말하려 했던 것은 아니었다. 그는 자신이 얼마나 '이상주의자'로서 살아왔던가를 보여주려 했던 것이다. 완벽한 '이상주의자'도 다른 사람들과 마찬가지로 당연히 개인적인 느낌과 감정을 지니고 있지만, 만일 그것이 그의 '이상'과 충돌을 일으킨다면 그것이 그의 행동을 방해하도록 결코 허용하지 않았을 것이다."[20] 아이히만이 자신을 시온주의자와 동일시할 수 있었던, 이상주의자라는 공통적 근거가 가진 문제는 현실을 전적으로 부정한 채 추구하는 소위 "보편적" 가치의 위험성이라고 할 수 있을 것이다.

아이히만에 대한 아렌트의 판단은 서로 긴밀히 연결된 세 가지

---

19 ▶ 위의 책, 41, 97쪽.
20 ▶ 위의 책, 42, 97-98쪽.

의 무능성, 즉 말하는 데 무능력함(inability to speak), 생각하는 데 무능력함(inability to think), 그리고 타인의 입장에서 생각하는 데 무능력함(inability to think from the standpoint of somebody else)이다.[21] 그런데 이 가운데 세 번째 무능성은 곧 판단의 무능성(inability to judge)을 의미한다. 그리고 판단능력이란 옳고 그름을 가리는 능력을 의미한다. 그런데 판단이란 사유 혹은 의지와 마찬가지로 모든 사람이 가지고 있는 선천적인 능력으로 아렌트는 이해하고 있다. 그렇다면 아이히만이 이러한 판단능력을 갖고 있지 않다는 사실을 아렌트는 어떻게 설명할 수 있을 것인가?

이 점과 연관하여 번스타인은 아렌트의 이론적 결함을 언급하며 흥미 있는 지적을 한다. 아렌트는 사유와 악의 문제가 어떤 내면적 연관성이 있는지에 대해 대답하지 않았으며, 판단이 사유에 기초해 있으며 판단은 사유에서 흘러나온다는 주장을 입증한 적이 없고, 나아가 극단적인 전체주의적 공포상황에서 왜 누구는 판단할 능력을 유지하는 반면 누구는 그런 능력을 가지고 있다는 징후를 보여주지 못하는지를 설명하지 못하였다는 것이다.[22] 이런 지적과 함께 번스타인은 아렌트 자신이 인간의 본성에 대한 낙관적 관점을 갖지 않았다고 말하는데, 이 지적은 전적으로 동의할 만하다. 이와 더불어 번스타인은 한 걸음 더 나아가 다음과 같이 말한다.

> 아렌트 자신은 한때 "인간의 본성에 대한 낙관적 견해"라고 불렀던 것

---

21 ▶ 위의 책, 49, 106쪽.

22 ▶ Richard J. Bernstein, *Hannah Arendt and the Jewish Question*, p. 177.

에 대해 비판적이었는데, 이러한 견해는 "법이나 여론에 의해 이끌리지 않고 어떤 사건이 일어나든지 모든 행위와 의도에 대해 전적인 자발성에 근거하여 새롭게 판단하는 독립적인 인간능력을 전제한다"(이 인용은 아렌트의 "Personal Responsibility under Dictatorship", p. 187에서 나온 것이다). 그런데 아이러니하게도 (자신과의 대화 가운데) 그러한 인간능력이 존재한다고 믿기를 원한 사람은 바로 아렌트 자신이었다. 이것은 아렌트가 판단능력이라고 부르는 것이다. 내가 "믿기를 원한"이라는 말을 강조했던 것은 아렌트가 바로 그 점에서 자신과 전쟁을 벌였기 때문이다. 그녀는 아이히만이 이 판단능력을 갖지 않았다고 주장하고 있는 것이다.[23]

우리는 번스타인의 이상의 진술에서 두 가지 의문을 제기하게 된다. 첫째는 아렌트가 인간 본성에 대한 낙관적 견해에 대해 비판적이었다 하더라도 과연 아렌트가 자동적으로 그러한 견해에 전제된 판단능력의 존재 자체에 대해 비판적이었겠는가 하는 점이다. 아렌트가 『정신의 삶』을 3부작으로 기획했을 때 사유와 의지, 판단능력을 인간에게 장착된 관조적 삶(vita contemplativa)의 세 요소로 여기고 있었음은 분명하다. 이러한 능력이 장착되어 있다는 것이 일반적으로 생각되는 의미에서의 선한 양심이나 좋은 인간성이 인간에게 본래적으로 장착되어 있다는 것과는 별개의 문제로 간주되어야 한다. 선한 양심이 인간에게 선천적으로 주어져 있다면 위기의 순간에 올바로 행동하지 못한 것에 대한 양심의 가책이 반드시 존재해야 하지만,

23 ▶ Richard J. Bernstein, *Hannah Arendt and the Jewish Question*, p. 178.

판단능력이 있다고 해서 반드시 좋은 판단을 내리게 되는 것은 아니기 때문이다. 번스타인이 잘못 생각하고 있는 점은 판단능력 자체를 양심과 동의어 내지는 동질적인 것으로 생각하고 있다는 점이다. 위의 인용문 다음 단락에서 번스타인은 "아렌트를 곤란하게 했던—그리고 우리를 항상 곤란하게 하는—질문은 무엇이 악한 것인지를 판단하여 양심에 따라 행동할 능력이 남아 있는 사람과 이런 능력을 잃어버리거나 또는 결코 가진 적이 없었던 사람의 차이를 설명하는 것이다"[24]라고 쓰고 있다. 놀랍게도 번스타인은 아렌트에게 "양심에 따라 행동하는 사람"의 존재를 전제한 채 질문을 제기하고 있으며, 동시에 "판단능력을 가진 적이 없었던 사람"에 대한 언급을 하고 있는 것이다. 전자의 경우는 번스타인의 착각에 따른 문제제기로 보이고, 후자의 경우는 정당화될 수 없는 문제제기로 보인다. 번스타인에 대한 두 번째 의문은 이 후자의 경우와 연결된다.

위의 인용문에서 번스타인은 아이히만이 판단능력을 갖지 않았다고 말한다. 이 말은 두 가지로 해석될 수 있다. 하나는 아이히만에게 판단능력 자체가 존재하지 않았다는 것이고, 둘째는 아이히만에게 판단능력은 있었지만 그 능력을 행사하는 데까지 가지는 못했다는 것이다. 전자는 번스타인의 입장인데, 앞서 언급했던 것처럼 아렌트의 『정신의 삶』 기획 자체가 번스타인의 생각을 근원적으로 부정하고 있다고 생각한다. 후자의 입장에 대한 정당화는 행사하지 못한 판단능력이 아이히만에게 실재하고 있었다는 것을 입증하는 방

24 ▶ 위의 책.

식으로 이룩될 수는 없다. 그것은 결코 가능하지 않은 방법이다. 그러나 후자의 입장을 정당화하는 유일한 한 가지 방법이 있다. 그것은 아렌트가 왜 아이히만이 판단능력을 발휘하지 못했는가를 설명하는 방식으로 아이히만의 문제점을 지적하고 있으며, 나아가 아렌트가 그러한 아이히만의 문제점이 그에게만 있었던 특별한 문제가 아니라 모든 사람에게 해당되는 문제임을 지적하고 있음을 보여주는 것이다. 바로 이 작업을 아렌트는 『예루살렘의 아이히만』에서 하고 있었다. 아이히만의 이상한 언어습관, 즉 상투어(cliché)를 사용하고 일상어로 자신의 사유를 진행시키지 못하고 있음을 아렌트가 지적하고 있는 점, 그리고 이러한 문제점을 사유의 불가능성과 연결지으며 설명한 "악의 평범성" 개념이 바로 그 작업인 것이다.

그런데 아렌트가 곳곳에서 강조하고 있는 말(speech)의 중요성에 대해 번스타인이 충분히 주목하지 못했다는 데 주목할 필요가 있다. 번스타인은 아렌트가 사유와 악의 관계, 사유와 판단의 관계, 판단할 줄 아는 자와 판단할 줄 모르는 자의 차이에 대해 적절히 설명하지 못했다고 비판했지만 여기서 고려되어야 할 점이 바로 말이다. 앞서 언급했던 것처럼 말하기의 무능성, 생각의 무능성, 그리고 타인의 입장에서 생각하기의 무능성 등 세 가지 무능성을 아렌트는 동시에 언급하고 있기 때문이다.

아이히만의 문제점에 대한 위와 같은 규정이 가장 처음으로 나온 것은 아이히만에게 "타인의 관점에서 사물을 바라볼 수 없다"(inability to look at anything from the other fellow's point of view)는 것이었다. 이것은 판단능력을 설명하는 말이다. 『칸트 정치철학 강의』에서 아렌트는 판단이 불편부당성(impartiality)을 획득해야 한다고 말한다. 이는 우리가 타인의 설명을 들으면서 자신의 관점에 대한 집착에서 벗어나 다른 사람의 관점을 고려할 수 있어야 한다는 것을 의미한다.[25] 그런데 아이히만은 그런 능력이 없었던 것이다. 이러한 "아이히만의 성격적 결함"(flaw in Eichmann's character)을 아렌트는 아이히만의 이상한 언어습관과 동일시했다. 비엔나에서 있었던 일을 설명하는 가운데 아이히만은 상투어와 관용어, 선전문구 등을 늘어놓았다. "함께 노력하고", "가슴을 털어놓고", "그들의 모든 슬픔과 비애", "욕구했고", "양쪽 모두에게 공정", "너무나 변한 시대", "그들의 감정을 상하게 하고 싶지 않다" 등의 표현들이 그 예들이었다. 이러한 표현들이 희극적으로 들릴 수 있다는 것은 이처럼 번역어를 나열함으로써는 확인될 수는 없다. 이 점은 영어로도 마찬가지이다. 아이히만은 법정에서 독일어를 사용했는데, 이러한 표현들이 독일어로는 Redensarten(관용적 표현), Schlagworte(선전문구), geflügelte Worte(날개 달린 말들 : 고전에서 인용한 유명한 구절을 사용하는 독일어의 일상어법) 등으로 불리는 것들이며, 이런 말들이 번역될 때 원래적인 느낌은 전적으로 소멸되어 버리게 된다. 아이히만의 이러한 행위를 아렌트는 심리학자들이 보면 마치 금광을 보는 것과 같은 것이라고 말한다.[26]

예루살렘 법정의 재판관들은 모두 독일어를 잘 하는 사람들이었다. 그러나 그들도 그러한 관용어들이 사용되는 본래적 맥락, 예컨대 카드 놀이와 같은 것을 잘 알지 못할 때 그 의미를 잘 이해하지 못

25 ▶ Hannah Arendt, *Lectures on Kant's Political Philosophy*, ed. by Ronald Beiner(Chicago : The University of Chicago Press) ; 김선욱 역, 『칸트 정치철학 강의』(푸른숲, 2002) ; cf. 김선욱, 『한나 아렌트 정치판단 이론』, 93쪽.

26 ▶ Hannah Arendt, *Eichmann in Jerusalem*, pp. 47–48, 104–105.

하게 되었다. 그래서 한 판사가 어떤 표현의 의미를 잘 이해하지 못하자 아이히만은 그것을 다른 언어로 표현할 방법을 찾지 못했다. 아이히만은 이에 대해 사과하면서 "관청용어(Amtssprache)만이 나의 언어입니다"라고 말했다. 이에 대해 아렌트는 "관청용어가 그의 언어가 되었던 것은 그가 상투어(clichés)가 아니고서는 단 한 구절도 말할 능력이 없었기 때문"[27]이라고 지적한다. 아이히만이 상투어만을 사용했다는 것은 그가 상투어의 의미를 일상 언어로 표현할 수 없었다는 것을 의미한다. 그런데 이것이 판단의 불능과 연결된다면 일상 언어를 구사한다는 것과 판단능력 간에는 밀접한 관계가 있다는 것을 의미하게 된다. 이것이 아렌트가 말하려는 것이었음은 분명하다.

이렇게 관청용어를 사용하는 것, 상투어로만 말하는 것이 판사들에게는 공허하게(empty) 느껴졌다. 그래서 판사들은 아이히만이 내실 있는 말을 피하기 위해, 즉 재판이 목적으로 하고 있는 사실의 규명을 회피하기 위해 의도적으로 그렇게 하는 것으로 생각했다. 하지만 아렌트는 아이히만이 그러한 상투어들을 일관성 있게, 단어 하나도 틀리지 않고 반복하고 있다는 사실에 주목했다. 아이히만이 아르헨티나에서 덴마크 출신의 한 기자와 인터뷰했을 때 예루살렘에서 쓴 회고록에서, 경찰의 심문과정에서, 그리고 법정에서 이러한 상투어들이 동일하게, 즉 동일한 표현과 동일한 단어를 반복적으로 사용했던 것이다.[28] 이것은 명백히 말에 대한 무능성(inability to speak)이고, 이것은 곧 사유의 무능성(inability to think)과 연결된다. 이 양자의

27 ▶ 위의 책, 48, 105쪽.
28 ▶ 위의 책, 48–49, 106쪽.

연관성의 물음은 해석학, 특히 가다머의 해석학의 기본 명제에 해당되므로 여기서 상론할 필요는 없을 것이다.

이처럼 상투어를 사용하는 예가 그의 처형장에서도 반복되었다. 교수대에 서서 최후의 말을 남기는 순간에 그의 머릿속에 떠올랐던 것은 장례식장에서 사용되는 상투어였다. 자신의 인생을 돌아보며 자신의 생각에서 나온 최후의 말을 내뱉는 대신 그는 "우리는 다시 만날 것입니다. 독일 만세, 아르헨티나 만세, 오스트리아 만세. 나는 이들을 잊지 않을 것입니다"라고 말했던 것이다. 이러한 말들은 죽은 사람들 앞에서 산 사람들이 하는 말이지 결코 죽는 자에게서 기대할 수 있는 말이 아니었던 것이다. 이런 모습에서, 이런 인간의 모습에서 아렌트가 찾아낸 교훈이 바로 "말과 사고를 허용하지 않는(word-and-thought-defying) 악의 평범성"[29]이라는 것이다.

지금까지 우리는 두 가지 점, 즉 아이히만에게 있어 일상어 사용 불능과 사유 불능이 밀접하게 연관되어 있다는 점, 그리고 악의 평범성 개념은 말과 사유의 불능이라는 평범하게 발견되는 사실이라는 점을 아렌트가 말하고 있다는 것을 지적했다. 이것으로 우리는 아이히만의 문제가 그만의 특별한 문제가 아니라 모든 사람에게 해당될 수 있는 문제라는 것을 입증할 수는 있다. 그렇지만 이 두 가지만으로는 왜 아이히만이 판단능력을 발휘하지 못했는가를 설명하는 데까지는 나아갈 수 없다. 이를 위해서 우리에게 요구되는 것은 말하는 능력이 사유능력과의 연관성뿐만 아니라 그 밖의 어떤 특성을 가

29 ▶ 위의 책, 252, 349쪽.

지고 있는지를 보여주어야 한다는 것이다. 아렌트가 『예루살렘의 아이히만』에서 하고 있는 두 가지 이야기가 여기에 해당된다.

말의 능력과 관련하여 볼 때 『예루살렘의 아이히만』에서 가장 흥미 있는 이야기이지만 별로 주목받지 못했던 것이 독일 개신교 목사인 그뤼버 감독에 관한 이야기이다. 그는 독일인으로 유일하게 예루살렘 법정의 증언대에 서서 검찰 측을 위한 증인이 되었다. 그는 유대인을 구하기 위해 아이히만과 협상을 벌이기도 했고, 또 기독교로 개종한 유대인들에게 사태의 위험성을 알리는 등의 일을 했다. 그에 대한 반대심문에서 아이히만의 변호사인 세르바티우스는 그에게 "당신은 그에게 영향력을 발휘하려고 애써 보았습니까? 목사로서 당신은 그의 감정에 호소하고, 그에게 설교하고, 그에게 그의 행위가 도덕성에 모순된다고 말하려고 시도해 보았습니까?"라고 물었다. 여기에 대해 그는 "행동이 말보다 더 효과적입니다. 말해 보았자 쓸데없었을 것입니다"라고 대답했다. 이러한 상황에 대해 아렌트는 그뤼버 감독의 대답이 상투어를 사용하고 있음을 지적했다. 그리고 아렌트는 단순히 말을 하는 것 자체가 행동일 수 있으며, 또한 목사로서의 그의 임무는 말이 쓸모가 있는지의 여부(the uselessness of words)를 시험해 보는 것이었다고 지적한다.[30] 말 자체가 행위라는 것은 아렌트가 『인간의 조건』에서 이미 말했다.[31] 그런데 이때 과연 아렌트는 말의 쓸모가 무엇이라고 생각했던 것일까?

이 질문에 대한 대답을 우리는 다른 이야기에서 충분히 찾을 수

---

30 ▶ 위의 책, 131, 204쪽.

31 ▶ Hannah Arendt, *The Human Condition*, p. 178.

있다. 최종 해결책을 추진하면서 나치는 유대인 학살과 관련한 언어규칙을 만들었다. 이 언어규칙이란 학살이나 유대인의 이송과 같은 표현을 그대로 사용하지 않고 우회적 표현법을 만들어 대신 사용한 것을 말한다. 예컨대 학살은 최종 해결책, 완전이동(소개), 특별취급으로, 유대인의 이송작업은 재정착, 동부지역 노동 등으로 불렸다. 이러한 언어규칙을 사용해야만 하는 사람과 사용하지 않아도 되는 사람들은 구별되었다. 후자는 히틀러로부터 유대인 학살에 대한 명령을 직접 들었던 사람들로 소위 "비밀을 가진 자"라고 불렸다. 그런데 이들은 암호화된 언어를 사용하지 않을 수 있었지만 일상의 업무 수행과정에서는 자신들 간에도 암호화된 언어를 사용했다. 그 효과에 대해 아렌트는 "자신들이 하고 있는 일들에 대해 다른 사람들이 모르도록 하는 것이 아니라, 살상과 거짓말에 대한 그들의 오랜 '정상적'(normal) 지식과 동일시하지 않도록 만들기 위한 것"[32]이라고 보았다. 이렇게 함으로써 그들은 "이 문제 처리에 본질적이었던 아주 다양한 많은 협조체제를 이루어 갈 때 질서와 제정신을 유지하는 데 엄청난 도움이"[33] 되었다는 것이다. 여기서 말이 하는 역할은 실재(the reality), 즉 현실을 알게 하는 것이다.

말은 우리를 현실과 연결시켜 준다. 나치가 언어규칙을 만든 이유는 암호화된 언어를 사용함으로써 현실에 대한 사람들의 감각을 마비시키기 위한 것이었다. 말은 현실의 힘을 우리에게 전달해 주는 역할을 한다. 아이히만이 상투어를 사용했을 때 판사들은 그의 말에

32 ▶ Hannah Arendt, *Eichmann in Jerusalem*, p. 86, 150.
33 ▶ 위의 책, 85, 150쪽.

서 공허감을 느꼈다. 이때 판사들이 그에게서 바란 것은 사실에 충실한 언어였다. 공허하다는 것은 현실의 힘이 결여되었다는 것이고, 아이히만의 의식에 가득 찬 상투어들은 아이히만이 현실의 힘을 느끼지 못하도록 막았던 것이다. 상투어들은 아이히만으로 하여금 심지어 죽음의 힘조차도 느끼지 못하게 만든 것이었다. 그러나 그렇다고 해도 아렌트가 아이히만에게 현실을 느끼고 알 수 있는 능력, 나아가 판단할 수 있는 능력 자체가 결여되었다고 생각하지는 않았던 것을 그뤼버 감독 이야기에서 알 수 있다. 아렌트는 그뤼버 감독이 아이히만에게 말을 했어야 했다고 지적한다. 아렌트는 말의 유용성은 말이 현실을 알게 하여 사람에게서 변화를 기대할 수 있게 한다는 것으로 생각했다고 볼 수 있다. 그래서 아렌트는 목사의 임무가 말이 과연 쓸모가 없는지를 알아보는 것이라고 말했던 것이다. 목사가 영향력 있는 존재라면—아렌트는 목사가 전혀 영향력이 없는 존재라고 믿었던 것 같지는 않으므로—그 영향력은 전적으로 말에서 나오는 것이라고 아렌트는 생각한 것이다.

상투어나 관용어 또는 최종 해결책 수행을 위해 고안된 암호화된 언어도 말이나 일상 언어와 마찬가지로 단어로 이루어져 있다. 그렇다면 이 양자의 차이는 무엇인가? 그 차이는 자연적으로 형성된 자연어인지, 인공적 · 의도적으로 만들어져 반복적으로 사용된 인공어인지의 차이로 보인다. 상투어나 관용어 등은 늘 변화하는 현실을 반영하지 못하는 특징을 갖는다. 현실–말–사유의 관계와 유기적이지 못하고 언어가 고정되어 버림으로써 사유와 판단이 현실과 유리되어 버리는 결과를 낳은 것이다.

그러나 아렌트는 일상 언어가 그러한 현실의 힘을 전달해 주는 힘을 갖는지에 대한 설명을 제시하지 않는다. 그래서 우리는 아렌트가 해석학적으로 나이브하다고 말했던 것이다. 그렇지만 아렌트는 말, 즉 일상 언어가 가진 힘에 대해 정확히 이해했다. 그래서 비록 해석학적 언어로 자신의 연구를 표현하지는 않았지만 해석학적 사고의 성취물들을 자기 나름의 방식으로 표현해냈던 것이다.

아렌트는 『예루살렘의 아이히만』이 아닌 다른 곳에서도 말에 대한 통찰을 곳곳에서 보여준다. 대표적인 예가 『인간의 조건』에서 과학적 기호나 수학적 기호를 사용하는 과학자들의 언어와 일상의 말을 구별하는 방식으로 등장한다. 원자폭탄이나 시험관 아기, 배아복제 등과 같이 과학이 오늘까지 이룩한 업적을 우리의 삶과 문화에 적용시키는 문제, 현대 과학을 실제로 우리의 삶 가운데 이용할 것인가라는 문제가 과학의 문제가 아니라 정치적 문제임을 규명하는 데는 과학적 언어의 본질이 설명됨으로써만 가능하다.

과학과 기술의 발전을 위해 많은 과학적 · 수학적 기호들이 채용되고 사용되었다. 그리고 이러한 기호들을 사용하지 않고서는 과학기술의 타당성이 논증될 수도, 또 현실적인 결과물로서 우리에게 나타날 수도 없다. 그런데 이러한 과학적 기호나 수학적 기호들을 통해 설명되는 내용들은 다시 우리가 일상에서 사용하는 말을 통해 설명될 수 없다. 그래서 아렌트는 "현대 과학적 세계관이 담고 있는 '진리들'이 수학공식을 통해 증명되고 기술적으로 입증될 수는 있지만 더 이상 말과 사고 속에서 정상적 표현(normal expression in speech and thought)으로 나타날 수 없다"[34]고 지적한다. 과학적 기호나 수학적 기호들은 인간 정신의 산물이며 과학자들 사이에서 통용되고 소통될 수 있는 언어이기는 하지만, 그 내용이 다시 우리의 사유대상으로 완전히 환원되지 않으며 일상 언어로 설명되고 표현될 수 없는 특성을 지닌다는 말이다. 그래서 아렌트는 "과학자로서의 과학자(scientist qua scientist)의 정치적 판단을 믿지 않는 것이 지혜로운 일이다"[35]고 말하고 있기도 하다. 이러한 작업을 통해 아렌트가 표명하려 한 것은 일상 언어의 중요성이었다. 그리고 일상 언어로 표현되는 것이 정상적인 의미의 차원을 가질 수 있다는 것이었다. 여기서 우리는 아렌트가 이야기를 강조한 이유를 알 수 있다. 이야기는 일상 언어로 표현되는 가운데 현실의 힘을 전달하고, 과학이나 이론으로 설명되었던 것이 이야기로 표현될 때에는 현실의 힘을 반영하는 가운데 그것이 갖는 의미를 전달해 주는 기능을 담당하게 한다.

IV

한나 아렌트의 사상을 검토해 보면 말이 사유에서 작용하여 정치적 의미 연관성을 갖게 되는 것은 다음과 같은 두 가지 방식을 통해서임을 알 수 있다. 첫째, 사유는 말을 통하여 인간의 개성을 드러낸다. 인간은 서로 다른 존재이며 나름대로의 독특성을 갖는다는 인간 복수성(human plurality)의 사실은 아렌트 정치사상에서 아주 중요한 기초가 된다. 사람들 사이의 다름의 요소는 말을 통해 표출된다.

34 ▶ Hannah Arendt, *The Human Condition*, p. 4.
35 ▶ 위의 책, 3쪽.

말은 개성 표출의 기능을 갖고 있다. 각 개인은 무엇됨(whatness)의 요소와 누구됨(whoness)의 결합체이며, 개성은 누구됨이 갖는 특수성을 통해 설명될 수 있다. 사람에게는 재능이나 특정한 기술과 같이 다른 사람과 공통적으로 설명될 수 있는 요소가 있지만 또한 남과는 견줄 수 없는 그만의 고유한 개성의 차원을 가지고 있는 것이다.[36] 이러한 다름 때문에 사람들이 살아가는 공동의 생활에서 다른 삶의 방식이 가능하게 되고, 또한 이러한 까닭에 발생하는 충돌과 갈등이 공동생활 내에서 말을 통해 조정하는 기능을 요구하게 된다.

말의 분쟁 조정기능은 어떤 특정 사태가 공동의 세계(the world)에 대해 갖는 의미를 중심으로 이루어지게 되는데, 이것이 말과 사유가 갖는 정치적 의미 연관성의 두 번째 방식에 해당한다. 복수적으로 존재하는 인간은 자신이 거주하는 세계를 작업(work)을 통해 만들어 낸다. 세계 속에서 생명을 영위하는 인간은 자기 자신과 타인에 대해서, 그리고 어떤 사태가 자신과 다른 사람에 대해 갖는 의미를 묻는 가운데 자신들이 속한 세계와 연관을 맺게 된다. 그런데 아렌트의 말에 대한 강조는 하버마스의 철학에 있어서 말에 대한 강조와 약간의 차이가 있다. 하버마스는 의식철학적 패러다임에 바탕을 둔 이성 개념을 지양하고 언어철학적 패러다임으로 새롭게 해석한 소통적 이성 개념을 제안한다.

아렌트가 말하는 정치적 행위는 어떤 주체의 행위이다. 어떤 주체적 인간이 자신의 고유한 누구됨(whoness)의 모습을 공적 영역에서

36 ▶ 위의 책, 178쪽과 김선욱, 『정치와 진리』, 21-26쪽 참조.

드러내고 이를 통해 다른 주체들과 관계를 맺는 것이 정치이다. 판단 이론에서도 정신의 기능으로서의 판단력이 논의가 되고, 판단이 형성되는 과정을 설명하는 가운데 마음의 확장과 사고의 확장 등과 같은 표현을 통해 의식과 관련된 개념이 중심에 등장하며 상상력의 중요성도 강조된다. 또한 감각이 수용되는 직관과 직관된 내용의 의식 내에서의 재현과정에 대한 설명도 의식철학적 패러다임에서 이루어진다. 이처럼 칸트의 의식철학의 용어들을 사용하는 판단 이론과 정치행위 이론에 대한 설명을 볼 때 아렌트의 정치사상은 의식철학적 틀 속에서 형성된 것이라고 할 수 있다.

하버마스의 관점에서 보면 주체 중심의 의식철학에서는 주체가 자신의 사유대상이 되는 모든 것에 대한 객체화가 필수적으로 수반되며, 정치철학적으로 볼 때 개인들은 항상 대립적인 관계로 등장하여 주체들 간에 진정한 상호주관성(intersubjectivity)의 입증은 불가능하게 된다. 이러한 문제를 극복하고 근대적 이성 개념의 한계를 극복하기 위해서 하버마스는 의식과 주체 중심으로 문제를 접근하는 방식에서 벗어나 언어가 인간관계 속에서 작용하는 점에 주안점을 두면서 정치행위자의 상호 활동에서 언어가 어떻게 조정적 역할을 하고 있는지를 분석해내는 방식을 제안한다. 이때 설명되는 언어는 그의 행위조정적 기능과 연관하여 주목되는 것인데, 아렌트의 사상 속에서도 언어의 이러한 조정적 기능은 어떻게 공동행위(action-in-concert)를 유발하고 사람들 간에 연대를 불러일으키는가의 문제와 연관하여 고려되었던 부분이다. 또한 이는 정치영역에서 복수로 제기되는 표현적 언어행위의 충돌이 정치참여자들에 의해 어떻게 조정되고 평가되는가의 문제와 연관되어 있다.

헨리히는 패러다임 전환을 통해 소멸되어 버리는 의식철학의 고유한 한 가지 장점을 적시한다. 즉 의식철학적 지평에서는 자기 의식을 통해 자기 관계를 맺음으로써 가능하게 되는 의식적 삶(bewußtes Leben)의 차원을 드러내 보이며, 이는 개인에게 삶의 의미(Lebensbedeutung)를 제공하는 기능을 한다는 것이다.[37] 이는 곧 개성의 중심을 의미하는 것으로 이해될 수 있다. 한편, 자기 의식의 작용에도 불구하고 의식적 자기 반성이 의식의 내용을 투명하게 드러내지는 않는다고 헨리히는 주장한다. 의식적 반성을 수행하는 자기 의식 내부에 불가해한 지반(unfathomable ground)도 상존하기 때문이다. 이 불가해한 지반이 무의식을 의미하는 것이든 또는 윤리적으로 제약되어야 한다고 보았던 성향이나 기질로 보든 간에, 이러한 지적의 의미는 인간의 정체성이 완전하게 객관화할 수 있는 형태로 자기 의식의 대상이 되지는 않는다는 점이다.

한편, 이러한 철학적 사유가 패러다임 전환에 개입되어 있다는 헨리히의 주장은 여기서 끝이 나는 것이 아니라 위에서 언급한 두 번째 문제와 연결된다. 즉 철학적 사유가 의식의 자기 관계와 연관하여 작용한다는 것이다. 패러다임 전환을 통해 하버마스는 철학적 중심을 주체에서 언어로 전환하여 언어의 전략적 사용에 앞서 소통적 사용에 우선성이 있음을 입증해 보인다. 그런데 이 과정에서 하버마스는 대화를 통해 합의를 도출해내는 것은 대화 참가자들 사이에 언어

37 ▶ Peter Dews, *The Limits of Disenchantment*(New York : Verso, 1995), p. 179f. Dieter Henrich, "Fichte's Original Insight", trans. by David R. Lachteman, *Contemporary German Philosophy*, ed. by Darrel E. Christensen et. al.(The Pennsylvania State University Press, 1982), p. 20f 참조.

행위에 대한 세 가지 차원의 타당성 주장을 상호 인정할 때 가능하다고 주장했다. 하버마스의 이론에서는 자기 연관성에 대한 고려가 배제되어 있다는 지적이다.

그런데 이러한 점을 문제시할 수 있는 것은 자기 연관성에 대한 몰이해가 하버마스의 이론 가운데 어떤 결함을 초래한다는 것이 적절히 지적될 때이다. 이 점에서 헨리히가 하버마스의 연대성 개념을 문제삼는 것은 적절하다고 판단된다. 즉 개인 간의 친밀한 유대관계는 인간의 의식적 삶의 차원에서 말미암는 것인데, 하버마스의 이론은 인간의 사회성이나 공동선의 추구를 넘어선 밀접한 유대관계를 설명할 수 없다고 헨리히는 지적한다. 하버마스의 소통행위 이론에는 개인 간의 친밀한 관계에 대한 이해를 결여하고 있다는 헨리히의 비판은 하버마스의 사회철학에서 가장 중요한 문제를 적절히 잘 지적했다고 평가할 수 있다.

헨리히의 비판은 우리의 아렌트 이해에 있어서 하버마스와는 다른 아렌트의 소통 개념의 특색을 드러내는 데 도움을 준다. 하버마스에 비해 아렌트가 소통에 참여하는 개인의 개성을 더욱 존중하고 있는 것은 분명하다. 정치문제와 연관하여 인간의 복수성의 중요성에 대한 인식과 정치행위에 있어서 복수성의 드러남, 그리고 이를 바탕으로 설명되는 공동행위와 개성의 인정에 바탕을 둔 연대성 개념 등은 아렌트가 의식적 주체를 공적 영역에서 활동하는 정치적 주체로 정확하게 자리매김한 것에 기인한다고 우리는 헨리히에 의존하여 말할 수 있게 된다.

그런데 아렌트에 따르면 인간의 복수성의 나타남은 언어적 행위를 통해서만 가능하다. 이 때문에 아렌트는 행위를 언어 없는 행위

(speechless action)와 언어(speech)라는 행위 두 가지로 구별한다. 언어행위는 그 자체로 일종의 행위이다. 언어가 동반되지 않은 행위는 언어를 통해 그 행위가 갖는 고유한 특성과 의미가 설명될 필요가 있기 때문에 개인의 독특성의 드러남은 언어에 의존한다는 것이다. 그래서 아렌트는 "언어의 기능과 인간의 복수성이라는 사실은 상호 대응한다"[38]라고까지 말한다. 따라서 아렌트는 언어 없는 행위보다 언어라는 행위가 더욱 중요하다고 말하는바, 정치행위자는 그가 말을 하는 화자인 한에서만 행위자가 된다.[39]

이러한 설명방식은 아렌트가 비록 의식철학적 패러다임에서 논의를 전개하지만 그녀의 생각 가운데 언어의 작용에 대한 독특한 이해가 자리 잡고 있음을 보여준다. 먼저 아렌트가 말하는 언어는 개인의 고유한 모습과 정체성을 드러내는 표현적 기능을 하는 것이다.

V

보편성이 이론의 영역에서 논의될 경우와 실천의 영역에서 논의될 경우가 다르다는 사실을 우리는 보편성 주장이 폭력으로 나타나는 경우를 들어 설명할 수 있다. 그 대표적인 예를 미국의 신보수주의의 기본 신조 가운데 하나에서 찾을 수 있다. 자유민주주의로 대

38 ▶ Hannah Arendt, *Lectures on Kant's Political Thought*, p. 85.
39 ▶ Hannah Arendt, *The Human Condition*, p. 178f.

표되는 미국적 가치가 보편적 가치이며, 이 가치를 무력을 통해서라도 세계에 확산되는 것이 필요하다는 것이 그것이다. 이러한 주장은 레오 스트라우스의 정치 이론에 바탕을 둔 것으로 조지 W. 부시 행정부가 이라크를 침공하면서 명분으로 삼은 것이다. 그러나 이 같은 주장이 이라크 침공의 실질적인 명분이라고 믿는 사람은 아무도 없고, 또 이라크 침공이 실질적으로 그런 결과를 가져왔다고 주장하거나 장차 그렇게 될 것이라고 믿는 사람들은 없을 것이다. 그런데 여기서 우리는 가설적인 상황을 생각해 보자. 만일 한 나라가 다른 나라에 민주주의가 실행되지 않는 모습을 보고 연민을 느껴 그 나라를 지배하고 있는 독재정권을 무력으로 무너뜨리고 민주주의를 심어주려고 노력한다면 그것은 용납될 수 있는 것일까? 즉 부시 행정부의 이라크 침공은 분명히 잘못된 것이었지만, 만일 그것이 진정으로 이라크에 민주주의를 가져오기 위한 전쟁이었다면 정당화될 수 있을까?

자유는 강압을 통해서라도 실현되어야 하고, 민주주의적 가치는 외적 억압을 통해서라도 도입되어야 한다는 주장은 유감스럽게도 아직까지 그다지 설득력 있게 논파되지는 않았던 것 같다. 이러한 문제에 대한 대답은 철인왕 콤플렉스에 대한 이해를 통해서 가능하다. 그 같은 주장이 전제하고 있는 정치의 본질은 철학적 태도로 포착된 정치일 뿐이다. 즉 정치는 정치원리나 정치제도를 부여하는 것이고, 시민들은 그것을 수행하면 된다는 식의 정치관은 이러한 주장을 내포하고 있는 것이다. 결국 이러한 태도는 정치의 본질적 특성을 적절하게 반영하지 못한 처방이며, 폭력을 필연적으로 수반하게 된 것이다.

서구의 자유 개념에 대해 그것에는 "오히려 억압이 깃들어 있다는 배리와 역설"을 적절하게 지적하는 방식으로 설명하는 것은 김상봉 교수가 『나르시스의 꿈 : 서양정신의 극복을 위한 연습』[40]에서 수행한 방식이다. 김상봉 교수는 서양 정신사에 대한 다분히 독일 관념철학적인 해명을 통해서 이러한 작업을 수행하고 있다. 그에 따르면 서양정신은 타자적 정신 속에서 자기를 상실하지 못하는데, 그렇게 된 보다 근본적인 이유는 서양의 자유이념 자체가 타자적 주체를 배제한 자기 관계를 본질로 삼고 있기 때문이라는 것이다. 타자를 자기 속에서 정립하여 자기의 내재적 계기로 만드는 것이 서양의 정신이라는 지적이다.[41] 이러한 성격의 정신은 그리스 신화에 나오는 나르시스의 신화로 은유되며, 따라서 서구의 정신사는 나르시시즘의 역사라고 한다. 이를 통해 입증되는 것은 서양 정신이 주장하는 보편성은 사실상 진정한 보편성이 될 수 없으며 지역성에 불과하다는 것이다. 이러한 논리는 서양적 정신에서 발생하는 자유 개념과 민주주의 이념에 내재된 배리와 역설의 존재가 우연적인 것이 아니라 필연적임을 주장하는 근거가 된다. 역사적으로 북미 대륙에서 있었던 미국인들의 인디언 학살에서 그 필연성이 노정된다는 것이다.[42]

철인왕 콤플렉스 개념에 비추어 김상봉 교수의 논리를 보면, 서양정신이 주장하는 보편성이 사실상 진정한 보편성이 될 수 없다는 주장보다는 그것의 보편성 정도가 너무 높아서 (플라톤이 추구한 보편

---

40 ▶ 김상봉, 『나르시스의 꿈 : 서양 정신의 극복을 위한 연습』(한길사, 2002).

41 ▶ 김상봉, 「나르시스의 꿈을 넘어」, 『시민과 세계』, 제7호(참여사회연구소, 2005 상반기), 275쪽.

42 ▶ 김상봉 교수의 논리에 필자의 자세한 논평은 졸고, 「정치철학적 관점에서 본 『나르시스의 꿈』」, 참여사회연구소, 『시민과 세계』, 제7호(참여사회연구소, 2005 상반기), 328-338쪽 참조.

처럼 신적 수준의 보편성이므로) 오히려 제약적 요인이 되어버렸다고 말할 수 있을 것이다. 또한 타자를 자기의 내면적 계기로 삼음으로써 도구화하고 노예화하는 서양의 자유로운 주체성은 철인왕 콤플렉스의 지배의지의 측면과 그대로 일치한다.

그리고 서양의 주체성이 홀로주체성이고 그 한계를 극복한 것은 새로운 주체성, 즉 서로주체성인데, 서양 정신에서는 가능하지 않은 서로주체성이 어떻게 가능할 것인가를 김상봉 교수는 보여주려 하며, 이에 따라 자유 또한 어떤 것이 진정한, 다른 자유인가를 설명하려 한다. 우리는 너무나 남루하여 서양의 정신처럼 스스로에 대해 나르시시즘에 빠질 아름다움을 갖지 못했고, 따라서 우리의 자기 의식은 부끄러움과 슬픔으로 점철된다. 자기 상실을 경험한 우리는 서양처럼 자기에게로 돌아가는 경험을 자기 의식 속에서 한 것이 아니라 잃어버린 자기를 찾아야 하는 불행을 감내해야 했다. 서구의 정신은 물속에 비친 모습을 보고 그것이 자기임을 인식하여 반성 속에서 자기와 타자의 근원적 통일을 확인했지만 우리에게 있어서 타자는 실체적 타자였고, 우리가 아니었으며, 동시에 매력적인 타자였다. 그래서 우리는 그 타자와 반성을 통해 동일화의 확인을 이룰 수가 없었고, 스스로 동일하다고 해봐도 결국은 타자로 남아 있음을 확인하게 됨으로써 결국은 그 타자와 만남과 헤어짐을 반복적으로 경험할 수밖에 없었다.

그런데 김상봉 교수는 바로 이러한 불행한 자기 의식이 역설적으로 진정한 주체성, 서양의 주체성과는 다른 주체성, 즉 서로주체성을 가능하게 해준다고 설명한다. 왜냐하면 서양의 정신처럼 타자를 자기화하지 못하는 가운데 우리의 자기 의식은 타자를 진정한 타자적 주체로 인정하게 되고, "고향이 다른" 자아들을 그곳으로 돌려보낼 수도 있기 때문이다. 이러한 주장을 철인왕 패러독스의 관점에서 다시 설명하자면, 나르시스가 느낀 자신의 아름다움은 자신이 철인왕으로서의 높은 지위에서 말미암은 것이고, 우리가 느껴야 했던 불행한 자기 의식은 철인왕이 지시한 것을 수행해야 하는 수행자의 의식이라고 볼 수 있다. 하지만 김상봉 교수는 서양이 확보하지 못한 서로주체성이 부끄러움과 슬픔으로 점철된 우리에게서 가능하다고 보지만, 철인왕 패러독스의 관점에서 보자면 서로주체성의 확보는 이 구조에서는 근원적으로 불가능하며, 이러한 구조 자체를 붕괴하고 모두가 평등한 정치적 관계를 회복할 때에만 서로주체성이 가능하다는 주장이 된다.

사실 김상봉 교수가 제안한 서로주체성이란 주체들 간의 평등한 상태에서 이루어지는 관계를 말하는 것이고, 이는 철인왕 콤플렉스에서는 처음부터 배제되었던 것이다. 이제 이러한 논의를 통해 우리가 다시 생각해 보아야 할 것은 우리가 보편성이라는 말로 확보하려고 했던 이론의 힘이다. 보편적 원리를 발견한다는 것은 그 원리가 모든 사람들에 대해 단 한 사람의 예외도 없이 적용할 수 있는 원리를 발견한다는 것, 다시 말해 모든 사람들에게 강제할 수 있는 원리를 발견한다는 것이다. 보편화 가능성이란 보편적 강제의 가능성을 말한다. 강제가 상부에서 오는 권위처럼 되도록 하는 것이 철인왕의 기능이라면, 이 강제가 평등한 개별 주체들이 상호적 관계에서 발견하도록 하는 것이 동일한 문제를 철인왕 콤플렉스로부터 벗어나 바라보려고 하는 시각이다. 이렇게 볼 때 이 두 입장은 보편성의 출발점이나 지위를 달리 보고 있는 것이다. 전자의 경우는 비유적으로 말해 상부에서 권위적 형태로 부과되는 것인 반면, 후자의 경우는 옆에서 수평적으로 형성되는 것이라고 할 수 있다.

VI

우리가 고민한 보편의 문제는 형이상학적 차원의 문제로서가 아니라 정치철학적 차원에서였다. 특수에 대한 관심은 개별자에 대한 배려에서 나온 것이고, 이는 다시 현실의 다양하고 생생한 모습이 사유에 적극적으로 개진되는 차원을 말한다. 다음과 같은 한 재일동포의 예를 들어보자.

> 소학교(초등학교) 시절 어느 재일조선인 아이가 두들겨 맞고 있는 현장을 우연히 목격한 적이 있다. 일본인 악동들이 '조센, 조센'이라 욕하면서 때리고 있었다. 그 아이는 가난한 조선인들이 모여 사는 지역에 살고 있었고, 할머니가 흰 치마저고리 차림에 배 모양의 고무신을 신고 다녔기 때문에 누가 보더라도 조선인임을 한눈에 알아볼 수 있었던 것이다.
>
> 나는 아이가 낼 수 있는 최대의 용기를 발휘해 "폭력은 그만둬!" "약자에게 이지메(해코지)하지 마"라고 외치며 말리고 나섰다. 그래서 그 일은 수습이 됐지만 내게는 꺼림칙한 생각이 남았다. 내게는 기껏 "폭력은 그만둬!"라는 일반적인 도덕률을 휘두를 용기밖에 없었고 "나도 조선인이야"라고 선언할 용기는 없었다. 자신도 두들겨맞을 각오까지는 할 수 있었지만 굳이 일상적인 차별을 받는 처지까지를 감내할 각오는 할 수 없었던 것이

다. "약자에게 이지메하지 마"라는 건 자신을 '약자', 즉 '조선인'이 아닌 위치에 두고 하는 말투로 위선적인 말이다. 두들겨맞고 있던 조선인 아이는 그 자리를 떠날 때 힐끗 나를 쳐다봤는데, 그것은 도와준 데 대해 감사하는 눈빛이 아니었다. 자신을 때린 일본인을 보는 것과 같은 눈빛이었다. 당연했을 것이다. 그가 보기에 나는 아무리 정의파처럼 처신해도 자신을 차별하고 때린 또래들의 한 명에 지나지 않았던 것이다. 그때부터 나는 '일본인'만은 되지 않겠다고 계속 다짐했다.[43]

이 글의 저자 서경식이 어린 마음에 가졌던 "꺼림칙함"은 자신이 철인왕의 자리에서 문제해결을 하였던 데서 발생하는 것이며, 따라서 그는 '일본인이 되지 않겠다'는 마음으로 그 자리에서 물러나올 것을 생각한 것이다. 또한 그의 "꺼림칙함"은 철인왕의 태도로 만들어진 "일반적 도덕률"로는 문제의 해결이 되지 않았다는 자각에서 온 것이다. 문제의 해결은 역시 일본인이 되지 않고 조선인임을 회복하는 데 있음을 자각한 것이다.

보편에 대한 관심은 어떻게 보편적 설득력을 갖는가의 문제이다. 공동체주의 사상가들이 풀어야 하는 과제도 자신의 입장이 어떻게 모든 사람들에게 설득력을 갖는가의 문제이다. 보편의 문제는 자유주의자들이 멋있게 해결해내는 듯하지만 개별자에 대한 배려에서 항상 문제가 제기된다. 아렌트는 보편과 특수의 문제를 자신의 철학적 논구의 대상으로 삼은 적은 없지만 정치철학적 논의를 진행해 가는 과정에서 자기 방식대로 이 문제에 대한 답을 제시했다고 볼 수

43 ▶ 서경식, 「일본인입니까?」, 『한겨레신문』 〈한겨레 18.0〉(2006. 4. 14), 7쪽.

있다. 그리고 그것은 실천적 보편성이라는 개념으로 포괄될 수 있는 것이다. 이 논문은 아렌트가 의도치 않게 해명한 것, 또는 보편과 특수의 문제에 대한 의도치 않은 그녀의 대답을 풀어낸 것이다. 그리고 이 대답은 아렌트가 결코 자유주의적이지 않다는 것을 보여준다. 굳이 말하자면 아렌트는 자유주의적 공동체주의자들과 같은 노선에서 있음을 보여준다. 말과 정체성을 지속적으로 강조해 오는 가운데 실천적 영역에서 작용하는 보편성의 힘을 풀어내면서 개별자에서 나오는 힘과 보편적 차원에서의 설득력 확보의 길을 동시에 아우르고 있기 때문이다.

제 2 장

한나 아렌트의 '새로운 시작' 개념과 그 변형*

홍원표(한국외국어대학교)

역사적 사건이 되기 이전 시작은 인간의 최고 능력이었다.
정치적으로 시작은 인간의 자유와 동일하다.
시작이 있었고 인간이 창조되었다.
이 시작은 새로운 출생에 의해 보장된다.
아렌트, 『전체주의의 기원』

* ▶ 본 논문은 『정치사상연구』 제13집 1호(2007년 봄호)에 수록되었다.

Ⅰ. 서론 : 새롭게 발견한 진주

아렌트의 정치철학을 이해하는 데 있어서 새로운 시작은 핵심적인 용어이다. 새로운 시작이란 용어는 '시작', '개시', '참신성', '새로운 것의 시작', '출생', '탄생', '프린키피움'(principium), '이니티움'(initium) 등 다양하게 표현된다. 아울러 개념적으로 변형되기는 했지만 자유, 행위, 건국, 혁명이란 개념 역시 새로운 시작의 변형으로 이해하고 있다. 아렌트 정치철학을 특징짓는 핵심적인 개념어는 바로 새로운 시작이다. 그러므로 보웬-무어는 아렌트의 정치철학을 '출생의 철학'으로 명명하기도 한다.

아렌트는 인간적 삶의 다양한 의미를 천착하고자 개념적 사유에 전념했다. 그의 개념적 사유는 한 차원에 머물지 않고 시간적 간격을 두고 저작 전체에서 다양하게 구체화된다. 따라서 개념적 사유의 분화과정과 맥락을 고려하지 않을 경우 아렌트 이해에 있어서 어려움을 겪기 십상이다.

아렌트는 왜 인간의 삶을 이해하는 데 있어서 '새로운 시작'이란 개념에 그렇게 집착했을까? 그는 근대 정치에서 인간성을 위축시키는 수많은 현상들을 목격했기 때문이다. 근대성의 징표로서 무세계성과 노동하는 동물의 승리, 뿌리 상실감과 잉여성, 국민국가의 취약성, 그리고 인권담론의 위선과 비효율성은 근대 역사의 질곡을 표현하는 것들이다.[1] 아렌트는 전체주의 현상에 대한 경험에서 근대성의 병리적 현상, 즉 인간성 상실의 가능성을 목격했다. 이러한 현상은

'죽음'과 직결된다. '죽음'의 그림자가 따라다니는 어두운 시대에 희망의 빛을 찾으려는 아렌트의 지적 고뇌는 우리에게 어떤 의미를 제공하는가?

죽음의 원리에 의해 작동되는 전체주의 정치에 대한 아렌트의 경험은 특수한 경험이다. 아렌트 정치철학에서 특수한 경험과 연계된 지적 통찰과 이념은 특수한 차원에 머물고 있지는 않다. 인간의 삶에서 삶과 죽음은 누구나 경험하는 특이한 경험이다. 그러기에 아렌트의 특수한 경험과 이해는 특정한 형태의 삶에 머물지 않는다. "아렌트는 태어남이란 인간 조건을 포착하기 위해 새로운 시작, 즉 '탄생'[2]을 사용했는데, 이는 진주같이 귀중한 용어이다."[3] 아렌트의 "이야기들은 정치적 사유에서 새로운 시작이라는 행위일 수 있다."[4] 아

---

1 ▶ 아렌트는 귄터 가우스와의 대담에서 자신이 1933년 사건으로 정치에 대해 체계적이지는 않지만 적극적으로 관심을 갖게 되었다고 밝히고 있다. 다음 문헌을 참조하시오. Hannah Arendt, *Essays in Understanding : 1930–1954*(New York, San Diego and London : Harcourt Brace & Company, 1994), p. 4(이후 *EU*로 표기함). 근대성을 새로운 시작능력의 약화와 관련시킨 연구로서 Hong, Won Pyo(2006)를 참조하시오.

2 ▶ 아렌트는 초기 저작들에서는 'new beginning'이란 개념을 사용한다. 아렌트는 『인간의 조건』에서 'natality'라는 용어를 '새로운 시작'이란 의미로 사용했다. 책으로 출간된 『아우구스티누스의 사랑』에 'natality'라는 용어가 포함되어 있으나 아렌트는 1950년대 말 1960년대 초 박사학위 논문을 일부 수정하였으며, 이때 'new beginning'이란 용어 대신에 'natality'를 삽입했다. 다음 문헌을 참조하시오. Hannah Arendt, *Love and Saint Augustine*, Joanna Vecciarelli Scott and Judith Chelius, eds.(Chicago and London : The University of Chicago Press, 1996), p. 50(이하 *LSA*로 표기함).

3 ▶ Julia Reinhard Lupton, "Hannah Arendt's Renaissance : Remarks on Natality", *Journal for Cultural and Religious Theory*, Vol. 7, No. 2(Spring, 2006), p. 9.

4 ▶ Agnes Heller, "Hannah Arendt on Tradition and New Beginnings", Steven E. Aschheim, ed, *Hannah Arendt in Jerusalem*(Berkely, Los Angels and London : University of California Press, 2001), p. 21.

렌트의 이야기하기는 전통에 대한 저항을 의미하기 때문이다. "아우구스티누스가 신의 섭리(pronoia)와 통제 불가능한 운명을 대립시켰듯이 아렌트는 자유로서의 탄생(새로운 시작)과 통제 불가능한 운명을 대립시켰다.[5] 이와 같이 '새로운 시작'은 아렌트 정치철학을 특징짓는 개념적 사유를 천착하는 핵심 개념어이다.

아렌트는 철학에 전념하던 젊은 시절(1924–1928) 아우구스티누스의 사랑 개념을 연구하면서 신학적 · 세속적 차원의 '새로운 시작'이 인간의 삶에 어떤 의미를 갖는가에 대해 고민했다. 무국적자로 살던 시절 그는 시작능력의 박탈로서 전체주의를 경험하면서 '새로운 시작'을 정치 개념으로 전환하는 계기를 가졌다. 이러한 전환은 새로운 시작의 정치화로 이어진다. 아렌트는 정치이론가로서 성찰적 삶에 치중했던 시기에 새로운 시작으로서의 행위와 개념적 변형을 정교하게 부각시켰으며, 이를 정신의 삶에 관한 연구로 확장시켰다. 정치적 삶이 사멸한 곳에 대한 경험은 '새로운 시작'에 관한 정치적 사유로 상징화된다. 새로운 시작은 바로 세계사랑에 대한 아렌트의 다른 표현일 것이다.

이 연구는 새로운 것을 제시하지 않으면서도 새로운 것을 모색하고자 한다. 한편, 새로운 시작의 개념적 변형에 관한 연구는 이미 많은 연구자들에 의해 제시되었기 때문에 이 연구는 이들의 연구성과를 원용한다는 점에서 새롭지 않다. 그러나 이 연구는 아렌트가 탄생이란 용어를 사용하기 이전 새로운 시작이란 개념을 기초로 하여

---

5 ▶ Agnes Heller, "Hannah Arendt on Tradition and New Beginnings", p. 21.

그 개념적 변형과정을 주로 연대기적 관점에서 추적함으로써 기존 연구와 차별화하고자 한다.

II. 절대적 시작(principium)과 상대적 시작(Initium)

아우구스티누스는 아렌트의 초기 저작에서 만년의 저작에 이르기까지 지속적으로 등장할 정도로 아렌트와 지적으로 가장 '오랜 친구'이다.[6] 아렌트는 아우구스티누스를 통해 새로운 시작의 존재론적 뿌리를 발견하고, 이를 정치학적 개념으로 전환하였다.[7] 『아우구스티누스의 사랑 개념』은 이후 저작들을 이해하는 중요한 단서가 될 수 있다. 예를 들면 '새로운 시작'에 관한 아우구스티누스의 표현은 『전체주의의 기원』에서 『정신의 삶』에 이르기까지 지속적으로 나타나고 있기 때문이다. 아우구스티누스의 '새로운 시작'은 행위 등 주요 정치적 개념을 이해하는 중요한 출발점이지만 여기에서는 정치적 개념으로 전환하기 이전 아렌트의 이해를 중심으로 고찰한다.

6 ▶ Joanna Vecchiarelli Scott and Judith Chelius Stark, "Rediscovering Hannah Arendt", *Hannah Arendt, Love and Saint Augustine* (Chicago and London : The University Press. 1996), p. 115.

7 ▶ 아렌트는 1930년대 사건으로 자신이 정치화되었을 때 아우구스티누스에 대한 관심을 돌리지 않았다. 오히려 아우구스티누스에 대한 그의 초기 사상은 아렌트 연구의 틀을 구성하는 데 지속적으로 작용했다. Dean Hammer, "Freedom and Fatefulness : Augustine, Arendt and the Journey of Memory", *Theory, Culture & Society*, Vol. 17, No. 2 (2000), p. 84.

"아우구스티누스는 세계와 시간의 시작과 인간의 시작을 구분한다. 그는 전자를 프린키피움으로, 후자를 이니티움으로 명명한다."[8] 절대적 시작은 하늘과 땅의 창조(프린키피움)이며, 상대적 시작은 인간의 등장(이니티움)이다.[9] '새로운 시작' 개념은 포괄적인 의미로 사용되었으며, 프린키피움과 이니티움은 특별한 의미를 갖는다.

창조가 있었고 인간이 존재하였기 때문에 프린키피움에 대한 아렌트의 입장을 우선 언급한다. 프린키피움은 절대적 시작을 의미하며, 창조주의 창조행위이다. 절대적 시작은 유일한 사건이며, 인간 세계의 시작을 통해서 그 절대적 의미를 영원히 간직하게 된다. 아렌트는 프린키피움을 원리와 시작으로 해석한다.[10] 원리와 시작은 시간적으로 동시에 존재하며 상호 연관되어 있기 때문이다. "프린키피움은 창조주의 지배적인 역할을 암시하고 있다."[11] 이것은 시작능력을 지닌 존재로서 인간을 정의하는 일종의 존재론적 위상을 갖는다.[12]

지금까지 초월적인 것과 연계된 새로운 시작을 언급했다. 이제

---

8 ▶ Arendt, *LSA*, p. 55.

9 ▶ Arendt, *The Life of Mind : Willing*(San Diego, New York, and London : A Harvest Book, 1978), p. 110(이하 *LMW*로 표기함).

10 ▶ "시작에 해당되는 그리스어는 아르케(arche : ἀρχή)이며, 아르케는 시작과 원리를 모두 의미한다. 어떤 후세의 시인이나 철학자도 플라톤이 만년에 거의 무의식적으로 언급한 표현보다 더 아름답고 간명하게 이 일치의 의미를 표현하지 못하고 있다. '시작은 또한 인간에 머무는 신이며 모든 것을 보존한다.'" Arendt, *On Revolution*(New York : Viking Press, 1963), p. 214(이하 *OR*로 표기함). 마지막 문장은 아렌트가 『법률』(*Law*), 6권 775쪽에서 인용한 것이다.

11 ▶ Scott and Stark, "Rediscovering Hannah Arendt", p. 169.

12 ▶ Patricia Bowen-Moore, *Hannah Arendt's Philosophy of Natality*(Houndsmill : The Macmillian Press Ltd, 1989), p. 27(이하 *HAPN*으로 표기함).

인간의 삶에서 나타나는 새로운 시작에 대해 언급한다. 아렌트의 경우 이에 해당되는 용어는 탄생이다. 이 탄생은 세 가지 형태로 나타난다. 즉 어딘지 모르는 곳에서 인간세계에 진입하는 사실적 탄생, 행위영역에 등장하는 정치적 탄생, 사유의 무시간성으로 등장하는 이론적 탄생을 들 수 있다.[13]

인간의 탄생은 시작능력의 근원(프린키피움)이고, 지속적으로 시작하는 능력(이니티움)의 사실적 현존이다."[14] 이니티움은 개시자(beginner)인 인간의 시초를 지칭한다.[15] 즉 이 시작은 세계의 시작이 아니다. 그리고 이것은 무엇인가의 시작이 아니라 개시자의 시작이다. 이니티움, 즉 인간의 시작은 시간 속에서 시작을 시도하는 인간적 능력을 지칭한다. 아렌트는 아우구스티누스와 마찬가지로 이니티움을 개시자와 동일시했다. 이니티움의 이러한 차원 때문에 탄생은 실존적인 실재로 인정된다. 인간은 출생 덕분에 시작 또는 개시자이기 때문에 행위에 참여하게 된다. 이니티움의 실존적 위상은 출생이고 그 실재화 능력은 시작의 내재적 능력, 즉 프린키피움에 좌우된다. 존재론적 · 실존적 차원에서 탄생의 경험은 원리(프린키피움)와 시작(이니티움)에 의해 구성된다.

인간의 시작은 과거의 절대적 시작과 어떠한 관계에 있으며 미래와 어떠한 관계에 있는가? 인간은 기억을 통해 인간적 실존의 두 가지 형태의 '이전'(즉 자신이 오기 이전의 삶과 갈 곳의 삶)을 발견한

13 ▶ Bowen-Moore, *HAPN*, p. 1.
14 ▶ Bowen-Moore, *HAPN*, p. 28.
15 ▶ Arendt, *HC*, p. 177.

다. "기억은 과거를 환기시키고 그것을 다시 정신에 재현하는 기능을 가지고 있다."[16] 미래지향적인 삶은 영원한 삶, 즉 죽음을 통해서 경험하는 영원한 삶이다. 반면에 하나님에 대한 사랑은 출생을 통해서 경험한 행복한 삶으로 과거와 연계된다. 전자는 욕구와 갈망을 통해서 도달되지만 후자는 기억을 통해서 도달된다. 아렌트는 과거와 미래를 연결시키는 사랑으로서 아우구스티누스의 이웃사랑을 제시하고 있다. 이러한 사랑은 궁극적으로 선한 삶, 즉 영원한 삶을 대상으로 하고 있다. 이것이 바로 카리타스(caritas)이다. "아우구스티누스의 카리타스는 공유된 역사의 실존적 · 결정적 사실뿐만 아니라 공통된 도덕적 명령 위에 새로운 공동체를 건설하기 위한 기초이다."[17] 즉 아렌트는 아우구스티누스가 창조주로의 개인적 여행에 관한 고백적 논의와 인간공동체에서 이웃에 대한 의무를 어떻게 조화시키는가를 제시하고자 하였다. 아렌트는 이러한 연구를 통해 이후 새로운 시작으로서 세계사랑을 정치적 개념으로 전환시킬 수 있는 계기를 갖게 되었다.

다음에서는 종교적 맥락에서 정치적 맥락으로 전환하기 위한 아렌트의 입장을 고찰하기로 한다. "인간은 항상 새로운 시작"이라는 주장이 역사 속에서 실현되는 과정에 대한 언급은 『인간의 조건』에서도 언급되고 있다. 무세계적 사랑이 세계지향적 사랑으로 전환하는 출발점은 다음과 같다.

16 ▶ Arendt, *LSA*, p. 55.
17 ▶ Scott and Stark, "Rediscovering Hannah Arendt", p. 122.

사랑은 그 열정 때문에 우리와 다른 사람을 연결시키고 동시에 우리와 다른 사람을 분리시키는 중간영역을 파괴한다. 그 마력이 지속되는 한, 두 연인 사이에 스스로 끼어들 수 있는 유일한 중간적 존재는 사랑의 결실인 자식이다. 이제 연인들을 연계시키고 그들을 공동으로 유지하는 이 중간적 존재인 자식은 또한 두 사람을 분리시킨다는 점에서 세계의 대면자이다. … 그것은 마치 연인 간의 사랑이 두 사람을 세계로부터 추방시켰지만 이제 두 연인을 세계로 복귀시키는 것과 같다. … 사랑의 목적은 동반자들을 새로이 극복하거나 공존의 다른 양태로 변형되어야 한다.[18]

이 문구에서 나타나듯이 결혼의 결실은 새로운 생명의 탄생이다.[19] 또한 어린 아이의 탄생은 새로운 시작의 전정치적(pre-political) 경험이다. 어린 아이는 어딘지 모르는 곳에서 사람들이 이미 살고 있는 세계에 등장한 이방인이다. 그는 자유롭게 태어났으며, 예기치 않고 우연히 세계에 등장한다. 따라서 어린이의 탄생은 '세계적' 사건이며, 마치 기적과 같다.[20] 새로운 생명의 탄생은 세계의 희망이며,

---

18 ▶ Arendt, *The Human Condition*(Chicago and London : The University of Chicago Press, 1958), p. 242(이하 *HC*로 표기함).

19 ▶ 아렌트는 자식을 두지 않았다. 그러나 "블뤼허 부부의 사랑은 두 사람이 '정신의 소산'으로 공조의 다른 형태로 바뀌었다. … 소크라테스는 산파라고 주장하였지만 … 자신이 어린 아이의 탄생을 돌본다고 말했다. 그가 (말하지 않았지만) 실제로 의도한 것은 자식을 갖는 것이었다." Elisabeth Young-Bruehl, *Hannah Arendt : For Love of the World*(New Haven and London : Yale University Press, 1982), p. 269(이하 *HALW*로 표기함).

20 ▶ "어린이가 우리에게 태어났다"는 문구는 종교적 의미를 갖는다. Arendt, *HC*, p. 247 참조. 반면에 『혁명론』에서는 역사의 연속성에서 태어난 어린이의 탄생을

또한 소멸할 수 있는 세계를 구원하는 존재이다.

어린 아이는 태어나면서 시작능력을 갖고 태어난다. 그의 시작능력은 다양한 방식으로 실현할 수 있는 잠재력이다. 일정 기간 성장한 어린 아이는 이미 세계에 참여하고 있는 성인들을 모방하지만 자신의 방식대로 모방함으로써 시작능력을 재현하게 된다. 유희는 어린 아이가 다른 사람들에게 언행으로 대응하지 않으면서도 자기 표현 방식에 따라 사적으로 실험하는 활동이다. 어린 아이들은 유희를 통해 실질적인 세계가 아니라 가상세계를 구성함으로써 정치세계에서 자신의 독특한 시작능력을 발휘할 수 있는 기회를 갖게 된다.

어린 아이들이 유희세계에서 벗어나 학습을 시작할 때 성인들은 어린 아이들이 독특한 시작능력을 기억하고 세계를 형성하도록 그들의 활동을 지원한다. 이제 어린이들은 학습과정에 참여하게 된다. "교육의 본질은 탄생, 즉 인간들이 세계에 태어났다는 사실이다."[21] 재생기능, 보존기능, 환희기능을 가지고 있는 교육은 "우리가 세계에 대해 책임을 질 만큼 세계를 사랑할 것인가를 결정하고, 그리고 같은 증거로 파멸로부터 … 세계를 구원할 것인가를 결정하는 지점이다."[22]

지금까지 아렌트는 행위로서 새로운 시작의 전정치적 차원을 언

찬양하고 있다 : 베르길리우스의 『농경시』(*Graeogica*)는 "분명히 출생송(出生頌), 즉 어린 아이의 탄생을 찬양하는 노래이며 새로운 세대(nova progenies)의 선언이다. 그러나 이러한 선언은 결코 신성한 어린 아이와 구원자의 도래를 예측하는 것이 아니라, 그 반대로 출생 자체의 신성을 긍정하는 것이다. 즉 세계의 잠재적 구원은 인간 종이 지속적이며 영구적으로 다시 태어난다는 바로 그 사실에 있다." Arendt, *OR*, pp. 212-3 참조.

21 ▶ Arendt, *Between Past and Future*(New York : Penguin Books, 1961), p. 175(이하 *BPF*로 표기함).

22 ▶ Arendt, *BPF*, p. 196.

급하였다. 즉 종교적 차원과 비정치적 차원의 시작 또는 탄생은 새로운 시작의 존재론적 근거를 제시하는 데 중점을 두고 있다. 아렌트는 『인간의 조건』을 저술할 때 새로운 시작에 정치적 의미를 부여하고자 탄생이란 용어를 만들었다. 탄생은 정치적 삶에 대한 아렌트의 이해에서 핵심적이다.[23] 따라서 새로운 시작의 정치적 차원을 언급하는 단계로 넘어가기로 한다. 아렌트는 새로운 시작과 탄생을 언급할 때마다 다음 문장을 즐겨 인용하고 있다 : "시작이 있었고, 첫 번째 인간이 태어났고, 그 이전에는 아무도 없었다" (Initium ut esset, creatus est homo, ante quem nemo fuit).[24] 이러한 문구는 아렌트의 여러 저작에서 언급되고 있다. 예를 들면 행위의 의미를 분석한 『인간의 조건』(177쪽), 그리고 『전체주의의 기원』 제2판 마지막 부분(479쪽), 박사학위 논문을 수정하고 있던 1960년 「정치와 자유」라는 논문으로 발표하여 『과거와 미래 사이』에 게재된 「자유란 무엇인가?」(167쪽) 등에 언급되고 있다.[25]

---

23 ▶ Natasha Levinson, "Teaching in the Midst of Belatedness : The Paradox of Natality in Hannah Arendt's Educational Thought", *Educational Theory*, Vol. 47, No. 3 (1997), p. 436.

24 ▶ Saint Augustine, *The City of God*(New York : The Modern Library, 1950), book 12.

25 ▶ Joanna Vecchiarelli Scott and Judith Chelius Stark, "Rediscovering Hannah Arendt", p. 147 참조. 이 외에도 다음 문헌을 참조하시오. Arendt, *EU*, 2005, p. 321 ; *The Promise of Politics*(New York : Schocken Books, 2005), p. 59(이하 *PP*로 표기함).

III. 새로운 시작으로서 행위와 자유

시작능력을 근본적으로 박탈했던 전체주의 정치에 대한 경험은 아렌트에게 삶의 중요성을 강렬하게 깨닫는 기회를 제공했다. 아렌트는 이 과정에서 새로운 시작의 정치적 의미를 깨닫기 시작했다. 하이데거의 저작은 미래 죽음의 경험에 기반을 두고 있지만 아렌트의 저작은 출생(birth)과 연관되어 있다.[26] 아렌트는 하이데거의 죽음에 대한 강조에 방어적으로 대응하면서 탄생(natales ; natality)이란 용어를 만들었다.[27]

'탄생'은 아렌트 정치사상의 핵심적인 범주이다. '창조물'이라는 신학적 개념은 세속적 철학용어인 '탄생'으로 바뀐다. 탄생은 인간 조건의 근본적 측면으로 부각된다. 노동, 작업, 행위는 인간적 실존의 가장 기본적 조건인 탄생에 뿌리를 두고 있다. 그러나 우리는 이러한 활동적 삶의 세 가지 형태 가운데 탄생이 노동과 가장 밀접하고 긴밀하게 근접해 있다고 기대할 것이다. 노동이란 용어는 신체활동뿐만 아니라 출산이란 의미를 담고 있기 때문이다. 그러나 세 가지

---

26 ▶ Young-Bruehl, *HALW*, p. 76 ; Lupton, "Hannah Arendt's Renaissance : Remarks on Natality", p. 10.

27 ▶ 아렌트가 「활동적 삶」이란 제목으로 출간된 『인간의 조건』 독일어판을 보냈을 때 하이데거와 그 동아리는 이것에 대해 적대감을 나타냈다. Young-Bruehl, *HALW*, p. 307 참조. 이러한 반응의 원인은 여러 가지겠지만 아렌트는 이 책에서 죽음, 사멸과 대립되는 탄생이란 개념을 인간 조건의 중요한 일부로 상정하고 있다.

활동 가운데 행위는 탄생이란 인간 조건과 가장 밀접하게 연계되어 있다.

> 출생에 내재된 '새로운 시작'은 세계에서 느껴질 수 있다. 개시자는 새로운 것을 시작하는 능력, 즉 행위능력을 지니기 있기 때문이다. 이러한 시도의 관점에서 행위의 한 요소이며 출생의 한 요소는 모든 인간 활동에 내재되어 있다. 게다가 행위는 특별히 정치활동이기 때문에 사멸이 아닌 탄생은 형이상학적 사유와 구별되는 정치적 사유의 중심적인 범주가 될 수 있다.[28]

행위가 정치활동이란 표현에 대한 이해를 위해서는 보완적 설명이 필요하다.[29] 인간의 근본적 활동 가운데 노동은 우리의 생물학적 조건을 충족시키는 삶으로서 단순히 표현하면 '먹는 문제'를 해

28 ▶ Arendt, *HC*, p. 9.

29 ▶ 행위가 정치활동이라는 표현에서는 행위와 정치가 구분되고 있지 않다. "다른 사람들과 공유하는 세계, 탄생의 맥락에서 개념화되는 (정치적) 자유, 현상공간의 맥락에서 개념화되는 공공영역을 구성하고 경험하는 활동이 곧 정치"로 정의한다면 정치는 새로운 시작으로서 행위 개념에 포함된다. 공공영역에 속하는 활동영역으로서 정치는 특이하지만 상호 연관된 두 가지 차원으로 이해될 수 있다. 실질적 차원에서 정치는 개별적으로 수행하고 다원적으로 대응하는 개인적 주도의 영역(예를 들어 행위와 말을 통해 표현된 인간적 특이성)이다. 이는 표현적 모델에서 개념화된 행위 개념과 연관된다. 그리고 절차적 차원에서 발전시키고 보존하는 최선의 방법과 관련된 정책결정으로서 정치(설득, 조종)를 들 수 있는데, 이는 의사소통 모델에서 개념화된 행위 개념과 연관된다. 이와 관련하여 다음 문헌을 참조하시오. Passerin D'Entrèves, Maurizio, *The Political Philosophy of Hannah Arendt*(New York : Routledge, 1994), pp. 97–99 ; Peter Fuss, "Hannah Arendt's Conception of Political Community", Melvyn A. Hill, ed., *Hannah Arendt : The Recovery of the Public World*(New York : St. Martin's Press, 1979), pp. 157–176.

결하는 활동이다. 반면에 작업은 인위적인 세계를 구성하는 활동으로서 단순히 표현하면 '기거하는, 나아가 안락하게 기거하는 문제'를 해결하는 활동이다. 이러한 활동은 인간적 삶의 일부를 구성하지만 인간성을 완벽하게 발현시키는 데까지는 기여하지 못한다. 따라서 인간이 인간다운 모습으로 생존하기 위해 공동생활을 해야 하는데 이를 가능케 하는 활동인 행위가 당연히 있어야 한다. "행위는 사물을 매개로 하지 않고 인간들 사이에 직접 이루어지는 활동으로서 다원성이란 인간의 조건에 조응된다."[30] 이러한 정의에 이미 다원성과 자유의 의미가 전제되어 있으므로 아렌트의 행위 개념은 곧 정치활동을 지칭한다.

이 지구상에 한 유형의 사람이 아니라 다양한 사람들이 존재하므로 우리 세계에 새로운 시작이 지속적으로 발현되지 않으면 다원성은 존재할 수 없다. 물론 다원성은 '타자성'과 '차이' 이상의 의미를 가지고 있다.[31] 그리고 아무리 많은 사람들이 존재하더라도 개별적 인간의 자유가 주어지지 않는다면 다원성은 성립될 수 없다. 다원성은 행위의 중심적 측면이다.

"행위능력은 존재론적으로 탄생이라는 사실에 뿌리를 두고 있다."[32] 인간세계를 자연적 파멸로부터 구원하는 기적은 궁극적으로 출생이란 사실이기 때문이다. 새로운 생명의 탄생으로서 기적은 종교적 의미를 갖지 않으며, 우리는 출생 덕택에 행위에 참여할 수 있

30 ▶ Arendt, *HC*, p. 7.

31 ▶ Richard J. Bernstein, *Radical Evil : A Philosophical Interrogation* (Malden and Oxford : Polity, 2002).

32 ▶ Arendt, *HC*, p. 247.

다. 아렌트는 순수한 행위와 정치행위의 차이를 명백히 알고 있지만 양자의 차이를 구분하지 않고 있다. 새로운 시작으로서 행위가 곧 정치활동이기 때문이다.

아렌트는 행위의 의미를 부각시키기 위해 '행동하다'(act)에 해당하는 그리스어와 라틴어 두 가지 용어들을 대비시키고 있다.[33] 그리스어 'archein'(시작하다, 선도하다)과 'prattein'(완성하다), 그리고 라틴어 'agere'(작동시키다, 선도하다)와 'gerere'(간직하다)는 완전히 상이하면서도 상호 연계되어 있다.[34] 따라서 행위는 한 사람의 개시, 그리고 많은 사람들의 동참에 의한 완결이란 두 부분으로 분리되었다. '완성'을 의미하는 행위는 행위 일반의 용어로 수용되었으며, 시작을 지칭하는 행위는 적어도 정치언어에서 의미상 전문화되었다.

한 사람이 공적인 문제를 제기하고 다른 사람들이 제기된 문제를 공동으로 실현하는 과정에 말이 수반된다. 이 과정에서 말과 행위는 밀접하게 연계된다. 본래 "말과 행위는 원칙상 분리되지 않았다."[35] 호머 시대에 위대한 업적을 수행하는 사람이 곧 위대한 말을 하는 사람이었기 때문이다. 이는 말이 행위의 한 형태라는 것을 의미한다. 행위와 시작 사이의 친화성은 말과 시작 사이의 친화성보다 더 높지만 말을 수반하지 않는 행위는 자신을 노출하는 성격을 상실할

---

33 ▶ Arendt, *HC*, p. 189.

34 ▶ 이 문장에서 시작과 끝은 같다는 의미를 지니고 있다. Gottlieb Susannah Young-ah, *Regions of Sorrow : Anxiety and Messianism in Hannah Arendt and W. H. Auden* (California : Stanford University, 2003), p. 141. 아렌트는 『전체주의의 기원』에서 "역사에서 모든 시작은 새로운 시작을 포함하고 있으며, '끝'이 여전히 형성할 수 있는 유일한 메시지, 즉 약속이다"라고 밝히고 있다.

35 ▶ Arendt, *PP*, p. 125.

수 있다.

“하나의 행위자가 존재할 수는 없기 때문에 말이 없는 행위는 더 이상 행위가 되기 어렵다.”[36] 따라서 말로서의 행위는 다원성과 밀접하게 연계된다. 다원성은 평등과 차이의 의미를 담고 있다. 사람들이 평등하지 않으면 그들을 서로를 이해하기 어렵다. 이 지구상에는 하나의 추상화된 인간만이 존재하지 않는 것이 아니라 다양한 사람들이 존재하므로 인간들 사이의 상호작용에서는 당연히 말이 필요하다. 다음으로 사람들 사이에 차이가 없다면 말은 필요하지 않을 것이다. 말로서의 행위는 자유가 존재하는 곳에서 원활하게 수행될 것이다.

근대적 조건 아래 정치와 자유는 분리되었지만 고전 시대 정치와 자유는 동일한 것으로 간주되었다.[37] 이와 같이 그리스적 의미의 정치는 자유와 밀접하게 연계되어 있다. 따라서 자유는 소극적 의미로는 지배받지 않음과 지배하지 않음으로 이해되고, 적극적으로는 사람들에 의해서만 형성될 수 있는 공간으로 이해되었다.[38] 아렌트는 정치적 자유와 철학적 자유를 구분했다.[39] “그것(정치적 자유)은 인간 일반에 의해서 소유된 것이 아니라 시민에 의해서 소유되기 때문이다.”[40]

---

36 ▶ Arendt, *HC*, p. 178,

37 ▶ Arendt, *BPF*, p. 149 ; *PP*, p. 109.

38 ▶ Arendt, *PP*, p. 113.

39 ▶ 아렌트는 자유의 비정치적 근원과 구체화를 위한 정치적 기회를 구분한다. 이러한 구분은 고대적 자유와 근대적 자유에 대한 아렌트의 구분을 명백히 해준다. “고대인들의 자유는 집단활동으로 구성되지만 철학적 자유는 단지 개인적 정신상태를 필요로 한다.” Arendt, *BPF*, pp. 144–146 참조.

"정치의 존재 이유는 자유이며, 이 자유는 일차적으로 행위에서 경험이다."[41] "운동의 자유는 역시 행위의 필수불가결한 조건이며, 사람들은 일차적으로 행위에서 세계 속의 자유를 경험한다."[42] 아렌트는 아리스토텔레스의 자유 개념이 충분히 그 함의를 담고 있지 못하다고 생각했다. 몇 가지 대안들 가운데 하나를 선택하는 능력으로서 자유는 전제에 제약을 담고 있기 때문이다. "정치와 연관된 자유는 의지의 현상은 아니다."[43] 주어진 것 가운데 결정하는 선택의 자유(liberum arbitrium)는 동기에 의해서 미리 결정될 수 있지만, 정치적 자유는 동기뿐만 아니라 예측 가능한 효과로서 의도된 목표로부터 자유로워야 한다. 정치와 연관된 자유는 의지현상이 아니다.[44]

아렌트는 이러한 제약을 극복하고자 자유를 새로운 것을 시작하는 능력으로 정의했다. "자유의 기적은 모든 인간이 자신의 탄생 이전에도 존재했으며, 사후에도 존재할 세계에 태어남으로써 모든 인간들 자신이 새로운 시작이라는 사실에 내재되어 있는 시작을 개시할 수 있는 이러한 능력에 내재되어 있다."[45] 이 문구에도 나타나듯이 자유는 시작과 동일하다. 이러한 정의는 현대인들에게는 생소하다.

---

40 ▶ Arendt, *LMW*, p. 200.

41 ▶ Arendt, *Men in Dark Times*(New York : Harcourt, Brace & World, 1968), p. 251 (이하 *MDT*로 표기함).

42 ▶ Arendt, *MDT*, p. 9.

43 ▶ Arendt, *MDT*, p. 151.

44 ▶ William Paul Wanker, *Nous and Logos : Philosophical Foundations of Hannah Arendt's Political Theory*(New and London : Garland Publishing, Inc., 1991), p. 38.

45 ▶ Arendt, *PP*, p. 113.

아렌트는 선악의 문제를 시작능력과 연계시키고 있다.[46] 그는 전체주의에 의한 시작능력의 완전한 박탈을 정치적 악으로 규정하였다. 전체주의의 타락한 정치, 즉 정치적 악을 폭로한 『전체주의의 기원』 마지막 문구에서도 나타나듯이 시작은 인간의 최고 능력이다. "인간은 자유롭게 태어났다"는 그의 명제에도 나타나듯이 시작한다는 것은 자유로운 것이다.

자유와 시작의 관계는 로마의 경험에서 뚜렷하게 드러나고 있다. 로마의 역사가들에 따르면 로마 역사의 시작은 로마적 자유의 요소를 포함하고 있다. 그들의 경우 인간적인 것과 자유로운 것은 동일하다. "신은 세계에 시작능력, 즉 자유를 소개하기 위해 인간을 창조했다."[47] 아우구스티누스는 시작으로서의 자유인 고대 로마의 핵심적인 정치적 경험이 건국행위에서 구체화된다고 주장했다.

새로운 시작으로서 자유는 몇 가지 내재적 특성을 가지고 있으며, 행위의 특성과 같다.[48] 행위와 시작은 동일하기 때문에 아렌트는 모든 시작이 '전적으로 자의적인 요소들'을 포함하고 있다는 사실에 주목했다. 아렌트의 지적대로 "시작으로서 우리의 우연성은 우리가 자유롭기 때문에 지불하는 대가이며, 시작으로서 자유를 경험할 수

46 ▶ 선악문제와 시작능력에 관한 연구로서 홍원표(2005a, pp. 179–201)를 참조하시오. 아렌트의 경우 선악문제를 이해하는 핵심적인 개념어는 '시작능력'이다. 절대적 선은 죽은 후 새로이 시작하는 영원한 삶과 연관되며, 세계 속에서 새로운 시작을 억압하는 활동은 근본적인 악이다. 악의 동인인 무사유는 정신활동의 중단(죽음)을 의미하며, 사유는 새로운 시작이다.

47 ▶ Arendt, *MDT*, p. 167.

48 ▶ 시작능력 또는 자유로서의 행위에 관한 선행 고찰로는 김비환(2001, 101–105)을, 정치행위의 성격 분석을 중심으로 새로운 시작으로서 행위에 관한 고찰로는 서유경(2000, 112–113)을 참조하시오.

있기 때문에 지불하는 대가이다."[49] 물론 인간 사회에서 자의성만이 만연한다면 인간의 삶은 유지되기 어렵다. 따라서 행위와 자유의 우연성을 중재하는 담당자가 필요하다. 즉 역사가는 모든 시작의 완전한 자의성을 중재하는 역할을 담당한다.

IV. 새로운 시작으로서 혁명과 건국, 세계사랑과 정치적 용서

과거를 이야기하는 것은 새로운 시작이다. 이야기하기는 과거에 존재했던 새로운 시작을 현재에 다시 드러나게 함으로써 우리를 과거와 연결시켜 준다. "인간의 행적은 기억되지 않을 경우 지구상에서 가장 무용하고 가장 빨리 없어질 수 있는 것이다."[50] 아렌트는 이야기하기를 통해 전적으로 전례 없는 새로운 현상인 전체주의의 등장을 이해할 수 있도록 언저리 현상을 중심으로 끌어들였으며,[51] 자유의 역사를 우리들에게 알려주고 있다.

"사람들은 18세기 혁명에서야 새로운 시작이 정치현상일 수 있다는 것을 자각했다. 즉 사람들은 자신들이 수행했던 것, 의식적으로

---

49 ▶ Jerome Kohn, "Introduction", Hannah Arendt, *Responsibility and Judgment*(New York : Schocken Books, 2003), xxvii.

50 ▶ Arendt, *BPF*, p. 84.

51 ▶ 홍원표, "'새로운 시작'과 자유를 기리는 혁명송", 한나 아렌트 저, 홍원표 역, 『혁명론』(파주 : 한길사, 2004), 27쪽.

수행할 수 있었던 것의 결과가 곧 새로운 시작일 수 있다는 것을 자각하게 되었다."[52] 『혁명론』은 아렌트 정치 이론에서 핵심을 제시하고 있다. 정치적으로 새로운 시작은 혁명이다. 아렌트는 새로운 시작과 자유의 확립이라는 실재를 드러내는 정치적 사건을 혁명으로 규정하였다.

아렌트는 미국 혁명, 프랑스 혁명, 그리고 헝가리 혁명을 통해 새로운 시작으로서 행위를 깨닫게 되었다. "프랑스 혁명과 미국 혁명에 대한 이야기는 정치적 탄생의 전기이다. 이것은 역사적으로 명료해졌을 뿐만 아니라, 노출시키는 행위와 말을 통해 공적 세계의 단계에 새로운 것을 개입시키는 최고의 능력을 개시자들에게 노출시켰기 때문이다."[53] 아렌트는 이야기하기를 통해 역사 속에 묻혀 있는 귀중한 것을 발견했다. 혁명에 관한 그의 이야기는 정치적 개입이다. 그는 혁명의 진정한 가치를 부각시켰을 뿐만 정치혁명의 역사적 의미를 부각시켰기 때문이다.

아렌트의 경우 혁명은 인간의 시작능력을 노출시키며, 과거 그리고 그 예측 가능한 결과의 고리와 단절할 뿐만 아니라 세계에서 새로운 시작을 수행하는 인간적 능력을 증명한다.[54] 혁명은 억압으로부터의 해방, 그리고 자유의 실현과 제도화를 목표로 하기 때문에 자유의 의미를 중심으로 혁명적 행위의 중요성을 지적하기로 한다.

1789년 7월 14일 밤 루이 16세와 로슈푸코 공작 사이의 대화는

---

52 ▶ Arendt, *OR*, p. 40.

53 ▶ Bowen-Moore, *HAPN*, p. 65.

54 ▶ Margaret Canovan, *Hannah Arendt : A Reinterpretation of Her Political Thought* (Cambridge : Cambridge University Press, 1992), p. 214.

혁명이 '중단'이며 '새로운 시작'이라는 의미를 명백히 보여주고 있다. "왕이 '이것은 반란이 아닌가'라고 외치자 로슈코프는 '아닙니다. 폐하, 이것은 혁명입니다'라고 말하여 왕의 말을 교정했다. … 로슈코프는 이미 일어난 것은 바뀔 수 없으며 왕의 권능을 벗어나는 일이라고 답했다."[55] 왕의 권능은 혁명으로 자동적으로 중단되고 다시 복구될 수 없게 되었다.

혁명은 자유를 확립하려는 정치적 사건이므로 자유 역시 중단이며 새로운 시작이라는 의미를 담고 있다. 아렌트는 인간적 자유의 '기적적인' 특성, 즉 사건의 예측 가능한 연쇄를 중단시키고 전적으로 예기치 못한 것을 행할 인간의 능력을 강조하고 있다.[56] 인간들은 시작능력을 가지고 있지만 이 능력은 지속적으로 유지되기 어렵다. 시작능력 덕택에 이루어진 자동적인 활동은 모든 과정 속에서 새로운 것의 발현을 어렵게 만들 수 있다. 시작의 참신성은 상당한 시간의 경과 후에 변화를 무시하는 상황을 야기하여 진부함으로 바뀔 수 있기 때문이다. "인위적인 역사과정은 일단 자동적으로 진행될 경우 우리 유기체를 조종하는 자연적인 삶의 과정, 그리고 생물학적으로 존재에서 비존재로, 출생에서 죽음으로 인도하는 자연적 삶의 과정 못지않게 파멸적이다."[57] 새로운 생명의 탄생이 없을 경우 세계는 결국 영락해진다. 마찬가지로 이미 시작된 것의 흐름에 새로운 시작이 지속적으로 존재하는 곳에서만 세계적 현상인 자유는 지속된다. 새

55 ▶ Arendt, *OR*, p. 41.
56 ▶ Arendt, *MDT*, p. 168.
57 ▶ Arendt, *MDT*, p. 168.

로운 시작으로서 자유는 자동적인 기제를 중단시키는 원동력이다.

그렇다면 새로운 시작은 유지될 수 있는가? 아렌트는 혁명과 건국의 관계를 통해 이 문제에 대한 자신의 해답을 제시하고 있다. 새로운 시작의 항구성 문제는 정치적 삶의 재탄생과 연계된다. 정치혁명으로서의 새로운 시작은 또한 건국행위이다. 즉 "건국 자체는 새로운 것의 의식적인 시작이다."[58] 아렌트는 건국원리의 정치적 연계성을 부각시키고자 근대 혁명에 관심을 가졌다. 아렌트는 1956년 헝가리 혁명을 계기로 혁명에 집중적으로 관심을 갖게 되었다. 아렌트는 1959년 발표한 「전통이란 무엇인가?」라는 논문에서 혁명원리의 정치적 연계성에 관한 내용을 간단히 밝히고 있으며, 『혁명론』에서 혁명과 건국과정을 언급하면서 정치적 탄생의 관점에서 미국 혁명의 역설을 제시하였다.

아렌트는 성공적 혁명의 중요한 목표가 건국이라는 점에서 새로운 시작으로서 건국의 정치원리와 과정에 대해서 언급하고 있다. 아렌트는 미국 혁명에서 발현된 새로운 시작의 정치적 함의를 부각시켰다. 로마의 역사적 경험은 아렌트에게 중요한 원리가 되고 있다. 이 과정에서 아렌트는 외형적으로 모순적인 것같이 보이는 전통과 자유의 관계, 그리고 혁명정신의 두 가지 요소에 대해 언급하고 있다. 미국의 건국에 관한 내용을 언급하기에 앞서 우선 로마의 건국과 관련된 내용을 검토하기로 한다.

---

58 ▶ Arendt, *EU*, p. 321 참조. 쉘은 정치에서 새로운 것의 시작능력은 건국에서 가장 명료하게 드러나며, 건국이 자발적 행위와 마찬가지로 일종의 무에서의 창조라는 과점에서 '출생의 정치'라는 용어를 사용하고 있다. Jonathan Schell, "A Politics of Natality", *Social Research*. Vol. 69, No. 2 (2002), p. 465.

아렌트의 경우 로마의 건국과 그 정신은 근대 혁명의 장대함과 비극뿐만 아니라 건국의 참된 의미를 실천하는 데 있어서 중요하다. 아렌트는 로마의 삼위일체에 대한 이해를 통해 문제의 해답을 제시하고 있다. 로마의 삼위일체가 로마 정치체제의 상대적 안정과 항구성을 제공했던 역사적 사실은 미국의 건국활동에 중요한 의미를 부여하는 기초가 된다. 아렌트는 권위의 정치적 성격에 대한 분석을 통해 진정한 정치적 권위가 최초의 건국행위를 지속시키고 증대시키는 능력과 동일하다는 점을 발견했다.

아렌트는 권위의 로마적 개념을 건국행위와 선조들의 위대성에 전적으로 근거를 두고 있는 정치적 실재로 이해했다. 로마 건국자들은 다음과 같은 정신에 입각해 건국하였다. 즉 로마는 시민들이 건국정신의 최초 생명력을 이후 세대에게 물려주는 한 지속적으로 확장되며, 시민들이 자기 선조들에 의해서 구현된 원리와 연대, 즉 과거와의 연계를 인식하는 한 지속적으로 증대된다. 이와 같이 전통과 권위의 유대는 이미 주어진 것에 대한 경건(pietas)에 기반을 두고 있다. 로마인들에게 경건은 애국심의 한 형태였다. 이와 같이 로마인들의 경험에서 권위는 인간적 시작이라는 정치행위에서 형성되는 것이었다.

아렌트는 건국에 대한 로마인들의 열정을 이해하지 못할 경우 근대 서구 혁명들의 장대함과 비극을 이해할 수 없다고 생각했다. 그는 로마의 붕괴와 더불어 건국활동이 세계에서 완전히 사라지고 미국 혁명과 더불어 로마의 건국원리가 다시 실현되었다고 주장하였다. "근대 혁명은 이러한 토대를 수정하고, 전통의 단절된 실마리를 재생시키며, 새로운 정치체의 건설을 통해 수세기 동안 인간사에 어느 정도의 존엄성과 위대성을 부여했던 것을 부활시키는 거대한 시도와 같다."[59] 물론 존엄성과 위대성은 정치행위를 통해서 발현된다.

아렌트는 성공적인 혁명이 외형상 모순되는 요소들 사이의 균형을 이룬다고 주장했다. 혁명의 가장 중요한 목표가 건국이라는 점을 고려할 때 혁명정신은 두 가지 요소를 포함한다. 하나는 안정과 지속성이고, 다른 하나는 변화와 연관된다.[60] 건국행위는 새로운 정치구조의 안정 및 지속성에 대한 중대한 관심을 포함한다. 다른 요소는 새로운 것의 시작을 항상 주시하는 태도이다.

아렌트는 여기에서 혁명이 이러한 두 가지 요소를 지속적으로 실현하지 못하는 이유를 제시하고 있다. 그것은 바로 절대자의 문제이다. 아렌트는 이를 이해시키기 위해 역사과정을 시간의 맥락에서 설명하고 있다. 시간적으로 보면 혁명은 낡은 질서의 종말과 새로운 질서의 시작 사이에 있는 틈새에서 전개된다. 구체제는 뒤에서 혁명을 압박함으로써 혁명과 건국과정에 영향을 미치고, 미래 정치질서는 앞에서 혁명과정을 압박한다. 이 사이에서 전개되는 새로운 시작, 즉 정치행위는 불가피하게 절대자의 문제와 연관된다.

"혁명 참가자들이 행위를 시작해야만 하는 바로 그 순간에 그들이 절대자를 필사적으로 찾고자 하는 신기한 사실은 적어도 부분적으로 서구인들에게 오래된 사유관습에 영향을 받았을 것이다."[61] 프랑스 혁명 참가자들은 절대주의 구체제의 질곡으로부터 벗어나기

59 ▶ Arendt, *BPF*, p. 140.

60 ▶ Robert C. Pirro, *Hannah Arendt and the Politics of Tragedy*(Dekalb, Ill. : Northern Illinois University Press, 2001), p. 73.

61 ▶ 아렌트, 『혁명론』, 328쪽.

위해 절대군주의 위상을 넘어서는 새로운 절대자를 상정하려는 유혹을 벗어날 수 없었다. 이는 혁명과정이 혁명 이전의 시대로부터 영향을 받기 때문이다.[62] 아렌트에 따르면 정치영역의 근거를 확립하고 정당화하는 절대자의 모색은 심각한 문제를 야기한다. "절대자의 모색은 정치영역의 본질적 측면인 우연성을 심각하게 손상시키기"[63] 때문이다.

미국 혁명 참가자들도 독립선언에 불가피하게 절대자, "자명한 진리"를 상정하고 있으나 절대자의 논리적 악순환에서 벗어날 수 있는 근거를 마련했다. 새로운 시작으로서 건국은 원리와 연관되기 때문에 혁명정신을 유지하고 확장하는 근거는 최초의 합의와 심의이다. 합의와 심의는 정치적 자유와 연관되며 건국활동의 근거가 된다. "건국이 이루어졌던 숙명적인 몇 년 사이에 빛나게 되는 원리는 상호약속과 공동의 심의, 즉 서로 연관된 원리였다." 상호 약속과 공동의 심의는 정치행위로서 건국의 원리이다. 미국의 건국 선조들은 불멸의 입법가나 어느 다른 초월적 근원보다 건국행위 자체에서 절대자를 찾았다. 최초의 약속이 절대자이기 때문에 이 절대자는 정치적 자유의 발현을 제약하지 않는다. 아렌트는 『혁명론』에서 새로운 시작으로서 정치적 자유를 완벽하게 실현하는 정치제도로서 타운미팅과

---

62 ▶ 이를 이해하기 위해 아렌트의 혁명과 관련한 시간 연속체를 도표로 구체화할 수 있다. 홍원표(2005b, 30)에서 재인용하였으며 일부를 수정했다.

혁명 이전(과거) 구체제	혁명 과정(현재)	혁명 이후(미래) 건국과 새 정치질서
→		←
종교적, 형이상학적 절대자	기존의 질서 해체	새로운 절대자의 존재

63 ▶ 아렌트, 『혁명론』, 184–185쪽.

평의회를 강조하고 있다. 그는 현대 정치에서 시민들이 공공영역을 대변하지 못한다고 강조하였다. "권좌는 인민에게 귀속되어야 한다는 주장은 시민들이 공적 행복감과 공적 자유를 경험해야 한다는 신념을 담고 있다."[64]

이제 정치적 삶의 재탄생에 관한 문제를 고찰하기로 한다. 건국 및 혁명과 관련한 새로운 시작은 앞에서 지적했기 때문에 세계사랑, 시민권, 그리고 정치적 사면을 중심으로 고찰하기로 한다. 혁명과 건국은 역사 속에서 경험하는 새로운 시작으로서의 행위이지만, 시민권의 경험과 정치적 용서는 정상적인 상황에서 나타나는 새로운 시작을 의미한다.

시민들은 정치영역을 삶의 필수적인 일부로 삼기 위해서 다른 사람들의 정치적 탄생에 대해 확고한 약속을 이해해야 한다. 아렌트는 정치적 삶의 방식으로서 정치적 우정으로서 정의되는 시민권의 경험에 역점을 두고 있다. 이 문제에 대한 논의는 세계사랑에 의해 촉진된다. "세계를 '세계적이게' 만드는 세계에 대한 사랑은 세계의 존재에 기반을 두고 있다."[65] 아우구스티누스가 사랑 개념에서 카리타스에 대한 애착 때문에 세계사랑(dilectio mundi)[66]이 낮게 평가되지

---

64 ▶ Bowen-Moore, *HAPN*, p. 144.

65 ▶ Arendt, *LSA*, p. 66.

66 ▶ 아우구스티누스는 일관되지는 않지만 일반적으로 욕구나 갈망(가장 일반적인 의미의 사랑)을 지칭하기 위해 'amor'라는 용어를, 자애와 이웃사랑을 지칭하기 위해 'dilectio'라는 용어를, 그리고 하나님에 대한 사랑, 최고의 선을 지칭하기 위해 'caritas'라는 용어를 사용했다. 이에 해당하는 그리스어는 eros, storge, agape이다. Arendt(1996, 38-39)를 참조하시오. 따라서 dilectio mundi는 amor mundi로 대체될 수 있다.

만 아렌트의 경우 "세계사랑은 결코 선택이 아니다. 세계는 항상 거기에 존재하고 그것을 사랑하는 것은 자연스럽게 때문이다."[67] 세계에 대한 아렌트의 열정은 "레싱에 관한 고찰"에서 강하게 드러나고 있다.

"그리스인들은 우정의 대화에서 성취되는 이러한 인간성을 '인간사랑'이라고 불렀다. 그것은 다른 사람들과 세계를 공유하려는 준비 상태에서 명백하게 드러나기 때문이다."[68] 세계에 대한 냉정하면서도 헌신적인 애착은 바로 세계사랑이다. 아렌트는 레싱의 열정적 무관심에서 세계사랑, 즉 정치적 우정의 명료한 예를 찾았다.[69] "레싱의 위대성은 인간세계에는 유일한 진리란 존재하지 않을 뿐만 아니라, 인간들이 존재하는 한 인간들 사이에 끊임없는 대화가 결코 중단되지 않을 것이라는 이론적 통찰에 있기"[70] 때문이다. 아렌트는 정치적 삶의 방식을 잘 보여주는 예로서 세계사랑에 대한 레싱의 비판적 정신을 제시하였다.

정치적 우정은 언어행위를 통해 세계와 그 구성원들을 더 인간화하는 데 기여하며, 세계에 활력을 불어넣은 데 기여한다. 이 과정에서 세계의 구성원들은 부주의한 행위로 세계를 탈인간화시킬 수 있

---

67 ▶ Arendt, *LSA*, p. 77.
68 ▶ Arendt, *BPF*, p. 25.
69 ▶ 레싱은 로소와 마찬가지로 동정심(박애)을 옹호했으나 동정의 평등주의적 성격 때문에 우정을 진정한 인간성이 증명될 수 있는 핵심적인 현상으로 이해했다(Arendt, 1968, p. 12). 아렌트는 비정치적 또는 반정치적 사랑과 우정을 구분하고 있으며, 이미 『혁명론』의 제2장 「사회문제」에서 이 문제를 명백히 밝히고 있다.
70 ▶ Arendt, *BPF*, p. 27.

다. 이러한 오류를 보완하는 것이 바로 정치적 용서이다. 이것은 또한 시민권, 더 정확히 표현하여 정치적 우정을 경험하는 또 다른 계기이다.

아렌트의 경우 용서는 행위자 또는 행위와 연계될 때 정치적으로 기능한다. 용서라는 행위가 이미 수행된 것을 제거하려고 시도하는 한 용서와 행위는 밀접하게 연계된다. "용서되지 않을 경우, 그리고 이미 수행된 것의 결과로부터 해방되지 않을 경우 우리의 행위능력은 사실상 우리가 결코 회복하지 못하는 단일 행위로 국한되기"[71] 때문이다. 물론 아렌트의 용서 개념은 정치적으로 확립된 관계를 방해하지만 범죄 의도나 악을 의도하지 않은 채 행위를 수행하는 사람들에게 적용되며,[72] 반면에 의도된 악이나 범죄의 경우 용서보다 처벌은 악행의 의미를 원상태로 돌리는 데 적절하다.[73]

정치에서 용서의 기반은 세계의 결점이며 다른 사람들의 새로운 시작이다. 새로운 시작에 대한 반응으로서 용서는 행위의 결과로부터 다른 사람을 방면해 준다. 행위는 과정의 불가역성과 예측불가능성이란 난점을 지니고 있는데, 이 난점의 치유는 행위를 통해서만 이루어진다. 약속이 행위의 예측불가능성을 치유하는 행위의 한 유형이듯이 용서는 행위의 불가역성을 치유하는 또 다른 행위이다. 이러한 것이 인정되지 않을 때 새로운 시작의 전통은 유지되기 어렵기

---

71 ▶ Arendt, *HC*, p. 237.

72 ▶ Bowen-Moore, *HAPN*, p. 147.

73 ▶ Andrew Schaap, "Forgiveness, Reconciliation, and Transitional Justice", Anthony F. Lang, Jr. and John Williams, eds., *Hannah Arendt and International Relations*(New York : Palgrave Macmillan, 2005), p. 77.

때문이다. 따라서 정치적 용서는 범죄 의도가 없는 위반자들과 행위의 불가역성에 의해 영향을 받은 사람들을 방면시키기 때문에 정치적 자유의 일종이다.[74]

V. 새로운 시작으로서 사유, 의지, 그리고 판단

정치적 탄생이 제2의 탄생이라면 정신활동(사유, 의지, 판단)은 제3의 탄생과 연관된다. 이러한 활동들은 각기 특이한 형태의 새로운 시작을 의미한다. 여기에서는 정신활동의 모든 특성과 의미를 제시하는 것이 아니라 새로운 시작으로서 정신적 삶에 관한 내용만을 중점적으로 제시한다.[75]

사유, 의지, 판단은 현상세계로부터 이탈하면서 시작된다. 활동적 삶 속에서 형성되는 새로운 시작은 상이한 영역 사이의 이동이란 공통 특징을 가지고 있다. 물론 현상세계는 가시적이며 구체적인 현상이다. 반면에 정신활동에서 새로운 시작은 가시적인 현상에서 비가시적인 공간으로의 이동이란 공통 특징을 가지고 있다. 따라서 새로운 시작으로서 정신활동을 이해하는 데 있어서 은유 또는 비유가 필요하다.[76]

---

74 ▶ Bowen-Moore, *HAPN*, p. 147.

75 ▶ 이와 관련하여 홍원표(1999, 13-69)를 참조하시오.

76 ▶ 아렌트에 따르면 "은유는 모든 개념적 사유의 일용한 양식이다." Arendt, *Responsibility and Judgment*(New York : Random House, Inc., 2003), p. 13.

우선 새로운 시작으로서 사유의 의미를 검토하기로 한다. "아렌트는 아우구스티누스로부터 새로운 시작의 개념을 배웠을 뿐만 아니라 사유가 일종의 출생이라는 것을 배웠다."[77] 사유는 현상으로부터 세심하게 이탈한 경우를 제외하고 존재할 수 없다.[78] 우리는 사유하는 동안 다른 세계에서 이동하고 있는 것 같다. 이 상이한 세계는 형이상학적 세계일 필요는 없다. 사유하는 사람은 항상 시작의 원리를 부여받은 개시자이고, 세계 자체는 끊임없이 변화하기 때문에 사유에 주어진 것은 항상 새로우며 완전히 소진될 수 없다.[79] 우리는 사유활동이 새로운 시작이라는 것은 소크라테스의 비유를 통해서 명백히 확인할 수 있다.[80]

소크라테스적 비유의 성격에 의해 제시된 은유 언어는 사유와 정치영역을 연계시켜 준다. 소크라테스는 등에이다. "그는 잠을 깨우지 않으면 여생 동안 동요되지 않은 채 잠자는 사람에게 자극을 주는 법을 알고 있다.[81] 수면 상태의 정신은 죽음의 한 형태이다. 죽음 상태와 무사유 상태에서 사유의 삶으로 전환시키는 자극제가 필요하다. 그런데 등에는 무사유 상태인 죽음에서 소리 없는 대화의 삶의 상태로 전환하는 자극제이다.

---

77 ▶ Bowen-Moore, *HAPN*, p. 7.

78 ▶ Arendt, *The Life of Mind : Thinking*(San Diego, New York, and London : A Harvest Book, 1978), p. 75(이하 *LMT*로 표기함).

79 ▶ Bowen-Moore, *HAPN*, p. 79.

80 ▶ 아렌트는 무엇이 우리를 생각하게 하는가?라는 질문에 대한 대답으로서 소크라테스의 예를 들고 있으며, 다음 절에서 사유를 하나 속의 둘이라고 밝히고 있다. Arendt, *LMT*, pp. 166-93 참조.

81 ▶ Arendt, *LMT*, p. 172.

산파술에 관한 기술은 불임과 출생의 이상한 연계를 설명한다. 정신적 불임은 결과를 생산할 수 없다는 것을 의미한다. 사유는 의미를 탐구한다는 측면에서 볼 때 결과는 두 가지로 해석될 수 있다. 하나는 인지과정의 결과 생산되는 것으로 이해되며, 다른 하나는 정신이 만족하지 못하여 당혹스러움으로 다시 확인하려는 해결책으로 이해된다. 따라서 산파과정은 비판적 사유를 의미하며, 이 비판적 사유는 정신의 내재적인 기원에 좌우되며, 이것의 정치적 함의는 의사소통 가능성과 공개성이란 요인들에 좌우된다.

반면에 전기가오리에 대한 비유는 사유의 당혹스러움으로 야기된 마비 상태를 중단시키는 데 기여한다. 정신은 이미 사유활동에 참여하고 있어서 이 활동을 중단시킬 필요가 있기 때문에 전기가오리에 의한 정신적 비동성은 나타난다. 우리가 무엇인가에 정신이 팔려 있을 때에는 다른 것에 눈을 돌릴 수 없다. 사유활동의 집요함은 정신적 마비 상태를 야기하는 효과를 가지고 있다. 따라서 정신적 마비 상태에 빠진 사람은 서서 사유할 수 있는 능력을 상실하게 되고 자신이 생각한 것과 적절한 거리를 유지할 수 없게 된다. 그는 무엇인가에 홀린 사람이다. 정신적 마비의 경험은 살아 있다는 감각과 반대인 것 같다. 등에와 전기가오리는 정신활동을 새롭게 하도록 도와준다.

소크라테스는 사유활동이 바람과 같다는 은유를 사용하고 있다. 바람은 가시적이지는 않지만 자연현상은 우리들에게 명백히 인지될 뿐만 아니라 바람을 느낄 수 있다. 이러한 측면에서 사유활동 역시 비가시적이지만 우리는 이를 통해 의식하게 된다. 따라서 사유와 바람의 관계는 숨결과 살아 있는 사물의 관계와 같다.

탄생이란 조건은 사유활동에 못지않게 의지활동을 분석하기 위한 맥락을 제공한다. "자발성의 자유는 인간 조건의 일부이며, 이것이 진행되는 정신기관은 의지이다."[82] 아리스토텔레스의 선택의 자유(proairesis ; liberum arbitrium)는 의지(willing)의 선행적 개념이다. 여기에서 "우리는 새로운 것을 시작하는 자발적 능력을 다루지 않는다."[83] 의지는 욕망의 기제나 지성(intellect)과 다른 능력, 즉 "일련의 연속적인 것을 자발적으로 행하는 능력이다."[84]

아우구스티누스에 따르면 의지는 인간의 감각기관과 외부세계를 결합시키는 통합력, 그리고 인간의 상이한 정신활동을 결합시키는 통합력이다. 이 의지는 행위의 근원으로 이해된다. 즉 "의지는 감각들의 관심을 인도하고 기억에 각인된 이미지를 관장하며 지성에 이해의 자료를 제공함으로써 행위가 발생할 수 있는 기반을 제공한다."[85] 또한 의지는 분주하게 행위를 준비하는 관계로 자신의 반대의지(nolle)[86]와 논쟁에 빠질 시간적 여유를 가지고 있지 못하다.

의지는 자유(freedom)가 아니라 자유의 전제조건이다.[87] 이 문

---

82 ▶ Arendt, *LMT*, p. 110.
83 ▶ Arendt, *LMW*, p. 62.
84 ▶ Arendt, *LMW*, p. 6.
85 ▶ Arendt, *LMW*, p. 101.
86 ▶ 우리는 의지의 이미지를 힘이란 언어에서 도출할 수 있다. 힘이 구심력과 원심력이란 상반된 요소를 가지고 있듯이 의지(the will) 역시 정방향으로 작동하는 의지(velle)와 역방향으로 작동하는 의지(nolle)로 구분한다. 반대의지(nolle)는 '무의지'가 아니다. 'the will not to will'은 무의지가 아니란 반대의지, 즉 'nolle'를 의미한다.
87 ▶ 아렌트는 만년에 의지의 중요성을 지적하고 그것이 탄생과 자유를 설명하는데 필요하다고 강조한다. Arendt, *LMW*, p. 69 참조. 탄생과 자유는 정치적이지만 이들의 근원은 상당히 비정치적이다. John Tambornino, "Locating the Body :

구는 정치적 자유와 내면적 자유의 차이를 담고 있다. 의지는 행위를 준비하며, 행위의 원천이므로 내면의 활동이 중단될 때 행위로 전환될 수 있다. 의지는 그 내재적인 기질, 시작능력으로서 자율성을 고수하는 경우 자유를 대비하는 속성을 가지고 있다. 의지는 의도하는(뜻하는) 나의 모든 행위 이면에 우연성이란 경험을 기대한다. 아울러 의지는 역사 속에 자신을 분출시키기 전에 행위의 예측불가능성과 공존할 수 있다. 따라서 우연성이란 사실은 의지의 자발성이란 문제에 본질적이다.

아렌트는 스코투스로부터 자유 개념과 우연성의 경험을 통합시키는 의지에 관한 견해를 발견한다. 스코투스는 아우구스티누스의 자원론을 수용하면서도 그 우연성이란 대가를 치를 준비가 되어 있는 사람이었다. "그 보상의 대가는 자유이기 때문이다."[88] 스코투스가 표현하였듯이 "내가 이 순간 글을 쓰지 않는 게 가능하며 동시에 글쓰는 것도 가능하다."[89] 전자의 표현은 정방향으로 작동하는 의지(will ; velle)이며 후자는 반대방향으로 작동하는 의지(nill ; nolle)이다. 스코투스는 의지를 새로운 것을 시작할 기본적인 능력으로 규정하고 있다. 이와 같이 그는 '우연성' 이념을 폄하하지 않았다. 그것은 오히려 예측할 수 없으나 한 번 발생하면 반대의 방향으로도 대체될 수 있는 무엇인가의 자발적 시작으로서 의지의 특성이다.[90]

Corporeality and Politics in Hannah Arendt", *The Journal of Political Philosophy*, Vol. 7, No. 2(1999), p. 181.

88 ▶ Arendt, *LMW*, pp. 101, 195.

89 ▶ Arendt, *LMW*, pp. 101–102.

90 ▶ Bowen-Moore, *HAPN*, p. 88.

아렌트는 아우구스티누스로부터 출생의 덕택에 인간에 속하는 행위의 근원으로서 의지를 발견했으며, 스코투스의 의지 개념에서 강력하게 행할 수 있는 나(I-can)와 우연성이란 조건을 발견했다. 그러나 의지의 내면적 갈등 때문에 자유의 전망은 잠재적인 행위자를 마비시킬 수 있다. 상반된 의지가 동시에 작동할 경우 잠재적 행위자는 행위를 개시할 수 없다. 의지는 행위의 경험에 관심을 가지고 있다고 하더라도 아직은 정신의 사적 영역에 머무르고 있다. 사적 영역에서 공공영역으로 전환하기 위해서는 판단능력이 작동되어야 한다.

제3의 출생과 판단의 관계는 판단이 항상 정신의 삶을 특수화하고 말과 행위를 통해서 관찰된 것을 구체적으로 표현한다는 사실에 의해 명료화된다. 판단은 자신의 활동결과를 공개함으로써 활동내용을 실재화하는 정신능력이다.

판단은 출생과 밀접하게 연계되어 있다.[91] 판단은 사유활동이 현상세계에 나타나는 것을 가능케 한다. 그것은 행위영역과 사유영역의 가교 역할을 한다. 판단은 사유를 해방시키는 효과를 가지고 있기 때문이다. 판단활동은 이와 같이 내면에 존재하는 것을 외재화하는 기능을 한다. 새로운 시작이 영역의 이동이란 의미를 담고 있다는 점을 고려할 때 내재하는 것의 외재화하는 능력으로서 판단활동은 새로운 시작이다.

사건의 종결 이후 작동하는 판단은 다른 정신활동들과 마찬가지로 현상세계로부터 이탈과 거리감을 필요로 한다. 판단하는 사람

91 ▶ 이에 관한 연구로는 홍원표(1999), 김선욱(2002)을 참조하시오.

은 현상세계를 버리지 않은 채 현실세계에 대해 적극적으로 관여한 상태에서 관조하기 때문에 특별한 위치에 서게 된다.[92] 이와 같이 판단하기는 신비하게도 특수성과 일반성을 결합시키는 능력이다. "판단은 정신의 산물인 일반성과 감각기관에 노정된 특수성을 결합시키는 신비스러운 기본 재산이다."[93]

판단은 시각, 청각, 촉각과 달리 가장 사적인 감각, 취미와 연관되며, 오감을 종합하는 공통감(communis sensus)이다. 따라서 판단은 한때 감각했으나 현재는 부재하는 특수한 것들을 우리 자신에 노출시킨다. 판단활동은 감각경험에 기초한 인지활동이 아니라 부재하는 감각대상의 상상적 표현이다. 또한 판단활동은 상상 속에 존재하는 타자들과 나누는 대화로서 사유나 의지와 다르게 가장 정치적인 정신활동이다.

판단은 두 가지 상이한 정신적 작동, 즉 상상과 성찰을 필요로 한다. "상상은 부재하는 것을 나타나게 하는 능력, 즉 재현능력이다.[94] 우리는 성찰을 통해 정신에서 재현된 것을 반추한다. 우리는 이 두 과정을 통해 우리 자신과 대상 사이에 적절한 거리를 유지하여 전체의 윤곽을 파악하게 된다. 성찰을 인도하는 기준은 소통가능성이다. 우리가 의존하는 그 기준은 공통감이다.[95] 공통감은 우리들에게 보편적 소통가능성을 주장하게 해주는 기준이다. 소통을 가능케 하

---

92 ▶ Arendt, *LMT*, p. 94.

93 ▶ Arendt, *Lectures on Kant's Political Philosophy*(Chicago : The University of Chicago Press(1982), p. 69(이하 *LKPP*로 표기함).

94 ▶ Arendt, *LKPP*. p. 79.

95 ▶ Arendt, *LKPP*, p. 69.

는 이러한 공통감의 격률은 모든 사람의 관점에서 사유하는 것이다. 이를 가능케 하는 것은 정신의 심성, 즉 칸트의 확장된 심성, 즉 열린 마음이다.[96]

우리는 활동적 삶을 영위하면서도 현실의 분주함 때문에 현상세계로부터 이탈하지 못하고 틀에 박힌 삶을 반복하는 과정에 함몰될 수 있다. 탁월한 지적 능력을 가진 과학자가 항상 사유하고 판단하는 삶을 영위하는 것은 아니다. 그는 정신의 삶에서 새로운 시작을 시도하지 않을 경우 중대한 오류를 범할 수 있다. 정신활동은 오류가능성을 줄일 수 있는 계기를 제공할 뿐만 아니라, 반복적 삶에 개입하여 자동화된 삶의 과정을 변화시킬 수 있다. 따라서 새로운 시작으로서 정신활동은 우리가 살아가는 동안 지속적으로 이루어져야 한다. 이 과정의 중단은 새로운 시작으로서 행위에 위험을 야기할 수 있다. 무사유가 평범한 악의 원인이라는 아렌트의 주장은 정신활동의 중요성을 단적으로 보여주고 있다.

VI. 결론 : 사막화된 세계에서 비옥한 세계로

인간은 태어나는 순간부터 죽음을 향해 걸어간다. 죽음을 향해 나가는 과정에서 반복적이고 순환적인 삶은 또한 고통의 근원이다.

---

96 ▶ Arendt, *LKPP*, p. 79.

인간의 삶에서 이러한 것을 부정하기란 어려울 것이다. 이러한 상황만이 존재한다면 소포클레스의 표현대로 "일단 태어나면 삶의 차선책은 온 곳으로 가능한 한 신속히 돌아가는 것이다." 그러나 이러한 해결책도 인간의 근본적인 문제를 해결해 주지는 못한다.

인간은 죽음을 향해 여정을 시작하는 과정에서도 탄생의 경험과 같이 항상 새로운 시작을 경험하게 된다. 우리는 이 능력을 상실할 경우 인간적 실존의 의미를 상실하게 된다. 아렌트는 인간적 시작 능력의 박탈을 정치적 악으로 이해했다. 집단수용소, 즉 인간도살장은 살아 있는 죽음만이 존재하는 지옥이다. 집단수용소는 죽음을 상징한다. 그리고 사유하지 않음은 살아 있는 죽음과 마찬가지이다. 반복적이고 틀에 박힌 생활 속에서 새로운 시작이 없는 곳은 '사막'과 같을 것이다. 아렌트가 이해한 전체주의는 역사로 남아 있지만 새로운 시작을 위축하는 곳은 아렌트의 표현대로 사막이다. 따라서 아렌트의 새로운 시작은 인간다움을 활성화시키지 못하는 사막을 인간다운 세계, 즉 옥토로 바꿀 수 있는 원동력이다. 세계사랑은 다양한 형태의 새로운 시작을 가능케 할 수 있다.

서론에서 밝혔듯이 아렌트는 인간을 이해하는 데 있어서 죽음이 아닌 새로운 시작, 특히 탄생은 인간의 역사적 실존에 대한 아렌트의 진지한 고찰에서 새로이 발굴해낸 진주이다. 그는 이 진주로 사막화된 세계를 옥토로 전환하고자 했다. 그는 탄생의 존재론적 기반에 대한 고찰을 통해 인간의 존엄성과 고귀성을 부각시켰으며, 새로운 시작으로서 행위와 자유에 대한 고찰을 통해 인간다운 삶을 보장하는 공공영역의 귀중함을 이야기하고 있을 뿐만 아니라, 혁명이라는 비극적 사건에서 인간적 불멸성을 가능케 하는 '새로운 시작'의 정신을 언급했다. 새로운 시작으로서의 정신활동은 일상적 삶의 반복 속에서 새로운 시작을 가능케 하는 원동력이다.

'자연' 이데올로기와 '역사' 이데올로기가 지배했던 20세기에 지구는 폭력의 난무로 사막화되었으며, 종교적 신념에 기초한 '도덕' 이데올로기의 충돌로 폭력이 상존하는 21세기 국제적 공공영역도 아렌트의 눈에는 옥토로 보이지 않을 것이다. "삶이 최고의 선이다"라는 홉스의 명제가 변형된 형태로 실현되는 상황에서 우리가 속해 있는 세계를 옥토로 전환하기도 용이하지는 않을 것이다. 이러한 현실적 한계에도 불구하고 공화주의적 전통에 기반을 두고 있는 아렌트의 '새로운 시작'은 이상으로만 남아 있기에 너무 귀중한 보배이다. 그 보배가 빛을 발하기 위해서는 근대성의 부정적 요소를 제거하려는 새로운 시도로서 정치행위는 지속적으로 요구될 것이다.

아렌트는 초기부터 만년에 이르기까지 새로운 시작의 본질적 특성을 유지하는 삶을 가능케 하기 위해 다양한 방식으로 기존의 전통에 철학적 · 정치적으로 개입했다. 그는 이를 통해 세계의 사막화를 방지하는 세계사랑의 철학을 우리에게 제공하고 있다. 아렌트의 정치철학이 우리 시대 다시 조명되는 이유는 바로 여기에 있다.

참고문헌

김비환. 2001.『축복과 저주의 정치사상 : 20세기와 한나 아렌트』. 서울 : 한길사.

김선욱. 2002.『한나 아렌트 정치판단이론 : 우리 시대의 소통과 정치윤리』. 서울 : 푸른숲.

서유경. 2000. "한나 아렌트의 정치 행위(action) 개념 분석."『정치사상연구』. 제3집(가을). pp. 95-123.

홍원표. 1999. "한나 아렌트의 '정신의 신화'와 그 정치적 함의 : 정신의 삶에 관한 역사를 중심으로."『한국정치학회보』. 제33집 1호(가을). pp. 187-206.

_____. 2004. "'새로운 시작'과 자유를 기리는 혁명송." pp. 13-69. 홍원표 역.『혁명론』. 파주 : 한길사.

_____. 2005a. "한나 아렌트 정치철학에서 선악의 문제."『정치사상연구』. pp. 179-201.

_____. 2005b. "소앙 조용은과 한나 아렌트의 혁명이론 : 동·서양의 차이를 넘어서."『21세 기정치학회보』. 제15집 2호. pp. 23-46.

Arendt, Hannah. 1951. *The Origins of Totalitarianism*. San Diego, New York, and London : A Harvest Book.

_____. 1958. *The Human Condition*. Chicago and London : The University of Chicago Press ; 이진우·태정호 역.『인간의 조건』. 서울 : 한길사(1997).

_____. 1961. *Between Past and Future*. New York : Penguin Books ; 서유경 역.

『과거와 미래 사이』. 파주 : 푸른숲(2005).

Arendt, Hannah. 1963. *On Revolution*. New York : Viking Press : 홍원표 역. 『혁명론』. 파주 : 한길사(2004).

______. 1968. *Men in Dark Times*. New York : Harcourt, Brace & World ; 권영빈 역. 『어두운 시대의 사람들』. 서울 : 문학과지성사(1983).

______. 1978a. *The Life of Mind : Thinking*. San Diego, New York, and London : A Harvest Book ; 홍원표 역. 『정신의 삶 1 : 사유』. 서울 : 푸른숲(2004).

______. 1978b. *The Life of Mind : Willing*. San Diego, New York, and London : A Harvest Book.

______. 1982. *Lectures on Kant's Political Philosophy*. Chicago : The University of Chicago Press ; 김선욱 역. 『칸트 정치철학 강의』. 서울 : 푸른숲(2003).

______. 1994. *Essays in Understanding : 1930–1954*. New York, San Diego and London : Harcourt Brace & Company.

______. 1996. *Love and Saint Augustine*. Joanna Vecciarelli Scott and Judith Chelius. eds. Chicago and London : The University of Chicago Press.

______. 2003. *Responsibility and Judgment*. New York : Random House, Inc.

______. 2005. *The Promise of Politics*. New York : Schocken Books.

Bernstein, Richard J. 2002. *Radical Evil : A Philosophical Interrogation*. Malden and Oxford : Polity.

Bowen–Moore, Patricia. 1989. *Hannah Arendt's Philosophy of Natality*. Houndsmill : The Macmillian Press Ltd.

Canovan, Margaret. 1992. *Hannah Arendt : A Reinterpretation of Her Political Thought*. Cambridge : Cambridge University Press.

D'Entrèves, Maurizio Passerin. 1994. *The Political Philosophy of Hannah Arendt*. New York : Routledge.

Fuss, Peter. 1979. "Hannah Arendt's Conception of Political Community." pp. 157–76. Melvyn A. Hill. ed. *Hannah Arendt : The Recovery of the Public World*. New York : St. Martin's Press.

Gottlieb, Susannah Young–ah. 2003. *Regions of Sorrow : Anxiety and Messianism in Hannah Arendt and W. H. Auden*. California : Stanford University Press.

Hammer, Dean. 2000. "Freedom and Fatefulness : Augustine, Arendt and the Journey of Memory." *Theory, Culture & Society*. Vol. 17, No. 2, pp. 83–104.

Heller, Agnes. 2001. "Hannah Arendt on Tradition and New Beginnings." pp.

19–32, Steven E. Aschheim. ed. *Hannah Arendt in Jerusalem*. Berkely, Los Angels and London : University of California Press.

Hong, Won Pyo. 2006. "Modernity, Nation–state and Human Rights in Hannah Arendt." pp. 93–112. *The Korean Journal of Area Studies*. Vol. 24, No. 2.

Kateb, George. 2000. "Political Action : Its Nature and Advantages." pp. 130–148. Dana Villa. ed. *The Cambridge to Hannah Arendt*. Cambridge : Cambridge University Press.

Kohn, Jerome. 2003. "Introduction." pp. vii–xix. Hannah Arendt, *Responsibility and Judgment*. New York : Schocken Books.

Levinson, Natasha. 1997. "Teaching in the Midst of Belatedness : The Paradox of Natality in Hannah Arendt's Educational Thought." *Educational Theory*. Vol. 47, No. 3, pp. 435–51.

Lupton, Julia Reinhard. 2006. "Hannah Arendt's Renaissance : Remarks on Natality." *Journal for Cultural and Religious Theory*. Vol. 7, No. 2 (Spring), pp. 7–18.

Pirro, Robert C. 2001. *Hannah Arendt and the Politics of Tragedy*. Dekalb, Ill. : Northern Illinois University Press.

Schaap, Andrew. 2005. "Forgiveness, Reconciliation, and Transitional Justice." pp. 68–93. Anthony F. Lang, Jr. and John Williams. eds. *Hannah Arendt and International Relations*. New York : Palgrave Macmillan.

Schell, Jonathan. 2002. "A Politics of Natality." *Social Research*. Vol. 69, No. 2, pp. 461–71.

Scott, Joanna Vecchiarelli and Stark, Judith Chelius. 1996. "Rediscovering Hannah Arendt." pp. 113–211. Hannah Arendt, *Love and Saint Augustine*. Chicago and London : The University Press.

Tambornino, John. 1999. "Locating the Body : Corporeality and Politics in Hannah Arendt." *The Journal of Political Philosophy*. Vol. 7, No. 2, pp. 172–190.

Wanker, William Paul. 1991. *Nous and Logos : Philosophical Foundations of Hannah Arendt's Political Theory*. New and London : Garland Publishing, Inc.

Young–Bruehl, Young. 1982. *Hannah Arendt : For Love of the World*. New Haven and London : Yale University Press ; 홍원표 역. 『아렌트 전기 : 세계사랑』. 일산 : 인간사랑(2007).

제 3 장

아렌트 정치·윤리학적 관점에서 본 레비나스 '타자'(the Other) 개념의 문제*

서유경(경희사이버대학교)

I. 머리말

본고는 한나 아렌트(Hannah Arendt, 1906-1975)와 엠마뉴엘 레비나스(Emmanuel Levinas, 1906-1995)의 윤리학적 시각을 비교론적 관점에서 검토·평가하려는 목적으로 집필한 논문이다. 두 사람 모두 1906년 중부 유럽의 유대인 가정에서 태어났는데,[1] 이 둘의 가장

* ▶ 이 논문은 『정치사상연구』, 제13집 1호(2007)에 실린 것으로 이곳에 재수록하게 되었음을 밝힌다.

1 ▶ 아렌트는 현재 독일의 하노버 근교 린덴(Linden)에서 동화한 유대인 가정에서 태어났으며, 레비나스는 러시아령 리투아니아 코브노(Kovno)의 독실한 유대인

주목할 만한 공통점은 그들이 1920년대 말 독일의 현상학적 실존주의에 깊이 경도되었고, 학문여정과 개인사에 있어 직 · 간접적으로 국가사회주의의 영향을 받았다는 사실이다. 그 결과 비록 타자 개념에 대한 이해와 접근방식에 있어 상당한 차이를 보여줄지라도 아렌트와 레비나스의 학문적 성격은 한 마디로 인간 실존에 있어 타자의 문제, 즉 인간의 윤리문제에 대한 각별한 관심으로 요약될 수 있다.

아렌트 정치철학 전공자로서 필자는 그들이 정식화시킨 바로서 타자 개념을 비교 · 평가하는 방식으로 레비나스의 철학적 윤리학이 노정하는 이론적 약점을 아렌트의 정치윤리학적 입장에서 비판적으로 검토할 것이다. 사실 아렌트 정치철학 전체에 윤리학적 시선을 투사한 국내 연구물은 거의 전무하다시피 하다.[2] 또한 레비나스에 관한 국내 정치학도의 연구도 그의 윤리학에 정치학적 시선을 투사하는 차제의 아렌트-레비나스 비교 연구가 최초라는 점에서 본고 집필의 의미가 크다고 하겠다.

정치행위론과 판단 이론이라는 두 개의 견고한 이론 축을 가지고 있는 아렌트 정치철학은 정치행위와 판단행위의 수행과 관련하여 비록 명시적이지는 않을지라도 간단히 지나칠 수 없는 몇 가지 윤리원칙들을 제시한다. 일반적으로 아렌트의 '정치행위'는 한 사람의

가계의 후손이다.

2 ▶ 국내 연구의 경우 홍원표, "한나 아렌트 정치철학에서 선악의 문제", 『정치사상연구』, 제13집 1호(한국정치사상학회, 2005)가 이러한 방향의 관심을 보여주고 있다. 본고는 아렌트의 윤리학적 관점이 지닌 정치적 성격을 선명하게 부각시키기 위해 레비나스라는 정통 윤리철학자의 입장과 대비시키는 구도를 설정했다.

행위자가 공적인 장소에서 다수를 상대로 자신이 지니고 있는 최고 덕목과 기량을 펼쳐보임으로써 관객들의 찬사를 끌어내거나 자신의 존재를 인정하도록 이끄는 수행적 행위로 설명된다. 이러한 수행적 행위로서 아렌트의 정치행위는 훌륭함, 적절함, 타당성 등을 갖춘 행위양식을 요구하며, 또한 관객들로부터 찬사나 인정을 획득하는 것과 관련하여 관객에 대한 행위자의 상호주관적 고려를 전제하고 있다.

부연하면 아렌트의 정치행위는 그가 말하는 정치적 자유[3]가 허용하는 범위 내에서 수행될 때 비로소 유의미해지며, 그것이 훌륭하게 (혹은 감동을 자아내는 형태로) 수행될 때에만 타인들의 공감과 인정을 확보할 수 있다는 것이다. 이런 측면에서 아렌트의 정치행위론은 이미 윤리학의 경계 안에 확실히 발을 들여놓고 있다고 평가할 수 있으며, 아렌트 정치행위론 논의 속에 이미 '타자' 개념이 전제되어 있다고 볼 수 있다.

이는 타자 개념을 논의의 전면에 배치시킨 후 그것의 이론적 유의미성을 설득하고자 여타 다른 이론적 범주 및 개념들—예컨대 타인의 얼굴, 시간, 무한, 잠, 출산, 현현 등—을 이론의 구축작업에 편입시키고 있는 레비나스 타자 이론과 분명히 차별화되는 특징이다. 연장선상에서 레비나스의 "타자"(the Other) 중심의 윤리학적 입장과

3 ▶ 아렌트에 따르면 '자신이 원하는 바를 하는 것'을 자유로 정의하는 것은 자유를 전혀 모를 때 가능한 일이다. 사람은 자신의 재량권 안에 있는 무엇을 할 경우에만 자유롭다고 보기 때문이다. 이런 맥락에서 아렌트는 의지하는 것과 할 수 있는 것이 합치될 때 비로소 [정치적] 자유가 구현된다고 주장한다(Arendt, 1968, p. 147).

아렌트의 "타자"(the others) 존중의 정치학적 입장 간의 차이를 이해하는 근본적인 기준이 된다.

이에 필자는 논의의 편의상 레비나스의 입장을 '철학적 타자윤리학'으로, 그것에 대비시키려는 아렌트의 입장을 '정치적 평등의 윤리학'으로 구분하기로 하였다. 이 구분을 제안하는 데는 다른 추가적인 이유도 있다. 우선 아렌트의 논의구조와 내용이 대체로 '정치학적' 텍스트라면 레비나스의 논의구조와 내용은 '철학적'[4] 텍스트라는 사실 때문이다. 다음으로 아렌트와 레비나스의 타자 개념을 비교론적 시각에서 검토하려는 본고의 목적상 두 철학자의 학문적 정체성의 차이가 지닌 유의미한 함의를 밝힐 필요가 있으며, 분명한 구분의 도입은 논의의 선명성을 담보하는 데 큰 도움이 된다고 판단했기 때문이다.

논의의 전개 순서는 다음과 같다. 다음 II절에서는 아렌트와 레비나스의 유대인으로서의 정체성 문제, 유사한 지적 배경과 서로 다른 학문적 지향성 등 학문적 여정상의 공통점과 차이점을 살펴볼 것이다. III절과 IV절에서는 레비나스 타자윤리학과 아렌트 정치윤리학의 성격을 비교론적 시각에서 각각 조명할 것이다. V절은 결론 부

4 ▶ 레비나스는 『전체성과 무한』에서 "제1철학은 윤리학"이라고 천명하며, 『대리성과 초월』에서 "존재론 이전에 윤리학이 있다"고 주장한다(1999, 98). 또한 제1철학을 운위할 때 자신은 "모종의 윤리학이 아닐 수 없는 하나의 대화철학"(a philosophy of dialogue)을 지칭하는 것이라고 밝히고 있다(Levinas, 1999, p. 97). 실제로 "제1철학으로서 윤리학"은 후설의 초월적 관념론과 하이데거의 해석학에서 "면대면 관계 속에서 있음(being)의 의미에 대한 윤리학적 질문"으로 넘어가기 위한 레비나스의 방법론인 동시에 그의 급진적 철학의 행보를 대변하는 어구이다(Hand, ed., 1996, p. 75).

분으로서 아렌트적 입장에서 레비나스 윤리학이 상대적으로 결여하는 실천성 문제를 짚어보는 순서이다. 결국 우리는 논의 전 과정을 통해 아렌트 정치행위론의 개념인 '타인들'이 레비나스의 상대 개념인 '타자' 개념보다 더 큰 현실적 적실성을 갖게 되는 근거가 무엇인지, 역으로 레비나스의 타자 개념이 지닌 정치윤리학적 약점이 무엇인지를 분명히 파악하게 될 것이다.[5]

사실 레비나스 '타자' 개념의 가장 근본적인 문제는 상호성에 바탕을 둔 '정치적' 윤리의 현실적 작동원리를 간과함으로써 위태로울 정도로 도덕적 환원주의에 근접한다는 점이다. 결국 우리는 우리가 윤리학을 논함에 있어 레비나스 유의 '철학적' 입장보다 아렌트 유의 '정치학적' 입장이 좀 더 현실친화적인 설명력과 이론적 적실성을 담보한다는 사실을 적시하게 된다.

5 ▶ 필자는 정치철학 전공자, 특히 아렌트 전공자이므로 정치철학자 아렌트의 입장에 대해 더 우호적일 수밖에 없기 때문에 아렌트 정치 · 윤리학적 관점에서 레비나스의 타자 개념을 비판적으로 검토하고자 하는 것이다. 그럼에도 필자가 레비나스 전공자라면 이 글의 결론과 다른 결론에 도달할 수도 있을 것이라는 확신은 별로 없다. 그 이유는 추후 논의 속에서 점차 분명해질 것이다.

II. 아렌트와 레비나스의 지적 배경과 학문적 지향

1. 유대인으로서의 정체성 문제

레비나스는 1961년 『전체성과 무한』으로 국가 박사학위를 받고 이듬해 푸아티에 대학에서 교수직을 얻기까지 오랜 세월 유대계 고등학교에서 『탈무드』를 가르쳤고, 그 이후도 기회 있을 때마다 강의를 계속했다. 젊은 시절 아렌트는 자신이 유대인이라는 사실에 별다른 의미를 두지 않은 듯했다. 그가 본의 아니게 유대인 정체성 논쟁에 휘말리게 된 것은 『예루살렘의 아이히만』의 출간 직후였다. 아렌트가 이 책에서 제시한 "악의 평범성" 주장이 보수 시온주의 진영을 몹시 자극했기 때문이다. 이때 아렌트는 오랜 친구였던 정통 시온주의 학자 거숌 숄렘(Gershom Sholem)과도 결별했을 정도로 심한 필화를 입었다.[6]

레비나스는 1928년과 1929년에 독일에서 후설의 강의를 듣던 시절 아렌트와 처음 만났다. 1933년 아렌트가 파리로 망명하여 7년간 머물렀을 때 레비나스 역시 파리에 거주하고 있었다. 하지만 레비

6 ▶ 결별의 직접적인 원인은 숄렘이 아렌트를 "유대민족에 대한 사랑을 결핍한 유대인"(Villa, 1999, 105)으로 선언했기 때문이다. 필화 사건 이후 아렌트와 숄렘은 수차례 서신교환을 통해 설전을 벌인 바 있다. 그 내용에 대해서는 Villa (1999) 2장 "Conscience, the Banality of Evil, and the Idea of a Representative Perpetrator"와 아렌트의 논문 *The Jew as Pariah* 참조.

나스의 전기 작가인 레스쿠레의 증언에 따르면 두 사람은 동창생이라고 볼 수 없을 정도로 냉랭한 관계였지만,[7] 1963년 아렌트가 필화 사건에 휘말려 동족을 배신했다는 미명 하에 유대인 공동체로부터 배척당하자 레비나스는 유보적인 태도를 취했다.

그가 보기에 아렌트는 자신이 속한 사회에 완전히 동화한 인물이었다. 때문에 유대인이기를 포기한 자에게 유대종족의 의무를 요구하고 의무를 방기한다는 이유로 벌을 줄 수는 없었던 것이다. 그러나 같은 스승 밑에서 동문수학했던 공통의 경험과 기억이 있었음에도 불구하고 그들 사이에 우정이 들어설 여백은 없었다. 물론 근본적인 이유는 유대교에 대한 종교적 입장차였지만 그것만이 유일한 이유는 아니었다. 그들은 유사한 지적 배경을 가지고 있었지만 동시에 상당히 다른 학문적 지향을 지니고 있었기 때문이다.

2. 지적 배경으로서 독일 현상학적 실존주의

1926년 말부르크 대학에 입학한 아렌트는 하이데거의 문하생이 되어 일 년간 공부한 뒤 이듬해 프라이부르크 대학으로 건너가 약 반 년에 걸쳐 후설에게 현상학을 수학했다. 이후 하이델베르크 대학

7 ▶ 레스쿠레(Lescourret)에 따르면 레비나스는 아렌트에게 경쟁의식을 가지고 있었다. 아렌트는 자신보다 하이데거를 더 잘 이해했던, 그리고 하이데거로부터 더 큰 관심을 받았던 동급생이었기 때문이다. 영-브륄의 아렌트 전기에는 1970년 레비나스와의 만남에 관한 언급이 전혀 없다. 이 사실로 우리는 아렌트가 레비나스에게 별다른 관심이 두지 않았음을 미루어 짐작할 수 있다.

으로 옮겨 야스퍼스의 지도 하에 박사논문으로 『사랑 개념과 성 어거스틴』(1929)을 완성했는데, 논문은 아렌트가 평생을 두고 천착했던 주제, 즉 사유와 행위의 상관관계에 관한 초기적 문제의식을 잘 보여주고 있다. 이 논문에서 아렌트는 세계 속의 인간은 사유함(thinking, 또는 반성)의 과정에서 타인과 더불어 살아갈 수 있는 능력, 즉 이웃에 대한 사랑과 세계에 대한 사랑(*amor mundi*)[8]을 계발할 수 있으며, 또 그렇게 해야 한다고 주장한다.[9] 이 주장에서 우리는 아렌트가 학문의 출발점에서부터 이미 정치윤리학의 문제들을 논구하고 있음을 확인할 수 있다.

레비나스는 1928년과 1929년에 걸쳐 스트라스부르 대학 교수이자 후설의 제자인 에링(J. Hering)의 추천으로 후설의 마지막 세미나에 합류했다. 하지만 당시 독일의 대부분의 철학도가 그랬던 것처럼 그 역시 하이데거라는 비범한 철학자와 그의 『존재와 시간』(1927)에 깊이 매료되었다. 당시 레비나스에게 현상학은 철학을 하기 위한 방법론일 뿐이며,[10] 철학의 본령은 하이데거가 제시하는 것과 같은

8 ▶ 아렌트가 어거스틴으로부터 차용한 용어 Chiba(1995)에 따르면 이것의 아렌트적 의미는 시민적 유대감(the civic bond)이라고 해석될 수 있으며, 이것의 심층적 의미는 "인류에 대한 인본적인 애정"(humanized love of humanity) (Kateb 1977)으로 이해할 수 있다. Chiba의 설명을 약간 더 들어보면, 아렌트의 *amor mundi*는 칸트의 enlarged mentality, representative thinking, *sensus communis*, impartiality 등의 개념들에 의해 성격지워질 수 있다(Chiba 1995, pp. 531-532, 533).

9 ▶ 아렌트는 어거스틴의 기억(*memoria*)에 관한 논의를 하이데거의 존재론적 접근방식, 특히 시간에 대한 특수한 설명방식을 통해 '기독교 현상학적 실존주의'의 형식으로 독해하고 있다. 이에 관한 좀 더 자세한 논의는 서유경(2002) 참조.

10 ▶ Emmanuel Levinas, *Totality and Infinity*(Pittsburgh : Duquesne University Press, 1969), p. 28.

존재에 관한 탐구로 보였다. 2년 후 스트라스부르에 복귀한 레비나스는 『후설의 현상학에 있어서 직관 이론』(1930)으로 박사학위를 받았고, 이어 후설의 『데카르트적 성찰』(1931)을 번역 출간함으로써 프랑스에 현상학을 처음 소개한 인물이 되었다.

3. 하이데거 효과와 상이한 학문적 지향

1933년 나치 정권의 출범[11]은 철학도 출신 아렌트에게 현실정치와 정치학으로 관심을 돌리는 결정적인 계기로 작용했다. 아렌트는 이내 정치적 망명길에 올랐으며, 1941년 미국에 도착하기까지 줄곧 유럽의 정치적 소용돌이 한가운데 있었고, 현실 정치상황의 부침에 따라 목숨이 위태로운 순간도 여러 차례 경험했다.[12] 하지만 다른 어떤 것보다 충격적인 것은 스승 하이데거의 프라이부르크 대학 학장 취임 소식이었다. 나중에 그는 그 사건이 하이데거에 대한 인간적 배신감뿐 아니라 철학에 대한 회의마저 불러일으켰다고 밝혔다.[13]

하이데거의 취임 소식은 레비나스에게 훨씬 더 내밀하고 치유

---

11 ▶ 아렌트는 1964년 서독 TV의 대담 프로에서 권터 가우스에게 이 사건은 그로 하여금 "지식인으로서, 또 유대인으로서 책임의식을 느끼게 하였다"라고 밝힌 바 있다(Arendt, 1994).

12 ▶ 친한 친구였던 발터 벤야민(Walter Benjamin)이 미국 망명 시도가 수차례 좌절되자 결국 자살한 사건도 여기에 포함시킬 수 있을 것이다.

13 ▶ 1970년대 초 「80세를 맞은 하이데거」에서 아렌트는 그의 나치 부역을 세상물정 모르는 순진한 철학자의 직업적 실수로 치부하면서 그 의미를 애써 축소하려는 듯한 태도를 보여 주변의 빈축을 사게 된다. 말년에 철학에 관해서도 "철학은 나의 첫사랑"이라는 변명과 함께 복귀하는 행보를 보여준다.

할 수 없는 개인적인 상흔으로 남았다. 그는 위대한 철학서 『존재와 시간』의 저자인 하이데거를 존경하지 않을 수는 없다고 거듭해서 밝힌다. 그럼에도 1934년 「히틀러주의 철학에 대한 몇 가지 고찰」에서 "히틀러와 하이데거의 관련성을 결코 잊지 못할 것이다. 설령 짧은 기간 동안 관련되었을지라도 그 관련성이란 영원한 것이다"(서동욱, 2000, 187)라고 적고 있다.

레비나스는 이후 반하이데거주의 입장으로 자신의 철학적 궤도를 전면 수정하는데, 그 목적은 서구 형이상학의 결정체인 하이데거 존재론에 대해 총체적 비판을 가하기 위해서였다. 그는 서구 존재론의 주된 특징을 모든 것을 동일자(the same)로 환원하는 전체성(totality)으로 규정하고, 이는 사물의 외재성(exteriority)을 간과하기 때문에 온전한 사유방식이 아니라고 주장했다. 따라서 그는 알 수는 없지만 여전히 존재하는 영역을 외재성으로, 이를 다시 자신의 "무한"(infinity) 개념으로 바꿔 설명하는 수순을 밟는다. 이렇게 하여 본고에서 '철학적 타자윤리학'으로 지칭한 이론이 탄생하게 된다.

레비나스와 유사하게 아렌트 역시 자신이 목도한 사태의 심각성을 인식하였고, 먼저 유럽의 전체주의 발흥 현상에 혐의를 두었다. 1951년의 『전체주의의 기원』은 바로 그러한 탐색의 첫 번째 성과물이었다. 아렌트가 보기에 전체주의 정부는 개인들 사이의 모든 대화 장치들을 분쇄하고 사람들 사이의 공간을 파괴함으로써 이러한 공간이 없다면 존재조차 불가능한 인간의 자유로운 행위능력을 철저히 말살했다(Arendt, 1951, 465–466). 따라서 그는 정치행위의 중요성을 강조하는 정치 이론을 제시함으로써 현실정치의 난맥을 바로잡고자 했다. 필자는 그의 이론이 설파하는 정치철학의 특수한 정치 · 윤리적 성격을 고려하여 아렌트 정치행위론을 '정치적 평등의 윤리학'으로 바꿔 이해할 수 있다고 본다.

결과적으로 독일 현상학적 실존주의라는 동일한 지적 배경과 반유대주의적 인종탄압의 질곡에서 살아남았다는 공통의 경험을 가지고 있었던 아렌트와 레비나스였지만 한 사람은 '반하이데거주의'라는 이념을 기초로 철학적 해법을, 다른 한 사람은 '반전체주의'라는 이념을 기초로 정치학적 해법을 추구했다. 그럼에도 흥미로운 사실은 두 사람 모두 윤리학적 강령을 설파하는데, 그 중심에 '타자' 개념이 놓여 있다는 점이다. 다음의 III절과 IV절을 통해 레비나스의 철학적 타자윤리학과 아렌트의 정치적 평등의 윤리학이 지닌 특징들을 좀 더 자세히 살펴보기로 하자.

III. 레비나스의 '철학적 타자윤리학'

1. 책임 있는 주체의 복원 필요성

레비나스가 자기 철학의 방향을 윤리학으로 전환하게 된 것은 1933년 이후 제2차 세계대전을 거치면서 독일 국가사회주의의 전체주의적 악행의 직접적인 대상, 즉 타자로서 자신의 개인적 경험과[14]

14 ▶ 레비나스는 부모와 형제를 나치의 가스실에서 잃었다. 레비나스의 개인적 상처(trauma)와 그의 윤리학과의 관계에 대한 정신분석학적 관점에서의 체계적인

그가 내건 하이데거 존재론의 극복이라는 학문적 목표가 함께 융합된 결과로 볼 수 있다. 그는 자신의 철학 속에서 상처입은 자로서 '타자' (the Other)[15] 개념을 구축하고, 나아가 타자에 대한 윤리적 책임을 강조하는 타자윤리학을 정초하였다.

레비나스는 자신의 철학적 윤리학의 행보를 플라톤 이래 존립해 온 서양 존재론 전체에 대한 반성의 의미로 해석했다. 그가 보기에 서양의 존재론은 타자를 동일자로 환원하는 전체성의 철학이다(서동욱, 2000, 140). 그래서 그는 자아의 외부에 엄연히 존재하는 타인의 존재 사실로부터 새로운 철학의 방향을 제시하고자 하며(김연숙, 2001), 다른 이, 즉 타인의 존재가 인간 존재에 차지하고 있는 자리를 드러내 보이고자 한다(강영안, 2005, 30).

레비나스는 1947년의 저서 『존재에서 존재자로』[16]에서 하이데거 존재론과 차별화된 타자 중심 존재론의 개략적인 얼개를 보여주

분석은 Critchley(1999) 8장 "The Original Traumatism : Levinas and Psychoanalysis" 참조.

15 ▶ 레비나스의 용어 타자(*autrui*, the Other)라는 말의 영어 대칭어는 인격체로서 타자(the personal Other) 또는 총체로서 당신(the you)을 뜻하며, 타자(autre, other)는 일반적인 타자이다(Lingis, 1969, 24–25ff). *Totality and Infinity*(1969)의 영역자 A. Lingis가 Levinas의 동의를 얻어 그렇게 영역하였다. 한편, 김연숙은 the Other(*autrui*)는 다른 사람을 지칭하며, other(autre)는 다른 모든 존재자들을 지칭한다고 부연한다. 특히 후자는 주체의 외재성을 구성하는 범주들, 즉 사물 세계로서의 타자, 인간 존재로서 타인인 타자, 그리고 신으로서의 타자를 일컫는 총칭으로서 타자이다(2001, 104). 하지만 우리 학계에서는 우리 말 속에서 이 두 어휘에 대한 적당한 대칭어를 찾기가 어렵기 때문에 양자 모두 '타자'로 옮기고 있다. 레비나스의 윤리학은 주로 인격성을 담지하고 있는 타자(the Other)와 관련된 논의구조를 갖는다. 이에 필자는 후자인 other를 지칭하게 될 경우 '타자들'로 표기하는 방법으로 전자와 차별화를 꾀하였다.

16 ▶ 이 저서의 인용은 서동욱이 번역한 한국어판(레비나스, 2001)을 사용한다.

고 있다. 이것의 핵심은 기존의 존재(Being) 중심의 서술에서 존재자(beings) 중심의 서술로 전환하는 것이며, 이 전환의 주된 목표는 실체로서의 주체 개념을 복원하는 것이었다. 당시 심원한 구조주의의 영향 아래서 주체의 소멸과 인간의 죽음이 운위되던 파리 한복판에서 이런 식으로 주체의 복원을 시도한다는 것 자체는 위태로운 도전임에 틀림이 없었지만 레비나스는 그런 지성계의 주류를 거스르는 단호한 결단을 내렸다.[17]

이 작업은 우선적으로 하이데거가 '현존재'(*Dasein*)를 자기 바깥에, 즉 존재 안에 던져진 '탈자태'(*Ekstase*)로 기술함에 따라 드러난 이론적 약점을 보완하려는 시도로 보인다. 레비나스가 보기에 현존재는 하이데거 존재론적 구조상 존재의 소리를 경청하도록 위치지워짐으로써 자기 내면의 소리에 귀 기울이지 못하므로 책임 있는 개별 주체로 간주할 수 없다. 바꿔 말해서 현존재는 보이지 않는 존재의 뜻을 전달하는 화자일 뿐이다. 따라서 현존재의 개별 주체성은 사상되며, 동시에 주체의 개인적 책임에서도 방면된다. 레비나스는 이러한 개별 책임의 방면에 대해 이론적 처방을 하고자 했고, 결국 타자에 대해 무한한 윤리적 책임감을 느끼는 주체 개념을 수립하게 되었다.

17 ▶ 레비나스는 구조주의에 대해 공개적으로 반감을 표시했다. 그는 주체의 내재성과 개인적인 책임을 소멸시키는 모든 것에 반대했고, 구조주의는 바로 그런 것들 중 하나였기 때문이다(레스쿠레, 2006, p. 497). 그가 당시 프랑스 지성계의 주류 경향에 경도되지 않고 독자적 세계를 유지할 수 있었던 것은 '유대주의'(Judaism)라는 굳건한 지식체계가 존재했기 때문이다. 그는 유대주의를 일종의 존재론, 즉 "존재에 대한 이해"로 정의했고, 유대주의의 종교화에 반대했다(레스쿠레, 2006, p. 5).

레비나스는 1961년 자신의 국가 박사학위 논문인 『전체성과 무한』에서 보다 숙고되고 정리된 형태로 자신의 윤리학 이론을 내놓았다. 그는 책의 서문에 "이 책은 주체성(subjectivity)을 타자에 대한 환영(welcome)으로서, 환대(hospitality)로서 제시할 것이다. 이것 속에서 [나의] 무한 관념(the idea of infinity)이 완성될 것이다"라고 선언한다(Levinas, 1969, 27). 이처럼 레비나스는 자신의 '무한 관념'을 들고 나와 사실상 자신의 초월적 타자윤리학의 완성을 선포한 것이나 다름없다.

우선 레비나스의 '무한 관념'은 인간이 유한한 존재라는 점과 대비되는 발상으로 보인다. '무한 관념'은 인간의 앎의 능력으로 알 수 없는 미지의 영역, 인간의 사유와 의지가 닿을 수 없는 영역, 그 자신의 표현으로 인간의 어떤 완벽성의 척도로도 잴 수 없는, 본질적으로 낯설고 초월적인 영역에 대한 열망이다. 따라서 이것은 인간이 현재의 상태를 벗어나고자 할 때 형이상학적으로 추구하게 되는 관념이다(Levinas, 1969, 18). 이런 맥락에서 레비나스는 자신의 철학적 입장에 대해 다음과 같이 밝히고 있다.

> 만일 철학이 존재에 관한 물음이라면 철학은 이미 존재를 상정하고 있는 것이다. 그리고 만일 철학이 존재에 관한 물음 이상이라면 그것은 철학이 이 물음을 넘어서게 해주기 때문이지 이 물음에 대답하게끔 해주기 때문은 아니다. 존재에 관한 물음 그 이상일 수 있는 것, 그것은 진리가 아니라 선이다(레비나스, 2001, 30. 강조 더함).

레비나스의 무한 관념은 그가 플라톤의 '선의 이데아' 또는 종교인이 말하는 '신의 계시'를 이론적 배경에 두고 있는 듯한 인상을 풍긴다. 이러한 혐의의 구명 문제는 잠시 옆으로 밀어놓고 먼저 레비나스 윤리학의 이론적 구조와 성격을 파악해 보기로 하자.

2. 철학적 타자윤리학의 이론적 구조와 성격

레비나스는 "존재자들(existents)은 어떤 익명의 역사가 내놓는 발화에 자신의 입을 빌려주는 대신 [자신의] 말을 해야 한다"(Levinas, 1969, 23)는 언명을 통해 헤겔 역사철학의 주체에 대한 태도를 강도 높게 비판한다. 사실 이 비판은 앞서 언급한 대로 '존재'에 대한 존재자의 종속적 관계 구도 위에 수립된 서양 존재론을 총체적으로 겨냥한 것이었다. 따라서 그는 대안적 입장에서 자기 안에, 즉 순간(instant) 안에서 성립하는 '주체'를 그리고자 한다. 이는 먼저 하이데거의 존재자와 존재의 관계를 '자아(*moi*)와 자기(*soi*)'의 관계라는 자기성의 형식으로 변형하여 제시한 다음 '타자'의 존재를 영구적으로 인정함으로써 자아-자기라는 동일성의 형식을 수정하는 단계로 이행한다.

> 레비나스에게는 존재자가 존재자로 드러나는 사건, 즉 존재사건이 문제가 되는 것이 아니라 '존재와 다른 것' 또는 '존재사건 너머의 선'이 어떻게 사회적 관계(타자와의 관계) 속에서 가능할 수 있는가가 쟁점이다. … '자아'와 '자기'의 피할 수 없는 결부라는 '자기성'의 구조 속에서는 어떤 초월이나 구원도 바랄 수 없다. 그러므로 초월은 무엇보다도 자아와 자기

의 관계를 끊는 것이다(서동욱, 2001, 서문 각주 1, 2).

위 인용에서 레비나스가 말하는 자기성의 구조는 무엇이며 인간이 왜 그것을 파괴하면서까지 초월을 획득해야 한다는 것인가. 레비나스에게 있어 자기성의 구조는 개인이 자신의 '욕구'(need)를 충족시키기 위해 대상(타자들), 사람, 사물 등을 자신의 세계 내로 흡수하여 자기 소유로 만들고자 하는 존재의 내부에 머무르는 경향을 표상한다. 이 경향은 모든 존재자가 태생적으로 지니고 있는 태도이자 자기 세계의 주인으로서 존재자가 자기 자신에게 전념하는 존재양식이다.[18]

바꿔 말해서 존재자는 이미 레비나스의 용어상 '있음'[19]으로서 존재와 자신이 '존재하겠다'는 계약을 맺은 상태이므로 존재함에 필요한 것들을 자신의 외부 세계로부터 취해야만 한다는 것이다. 이와 관련하여 레비나스는 "존재자는 세계를 향유(*jouissance*)한다"는 긍정적인 표현을 사용한다. 이 표현은 대상적 세계를 도구적 유용성의 맥락에서 이해한 하이데거와 서양 존재론의 기본적 태도에 대한 반성

18 ▶ 이는 "존재자가 존재 속에서 스스로를 정립"하는 방식이다(레비나스, 2001, p. 55).

19 ▶ 레비나스는 앞선 서양 존재론이 '존재'(Being)를 반쯤은 독립적인 어떤 실체로 규정하는 전통적 방식을 거부하고 그것의 의미를 '텅 빈 있음'으로 재규정한다. 이러한 레비나스의 이론적 시도는 일견 성공적인 듯이 보인다. 레비나스로부터 그의 시간, 무한, 잠, 출산, 현현 등과 같은 개념들이 이 존재의 재규정에 따라 새로운 의미를 부여받게 되기 때문이다. 하지만 필자가 보기에 레비나스는 '타자의 얼굴' 개념에 과거 존재(Being)가 가졌던 최고성, 절대성, 대치 불가능성 등을 옮겨놓았을 뿐 서양 존재론으로부터 존재(Being)의 은유를 완전히 제거하지는 않았다(혹은 못했다).

을 담고 있다. 하지만 대상적 세계를 이용하든 아니면 향유하든 욕구하는 자아는 결국 이기적인 존재일 수밖에 없는 것이다.

한편, 레비나스에 따르면 인간은 자신의 존재 유지를 위해 대상을 소유하고자 하는 '욕구'(need)와 정반대의 성향도 지니고 있다. 그것이 '욕망'(desire)이다. 이 욕망은 플라톤이 욕망할 수 있는 최고의 것으로서 존재자들 너머에 있는 최고선의 이데아를 이야기했을 때의 욕망, 곧 '초월'하고자 하는 욕망이다(서동욱, 2000, 143). 이 욕망은 어떻게 실현될 수 있는가? 요컨대 초월이 어떻게 가능해질 수 있는가? 레비나스는 초월을 서로 연결된 두 개의 계기에서 우연히 찾아오는 선물로 이해하고 있다.

첫 번째 계기는 자아(*moi*)와 자기(*soi*)의 관계를 끊고 벗어남을 성취하는 순간이다. 레비나스에게 시간은 순간과 순간이 끊기고 다시 이어지는 과정의 반복이다. 그런데 한 순간의 끊어짐과 다음 순간의 이어짐은 곧 '나'의 죽음과 부활을 뜻한다. 시간 속의 한 순간을 소유하던 나는 그 순간이 끝남과 동시에 죽음을 맞이하고 다음 순간이 찾아오면 다시 탄생한다. 결국 나는 이런 식으로 끊임없이 죽음과 부활을 반복함으로써 '있음'을 거머쥐려고 하는 것이다. 레비나스는 한 순간의 끝에 찾아오는 '나'의 죽음이 "낯선 곳"(dèpaysement)—그의 용어로 '여기'—을 내게 열어주며, 나는 거기서 '자기성의 구조', 즉 자아와 자기의 결부 상태에서 벗어나게 된다고 설명한다(Levinas, 2001, 155-157).

두 번째는 바로 이 낯선 곳에서 타자의 얼굴과 만나는 것이다. "타자의 얼굴"[20]은 '고통받는', '궁핍한' 얼굴로 현현하여 나에게 대상화되어 소유되는 대신 내가 윤리적으로 행동할 것을 명령하고, 나는 그의 명령을 회피하지 못한다. 왜냐하면 타자의 얼굴을 통해 신이 내게 말을 건네고 있기 때문이다.[21] 결국 타자는 동일자인 내게 흡수되는 것이 아니라 나의 주체성에 개입하여 나의 주체성을 변화시킨다. 이처럼 레비나스에게 초월이란 바로 고통받는 얼굴의 모습으로 나타나는 절대적인 타자, 규정 불능의 무한자와 관계함을 말한다(서동욱, 2000, 143-144).

> 결론적으로 레비나스에게서 타자와의 관계, 즉 타자에 대한 나의 윤리적 책임성은 나의 주체성의 본질적인 구조를 이루는 동시에 초월의 본질적 구조를 형성한다. 내가 타자에 대해 윤리적 책임성을 지닌다는 것, 내가 주체로서 선다는 것, 내가 초월할 수 있는 것은 한 가지 사건에 붙여진 여러 다른 이름들인 것이다(서동욱, 2000, 146).

지금까지 검토한 레비나스 타자윤리학에 대한 구체적인 이해를 염두에 두고 이제 우리의 시선을 아렌트의 정치적 평등의 윤리학으로 옮겨가기로 하자.

---

20 ▶ 레비나스의 대표 개념인 "타자의 얼굴"(the face of the Other)은 "신의 명령"(the Word of God), "무한의 흔적", "정의"(justice), "가까운 이웃의 얼굴", "명령자", "초월의 신호" 등으로 다양하게 지칭된다. 또한 그것은 신(God)처럼 육신의 형태를 취하지 않으며, 또 맥락(context)과 무관하게 '나와 타자 사이의 대화의 순간'에 현현하는 것으로 설명된다(Levinas, 1999, 12장 참조). 이 점은 아렌트의 '나와 타자들 사이의 대화'에서 타자들이 일차로 탈맥락화하여 사유의 대상이 된 후 재맥락화 과정을 통해 새로운 의미를 창출하는 방식과 대비된다(서유경, 2000b 참조).

21 ▶ 레비나스에게 "신은 현존(existence)이 아닌 관념(*idèe*)으로 탐구되며, 그 관념은 오로지 타자와의 관계 속에서만 탐구될 수 있다"(서동욱, 2000, p. 201).

Ⅳ. 아렌트의 '정치적 평등의 윤리학'

1. 아렌트의 철학적 명제와 사유의 현상학

1) 철학적 명제

아렌트는 소크라테스의 죽음을 계기로 서구 철학 전통에서 철학과 정치는 영원히 분리되었으며, 철학자들은 소크라테스가 실천했던 사회적 역할, 즉 사회성원들이 스스로 생각하도록 유도하는 산파적 기능은 접어두고 세상으로부터 고립되어 유아론, 즉 철학적 이기주의에 빠져버렸다는 인식을 가지고 있었다.[22] 따라서 아렌트는 기존의 철학 전통에 반하여, 또는 전통과 무관한 독자적 철학노선의 구축을 모색한다.

흔히 반정초주의(anti-foundationalism)[23]로 알려진 이러한 아렌트의 무토대적 사유 경향은 플라톤 이래 서양 정치철학이 추구해 온 철학적 정초주의를 배격한 결과이며, 동시에 철학과 정치학의 경계

---

22 ▶ 이에 관한 자세한 논의는 서유경(2000, 2002) 참조.

23 ▶ Canovan(1992, p. 278)은 아렌트가 "지지대 없이"(without a bannister) 사유한다고 지적하면서 이 점은 그가 철학에 의한 지배를 부정하는 것으로서 그의 탈근대적 일면을 보여주는 특성이라고 논평하고 있다. Bernstein(1996, p. 4) 역시 이 점에 동의를 표하고 있다. 반면에 Honig(1991)은 아렌트가 정치적 토대의 필요성을 인정한다는 정반대의 주장을 펼치고 있다. 한편, Benhabib(1992)의 '철학적 반정초주의' 주장 역시 타당성을 담보하고 있다(서유경, 1999b 참조).

에 서서 어느 한쪽에 치우침 없이 철학적 전통과 정치적 현실을 조화롭게 융합하려는 노력의 결과이기도 했다. 그가 『정신의 삶』에서 밝히고 있듯이 그의 새로운 정치철학의 지향점은 사유의 정치적 중요성을 탐구하는 일이었다.

> 새로운 정치철학을 위한 결정적 요인은 사유의 정치적 중요성을 탐구하는 일이다. 즉 정치철학은 결코 혼자 존재할 수 없으며, 나-너(I-Thou) 관계와 인간 본성에 대한 전통적 이해(理解)로는 결코 다수성(plurality)[24]이라는 자신의 본래적 조건의 의미를 제대로 파악할 수 없는 인간 존재에게 사유함(thinking)이 갖는 유의미성과 그것의 제 조건들에 관해 탐구하는 일이다(Arendt, 1994a, 445).

이러한 아렌트의 철학적 명제는 자신의 학문 여정에서 철학도로서의 출발, 히틀러의 등장과 그에 따른 현실정치에 대한 우려와 정치 이론 구축에 대한 관심, 그리고 아이히만 재판 참관과 [정치]철학으로의 복귀와 긴밀하게 맞물리면서 그의 독특한 정치철학으로 발전하고 있다. 또한 그의 정치철학 구축작업은 근대 사회에 대한 다음 두 가지 기본 인식에서 출발하고 있다.

---

24 ▶ 이 용어는 아렌트의 텍스트에서 중첩적인 의미로 쓰인다. 아렌트의 개념 plurality는 우선적으로 '다수의 사람들과 더불어 살아가는 인간의 특질'을 지칭한다(1958, pp. 7-8 참조). 이 경우 그것의 수적인 의미를 십분 반영한 '다수성'이라는 표현이 적절해 보인다. 이것의 다른 용례는 '공영역'(the public realm)에서 제시되는 다양한 관점('plurality of perspectives')을 언급할 때 나타나고 있는데, 이 경우는 '다원성'으로 옮기는 것이 바람직할 것이다.

첫째, 아렌트에게 근대 사회는 모두가 다같이 노동함으로써 평등해진 사회이다. 우리가 살고 있는 현대 사회는 미화된 노동만이 존재하는 노동자들의 사회이다. 우리들은 너나 할 것 없이 삶의 과정 속에 예속되어 있으므로 자기 존재의 유의미성의 원천인 세계를 돌볼 겨를을 제대로 찾지 못한다. 이러한 현대 사회는 모두가 생활을 최고선으로 여긴다는 점에서 평등한 사회이지만 엄밀한 의미에서 이것은 인간의 인간성보다는 동물성을 구현하는 사회이다(1958, 313). 그러므로 만물의 영장인 인간으로서 우리는 다시 인간다운 사회의 복원 의무를 기꺼이 떠맡아야만 한다.

사실 우리에게는 인간이 인간답게 살았던 좋은 역사적 실례가 있다.[25] 고대 폴리스에서 시민들은 각자의 행위능력을 백분 활용하고 있었고, 인간이 단순한 생물적 삶의 형태를 초월하여 인간으로서의 존엄한 면모를 보여주고 있었다. 그러나 근대인의 삶은 이러한 인간 삶의 원형에서 아주 멀어져 있다. 삶의 의미를 추구하는 방식 또한 크게 변질되었다. 이러한 근대적 부정성의 원인은 근대인들이 인간으로서 자신에게 주어진 행위능력을 제대로 활용하지 못하고 또 그것과 자기 삶의 관계성을 올바르게 인식하지 못하는 데 있다. 이러한 근대적 난맥상은 정치행위가 우리 삶에 갖는 의미를 새롭게 정립

25 ▶ 이 점에서 아렌트는 "헬레니즘에 대한 향수를 가진 고전주의자"(a classicist)로 일컬어진다(O'Sullivan, 1977). 하지만 그를 지칭하는 말은 자유지상주의자(libertarian), 보수주의자(conservative), 공화주의자(republican), 공동체주의자(communitarian), 급진적 민주주의자(radical democrat), 실존주의자(existentialist), 비판이론가(critical theorist), 탈근대론자(post-modernist) 등 매우 다양하다. 이에 대한 자세한 설명은 서유경(1999b) 참조.

함으로써만 극복될 수 있을 것이다.

둘째, 아렌트에게 있어 인간은 철학적으로 평등하다. 사유함은 "인간의 항상적인 정신기능"(1978, 191)이기 때문이다. 근대 물리학의 등장 이후 철학이 고도의 지성(*Verstand*)을 요구하는 진리 추구라는 종래의 목표를 과학에 양보하게 됨에 따라 인간 이성(*Vernunft*)에 바탕을 둔 삶의 의미 추구로 방향을 전환한 터이므로 인간은 누구나 사유함을 통해 철학의 영역에 진입할 수 있게 되었다. 그러므로 철학이 특별한 소수의 특권이라는 전통적 사고는 구시대적이다.[26] 그런데 여기서 문제가 되는 것은 누구에게나 열려 있는 사유함이 실제로 외면당하고 있기 때문에 사람들은 자기 삶의 의미를 발견하지 못하고 공허하게 살아가고 있다는 것이다. 문제가 되는 것은 우리가 아이히만의 경우에서 확인하듯이 '무사유적인' 근대적 삶이 배태하고 있는 잠재적 위험이다.

결국 아렌트는 인간의 사유함이 정치행위에 미치는 영향, 즉 사유함의 정치적 유용성을 밝히는 일에 골몰하게 되며, 이어서 사유함의 동학을 이론화시킨다. 이론의 논지는 한 마디로 말해서 판단행위는 정치행위의 수행에 앞서 일어나는 예행연습에 해당되므로 올바른 정치행위를 위한 전제조건이 될 수 있다는 것이다. 요컨대 나치 친위대 대령 아이히만의 경우처럼 불행한 사태를 미연에 방지하는 길은 정치행위와 사유행위를 연계시키는 방법뿐이므로 플라톤의 정

26 ▶ 아렌트는 근대 사회에서는 다수 대중들뿐 아니라 소수 지식인층도 '사유불능' 상태에 있다고 지적함으로써 사유에 관한 민주적 견해를 지니고 있음을 보여준다(Yarbrough & Stern, 1981, p. 328).

치철학 이래 분리된 정치와 철학은 다시 결합되어야 한다. 아렌트는 이러한 견해를 자신의 '사유의 현상학'을 통해 매우 설득력 있게 제시하고 있다.

2) 사유의 현상학[27]

아렌트의 분석에 따르면 우리 정신은 세 가지 상이한 기능들로 나누어져 있는데, 그것들은 사유함, 의지함, 판단함이다. 사유함은 다른 두 기능들에게 사유 대상물을 제공한다. 원칙상 사유함이 제공하는 사유 대상물들은 "탈시간화되고 탈감각화된 현상들"이다(1978, 75-77). 여기서 판단함은 의지함이 사유 대상물들로부터 하나의 대안을 선택할 때 요구되는 기준을 설정하면서 선택과정에 개입한다. 따라서 판단자는 판단의 매개를 통해 사유가 표상하는 객관성과 의지가 표상하는 주관성 그 어느 편에도 경도되지 않으며, 또한 자신의 정체성을 상실하지도 않는다고 간주된다.

이러한 아렌트의 사유과정에 관한 기술은 일차적으로 하나-속-둘의 대화라는 소크라테스의 변증법적 소통 패러다임을 원용하는 야스퍼스의 대화 모델과 일치한다. 단지 아렌트는 야스퍼스의 의사소통적 이성이 차지하는 자리를 어거스틴의 기억(*memoria*)으로 대체시키고 있을 뿐이다. 아렌트에게 기억이란 한 마디로 '과거에 현실 속에서 만났던 사람, 수행했던 행위, 겪었던 경험들이 탈시간화하여

27 ▶ 이에 대한 상세한 논의는 서유경(2002) 참조.

저장된 이미지들의 창고'이다. 만일 사유하는 자아가 이러한 이미지들을 지금이라는 시간 속으로 불러들인다면 그것들은 현재의 맥락성, 즉 시간성과 공간성 속에서 재현될 것이다. 바꿔 말해서 사유자가 현재 고려하는 사안을 위한 세상적 맥락(a worldly context)을 형성하게 된다는 것이다.

이런 관점에서 아렌트의 사유하는 자아는 세계 속에서 거동하는 자아와 동일한 자아로 간주될 수 있을 것이다. 다수성은 잠시 '보류'되거나 작동이 '정지'될 수 없는 인간의 절대적인 삶의 조건이기 때문이다. 실존 자체는 그 본질상 결코 고립적일 수 없다. 그것은 소통 속에 존재하며, 타인들의 실존에 대한 자각 속에 존재한다(Arendt, 1994a, 186). 또한 인간은 고독한 사유함 속에서조차도 결코 혼자일 수가 없다. 인간이 [사유할] 때만큼 활동적인 경우는 없으며, 혼자 있을 때만큼 혼자일 수 없는 경우는 없기 때문이다(1958, 325).

따라서 아렌트는 독일 실존철학은 이러한 인간의 삶의 조건에 대한 불충분한 이해에 기초함으로써 사유함을 세계와 분리된 활동으로 이해하는 형이상학적 오류를 범하고 있다고 주장하는 것이다.[28] 인간의 정신적 활동으로서 사유가 인간관계망에 투사되지 않는다면 그것이 인간 실존의 유의미성을 발생시키며 인간 실존을 밝혀주는 능력을 결여하게 될 것은 자명하기 때문이다(Ibid., 324). 이제 우리는 아렌트 정치철학 성립의 선행 단계인 정치행위론으로 돌아가서 그

28 ▶ 이 언급은 명백히 하이데거를 겨냥하고 있다. 하지만 우리는 이것을 레비나스에게도 똑같이 적용될 수 있다고 본다. 결국 이 점은 아렌트와 레비나스 윤리학의 차이를 선명하게 보여준다고 하겠다.

의 사유의 현상학이 탄생하게 된 경위를 역으로 추적해 보자. 그렇게 함으로써 그의 정치행위론에서 타자의 위치를 확정할 수 있을 것으로 보이기 때문이다.

2. 아렌트 정치윤리학의 구조와 성격

1) 폴리스(Polis)와 '아렌트적 폴리스'(The Arendtian Polis)

아렌트에게 정치행위는 유일하게 사물 또는 물질의 개입 없이 언어를 매개로 사람들 사이에 발생하는 자유로운 활동이며, 다수성이라는 인간의 조건에 부응하는 인간 활동으로 정의되고 있다. 그래서 "정치는 인간의 다수성이라는 사실에 기초하고 있다"고 주장한다(Arendt, 2005, 93). 이에 덧붙여 "정치의 존재 이유는 자유이고, 이 자유는 기본적으로 행위 속에서 경험된다"(1968, 151 ; 1958, 197)고 주장하면서 '다수성-정치-자유-행위' 사이의 연관관계를 설정한다.

우선 아렌트는 자유를 '사람이 원하는 것을 하는 것'으로 정의하는 사람은 자유를 전혀 모르는 사람이라고 일축하면서, 사람은 자신의 재량권 안에 있는 무엇을 할 때 자유롭기 때문에 자유로운 행위는 판단과정을 통해서 얻어지는 결과라고 전제한다(1968, 147). 이어서 그는 "자유가 언제나 일상생활의 한 가지 사실로 주지되어 온 곳은 정치영역"(146)이라고 선언함으로써 자유 개념을 '정치적' 차원에 한정시킨다.

그런데 인간이 진정으로 '인간답다'고 말할 수 있는 조건은 그들이 자연적 필요에 따른 관심과 욕구에서 벗어나서 인간세계를 통해 인간의 독보성을 천명할 때이다. 그리고 인간의 독보성은 '자유로운' 행위를 통해 구현할 수 있다. 아렌트의 이해상 인간의 행위는 그것이 특수한 동기에 좌우되거나 외부적 목표에 복무하지 않고 행위 자체를 위한 행위로서 자기충족성을 지닐 때 '자유롭다'고 말할 수 있다(1968, 151). 따라서 자유로운 행위로서 정치행위는 인간을 인간답게 만드는 목적 외에 다른 외부적 목적에 복무하지 않는다는 것이 아렌트 정치행위의 핵심 요건이다.

주지하듯이 아렌트는 이러한 정치행위의 원형을 고대 폴리스에서 발견하였다.[29] 그는 정치행위가 수행되는 공간으로서 폴리스를 현상학적 시선으로 묘사하는데, 그것은 "광의로 외견(appearance)의 공간, 즉 내가 다른 사람들 앞에 또 타인들이 내 앞에 출현하는 공간이며, 인간이 다른 생명체나 무생물처럼 실존하는 동시에 그들의 외견을 숨김 없이 드러내는 장소"(1958, 198)이다. 따라서 폴리스는 단순히 직접민주주의가 행해졌던 도시국가라는 물리적인 장소만을 가리키는 것이 아니다. 아렌트는 폴리스에 말과 행위를 공유하는 데 관심이 있는 사람들이 공유하는 인식적 공간이라는 새로운 의미를 추가적으로 부여하고 있다(Villa, 1996, 51).

폴리스는 과거에 그리스인들이 가는 곳마다 세워졌던 전례가 있다. 그와 마찬가지로 그것은 현재에도 언제 어디서든 사람들이 함께 참여하여 말과 행위를 공유하는 장소, 즉 아렌트의 '공영역'(the

29 ▶ 아렌트의 '정치행위'(action) 개념에 대한 보다 체계적인 성격 분석은 서유경(2000) 참조.

public realm)으로서 재현될 수 있다. 이런 의미에서 현재 우리가 공론의 장으로 이해하고 있는 공적인 의사소통의 장소는 '아렌트적 폴리스'로 불러도 무방하다. 하지만 아렌트의 '인식적 공간'으로서 폴리스는 우리가 앞의 사유의 현상학 논의에서 암시했듯이 다시 한 번 탈바꿈한다. 아렌트는 소크라테스의 "나와 나 자신과의 대화"라는 방식을 자신의 판단동학에 도입하면서 '나와 (관객) 다수와의 대화'로 확장시키고 있기 때문이다. 영-브륄은 판단 시에 우리 내부에 형성되는 '아렌트적 폴리스'를 "내부 공영역"(the interior public space)으로 공식화시킨 바 있다.

> 사유함(thinking)에서 하나-속-둘은 (내적) 대화 속의 나와 나 자신이며, 의지함(willing) 속에서는 나의 의지(I-will)와 나의 무의지(I-nill)이다. 판단의 되감김(recoil)은 [이 두 가지와] 차이가 있다. 이것은 나와 너(너희들)의 [개념이] 활성화된 상태이다. 판단 시에 우리는 상상력 속에서 타인들을 우리의, 칸트가 말하는 "확장된 정신"(enlarged mentality)에 등장시켜서 우리의 판단을 타인들의 판단보다는 오히려 [우리의] 가능한 선택사항들과 비교함으로써, 그리고 우리 자신을 타인의 입장에 놓음으로써 내부 공영역(an interior public space)을 만든다(Young-Bruehl, 1982, 295. 강조 더함).

여기서 "내부 공영역"은 아렌트의 "공영역"을 전거하고 있다. 그러므로 우리는 여기서 그의 정치행위론으로 돌아가야 한다. 그리고 아렌트 정치행위의 특성을 심미적 관점에서 수행적(performative) 행위로 기술하는 빌라의 설명을 통해 지금까지 미뤄두었던 우리의 과제, 즉 아렌트의 정치행위론 속에서 타자의 성격과 위치를 확정하기로 하자.

2) 아렌트의 정치행위론 속에 드러난 타자

빌라의 설명 논지는 다음과 같다. 아렌트의 정치행위는 인간의 실존을 표상하는데, 인간의 실존이라는 행위의 목적은 궁극적으로 행위라는 예술작업을 통해 미(美)를 구현하는 것과 같다. 이때 행위는 배우가 무대에서 맡은 배역과 동일시될 수 있고, 그는 배역을 통해 자신을 표출할 수 있으며, 행위의 성패는 배역의 완벽한 수행 정도에 따라 결정되기 때문에 행위자는 보다 적합한, 보다 훌륭한 행위의 수행을 위해 진력하게 된다.[30]

그렇게 하는 까닭은 아렌트가 이해하는 폴리스의 공공성(publicness)은 곧 광범위한 공표성이기 때문이다. 폴리스에 출현하는 것은 자신과 타인들 쌍방 모두에게 관람되고 경청된다. 이곳에서는 외견이 실재를 구성한다. 그러므로 이곳의 모든 것—예컨대 사사로운 감정이나 의견들—은 명증한 실재의 공간이라는 장소의 성격에 부합하도록 변형되어야 한다. 다시 말해 그것들은 탈개인화(deprivatized), 탈개별화(deindividualized)해야만 하는데, 그렇지 못할 경우 그것들은 그저 음침하고 불확실한 실존의 양태로 존재하게 될 것이기 때문이다. 결국 아렌트에게 있어 폴리스는 개별 시민이 '초월'을 위해 분투

30 ▶ 이런 견지에서 빌라는 아렌트가 일종의 "심미적 행위론"(an aesthetic action theory)을 정초하고 있다고 주장한다(Villa, 1996, p. 52).

하는 장소로 이해되고 있다.

둘째, 아렌트의 표현상 폴리스, 즉 공영역은 사람들의 면전에 존재하여 '마치 하나의 책상을 사이에 두고 사람들이 둘러앉은 것처럼' 서로의 관심을 한 데 집중하며 서로에게 서로를 연결시키는 공동의 공간이다. 또한 그것은 인간의 손에 의해 건설된 인공의 세계로서 그 속에 사는 사람들과 관련된 일들이 이야기되는 공간이다. 그곳에서 사람들은 동일한 외견을 각자의 위치에 따라 제각각 다른 시각으로 보고 있다. 따라서 이곳에서 드러나는 세상적 실재는 정말로 신뢰할 만한 타당성을 갖는 것이며, 사영역에서는 전혀 상상할 수 없는 객관성을 담지하고 있다고 간주된다(Villa, 1996, 51–56).

이제 아렌트의 정치행위론 속에서 타자가 어떻게 나타나는지의 문제로 관심을 돌려보자. 아렌트의 타자는 우선적으로 '관객', 즉 행위자의 행위를 감상하는 관객으로 등장한다. 여기서 잊지 말아야 할 점은 아렌트 이론 속에서 행위가 펼쳐지는 무대가 물리적 장소이든 혹은 인식적(은유적) 장소이든 가장 이상적인 정치극장으로 일컬어지는 고대 폴리스라는 점이다. 폴리스에서 시민은 누구나 지배자인 동시에 피지배자였다. 요컨대 정치적 평등이 보장된 상태라는 것이다.

그 결과 타자로서 관객은 늘 타자의 역할에만 묶이지 않는다. 순서가 오면 역할은 언제든 바뀌게 될 것이기 때문이다. 그러므로 중요한 것은 자신이 타자가 아닌 다른 역할을 맡게 될 가능성에 대비하는 태도이다. 이 태도는 그로 하여금 현재 행위자의 행위가 적절한 것인지 아닌지, 이 행위가 저 행위보다 훌륭한지 아닌지, 맘에 들지 않는 행위를 보고 극장을 떠나야 하는지 그냥 있어야 하는지 등을 판단하는 것이다. 번거롭기는 하지만 이 모든 것이 장차 자신의 순서가 올 때를 위한 준비과정이므로 마땅히 짊어져야 할 부담이다. 남들도 다 하는 일인데 공연히 빈축을 살 필요는 없다.

학계의 일각에서 아렌트의 '행위를 위한 행위'는 행위의 훌륭함을 추구하는 과정에서 경쟁을 유발하기 때문에 일종의 도덕적 진공상태로 인도된다는 우려를 표명한 바 있다. 하지만 위에서 방금 보았듯이 행위자나 타자 모두 '내화된' 혹은 '사전 약속된' 행위원칙과 공적 윤리의 지배 하에서 각자의 역할을 담당하게 된다. 따라서 그러한 우려는 공연한 기우일 수 있다. 우리가 주목해야 할 점은 오히려 행위자가 행위를 통해 자신의 독특한 정체를 명확히 드러내게 되며, 그로 인해 자기 실존의 의미를 확인하게 된다는 추가적 사실일 것이다.

결론적으로 아렌트는 정치행위론을 통해 인간의 다수성 개념이 담보하는 상호주관적 행위 개념, 인간 실존의 유의미성을 보장하는 수행적 행위 개념, 도덕이나 계급성 혹은 외부 목적으로부터 자유로운 자기충족적 행위 개념을 제시함으로써 철학적 윤리학과 다른 정치적 윤리학을 정초하고 있다고 볼 수 있다. 특히 사유함을 현상학적으로 이론화함으로써 정치행위와 사유행위가 동일한 원리로 작동함을 보여준 점, 후자로 하여금 전자의 일탈을 미연에 방지할 수 있음을 보여준 점 등은 우리가 그의 정치철학을 '정치윤리학'으로 독해하는 타당성의 근거가 되고 있다고 하겠다.

V. 맺음말 : 아렌트적 관점에서 본 레비나스 타자윤리학의 한계

아렌트와 레비나스는 기본적으로 동일한 문제의식을 공유했던 독일 현상학적 실존주의 철학자들이다. 그들은 공히 20세기 전체주의의 도래에 대해 서양 형이상학 전통도 일부 책임이 있다고 생각했으며, 자신들이 그 전통의 폐해를 바로 잡아 보겠다는 철학적 포부를 가지고 있었다. 결국 그들은 각자 다른 방식으로 지금까지 존재(Being) 쪽에 실려 있던 무게중심을 존재자(being) 쪽으로 이동시키는 시도를 하고 있다.

레비나스의 경우 자아와 타자의 관계를 설정함에 있어 자아의 동일성 구조로 함몰되지 않는 타자 개념을 정초하였다. 특히 타자를 자아보다 높은 곳에 위치지음으로써 비대칭적인 수직관계를 설정한 것은 그것이 종교성을 띤다는 일반적인 지적에도 불구하고 매우 전격적인 이론적 시도임에 분명했다. 현실적 차원에서 그의 타자윤리학은 권력 있는 자, 돈 있는 자, 더 많이 배운 자들과 같은 사회적 선민 부류들에게 그들의 타자가 제기하는 윤리와 도덕의 요구를 더 이상 외면하지 못하도록 일종의 정언명령을 제정 · 공포한 것이나 다름없다. 하지만 제 아무리 좋은 의도를 담고 있는 법이 있더라도 그것이 현실적으로 적용되는 데 문제가 있다면 좋은 법이라 할 수 없듯이 레비나스의 타자윤리학은 현실적 적용의 문제를 등한시하고 있다.

우리가 III절에서 살펴본 레비나스의 '철학적' 타자윤리학은

'나'와 '타자' 사이의 비대칭적인 윤리적 관계를 설정하고, '나'가 이기심을 버리고 '타자'와의 소통을 통해 평화를 구축하는 길을 보여준다. 하지만 이러한 이론들이 정말로 이론적 적실성을 담지하는 것인지, 그리고 무엇보다도 현실의 인간관계 속에서 실제로 작동할 수 있는 것인지 의문이다. 가장 분명하게 이목을 끄는 문제점 두 가지만 검토해 보기로 하자.

우선 『전체성과 무한』의 서문에서 와일드가 지적하는 것처럼 이 자아-타자 관계는 주관적이고 유아론적 성격이다. 이 관계는 사유 속에서 성립되는 관계로 설정되어 있으므로 '세계'와 그 속의 타자들—가족, 친구, 상사, 스승, 제자, 집에서 기르는 강아지, 어제 읽다 만 시, 지금 마시고 있는 술, 막 연분홍으로 물들기 시작한 봄의 산과 들, 연말 대통령 선거 등등—이 구체적으로 끼어들 여지가 별로 없어 보인다. 물론 이 이론들이 개별 인간에게 성찰과 자기 발전의 계기를 제공할 것이라는 점에는 이의가 있을 수 없다. 하지만 그것이 사회 속에서 어떤 구체적인 형태로 영향력을 갖게 될지는 열린 추측의 가능성으로 남겨질 뿐이다.

다음으로 자아-타자의 관계가 비대칭적이라는 이론적 가정도 미덥지 않기는 마찬가지다. 레비나스가 설정한 소통의 구도 속에서 자아는 일방적인 타자의 명령에 복종한다. 초월의 욕망 때문이라고 하지만 그것은 어딘가 군색함이 묻어나는 설명이다. 타자는 왜 항상 고통받는 얼굴로만 내게 나타나는가? 나는 왜 타자와 대화는 하지 않고 듣기만 해야 하는 것일까? 내 친구도 나처럼 타자의 방문을 받는 것일까? 이러한 몇 가지 철학적 실천과 관련된 간단한 질문들에 명쾌하게 답을 주지 않는 한, 레비나스의 타자윤리학은 그것의 저자 레비나스 자신의 '윤리와 도덕의 우월성 주장'으로 끝날 공산이 크다.

레비나스는 생전에도 이와 유사한 질문 공세에 방어해야 했다. 일례로 1975년 네덜란드의 레이드 대학에서 그곳 철학자들과 질의응답 시간을 가졌는데, 그곳에서 타자의 얼굴에 대한 질문을 받게 되자 다음과 같이 대답했다고 한다.

> 타자는 나를 제외하고 그가 원하는 자를 대신 택할 수 있습니다. 아마도 이 세상에 이처럼 많은 사람들이 있는 것은 바로 그 이유 때문일 것입니다. 내가 타자를 대치하는 대신 타자가 나를 대신해 주기를 기대한다면 그것은 의심스러운 도덕이 될 것이고, 더 나아가 모든 초월을 파괴하는 일이 될 것입니다(Lescourret, 2006, 404–407).

위의 진술에서 우리는 레비나스 자신이 자신의 윤리학이 노정하는 도덕적 성격을 포함한 제 문제에 대해 깊이 고민한 흔적을 엿볼 수 있다. 그는 구체적으로 어떤 것들을 고민했던 것일까? 우리는 이 질문에 대한 답을 필자가 이 글에서 기술한 아렌트의 정치행위론을 통해 제시할 수 있을 것이다. 우리의 기억을 환기하자면, 필자는 아렌트는 타자를 한 사람의 시민인 나와 같은 위치에 있는 동료 시민으로 인식함으로써, 또 판단 이론을 통해 철학자와 동등한 사유활동의 능력을 지닌 지적인 인간으로 설정함으로써 정치적 책임은 물론 윤리적 책임도 함께 나눠 지는 정치윤리학의 이론틀을 제시했다고 주장했다.

우리는 이러한 아렌트의 정치적 평등의 윤리학적 관점에서 레비나스의 철학적 타자윤리학의 한계를 다음 세 가지로 요약할 수 있을 듯하다.

첫째, 레비나스 '타자' 개념의 전제성. 레비나스에게서 타자는 언제나 나보다 높은 곳에서 나의 주인의 자격으로 출현한다(서동욱, 2001, 12, 각주 4). 이러한 타자의 성격은 즉각 헤겔의 주인-노예라는 관계 패러다임을 연상시키는 한편, 수직관계 속에서 어느 한쪽이 다른 한쪽에게 일방적으로 의무를 '부과'하거나 책임을 '묻는' 형식을 노정한다. 이는 레비나스 자신이 윤리학을 제1철학으로 규정한 사실과 더불어 그에게 '철학적 전제'(專制) 혐의를 확정하게 만든다. 만일 우리가 그렇게 한다면 그의 "존재에서 존재자로"의 이행 기획은 실패로 기록될 것이다.

둘째, 비정치적인 일방적 소통의 내재적 한계. 기본적으로 레비나스의 타자는 개별적으로 '구획화된'(compartmentalized) 구조 속에 놓여 있는 것으로 상정되며, 구체적인 '나'와 비록 나만큼 실재적이지만 집체적인 존재인 '타자'와의 대화, 그것도 그 집체적 존재가 '나'에게 일방적으로 명령하는 '비정치적'인 대화양식을 제시한다. 이러한 소통양식은 우리가 성당의 고백소에서 고백성사를 할 때 혹은 신에게 기도 드릴 때를 제외하면 선뜻 응할 수 없는 형태이다.

만약 레비나스가 우리 삶 속의 폭력성과 비인간성을 극복하려는 목적에서 타자와의 면대면 소통의 필요성을 역설하는 것이라면 이러한 소통양식이 지닌 결함은 더욱 분명해질 것이다. 즐거운, 기꺼이 참여하고 싶은, 남의 고민을 듣게 됨에 따라 내 삶의 번잡함이 경감하는 느낌을 받는, 함께 있음으로 인해 내 삶과 존재의 의미를 새삼 소중히 깨닫게 되는 쌍방향적 소통양식이 차라리 종교의식에 가까운 레비나스의 소통양식보다 훨씬 더 현실친화적일 것이기 때문이다. 이런 점에서 아렌트의 '정치적' 소통양식, 즉 정치적 평등에 기초한 소통양식이 세계를 좀 더 인간다운 곳으로 만드는 훨씬 더 나은 방법일 수 있다.

끝으로 타자윤리학의 도덕주의(moralism). 레비나스의 논의에서 '타자의 얼굴'은 늘 나의 도덕성을 심문한다. 그래서 나는 항상 죄의식에 시달리게 된다. 어떻게 이런 불편한 느낌이 우리를 항상 초월로 이끈다고 말할 수 있는가? 이것이 우리의 자유로운 영혼을 좀먹지 않는다는 보장은 어디에 있는가? 레비나스 타자윤리학은 결코 이러한 질문들을 고려하지 않기 때문에 지나친 도덕주의라는 비난에서 자유로울 수 없다. 결국 레비나스 타자윤리학은 경청의 미덕과 사회적 정의를 담보할 수는 있을지언정 하나의 사회철학 이론으로서 요구되는바, 그것의 현실적 타당성을 결여하고 있다고 평가할 수 있다.

이에 비해 아렌트 정치적 평등의 윤리학은, 비록 그것이 전제하는 '평등'의 조건으로 인해 모든 사람의 권리 주장을 허용하게 됨으로써 세계 내에 일종의 도덕적 진공 상태를 초래한다 할지라도, 그 속에 사는 사람들이 여전히 평등보다 더 근본적이고 변경할 수 없는 인간의 궁극적 조건 하에 있음을 우리에게 일깨우고 있다. 그 조건은 타인들의 존재가 곧 나의 '있음'에 대한 '알리바이'를 제공한다는 하나의 사실적 진리로서 '다수성'이다.

요컨대 나는 내가 세계 속에 있음을 확인하기 위해서 타인의 존재를 나의 세계 속에 받아들일 수밖에 없다. 그러고 나서 지금부터 나와 함께 이 세계 속에서 같이 사는 법을 한번 진지하게 고민해 보자고 말을 건네야 한다. 기왕이면 내 제안을 거절하지 못하도록 상냥하게 미소 띤 얼굴로 말이다. 혹시 그가 거절한다면 다른 사람의 호의를 사야 할 것이다. 그러나 다른 사람들도 나와 마찬가지 상황에 있기 때문에 그리 오래 걸리지는 않을 것이다. 한 마디로 레비나스 '타자' 개념의 가장 근본적인 문제점은 이러한 수평적 상호성에 바탕을 둔 '정치적' 윤리의 현실적 작동원리를 대체로 간과함으로써 도덕적 환원주의에 위태로울 정도로 근접하게 된 점이라 하겠다.

참고문헌

강영안. 2005. 『레비나스의 철학 : 타인의 얼굴』. 서울 : 문학과지성사.

김연숙. 2001. 『레비나스 타자윤리학』. 서울 : 인간사랑.

서동욱 역. 2001. 『존재에서 존재자로』. 서울 : 민음사. (Emmanuel Levinas, *De l'existence à l'existant*).

_____. 2000. 『차이와 타자 : 현대 철학과 비표상적 사유의 모험』. 서울 : 문학과지성사.

서유경 역. 2005. 『과거와 미래 사이 : 정치사상의 여덟 가지 철학연습』. 서울 : 푸른숲(Hannah Arendt, *Between Past and Future*, 1968).

_____. 2002. "아렌트 정치적 실존주의의 이론적 연원을 찾아서 : 성 어거스틴, 마틴 하이데거, 그리고 칼 야스퍼스." 『한국정치학회보』. 36집 3호.

_____ 역. 2000a. 『아렌트와 하이데거』. 서울 : 교보문고. (*Arendt and Heidegger : The Fate of the Political*. Princeton : Princeton University).

_____. 2000b. "한나 아렌트 정치행위(Action) 개념 분석." 『정치사상연구』. 3집.

_____. 1999a. "아렌트 정치미학과 현대 정치적 함의 : 정치행위와 인간 실존의 역학." 경희대학교 박사학위논문(1999).

_____. 1999b. "아렌트의 정치행위와 자기정초적 토대의 문제." 『고황정치학회보』. 제2집.

홍원표. 2005. "한나 아렌트 정치철학에서 선악의 문제." 『정치사상연구』. 11집 2호.

Arendt, Hannah. 1955. *The Origins of Totalitarianism*. 2nd edn. NY : Meridian Book Inc.

______. 1958. *The Human Condition*. Chicago : The University of Chicago Press.

______. 1963. *Eichmann in Jerusalem*. New York : Penguin Books.

______. 1968. *Between Past and Future*. New York : The Viking Press.

______. 1978. *The Life of the Mind*. New York : Harcourt Brace Jovanovich, Publishers.

______. 1994a. "Concern with Politics in Recent European Philosophical Thought." in *Essays in Understanding 1930–54*, J. Kohn (ed.). New York : Harcourt Brace & Company.

______. 1994b. "Philosophy and Politics." in *Essays in Understanding 1930–54*, J. Kohn (ed.). New York : Harcourt Brace & Company.

______. 2005. *The Promise of Politics*. J. Kohn (ed.). New York : Schocken Books.

Benhabib, Seyla. 1992. *Situating the Self : Gender, Community, and Postmodernity in Contemporary Ethics*. London : Polity Press.

Bernstein, Richard. 1996. *Hannah Arendt and the Jewish Question*. London : Polity Press.

Chiba, Shin. 1995. "Hannah Arendt on Love and the Political : Love, Friendship, and Citizenship." *The Review of Politics*. Vol. 57, No. 3, 505–36.

Critchley, S. & Bernasconi, R. (eds.) 2002. *The Cambridge Companion to Levinas*. Cambridge : Cambridge University Press.

______. 1999. *Ethics–Politics–Subjectivity : Essays on Derrida, Levinas and Contemporary French Thought*. London : Verso.

Davis, Colin. 1996. *Levinas : An Introduction*. Cambridge : Polity Press.

Fryer, David Ross. 2004. *The Invention of the Other : Ethical Subjectivity in Levinas and Lacan*. New York : Other Press.

Hand, Seàn (ed.) 1996. *The Levinas Reader*. Oxford : Blackwell Publishers Inc.

Heidegger, Martin. 1996. *Being and Time*. Trans. John Macquarrie & Edward Robinson. Oxford : Blackwell.

Honig, Bonnie. 1991. "Declarations of Independence : Arendt and Derrida on the Problem of Founding a Republic." *American Political Science Review*. Vol. 85, No. 1.

Kateb, George. 1977. "Freedom and Worldliness in the Thought of Hannah

Arendt." *Political Theory*. Vol. 5, No. 2.

Levinas, Emmanuel. 1995. *Time and the Other*. Trans. Richard A. Cohen. Pittsburgh : Duquesne University Press.

______. 1969. *Totality and Infinity : An Essay on Exteriority*. Trans. Alphonso Lingis. Pittsburgh : Duquesne University Press.

______. 1981. *Otherwise Than Being or Beyond Essence*. Gemany : Springer.

______. 1985. *Ethics and Infinity : Conversations with Philippe Nemo*. Trans. Richard A. Cohen. Pittsburgh : Duquesne University Press.

______. 1995. "Freedom and Command." in *Collected Philosophical Papers*. Trans. Alphonso Lingis. Netherlands : Kluwer academic publishers.

______. 1996. "Enigma and Phenomenon." in Peperzak, A. Critchley, S. & Bernasconi, R. eds. *Basic Philosophical Writings*. Indianapolis : Indiana University.

______. 1999. *Alterity and Transcendence*. Trans. Michael B. Smith. New York : Colombia University Press.

______. 2003. *Humanism of the Other*. Trans. Nidra Poller & Richard Cohen. Illinois : University of Illinois Press.

O'Sullivan, Noel. 1976. "Hannah Arendt : Hellenic Nostalgia and Industrial Society." in *Contemporary Political Philosophers*. eds. by Anthony de Crespigny et al. New York : Methuen & Co.

Peperzak, Adriann. et. al. eds. 1996. *Levinas, Emmanuel : Basic Philosophical Writings*. Bloomington : Indiana University Press.

______. 1995. *Ethics As First Philosophy : The Significance of Emmanuel Levinas for Philosophy*. London : Routledge.

Villa, Dana. 1999. *Politics, Philosophy, Terror : Essays on the Thought of Hannah Arendt*. Princeton : Princeton University Press.

______. 1996. *Arendt and Heidegger : The Fate of the Political*. Princeton : Princeton University Press.

Young–Bruehl, Elisabeth. 1982. *Hannah Arendt : For Love of the World*. New York : Yale University Press.

제4장

권력현상에서 생활현상으로 :
'정치'에 대한 란다우어와 아렌트의 이해와 현대적 의미*

김영일(신라대학교)

I. 서론

'정치가 무엇인가'라는 질문은 진부하다고 느껴질 정도로 매우 오래되고, 그에 대한 대답 또한 수많은 사람들에 의해 이렇게 혹은 저렇게 설명되어 왔다. 그럼에도 불구하고 이 질문이 여전히 제기되고 있는 것은, 아니 제기되어야 하는 이유는 그 많은 정치에 대한 설명과 정의들이 아직도 충분히 정치라는 현상을 제대로 설명하지 못하고 있거나, 또 정치라는 현상 자체가 인간의 사회적 삶의 흐름 속

* ▶ 이 논문은 『한국정치학회보』, 제41집 1호(2007)에 수록되었다.

에서 지속적으로 변해왔기 때문이라 할 것이다. 많은 경우 특히 정치학에서 정치 혹은 정치라는 현상은 갈등과 이를 해결하는 수단으로서의 권력에 초점을 맞추어져 왔고, 그 결과 정치는 권력을 획득하기 위한 과정과 권력이 행사되는 제도 및 기관들과 관련된 것들로 자리잡아 왔다. 이러한 현상은 한편으로는 인간의 사회적 삶 속에서 갈등을 해결하고 사회적 질서를 유지하기 위한 다양한 종류의 제도에 대한 연구의 발전에 기여해 왔지만, 다른 한편으로는 정치를 그 현상이 발생하는 주체, 즉 인간의 현실적인 생활로부터 떼어내는 결과도 초래했다.

현대 사회를 살아가는 우리는 '정치'가 난무하는 시대에 살면서도 매일 매일의 삶 속에서 '정치'의 상실을 경험한다. 원래 정치는 인간 사회에 필연적인 현상이다. 즉 정치는 인간들의 사회적 삶 속에서 생겨나는 "갈등을 해소하고 질서를 만들며 미래로 진보하여 바람직한 인간공동체를 형성"하려는 현상이며, 이런 점에서 정치는 인간의 사회적 "삶 그 자체"(21세기정치연구회, 2005, 17-18)[1]라 할 수 있다. 그러나 오늘날 정치는 권력을 둘러싼 제 행위들로 좁게 자리매김되어 버렸다. 그 결과 정치는 더 이상 대중들과는 관계없는 것으로 되어버렸고, 정치는 정치인들의 전유물이 되어버렸다.[2] 오늘날 정치라

1 ▶ '정치'에 대한 정의는 각각의 학자마다 그 용어에 있어서의 차이는 있으나 대체로 이와 유사한 정의를 하고 있다. 대표적으로 가장 많이 사용되는 정치학 개론서의 하나인 이극찬의 저서에서도 정치라는 현상은 "사회적인 제 가치를 둘러싼 의견의 차이를 조정하여 이것을 정책으로 결정하고, 이것에 기인하여 사회나 집단을 통합하는 것"으로 정의되고 있다(이극찬, 1995, 32).

2 ▶ 오늘날 우리나라의 정치학과 교과목을 살펴보면 이를 분명히 인식할 수 있다. 거의 모든 교과목은 권력현상으로서의 정치와 관련되어 있다.

는 개념과 거의 동시에 다가오는 민주주의라는 용어 또한 그 본래의 의미를 상실한 지 이미 오래다. 가장 완전한 제도는 아니지만 민주주의는 오늘날 인간의 역사 속에서 가장 바람직한 정치적 제도 혹은 이념으로 자리 잡았지만 그 속에서 우리는 주객이 전도되는 모습을 발견하게 된다.[3]

권력은 정치학과 정치현상의 중요한 대상임에는 틀림이 없다. 그러나 정치가 그 분석대상으로 하고 있는 혹은 정치현상이 일어나는 장(場)인 인간의 사회적 모습이 현대 사회로의 진전과 함께 급속히 바뀌어 가고 있다는 점에서 권력에 중심을 두고 설명하던 정치학의 패러다임 또한 바뀌어야 하며, 또 권력을 중심으로 설명함으로써 결과하게 된 정치현장에 있어서의 주객전도의 현상은 보다 민주적인 사회로의 진행을 위해 수정이 필요하다 할 것이다. 바로 이러한 현실이 여전히 아렌트(Hannah Arendt)를 필요로 하고 란다우어(Gustav Landauer)를 되새기게 한다. 란다우어와 아렌트의 정치와 민주주의에 대한 논의는 대의제 민주주의의 문제점에 대한 비판으로부터 출발하고 있다. 그러나 아렌트와 란다우어의 문제 제기는 민주주의만이 아니라 보다 근본적으로 정치란 무엇인가에 대한 문제와 관계되어 있다. 즉 일반 시민들의 삶과 괴리된 채 정치가들의 전유물로 되어버린, 그래서 일상에서의 갈등 해결이 아니라 권력을 중심으로 이해되고 있는 정치에 대한 문제의 제기이다.

아렌트에 비해 우리에게는 거의 알려져 있지 않은 란다우어의

---

3 ▶ 이러한 현대 민주주의의 문제는 민주주의의 형해화, 관객 민주주의 등의 용어로 지적되어 왔다.

정치와 민주주의에 대한 이해는 놀라우리만치 아렌트의 생각과 유사하다. 이러한 유사성은 아렌트가 대의제 민주주의의 대안으로 제시하고 있는 평의회 민주주의의 역사적 예들 중의 하나에 란다우어가 직접 참여했다는 사실에서도 잘 나타난다.[4] 정치라는 현상을 국가적 차원에서 전개되는 권력쟁취와 그 실행의 과정만이 아니라 실제의 사회적 삶 속에서 생겨나는 문제들을 해결하는 과정, 즉 생활정치로 이해하려는 아렌트와 란다우의 시각은 매우 중요하다. 특히 대의제 민주주의의 문제와 함께 정치에 대한 현대인들의 무관심은 주권자로서의 시민의 자기 소외와 무관하지 않기 때문이다. 더욱이 오늘날의 세계화라는 현상은 지방들의 자치적 결정성의 강조를 동반함으로써 그동안 근대 사회의 가장 중심적인 틀을 이루어 왔던 국가라는 시스템에 대한 큰 변화를 초래하고 있다. 이러한 현상은 결국 국가 중심의 권력현상을 중심으로 정치를 바라보는 시각에 큰 변화를 요청하고 있다.

이러한 사회적 환경의 변화와 이에 따른 지방차원에서의 정치현상의 활성화는 생활현상으로 정치를 이해하는 아렌트와 란다우어의 정치와 민주주의에 대한 사고를 다시금 되돌아보게 한다. 비록 그들의 사고가 앞선 시대에는 적용될 수 없었지만, 오늘날의 변화된 환경 속에서 그들의 생각은 현재의 정치와 민주주의가 안고 있는 문제

4 ▶ 아렌트는 평의회 민주주의의 모델 중의 하나로 1918-1919년 뮌헨 혁명 이후 결성되었던 군인 및 노동자 평의회를 들고 있는데, 란다우어는 이 혁명을 주도한 인물이었고, 혁명 후 결성된 평의회 공화국(Räterepublik)에서 문화 및 교육을 관장하는 장관으로서 자신의 이상을 실현하려고 하였다.

들에 대한 대안적 사고를 충분히 제공해 줄 수 있으리라 생각된다. 이러한 맥락에서 II절에서는 정치와 민주주의에 대한 란다우어의 사고를 분석하고 아렌트 사고와의 유사성을 찾아볼 것이다. III절에서는 이러한 정치와 민주주의에 대한 생각을 가지고 형성되는 사회적 삶의 틀에 대한 란다우어의 논리와 아렌트의 평의회 조직을 살펴볼 것이다. IV절에서는 정치에 대한 이들의 이해가 현대 사회에서 갖는 의미를 되새겨 보려 한다.

II. 란다우어와 아렌트에 있어서 정치와 민주주의의 의미 : 생활정치

란다우어는 근대 국가를 인위적으로 창조된 강제적 구속의 틀로 비판하고 이에 대한 대안적 삶의 틀로 연방주의적 사회구성을 제시하고 있다. 연방주의적 사회는 다양한 자율적 · 자치적 공동체들의 연합을 의미하며, 이는 아래서부터 위로, 즉 소규모 공동체에서 광역 공동체로 구성되는 전체적 사회조직을 의미한다. 각각의 공동체들은 나름대로의 갈등을 해결하고 사회적 질서를 유지해 나가기 위한 조직과 규율들을 만들어 가게 되는데, 바로 이러한 과정이 란다우어에게는 정치현상이었다.

란다우어에게 있어서 정치란 하나의 공동체를 구성하는 모든 구성원들의 "권리의 관계", 즉 "일상의 생활 속에서 일어나는 권리와 의무들의 교류를 통해 생겨나는 갈등의 해결과 이를 위한 실질적 규율의 창출"(Landauer, 1918, 84)을 의미했다. 즉 그에게 있어서 정치란 '권력관계'가 아니라 '공적인 영역, 사회적 삶에서의 활동 및 참여'(Betätigung im öffentl-ichen Leben)를 의미했다.

그러나 란다우어가 정치현상에 있어서의 모든 권력의 의미를 부정하고 있는 것은 결코 아니다. 권력에 대한 란다우어의 생각은 근대 국가에 대한 그의 비판에서 잘 드러나 있다. 인간이 공동체를 형성하고 그 속에서 규율을 창출해 나가는 과정으로 정치를 규정하는 란다우어는 그러한 규율에 의해 공동체의 질서를 유지하도록 하는 원칙으로 권력 혹은 권위를 들고 있다.[5] 즉 란다우어에게 정치현상이란 개인적 "자유와 사회적 귀속성의 합일"(合一)(Landauer, 1978, 108)로 표현되는 공동체의 형성과 그 속에서 갈등(앞서의 표현을 빌리면 권리의 관계 속에서 발생하는 갈등)을 해결하고 공동체적 질서를 유지하게 하는 힘 혹은 원칙으로서의 권력 및 갈등 해결의 과정 등으로 구성되는 사회현상을 의미한다. 따라서 인간의 공동생활의 틀로서의 국가에서도 역시 권력현상은 정치현상의 한 원칙으로 나타나게 된다. 문제는 개인주의적 자유주의를 그 이론적 바탕으로 하는 근대의 국가는 구성원들을 공동체로 귀속시켜 주는 틀로서의 기능을 넘어서는 데 있는 것이다(김영일, 2001a, 50-51).

란다우어에 의하면 국가는 근대에 이르러 공동생활이라는 목

5 ▶ 아나키스트인 란다우어의 권력에 대한 이러한 생각은 역시 아나키스트 사상의 중요한 한 사람인 프루동에게서도 비슷하게 보여진다. 프루동은 자율적 인간의 자유만으로는 사회가 형성되고 정의가 실현되기에는 불충분하다고 인식하고, 공동체의 형성과 그 속에서의 질서의 창출을 위한 원리의 하나로서 권력 혹은 권위의 필요성을 주장하고 있다. 이에 관해서는 김영일(2001c), 14-16쪽 참조.

적 실현을 위한 수단으로부터 자기목적적 존재로 변화되었다.[6] 자기목적적 존재로서의 근대 국가는 광범위한 영역에서 걸친 공동체의 형태를 갖추게 되는데, 이를 위해 근대 국가는 권력의 집중화를 이루게 되고 그 속에서 정치는 권력의 배분, 권력투쟁의 과정 혹은 제도로 자리매김되었다. 이는 결국 오늘날 심각한 문제로 나타나고 있는 정치와 시민생활과의 분리를 결과하게 되는 것이다. 그러나 란다우어는 근대 사회에서의 이러한 국가의 특성은 정치현상을 제대로 구현하지 못하게 하는 중요한 요인으로 작용한다고 지적하는데, 그 이유는 공동체를 형성하는 시민들의 다양한 이해관계와 (개인적 혹은 집단적) 문제들을 국가의 중앙권력에 의해 해결한다는 것은 불가능하며 또한 합리적이지도 않기 때문이다(Landauer, 1978, 20). 따라서 란다우어에게 정치란 사람들이 삶의 과정에서 형성하게 되는 생활공동체의 형성과 그 속에서의 일상적 갈등의 해결과 공동체적 삶의 유지와 관련된, 그래서 모든 공동체의 구성원들이 함께 참여해야 하는 현상을 의미했다.

이와 같이 정치라는 현상이 생겨나는 개별적 자치공동체들의 집적 혹은 연합을 통해 어느 정도의 규모를 가지는 민족적 단위의 공화국이라는 정치적 틀이 형성된다. 그러나 란다우어가 지칭하고 있는 공화국은 자신이 비판했던 근대적 의미에서 최고의 주권을 가지는 절대적 기구가 아니라, 그 역시 전체 인류라는 광역의 공동체를

6 ▶ 국가에 대한 이러한 시각은 란다우어가 국가를 그리스 신화에 나오는 프로크루테스의 침대에 비유하고 있는 데서도 잘 나타난다(Landauer, 1899, p. 354). 보다 상세한 란다우어의 근대 국가에 대한 비판은 김영일(2001a), 49-52쪽 참조.

구성하는 한 부분으로서의 사회적 조직체를 의미한다. 다시 말해 란다우어에게 있어서 공화국(Republik)이란 근대 사회와 함께 자리 잡은 절대국가가 아니라, 하나의 민족적 단위에서 형성되는 "공적인 영역에서 일어나는 일(die öffentliche Sache) 혹은 공동생활"(das gemeine Wesen) (Landauer, 1918, 82)을 의미하는 것이었고, 따라서 공화국 역시 공적인 일이 일어나는 장(場), 즉 정치라는 현상이 일어나는 하나의 장(場)을 의미했다. 따라서 란다우어에게 정치란 현상은 소규모이든 광역이든 각각의 형태의 사회적 공동체 모두에게서 일어나는 사회적 현상이었다.

정치라는 현상에 대한 이러한 이해는 아렌트에게서도 거의 유사하게 보여진다. 아렌트에게 있어서 정치는 "의사의 표현, 토론 그리고 결정"과 같은 인간의 행동으로 구성된다. 즉 아렌트에 있어서 정치는 적극적 의미에서의 인간의 "자유의 행위"(Arendt, 1994, 326)로 구성되는데,[7] 이 자유는 외적인 강제가 없는 수동적 상태를 의미하는 좁은 의미에서의 시민의 권리가 아니라 공적인 사안에 참여하는 적극적 권리를 의미한다. 왜냐하면 인간은 그 누구도 자신이 삶을 영위하는 사회 속에서 일어나는 일들로부터 배제되어서는 행복하거나 자유롭다고 할 수 없기 때문이다(Arendt, 1994, 326-327).

아렌트에 따르면 정치는 언제나 하나의 대안만이 존재하는 것

---

7 ▶ "의사의 표현, 토론 그리고 결정" 등과 같은 "자유의 행위"는 독일어로 "Meinungsäußerung, Diskussion und Entscheidung"과 "Betätigung der Freiheit"로 번역되어 있으며, 영어로 된 문장에는 "expressing, discussing and deciding"과 "activities of freedom"으로 되어 있다(*On Revolution*, New York, 1963, p. 238).

이 아니라 많은 다양한 의견과 토론을 필요로 하는 문제들과 관련되어 있으며, 따라서 "정치의 본질은 토론으로 구성"(Sitton, 1987, 83에서 재인용)[8]된다. 여기서 토론은 항상 '서로 다른 생각에 대한 인정'과 '자유로운 의사 교환'을 전제로 하고 있다. 그래서 정치에 있어서의 정당성은 전적으로 다양한 의견의 자유로운 표출과 교류(토론)에서 도출되는 것이다. 이렇게 볼 때 아렌트에게 정치는 다양한 의견들이 자유롭게 표출되고 토론되는 사회 속에서 사람들이 겪게 되는 다양한 경험들로 이루어지며, 나아가 "개인의 정치참여는 그 사회의 다양한 의견들의 총체 속에서 자신의 견해를 표출할 수 있고, 다른 한편으로 나와는 다른 사람의 의견이 또한 존재함을 인정할 때 비로소 의미를 가지게 된다"(Sitton, 1987, 85). 이와 같이 아렌트에게 있어서도 정치의 본질은 권력투쟁이 아니라, 서로 다른 생각들이 교환되는 과정과 더 나아가 토론을 통해 문제 해결을 위한 결정을 도출해 나가는 삶의 과정이며, 그러한 것으로서의 정치는 따라서 란다우어에게 있어서와 같이 인간의 자유의 실현과정[9]을 의미하는 것이었다.

---

8 ▶ 원문은 H. Arendt, "Truth and Politics", in *Between Past and Future*(New York 1983), p. 241.

9 ▶ 자유의 실현으로 정치를 이해하는 이러한 사고는 자유를 단순한 사회적 관계성으로만 국한하지 않고 개인의 자기 완성 혹은 자아실현을 그 전제로 하고 있다. 란다우어는 인간이 사회를 구성하는 가장 기본적인 전제조건을 자신의 정체성의 확립으로 주장한다. 그에 따르면 인간은 공동체적 본성을 내재하고 있는 존재이다. 이러한 인간의 공동체적 본성은 전체 사회의 개별적 발현으로서의 개인의 자아를 인식할 때 비로소 드러나게 되는데, 이러한 인식은 다름 아닌 자신의 내적 성찰을 통해서 이루어질 수 있는 것이었다(김영일, 2001a, 46쪽 참조). 따라서 자아실현이라는 개인적 자유의 실현은 곧 공동체적 자유로 이어지는 것이었고, 이러한 점에서 란다우어의 사회에 대한 이해는 근본적으로 개인주의적 자본주의에 대응하는 사회주의적 특성을 나타내게 되는 것이다.

아렌트에게서 보여지는 이러한 정치에 대한 인식은 란다우어에게는 곧 민주주의를 의미한다. 란다우어는 정치적 공동체를 형성하고 유지하는 원리, 즉 공동생활의 자율적 조직원리로 "권리의 평등"(Rechtsgleichheit)과 "자유"(Freiheit)(Landauer, 1918, 82)를 제시하고 있는데, 이 두 원리는 다름 아닌 민주주의의 원리를 의미한다. 즉 란다우어에게 민주정치란 공적인 사안에 대한 사람들의 공개적이고 자발적인 참여와 그에 대한 책임을 의미했고, 그래서 한 사회의 기본적 질서를 규정하는 규약은 그 사회에서 같이 살아가는 타인에 대한 양해(Entente)를 기본적으로 요청하게 된다(Landauer, 1929c, 316). 따라서 아렌트와 마찬가지로 란다우어에게도 정치현상(또한 민주주의)의 가장 근본적인 것은 모든 상이한 의견들이 서로 교류되고 그 과정에서 서로의 타협과 양해를 도출하는 것을 의미했다.

이와 같이 란다우어에게 민주주의는 인간이 사회를 형성하고 그 속에서 공동생의 생활을 운영해 나가는 자치적 운영의 원리를 의미했다. 그러나 이 민주주의 원리는 '국가'라는 틀 속에서 변질되어 갔다. 란다우어에 따르면 프랑스 혁명 이후 전개된 민주주의는 "서구식"이라는 형용사를 반드시 동반해야 하는, 혹은 서구식이라는 수식어에 제한을 받는 민주주의로 변질되었다(Landauer, 1919, 15). 즉 서구에서 민주주의는 이제 사회를 형성하고 문제 해결의 책임을 져야 하는 시민들의 정치과정이 아니라, '자본가들에 의해 독점되는 국가기구 속에서의 권력현상'[10]으로 변질되었다.

10 ▶ 란다우어는 이를 "Börsenrepublik"으로 표현하고 있다(Landauer, 1919, p. 15).

이처럼 근대의 국가라는 틀 속에서 자본가들의 정치적 지배의 수단으로 도구화되어 버린 민주주의 제도에서 사람들은 '선거' 라는 형식적 권리만을 행사할 수 있을 뿐이며, 그 과정과 결과에 대한 책임은 지지 않게 된다. 이러한 민주주의 속에서 자유는 '외적인 강제가 없는 상태' 라는 수동적인 의미로만 해석될 뿐이다. 더 나아가 사람들은 주객이 전도된 상황, 즉 사람들은 그들이 주인의 지위에서 스스로 뽑은 정치가들에게 오히려 종속되어 버리는 결과에 던져지게 된다. 왜냐하면 선거를 통한 정치가의 선출 외에 그들이 주인으로서 행할 수 있는 것은 아무 것도 없기 때문이다(Landauer, 1919, 16-17).

란다우어에게 있어서 민주주의적 방식으로 일컬어지는 직접, 비밀 그리고 평등선거에 의해 구성되는 대의제적 의회주의는 더 이상 민주주의가 아니라 과두정치를 의미할 뿐이었다. 사람들이 선거권이라는 형식적 권리만을 갖는 대의제 민주주의에서 사람들은 공적 영역, 즉 사회적 삶의 영역으로부터 분리되고, 이는 다시 사람들의 정치적 권리의 포기를 결과하게 된다. 이러한 체제에서는 일반 사람들에 대한 약간의 자유와 복지를 보장해 줌으로써 자본의 이해를 최대화하게 되고, 그 결과 사람들의 정치적 무관심과 정치에 대한 혐오를 낳게 된다. 이는 더 나아가 주인으로서의 국민의 권리 상실과 사회적 삶 속에서의 스스로의 문제 해결 과정이라는 정치의 상실을 결과하게 되는 것이다(Landauer, 1918, 84-85).

그러므로 란다우어는 자치적 공동생활로서의 정치현상과 이의 운영원리로서 민주주의가 정착되기 위해서 근대 국가의 틀 속에서 자리매김된 정치의 패러다임과 그 정치현상이 일어나는 장(場)이 바뀌어야 한다고 주장한다. 즉 국가라는 인위적인, 광역의 사회적 틀에서 사람들의 사회적 삶이 직접적으로 전개되는 기초 공동체로 그 정치의 장이 바뀌어야 한다는 것이었고, 이를 위해 란다우어는 아래서 위로의 연방적 사회구성을 주장했던 것이다.

란다우어와 마찬가지로 아렌트 또한 자신의 평의회 민주주의를 대의제 민주주의의 대안으로 제시하고 있다. 아렌트 역시 인간의 사회적 삶 속에서 개인의 자유 실현으로 이해되어야 하는 정치현상이 대의제 민주주의에서는 선출된 대표자들만의 전유물로 전락하였다고 비판한다. 아렌트에 따르면 대의제 민주주의 아래에서는 공적인 의견(öffentliche Meinungen, 여론)은 결코 존재할 수가 없고 단지 (일방적) 정서(혹은 분위기, Stimmung)만 있을 뿐인데, 그 이유는 다음과 같다.

> 여론은 공적인 토론을 통해서만 도출될 수 있는 것이다. 그것은 활발한 의사 교환(토론)의 결과물이다. (대의제 민주주의와 같이) 공적인 의사 교환의 장이 없는 곳에서는 비록 여러 가지 다양한 정서(때로는 많은 사람들이 공유하는 주장)가 있을 수도 있으나 이를 여론으로 간주할 수는 없다 (Arendt, 1994, 346).

대의제 민주주의 아래에서 정치의 근본인 자유로운 의사표현과 토론은 더 이상 전체 국민의 사안이 아니라 선출된 정치가들만의 것이 되어버렸다. 나아가 인간의 행복과 자유는 사적이고 비정치적인 영역으로 축소 혹은 전가되고, 이는 결국 '적극적 행위'라는 정치의 본래적 의미를 퇴색하게 하는 결과를 초래한다. 이러한 이유로 아렌트 역시 란다우어와 마찬가지로 대의제 민주주의를 민주주의가 아니라 과두제로 인식하고, 이러한 대의제 민주주의의 과두제적 특성이 가장 잘 드러나는 기구로 귀족주의적이고 전체주의적 경향을 갖고 있는 현대의 정당체제를 지적하고 있다(Arendt, 1994, 345). 이렇게 볼 때 아렌트가 민주주의가 제대로 실현되는 장(場)으로 제안하고 있는 평의회 또한 란다우어와 마찬가지로 사람들이 각각 자신의 직업적 조직이나 사는 지역에서 직접적으로 공적인 사안에 참여하고 이를 통해 자유를 경험하는 공적인 공간을 의미하는 것이라 하겠다.

III. 란다우어의 연방적 사회[11]와 아렌트의 평의회 구성의 특성

란다우어는 민주주의를 사회적 삶의 운영원리로 이해하는데, 이는 민주주의를 단지 정치적 절차, 즉 사회적 갈등들이 해결되어 가는 과정만으로가 아니라 공동생활을 하는 사람들이 서로 자유롭고 평등한 관계를 가질 수 있는 사회적 문화도 포함하는 것으로 이해하기 때문이다. 따라서 민주주의가 지향하는 자유와 평등의 이념이 진정으로 실현되기 위해서 "민주주의는 사회주의적 이념과 긴밀히 연결"(Landauer, 1918, 83)되어야 하는 것이었다. 왜냐하면 란다우어에게

11 ▶ 란다우어의 연방적 사회의 구성에 대해서는 저자의 앞선 글들(2001a, 2001b)에서 상세히 기술되었지만 여기서는 이 글의 전개를 위해 필요한 부분을 요약해서 다시 정리하였음을 밝혀둔다.

민주주의와 사회주의는 서로 대립되는 개념이 아니라 상호보완적 개념이기 때문이다. 란다우어에 따르면 자유롭고 평등한 공동생활의 운영 이념으로서의 민주주의는 자신들의 일을 스스로 결정하고 또한 그에 대한 책임을 동시에 지는, 서로 다른 사람들의 상호 인정을 전제로 해야 하는데, 이 상호주의적 원리는 곧 사회주의의 원리이기도 하였던 것이다.

상호주의에 기초하여 형성되는 사회주의적 사회에서 개인은 "원자화되고 분절된 유권자로서" 존재하는 것이 아니라, 다양한 종류의 "공동체 속에서 협력적 관계자"(Landauer, 1918, 81–82)로서, 즉 공동생활의 한 구성원으로서 존재한다. 또한 자신의 흥미에 따라 직업관계와 지역적 관계를 형성해 나간다. 사람들은 자신의 선호에 따라 직업을 선택하고, 가족을 형성하고, 거주지를 정하고 또 취미에 따른 모임에 참여하는 등의 행위를 통해 다른 삶들과의 관계를 형성해 나가는데, 이를 기초로 개인적 혹은 소규모 공동체적 관계인 직업적 혹은 지역적 공동체들이 생겨난다(Landauer, 1910, 25).

이러한 과정에서 생겨나게 되는 문제를 해결하기 위해 공동체의 회의(Versammlung)가 결성되고, 이를 통해 사회의 문제들을 해결하기 위한 규율들이 생겨나게 되는데, 이러한 현상들이 곧 정치현상인 것이다. 이 회의에 파견된 사람들은 스스로를 그 공동체에 대한 대표(대의제 민주주의에서의 이해처럼)가 아니라 자신을 파견한 사람들의 대리자로 인식한다. 그는 언제나 "자신이 파견된 지역적 · 직업적 공동체의 입장을 대변하는 임무"를 가지며, 따라서 구성원들이 "그 임무를 잘 수행하지 못한다고 판단할 때는 언제라도 교체가 가능한 명령적 권한"(imperatives Mandat) (Landauer, 1918, 83)만을 가진다. 이러한 명령적 권한만을 가지는 대리자로서 공동체 회의에 파견되는 사람은 언제나 자신이 파견된 공동체의 통제 아래 있게 된다. 란다우어는 이와 같은 아래서부터 위로의 사회형성과 그 운영을 민주주의라고 이해하고, 그 전형으로 중세 독일의 지방 및 주회의(Gemeinde- und Landversammlung), 당대의 스웨덴과 스위스 주회의, 그리고 무엇보다 1871년 파리 콤뮨에서의 구역회의 체계를 들고 있다.[12]

그러나 란다우어는 이러한 회의체가 모든 공동체에서 동일한 모습으로 나타나야 하는 것이 아님을 분명히 하고 있다. 그 회의체의 구성과 운영방법은 각각의 사회가 처한 문화적 · 기술적 상황에 따라 다르게 구성되고 운영될 수 있다는 것이다. 예를 들어 전송체계가 잘 발달된 사회에서는 의견의 교환과 토론, 정치적 결정사항의 공고 등이 보다 발달된 전송체계를 통해 진행될 수도 있으며, 따라서 이 경우에는 새로운 형태의 회의 모습이 생겨날 수도 있음을 분명히 하고 있다(Landauer, 1918, 83).[13]

본질적인 것은 평의회의 구성과 운영방법이 아니라 사람들이 서로에 대한 믿음과 양해를 형성해 나갈 수 있는 회의체의 존재 그 자체이다. 또한 이 회의체가 존재함으로 해서 그 사회의 구성원들은

---

12 ▶ 파리 콤뮨의 성격에 대해 란다우어는 다음과 같이 설명하고 있다 : "그곳에서는 모든 유권자들의 회의가 지속적으로 개최되었고, 선출된 대표들은 그들을 대표로 선출한 사람들과의 긴밀한 관계 속에서 활동했다. 유권자들은 그들의 결정사항을 강조하기 위해 그들이 선출한 대표자에게 계속적으로 메시지를 보냈고, 또한 유권자들은 그들이 파견한 대표들이 그들의 의견을 제대로 반영하지 못할 때는 언제라도 그들을 소환하고 다른 대표를 파견할 수 있었다" (Landauer, 1909, p. 79).

13 ▶ 오늘날 논의되고 있는 전자민주주의의 실험은 이런 맥락에서 이해될 수 있을 것이다.

서로 토론과 대화를 나누고, 이를 통해 서로의 입장에 대한 이해와 공동의 문제에 대한 합의를 도출해낼 수 있는 공론장이 존재한다는 사실인 것이다. 이와 같이 서로에 대한 믿음과 양해를 바탕으로 하는 정치는 "그 공동체를 구성하는 구성원 각자와 집단으로서의 공동체 전체에 공동의 목적의식(즉 공동체 의식)이 존재할 때" (Landauer, 1929 b, 302)에 비로소 가능한 것이었다.

이와 같은 회의체를 통해 란다우어는 근대 사회에서 정착되어 갔던 원자화되고 비공개적인, 그래서 철저히 개인주의적이고 책임감을 동반하지 않는 분절화된 개인의 선거에 의해 진행되는 대의제 민주주의 정치과정에 대응하여 정치라는 공동생활 현상을 공동체를 구성하는 구성원들의 공개적인 참여에 기초하여 이루어지도록 변화시키려 시도했던 것이다. 정치현상을 민주적으로 운영하기 위해서는 정치과정 또한 공개적이고 협력적(참여적)으로 진행되어야 하는 것이다. 왜냐하면 정치는 '공적인 것'이기 때문이었다.

하나의 공동체(공동생활을 하는 사회적 집단)를 구성하는 각각의 집단들은 그들의 대표들로 구성된 회의체(평의회)를 통해 그들 공동체의 사안들을 스스로 해결한다. 란다우어는 이와 같은 자율적으로 운영되는 공동체들의 아래로부터 위로의 피라미드식 구성을 연방주의로 명명하고, 미래의 독일 사회를 많은 분권적 자치공동체들의 연방으로 재건설할 것을 제안하고 있다.

> (…) 아래서 위로(기초 공동체에서 광역 공동체로) 조직되는 연방이어야 한다. (…) 그래서 마을 단위의 기초 공동체와 관련된 문제는 그 공동체 스스로가 해결하여야 하며, 이러한 원리가 기초 공동체를 넘어 구, 군, 시,

광역시, 도, 민족 그리고 종국적으로는 민족들의 연방으로까지 연결되어야 한다(Landauer, 1918, 83).

연방주의적이고 분권적인 사회의 구성을 통해 전체 독일 연방이라는 민족(혹은 국가) 수준의 공동체가 형성되고 이 공동체를 위해 연방평의회(Bundesrat)가 성립된다. 이 연방평의회는 보다 협의의 독립적 공동체(지역적 · 지리적)와 직능단체(농민, 노동자, 군인 등의 직업적 직능단체)들의 대표로 구성되는데(Landauer, 1929c, 315), 이들 공동체와 직능단체 또한 각각의 평의회를 통해 그들의 소관 사안들을 토론하고 결정한다. 이와 같이 란다우어의 연방적 공동체는 각 단계마다 보다 아래(협의의) 단계의 다양한 공동체들의 연합체의 성격을 띠며, 각 공동체마다 각각의 단계에 해당하는 공공의 사안을 해결하기 위한 회의체가 결성된다. 그러나 이 과정에서 보다 상위의 조직체로부터 영향을 받지 않으며, 또한 그 회의체의 구성과 의결방법 등에 관한 사항도 그 회의체를 조직하는 구성원(보다 하위 공동체의 대표)들에 따라 각기 다르게 정해진다(Landauer, 1929a, 199). 이러한 조직적 특성을 통해 각 단계에서의 회의체는 그 공동체의 자주성과 독립성을 유지하게 되는 것이다.

란다우어는 자신이 주장하는 연방적 사회조직을 실현하기 위해 1908년 '사회주의 연대'(Sozialistischer Bund)를 결성했다.[14] 이 사회

14 ▶ 특히 이 연방적 조직을 위해 란다우어는 '사회주의 연대의 12개 원칙'을 별도로 마련하고, 이의 준수를 통해 자신이 생각하는 연방적 사회의 형성을 현실에 적용하려 하였다(Landauer, 1912, p. 2).

주의 연대에는 유럽의 각 지역에서 독립적으로 활동하던 다양한 지역적·직업적 공동체들이 구성원으로 참여했다.[15] 그러나 당시 유럽에서 고조되고 있던 국가들 간 전쟁의 분위기 속에서 사회주의 연합의 건설 노력은 더 이상 확대되지 못했다. 이후 란다우어는 1919년 4월 뮌헨에서 '바이에른 평의회 공화국'(Räterepublik Bayern)[16]이 건설되자 여기에 문화교육부 장관으로 참여하여 자신의 주장을 실현하려고 계획하였으나 얼마 가지 않아서 공산주의자들의 쿠데타에 의해 평의회 공화국은 붕괴되고 란다우어는 살해됨으로써 그의 연방적 사회의 건설 노력은 실현되지 못했다.

란다우어와 마찬가지로 아렌트도 공적인 영역에의 참여와 적극적인 자유 실현으로서의 정치가 실현될 수 있는 대안으로 '평의회 민주주의'를 주장한다. 아렌트에게 평의회는 사람들이 각각 자신의 직업적 조직이나 사는 지역에서 정치적인 활동에 참여하고 이를 통해 자유를 경험하는 공적인 공간, 즉 공론장을 의미한다. 직장협의회, 마을협의회 등과 같은 기초 공동체의 회의체인 보다 하위(협의)의 평의회는 그들의 대리인을 선출하여 보다 상위 공동체(직업적 혹은 지역적)의 평의회에 파견하는 구조를 가지는데, 이 경우 각각의 평의회(회의체)는 독립적으로 작용한다. 즉 한 공동체의 평의회의 구성원들은 그 공동체의 관련 사안들에 대해 보다 상위의 공동체나 혹은 인접 공동체들로부터의 간섭과 규제 없이 스스로 규율을 정하고 결정한다.

15 ▶ 1912년 2월까지 유럽 전역에서 18개의 독립적 조직 혹은 공동체가 건설되었다.
16 ▶ 여기에는 당시의 독일 사회민주당이 중심이 되고 이후 뮌헨 노동자와 군인 평의회가 참여하게 된다.

각각의 평의회에서 선출된 사람들은 "스스로를 자신의 공동체를 대표하는 사람으로서가 아니라 자신을 파견한 공동체 구성원들과 똑같은 책임감을 가지고 그들과 자신을 동일하게 인식한다"(Arendt, 1994, 357). 따라서 보다 상위 공동체의 평의회를 위해 선출된 사람들은 자신이 속한 공동체의 다른 구성원들과 유기적인 관계 속에서 행위하고 그 공동체의 이해와 입장을 대변한다. 즉 선출된 사람은 자신을 선출해 준 공동체의 다른 구성원들에게 상위 평의회에서 일어나는 모든 사안에 대해 상세히 보고하고 설명하는 긴밀한 관계를 유지해야 하며, 또한 상위 공동체의 평의회에서 행하는 자신의 행위에 대해 철저하게 책임을 져야 한다. 평의회 구성원과 대표 사이는 신뢰를 기초로 해야 하며, 따라서 이러한 대표성의 체계 아래에서는 오늘날 대의제 민주주의에서 적용되고 있는 보통선거제도는 필요하지 않게 된다(Arendt, 1994, 358).[17]

이렇게 해서 기초 생활 단위체로부터 광역 공동체(민족 혹은 국가 단위)로의 평의회들이 구성되는데, 이 과정에서 모든 평의회들은 각종 평의회 상호 간의 권한과 권위에 대한 인정을 전체 사회구성의 기본 원리로 요청하게 된다. 이 상호 인정의 원리는 또한 아래서부터 위로의, 영역에 따라 수직적으로 형성되는 평의회들 간에서도 그대

17 ▶ 아렌트의 이러한 주장으로 해서 시튼은 아렌트가 오늘날 민주주의에서 요청되고 있는 보통선거의 원리를 부정하고 있다고 해석한다(Sitton, 1987, p. 88). 그러나 아렌트의 평의회 운영과 조직이 란다우어의 그것과 매우 유사하다는 점에서 대표의 선출이나 그 밖에 공동체와 관련된 사안에 대한 평의회의 의사결정 방법과 기제는 각각의 평의회마다 다르게 나타날 수 있는 것으로 유추하는 것이 더 타당할 것으로 생각된다.

로 적용되어야 하는 원리이다. 이렇게 해서 평의회들의 피라미드식 구조를 가지는 전체 사회가 형성되지만 그 속에서 아래의 평의회가 보다 광역(상위의) 평의회에 종속되는 경우는 생겨나지 않는다. 즉 피라미드 각 단계마다의 평의회(공동체)는 동등한 정도의 독자적 자율권(Autorität)을 가진다(Arendt, 1994, 358).[18]

모든 평의회는 각각 자신이 관할하는 영역에 대한 자율권을 가지며, 그곳에서 일어나는 일들에 대한 권한을 독립적으로 행사한다. 이 과정에서 같은 수준의 다른 평의회나 보다 상위의 평의회로부터의 영향력은 존재하지 않는다. 여기서 보다 상위의 평의회는 보다 상위 혹은 보다 많은 자율권과 권력을 갖는다는 의미가 아니라 보다 광역의 의미이며, 그 관할 사안 혹은 업무는 하위의 평의회가 관할하는 것과는 다른 것이다.[19] 아렌트는 자신이 제안하는 평의회의 역사적인 전형으로 1871년의 파리 콤뮨, 1917-1918년 러시아 혁명기의 평의회 운동, 1918-1919년 뮌헨 혁명 시기의 군인 및 노동자 평의회, 그리고 1956년 헝가리 혁명에서의 평의회 체제로 들고 있는데(Arendt,

---

18 ▶ 이렇게 볼 때 아렌트에 있어서는 정치적인 것의 쟁점은 오늘날의 민주주의에서 보여지는 것처럼 자유와 평등의 문제가 아니라 각 공동체(평의회)의 자율성(Autorität)과 평등성의 문제이다. 왜냐하면 아렌트의 평의회 민주주의는 공적인 영역에의 적극적 참여를 의미하는 자유를 전체 사회구성의 가장 기본적인 조건으로 전제하고 있기 때문이다

19 ▶ 이러한 상위와 하위 공동체 및 평의회 간의 독립적 관계는 란다우어에서도 그대로 주장되는데, 란다우어는 이를 보조성의 원리에 의한 사회구성에서 그 이유를 찾고 있다. 즉 상위 공동체는 하위 공동체가 할 수 없는 사안이나 몇 개의 하위 공동체들에 중첩되는 사안에 대해 보조해 주는 관할권을 갖게 되므로 상위 공동체와 하위 공동체 간에는 보여질 수 있는 권한의 갈등은 생겨나지 않는다고 인식하고 있다.

1994, 336-337), 이 중 뮌헨 혁명 시기의 군인 및 노동자 평의회에 란다우어가 직접적으로 관여했다는 점은 두 사람의 사고의 유사성을 잘 반증해 주는 예라 하겠다.

아렌트는 위에 열거한 평의회의 역사적 예들의 공통점을 연방주의 이념 속에서 찾고 있다. 이는 아렌트가 평의회 민주주의의 특성을 가장 잘 보여주는 것으로 인용하고 있는 파리 콤뮨 참가자의 아래의 말에서 명확히 보여진다.

> 우리는 자유주의적이고 공화주의적인 이념을 가장 잘 나타내고 있는 연방주의 이념을 따르기 위해 (…) '분열되지 않는 하나'라는 단어를 지워버렸고, 또한 본질적으로 군주제의 이념인 (절대)주권의 이념도 던져버렸다(Arendt, 1994, 343).

이렇게 볼 때 아렌트가 대의제 민주주의의 대안으로 제시하고 있는 평의회 민주주의는 란다우어가 주장하는 공동체들의 아래로부터 위로의 연방적 사회구성과 유사한 것으로 이해될 수 있다. 아렌트의 평의회 민주주의나 란다우어의 연방주의 모두 말 그대로의 민주주의 이념과 자유주의적 공화국을 실현하기 위한 사회의 연방적 조직을 의미하고 있기 때문이다. 아렌트와 란다우어 모두에게 연방주의는 "대중사회의 폐기"(Arendt, 1994, 359)를 의미하며, 근대의 국가적 틀 속에서 과두제로 변질된 대의제 민주주의에 대한 대안으로 요청되고 있는 것이다.

Ⅳ. 현대 사회와 생활정치의 의미

현대 사회의 정치적 현상들을 분석하고 있는 많은 정치학 교과서들은 정치를 인간과 사회의 필연적 현상으로 규정하고 있다. 이를 종합해 보면 정치는 '인간 사회의 다양한 이해와 기대를 조정하고 사람들의 협동과 질서를 확립하여 보다 나은 사회를 확립하는' 인간의 활동이라고 정의할 수 있다. 이러한 포괄적 정의에도 불구하고 그 실제에 있어서 정치는 권력의 획득과 분배의 과정에 중심을 둔 협의의 개념으로 이해되고 있는 것이 현실이다.

정치에 대한 일반적 정의와 현실적인 정치현상에 대한 인식의 차이는 시대와 사회에 따라 정치현상에 대한 관심 영역의 설정과 그 해석이 다르게 나타났기 때문이다. 정치라는 말이 처음 생겨난 고대 그리스에 있어서 정치는 넓은 의미에서 공동사회 내에서의 인간관계 자체를 의미했고, 주변 민족의 정복에 의해 성립된 로마 시대에 와서 정치는 로마제국을 유지하기 위한 정치제도와 이 제도들의 기능에 그 초점이 맞추어졌다. 중세 시대에 와서 정치는 그 시대적 상황에 따라 그 자리를 잃게 되었으나 르네상스와 종교개혁을 거치면서 세속적 권력현상으로서의 정치에 대한 이해가 자리를 잡기 시작했다. 이렇게 등장한 근대 사회에서의 정치에 대한 개념은 인간의 세속적 공동생활의 틀로서의 국가의 성격과 그 속에서의 권력현상에 중심을 둔 의미로 자리매김되어 갔다. 그 과정에서 정치라는 현상은 합리적 권력의 형성이라는 점에서 민주주의 이념과 연결됨으로써 민주주의 또한 정치적 절차와 제도의 의미로 자리매김되었다.

이러한 역사적 변화에도 불구하고 우리가 정치라는 현상을 기본적으로 인간 사회의 갈등을 해결하는 활동으로 정의한다면 정치현상은 본질적으로 인간의 공동생활 전체의 운영원리로 확대되어야 한다. 정치현상에 대한 이해의 확대는 정치라는 개념에 대한 규정으로부터 논리적으로 도출되어지는 것이기도 하지만, 또 다른 한편으로 현대 사회의 변화에 의해 새롭게 제기되는 요청이기도 하다. 정치라는 현상이 근대 사회의 등장과 함께 권력현상의 의미로 자리매김되어 왔던 것과는 대조적으로 현대 사회에서의 복잡한 구조는 다양한 사회적 차원에서 조정과 문제의 해결을 요구하고 있다. 더 나아가 세계화라는 전 세계적 변화는 근대 사회에서 정치적 행위의 장(場)의 전형이 되어왔던 국가의 위상에 변화를 초래하고 있다. 물론 여전히 국가는 가장 중요한 정치현상이 일어나는 장이며 또한 행위자이기도 하지만 세계화가 진전되면서 국가 이외의 새로운 정치의 장과 행위자들이 등장하게 되었다.

바로 이러한 사회변화는 정치를 더 이상 권력 중심의 과정이 아닌 사회 내의 다양한 갈등들을 조절하고 그래서 그 사회를 유지 · 발전시켜 나가는, 다시 말해 사회를 운영하는 기술[20]로서 요청하고 있는 것이다. 환경정치, 여성정치 등과 같은 새로운 정치적 개념들의 등장은 이러한 정치적 현상의 확대를 잘 보여주는 예라 하겠다. 따라서

20 ▶ 오늘날 새롭게 논의되고 있는 Governance의 개념은 이러한 맥락에서 이해될 수 있다. 즉 갈등을 해결해 나가는 과정이 국가권력 중심에서 공동체 내의 많은 그 사안과 관련된 이해관계자들의 참여를 통해 갈등을 해결해 나가는 현상들이 새로운 정치의 개념 속으로 들어오게 된 것이다.

정치는 이제 권력현상을 넘어서 함께 살아가는 공동체의 공동적 과제의 민주적 해결로 이해하는 인식의 전환이 요청된다. 정치를 사회의 공동적 과제의 민주적 해결로 이해한다는 것은 다른 한편으로 민주주의가 사회의 운영원리로 자리 잡게 되었음을 의미하며, 따라서 이러한 사회에서는 공동생활의 주인으로서의 구성원이 강조된다. 시민 혹은 그 사회의 구성원들은 이제 더 이상 정치의 객체가 아니라 주체임을 의미하며, 그들에 의해 운영되는 공동체의 살림이 곧 정치현상이다.

여기에서 우리는 란다우어와 아렌트가 말하고 있는 생활현상으로서의 정치에 대한 패러다임 전환의 필요성을 발견하게 된다. 탈정화와 정치적 소외의 시대에, 또한 관객 민주주의로의 전락이라는 변질된 대의제 민주주의에 대한 대안으로 생활공동체의 형성과 평의회 민주주의를 제시하고 있는 란다우어와 아렌트의 혁명적 사고는 '정치가 무엇인가'에 대한 근본적인 문제를 현대 사회가 다시 한 번 생각하도록 한다. 란다우어와 아렌트가 주장하는 정치와 민주주의의 의미가 실현되기 위한 바탕으로서의 사회적 모습의 실현에 있어서 두 사람 사이에는 어느 정도의 차이점[21]을 발견할 수도 있지만,

---

21 ▶ 한 예로 시튼(J. Sitton)은 아렌트의 정치 이론이 '정치적인 것'을 사회 · 경제적인 문제들로부터 분리함으로써 그 결과 아렌트에 있어서 정치적 활동은 그 내용적인 것에 대한 고찰 없이 정치적 토론과 정치적 행위의 활성화 여부라는 형식으로 축소되어 있다고 비판한다(Sitton, 1987, p. 94). 시튼에 따르면 아렌트는 사회적이고 경제적인 문제들은 혁명이 가지는 정치적 목표를 파괴하게 될 것으로 생각했는데, 이는 이들 사회 · 경제적인 문제들이 정치의 대상이 아니라고 생각했기 때문이다. 즉 아렌트에게 경제적인 문제는 정치적인 것과는 상관없이 오늘날의 발전하는 과학과 기술을 통해 해결될 수 있는 문제로 인식되고 있기 때문이다. 이와 같은 아렌트의 기술에 대한 낙관적인 견해는 기술이 정치

두 사람이 의도하는 근대의 개인주의적 자본주의 사회에서 고착화되어 버린 인간의 정치적 소외와 민주주의의 형해화라는 부정적 결과에 대한 적극적이며 시의적절한 문제 제기라 할 것이다.

특히 란다우어는 생활정치가 이루어지는 공동체들의 연방이라는 연방주의를 달성하기 위한 혁명[22]을 주장하고 있는데, 이 혁명은 단순한 정치적 목표가 아니라 인간의 사회적 삶에 대한 끊임없는, 그리고 반복적인 문제의 제기와 이에 대한 개선을 포괄하는 인간의 삶 전체에 대한 "재생 혹은 회복"(Regeneration) (Buber, 1985, 102), 즉 생활 속에서의 끊임없는 의식의 변화를 의미하는 것이었다. 이처럼 란다우어와 아렌트에게 있어서 인간의 사회적 삶은 정치적인 제도만이 아니라 사회 · 경제적 영역 모두로 구성되며, 따라서 사회현상의 하나로서의 정치적 현상도 정치적 제도와 권력만의 문제가 아니라 사회적 생활 전체를 그 대상으로 하기에 이러한 사회를 변혁하려는 혁명 역시 생활 전반에 대한 의식의 개혁에서부터 출발해야 하는 것이었다.

적으로 중립적인 것이므로 정치의 대상이 아니라 전문가들의 사안이라는 전제에서 기인하는 것으로 시튼은 주장하고 있다(Sitton, 1987, pp. 94–96). 그러나 이러한 시튼의 주장이 생활현상으로서의 정치에 대한 아렌트의 생각을 란다우어의 그것과 다르게 하는 것은 아니라 하겠다. 연방주의와 평의회 민주주의를 실현하는 방법으로서의 혁명에 대한 란다우어와 아렌트의 차이점 혹은 유사성은 또 하나의 새로운 글에서 다룰 수 있기를 기대한다.

22 ▶ 그래서 란다우어에게 혁명, 즉 새로운 사회의 시작은 언제나 '지금 그리고 여기에서' (hier und jetzt)로 표현된다.

V. 결론

란다우어와 아렌트 사상의 유사성은 무엇보다 정치에 대한 이해에서부터 잘 보여진다. 란다우어는 '정치'라는 현상을 권력투쟁으로 바라보는 것에 반대한다. 그에 의하면 정치를 권력투쟁으로 이해하는 것은 근대적 국가라는 공동생활의 틀의 결과이다. 정치란 국가라는 강제적 틀 속에서 강제적이기 때문에 필연적으로 나타날 수밖에 없는 권력관계가 아니라, 인간이 인간으로서 존재하기 위해 사회를 결성하고 그 속에서 살아가야 하기 때문에 발생하는 문제들에 대한 참여 그 자체를 의미하는 것이었다. 즉 란다우어에게 정치란 '공적인 영역, 사회적 삶에서의 활동 및 이 속에서 발생하는 문제를 해결하기 위한 참여'를 의미했다.

정치가 공동체적 삶에의 참여를 의미하는 것이므로 정치는 근대 국가에서와 같이 국가차원에서만 이루어지는 과정이 아니라, 개인이 속한 여러 단계의 공동체에서 모두 일어나는 현상인 것이다. 다시 말해 정치라는 현상은 내가 살고 있는 마을공동체, 직업적 공동체, 보다 광역의 공동체, 그리고 국가나 민족적 단위공동체 등에서 모두 나타나는 현상인 것이다. 이 과정에서 공동체의 크기와 성격에 따라 정치적 사안, 즉 해결되어야 할 공적인 문제들은 각각 다르게 나타날 것이다. 바로 이러한 정치에 대한 이해를 바탕으로 란다우어는 근대의 중앙집권적 국가의 틀을 비판하고 그 대안으로 정치적 현상이 일어나는 소규모의 공동체로부터 보다 광역 공동체로의, 아래서부터 위로의 연방적 사회구성을 주장했다.

연방적으로 구성된 사회에서 민주주의는 근대 국가에서 과두화로 귀결될 수밖에 없는 절차적 과정이 아니라, 서로 다름에 대한 인정을 바탕으로 하는 공동체의 운영원리를 의미하는 것이며, 이러한 의미에서 (란다우어에게) 민주주의는 사회주의와 배치되는 것이 아니라 상호보완적인 이념으로 이해되어야 한다. 이러한 정치와 민주주의에 대한 사고의 전환은 특히 근대 이후 거의 모든 정치적 정당성의 근거로 자리매김되어 온 대의제 민주주의에 대한 문제의 제기와 '정치적인 것' 에 대한 근본적인 사고 전환의 주장은 국가라는 틀이 여전히 그 절대성을 유지하고 있음에도 불구하고 세계화라는 (물론 오늘날 왜곡된 형태로 전개되고 있기는 하지만) 현대의 흐름 속에서 새로운 의미로 조망되어야 할 것이다.

이러한 논의는 특히 지방정치의 활성화와 내실화라는 과제와 함께 정치학의 위기를 맡고 있는 한국 사회에서 더더욱 심도 있게 논의되어야 할 사안이라 생각된다. 권력투쟁 중심의 정치에 대한 이해는 실제생활 속에서 전개되는 갈등 해결이라는 정치적 현상을 비정치적인 것으로 인식하게 함으로써 정치영역의 지평을 지극히 좁은 영역으로 국한하게 되고, 그 결과 정치학과 정치현상은 소수의 엘리트들의 전유물로만 남게 되었다. 그래서 우리는 정치라는 현상을 사회 속에서 일어나는 갈등의 해결로 규정하고 있음에도 불구하고 NGO의 문제(사회학), 환경적 이슈(사회학, 행정학, 자연과학), 사회복지정책(사회복지학), 지방정치(행정학) 등 우리의 사회적 생활과 밀접한, 우리의 실제적 삶 속에서 일어나는 갈등현상에 대한 분석과 연구는 타학문의 영역으로 넘겨버리고 마는 자기 모순을 결과하고 말았다.

물론 현재 우리 사회에서 정치학 쇠퇴의 원인 모두가 여기서 기원된 것은 아니지만, 상당한 정도의 이유는 권력현상으로서의 정치를 강조한 나머지 우리의 생활 속에서 일어나는 많은 갈등들을 비정치적인 것으로 인식하는 데서 기인한다고 생각된다. 설령 과거에는 이러한 현상이 용인되었다 하더라도, 특히 오늘날과 같이 다원화되고 분권화된 사회에서 정치의 대상과 패러다임은 분명히 바뀌어야 할 것이다. 다원화된 사회에서의 정치는 갈등을 더 이상 중앙으로만 국한하지 않으며, 또한 중앙에서 해결할 수도 없게 되어가고 있다. 정치는 이제 중앙의 권력적인 것에서 지방과 지역으로, 그리고 우리의 일상생활 속에서의 갈등 해결로 그 패러다임의 전환을 가져와야 한다.

이런 의미에서 생활 속에서 일어나는 사회적 문제들에 대한 참여를 정치현상으로 인식하는 란다우어와 아렌트의 시각은 충분히 재조명되어야 할 것이다. 또한 이들이 주장하는 민주주의에 대한 인식도 지방정치의 활성화라는 시각에서 재음미되어야 할 것이다. 생활정치의 활성화와 이에 따른 지방정치의 활성화를 위해서는 말 그대로 아래로부터 위로의 정치현상에 대한 패러다임 전환이 절대적으로 필요하며, 이를 위한 이론적 토대로 란다우어와 아렌트의 주장은 매우 의미 있게 되짚어 보아야 할 것이다.

참고문헌

김영일. 2001a. "구스타프 란다우어(Gustav Landauer)의 연방주의 : 민주주의와 사회주의의 새로운 관계 모색." 『한국정치학회보』. 제35집 1호(봄).

______. 2001b. "문화운동으로서의 아나키즘 : 란다우어(G. Landauer)의 연방주의에 나타난 아나키즘의 이해." 『정치사상연구』. 제4집(봄).

______. 2001c. "프루동(P.-J. Proydhon)의 연방주의와 민주주의 이해 : 연방주의적 유럽 질서의 모색." 『국제정치논총』. 제41집 1호.

이극찬. 2005. 『정치학』. 서울 : 법문사.

21세기정치연구회. 2005. 『정치학으로의 산책』. 서울 : 한울.

Arendt, Hannah. 1994. *Über die Revolution*. trans. R. Piper & Co. Verlag. München/Zürich.

______. 1963. "The Cold War and the West." *Partisan Review* XXIV, Nr. 1 (Winter).

Buber, Martin Buber 1985. "Gustav Landauer." *Phade in Utopia. Über Gemeinschaft und deren Verwirklichung*. Heidelberg.

Enderes, Ria. 1990. "Hannah Arendt." ed. Hans Jürgen Schultz. *Es ist ein Weinen in der Welt-Hommage für deutsche Juden unserers Jahrhunderts*. Stuttgart.

Landauer, Gustav. 1899. "Börne und Anrachismus." *Sozialistische Monatshefte*. Jg. 3, Nr. 7 (Juli).

______. 1907. Die Revolution. ed. Martin Buber. *Die Gesellschaft*. Bd. 13. Frankfurt a. M.

Landauer, Gustav. 1909. "Organisationsfrage." *Der Sozialist* Jg. 1, Nr. 10 (1. 7.).

______. 1910. "Preußen." *Der Sozialist* Jg. 2, Nr. 4 (15. 2.).

______. 1912. "Zwölf Artikel des Sozialistischen Bundes." *Der Sozialist* Jg. 4, Nr. 1 (1. 1.).

______. 1918. "Die vereinigten Republiken Deutschlands und ihre Verfassung." ed. Ruth Link-Salinger (Hyman). *Erkenntnis und Befreiung. Ausgewählte Reden und Aufsätze*. Frnkfurt a. M. (1976).

______. 1919. "Deutschland und seine Revolution." *Erkenntnis und Befreiung. Organ des herrschaftslosen Sozialismus* Jg. 1, Nr. 7.

______. 1929a. "Brief an Fritz Mauthner vo 26. Juni 1908." *Gustav Landauer. Sein Lebensgang in Briefen* 1. Bd. ed. Martin Buber. Frankfurt a. M.

______. 1929b. "Brief an Hugo Landauer von 22. November 1918." *Gustav Landauer. Sein Lebensgang in Briefen* 2. Bd. ed. Martin Buber. Frankfurt a. M.

______. 1929c. "Brief an Adolf Neumann vom 25. November 1918." *Gustav Landauer. Sein Lebensgang in Briefen* 2. Bd.. ed. Martin Buber. Frankfurt a. M.

______. 1978. *Aufruf zum Sozialismus*. Wetzlar (1. Aul. : Berlin, 1911).

Lloyd, Margie. 1995. "In Tocqueville's Shadow : Hannah Arendt's Liberal Republicanism." *The Review of Politics* Vol. 57 (Winter).

Sitton, John F. 1987. "Hannah Arendt?s Argument for Council Democracy." *Polity. The Journal of the Northeastern Political Science Association* Vol. 20, No. 1 (Fall).

제5장

정치와 철학 사이에서 :
근대, 그리고 막스 베버와 한나 아렌트*

최치원(고려대학교)

I. 들어가는 말

'physei politikon zoon' (아리스토텔레스)의 관념이 인간의 의식세계를 지배해 온 이래 자유의 문제와 정치의 문제는 서로 분리될 수 없는 관계 속에서 이해되었다. 그러나 근대에서 그러한 이해방식은 헤겔(Georg W. F. Hegel)의 '시민사회' (bürgerliche Gesellschaft) 개념이 입증해 주듯 더 이상 의미 있는 것은 될 수 없었다. 그럼에도 헤겔을 포

* ▶ 본 논문은 『철학사상』, 제23호(서울대학교 철학사상연구소, 2006. 12)에 출간된 것을 수정 없이 다시 실은 것임(각주 형식에 수정이 있었음).

함한 많은 사상가들에게 자유와 정치의 문제를 어떻게 결합시켜 이해할 수 있느냐의 물음은 해결하기가 쉽지 않은 주제였다. 이러한 근대적 물음에 대해 공통의 문제의식을 공유했던, 그러나 그 해결에 있어서는 서로 다른 이해를 하고 있었던 20세기의 대표적인 사람들 가운데에 베버(Max Weber, 1864–1920)와 아렌트(Hannah Arendt, 1906–1975)가 있다.

베버의 학문의 출발점은 법학, 경제학, 역사학 그리고 철학이었다. 아렌트의 그것은 신학과 철학 그리고 그리스어였다. 철학이라는 공통점을 제외한다면 이론상으로는 양자의 사유체계를 맺어줄 아무런 끈은 없는 것이다. 물론 베버가 체득하고 지향하는 철학과 아렌트의 그것이 전체 맥락에서 어떤 의미를 가지고 있느냐를 밝히는 것만으로 양자의 차이점이나 공통점을 드러낼 수는 없을 것이다. 여기서는 단지 아렌트의 베버에 대한 관심이 아렌트와 야스퍼스(Karl Jaspers) 간의 서신교환[1]에서 확인 가능하다는 점만을 밝힌다. 야스퍼스는 아렌트에게 베버를 읽어볼 것을 계속 권유한다.[2] 이 점을 충분히

---

1 ▶ 아렌트와 야스퍼스의 1933년 1월의 서신교환, Hannah Arendt, *Briefwechsel 1926–1969*(München, 1993), pp. 52–55 참조.

2 ▶ 야스퍼스는 베버를 리케르트(Heinrich Rickert)와 구분지어 실존주의 철학자로 생각하고 있었다. 야스퍼스는 베버의 장례식장 연설에서 베버를 우리 시대의 진정한 '철학자'라고 칭한다. 베버는 어느 모로 보나 야스퍼스에게는 학문적 본보기였다. 그는 연구와 철학의 영역에서 뿐만 아니라 정치적 사유의 측면에서도 "진정한 독일인"(deutschen Wesen)의 대표자였다는 것이다. Karl Jaspers, *Max Weber. Deutsches Wesen im politischen Denken, im Forschen und Philosophieren*(Oldenbourg, 1932). 14년이 지난 1946년, 야스퍼스는 베버를 위해 집필했던 자신의 이 조그마한 소책자의 제2판의 제목을 'Max Weber. Politiker, Forscher, Philosoph'로 수정한다. 즉 초판에 들어 있었던 '진정한 독일인'이란 표현이 제2판의 부제에서는 빠진 것이다. 여기에 관해서는 Karl Jaspers, *Max Weber. Politiker, Forscher,*

고려한다면 양자 간에 밀접한 학문적 관련이 있을 것이라고 추측은 할 수 있겠지만, 그러나 아렌트가 베버에 의해 얼마나 많은 영감과 영향을 받았는지는 분명하게 확정지을 수 없다. 철학의 문제를 논외로 한다면 정치의 문제에 있어 양자가 근본적으로 별로 연관을 가질 수 없는 이유는 베버 자신이 정치인이었다는 점이다. 즉 베버는 실천으로서의 정치경험을 통해 정치의 문제에 접근하고 이를 이해하려고 했지만, 아렌트는 단지 이론으로부터 정치의 문제에 접근하고 이를 이해하고 있었다.

본 논의는 베버와 아렌트 간의 어떤 학문적 · 정신적 유대관계를 자료를 통해 실증적으로 밝히는 데에 그 목적이 있지는 않다. 본 논의는 단지 독일의 학문적 전통에 서 있는 베버와 아렌트의 사유체계를 '문화지식인' (이 개념에 관해서는 다음 절에서 설명)의 측면에서 고찰해 가면서 그 함의를 정치의 맥락과 철학의 맥락에서 이해하고자 한다. 여기서 a) '정치의 맥락'이라 함은 정치가 권력, 행위, (가치)판단 그리고 언어 속에서 이루어진다는 의미에서 정치에 대한 양자의 이해방식을 이러한 핵심 개념을 중심으로 해석해 가겠다는 말이고, b) '철학의 맥락'이라는 함은 (정치가 그러한 핵심 개념들 속에서 이해 가능한 현상인 한, 그것은 가장 포괄적인 의미에서 삶의 문제를 건드리고

Philosoph(Bremen, 1946, 2. Aufl.) 혹은 Karl Jaspers, *Max Weber. Politiker, Forscher, Philosoph*(München, 1988/1958) 참조. 야스퍼스는 '진정한 독일인'이라는 부제는 당시의 국가사회주의의 창궐을 목도하면서 '진정한 독일의 위인' (echte deutsche Größe)을 기리기 위해서 그렇게 달아놓았다고 밝힌다. 베버와 야스퍼스의 관계에 대해서는 Thorsten Poprotny, *Politik als Pflicht? Zur politischen Philosophie von Max Weber und Karl Jaspers*(Frankfurt am Main/Berlin/Bern/NewYork/Paris/Wien, 1996) 참조.

있으므로) 삶으로 표상되는 정치에 대한 양자의 이해방식을 "좋은 그리고 정의로운 삶"의 기준을 통해 **"철학적으로"**[3] 고찰해 가겠다는 말이다.

올해는 아렌트 탄생 100주년이 되는 해이다. 이러한 상황에서 본 논의와 같은 연구는 우선적으로 근대를 이해하기 위해서도, 그리고 근대의 문제에 대해 그 어느 누구보다도 적절한 해답을 제시하려 했던 아렌트의 생각을 베버의 독특한 문제의식과의 연관 속에서 밝혀내기 위해서도 의미 있는 작업이 될 것이다.

II. 세계의미의 상실

"선악과(Baum der Erkenntnis)를 먹고 자란 문화의 운명은 우리가 세계과정의 의미 자체를 […] 창조할 수 있어야만 한다는 것을 알아야 한다."[4] 이처럼 '문화의 운명'은 베버에게 이중적인 의미를 갖는다. 하나는 세계의 의미 상실의 필연성이고, 다른 하나는 세계의 의미 창조의 필연성이다. 전자가 더 이상 돌이킬 수 없는 객관적 역사과정을 의미한다면, 후자는 그것으로부터 자유로워지고자 하는 인간의 의지를 의미한다고 볼 수 있을 것이다.[5] 이러한 인간 의지의 담지자,

---

3 ▶ Otfried Höffe, *Ethik und Politik. Grundmodelle und-probleme der praktischen Philosophie* (Frankfurt am Main, 1977), p. 7 참조.

4 ▶ Max Weber, *Gesammelte Aufsätze zur Wissenschaftslehre*, Johannes Winckelmann (Hrsg.) [Tübingen, 1988 (1922)], p. 154.

즉 세계의 의미 상실로 이해되는 문화문제의 해결가능성을 인식관심의 주관성 속에서 적극적으로 시도하는 사람을 베버는 '문화지식인'(Kulturmensch)으로 개념화시켰다. "우리는 의식적으로 세계에 대해 입장을 취하고 그것에 의미를 부여하려는 능력과 의지를 타고난 문화[지식]인들이다."[6]

따라서 베버가 역사, 이념, 정치 그리고 인간 행위의 의미문제를 '문화지식인'의 입장에서 광범위하게 탐구해 나간 것은 우연이 아니다.[7] 아렌트 역시 이러한 베버적인 문제틀 내에서 충분히 이해가능한 사유체계를 형성시켜 나간다. 독일의 학문적 전통은 문화라는 이름의 "혼"과 "정신" 그리고 "언어"의 의미를 강조한다. 혼과 정신이 언어를 통해 "새롭게 융합"되어 나타나게 될 때 그것은 문화가 된다.[8] 요컨대 아렌트가 인간과 세계의 존재 및 실존에 대한 정신적인 물음에서 출발해 그 의미를 이해해 가고 이를 통해 자신의 고유한 사유체계, 즉 '언어'를 전개시켜 나간 것은 '문화지식인'이라는 의미에서 보면 그 나름의 근거가 있다고 볼 수 있다. 그러는 한에 있어서 아렌트는 베버와 마찬가지로 독일의 학문적 전통에 서 있다고 볼 수

---

5 ▶ 벤딕스(Reinhard Bendix)는 '역사적 운명'과 '자유'라는 두 개념을 1981년에 있은 일련의 자신의 하이델베르크 강의를 토대로 출간된 단행본의 제목으로 달아놓았는데, 이 두 개념은 베버가 의도했던 문화운명의 이중적인 의미를 잘 포착하고 있다고 볼 수 있다. Reinhard Bendix, *Freiheit und historisches Schicksal. Heidelberger Max Weber-Vorlesung*(Frankfurt am Main, 1982) 참조.

6 ▶ Weber[1988(1922)], p. 180.

7 ▶ 이에 관해서는 Chiwon Choi, *Kulturkonzeptionen deutscher Gesellschafts-wissenschaftler und Historiker seit dem späten 19. Jahrhundert*, Aachen, 2002 (Bremen, Univ., Diss., 2002), pp. 1-72, 188-202, 203-290, 344-353 참조.

8 ▶ Choi(2002), p. 1.

있을 것이다.[9]

'문화지식인' 으로서 베버와 아렌트의 문제의식이 가장 밀접하게 연관되었음을 확인할 수 있는 부분은—니체(Friedrich Nietzsche)[10]가 이미 이를 광범위한 맥락에서 인식했지만—문화위기로 표현될 수 있는 세계의 의미 상실에 대한 이해이다. 아렌트 역시 근대가 "의미 상실의 증대"[11]로 특징지어진다는 것을 강조하고 있다. 독일의 학문적 전통은 무엇보다 행위(보다 정확히 말한다면 이 행위의 방향을 조건지어 주고 결정해 준다고 믿고 있는 특정의 이념)와 언어(보다 정확히 말하면 언어의 내용이 담고 있는 가치)의 의미를 강조한다. 이 전통은 행위와 언어는 문화의 형성과 지속 또는 쇠락에 직·간접적으로 책임이 있으며, 따라서 그것들의 의미 이해는 특정 시대에 나타나는 문화의 의미를 이해하기 위한 전제가 된다고 강조한다. 19세기 후반과 20세기 초반의 소위 말하는 문화위기[12]는 언어와 행위의 의미를 이해하

---

9 ▶ 이것은 베버와 아렌트가 전개시킨 언어가 서로 간에 충분히 양립이 가능한 것이며, 또 상호 보완될 될 수 있다는 것을 의미한다. 즉 베버의 학문적 개념 형성의 토대가 해석학과 밀접히 관련되며, 전개된 독일 역사주의의 전통 및 정신학 내지는 문화학을 통해 마련되었다면 아렌트의 그것 역시 이러한 전통을 기반으로 전개되었다는 점에 유의할 필요가 있다. 아렌트 경우 해석학의 전통뿐만 아니라 현상학적 문제의식까지를 포괄하고 있다는 점이 눈에 띈다.

10 ▶ "모든 가치평가들은 변해버렸고 탈가치화(entwerthet)되었다." Friedrich Nietzsche, "Unzeitgemässe Betrachtungen II. Vom Nutzen und Nachteil der Historie für das Leben", *Kritische Gesamtausgabe, Bd III*(1), Giorgio Colli u. Mazzino Montinari (Hrsg.) (Berlin/New York, 1972), p. 249.

11 ▶ Hannah Arendt, *Essays In Understanding. 1930–1954*(New York/London, 1993), p. 314.

12 ▶ 이에 관해서는 Ernst Treoltsch, *Der Historismus und seine Probleme*, Aalen(1961/Neudruck der J.C. Mohr Ausgabe 1922), pp. 4–5, 494–495의 압축적이지만 뛰어난 설명 참조.

고, 더 나아가 방향을 제시해야 할 학문이 자신의 정체성을 상실하고 표류하는 현상과 밀접하게 관련되어 있다. 니체는 가치로 표현되는 인간의 언어가 갖는 의미를 어느 누구보다도 새롭게 이해하려 시도했으며, 베버 역시 인간 행위의 의미의 이념(형)적 토대를 놓으려고 시도했다.

문화의 위기에 대한 베버의 대응은 (이미 앞서 언급된 '문화의 운명' 개념에서 읽어낼 수 있지만) 문화를 하나의 순수한 주관적 가치 개념으로 환원시켜 이해하는 데서 특징적으로 드러난다. "문화 개념은 하나의 가치 개념(*Wetbegriff*)이다. 경험적 현실은 우리가 그것을 가치 이념들과 관계를 맺어주기 때문에, 그리고 그러는 한에 있어서 우리에게 '문화'이다."[13] 이처럼 문화는 경험적 현실이 아니라, 인간의 주관적인 이해 속에서 새롭게 태어나고 역사와 자연으로부터 완전히 독립되어 자유롭게 전개되는 그 어떤 것이다.

이러한 철학적 사변성은 곧 보다 자세히 살펴보겠지만 행위와 언어(즉 이념과 가치)의 의미를 문화위기로 이해되는 상황 하에서 다시 찾아내려고 노력한 아렌트의 사유방식 속에서도 특징적으로 나타난다. 특히 베버가 학문의 정체성을 문화학 내지는 '사회학'이란 총괄 개념을 통해서 찾아나가려 시도했다면, 아렌트는 그것을 (비록 개념화시키지는 않았지만) 정치학 내지는 정치철학이란 개념을 통해서 시도하고 있다.[14]

---

13 ▶ Weber [1988 (1922)], p. 175.

14 ▶ 베버의 사유체계를 하나의 이미지로 형상화시키자면 그것은 죽음의 의미에 대해 관심이 없는, 배부른 돼지가 되길 거부하는 늙은 소크라테스의 모습일 것 같고, 아렌트의 그것은 막 태어나서 죽음의 의미를 이해할 수도 없고 이해할 필요

III. 세계의미의 창조

1. 이해

베버의 문화학 내지는 사회학 개념의 중심을 구성하는 것은 '사회적 행위'와 그것이 갖는 '의미'의 '이해'이다. 행위는 여기서 "인간의 태도"를 말하는데, 보다 구체적으로 말하면 그것은 행위자 혹은 복수의 행위자들의 태도가 "주관적 의미"와 결합되어 있는 상황[15]에서 나타난다. 행위가 행위자 혹은 복수의 행위자들에 의해 "의도된 의미"에 의거하여 "타인"의 태도와 관련을 맺으며, 그리고 행위가 그러한 의미를 염두에 두고 진행되는 경우를 베버는 "사회적" 의미의 행위라고 한다.[16] 이처럼 베버에 있어 행위는 항상 사회적인 것이며, 그러한 의미를 가지고 있을 수밖에 없는 것으로 포착된다. 즉 "의미 있는 행위"의 이해와 "그저 (…) 단순히 반응적인, 주관적으로 의도된 의미와 결합되지 않은 즉자적 태도"(Sichverhalten)의 이해와는 구분될 수 있는 것이다.[17]

도 없는, 그러나 역시 배부른 돼지가 되길 거부하는 '어린 아이' [Friedrich Nietzsche, "Also sprach Zarathustra", *Kritische Gesamtasgabe VI (1)*, Giorgio Colli u. Mazzino Montinari (Hrsg.) (Berlin/New York, 1968) 서곡 2 참조]의 모습을 한 소크라테스가 아닐까 한다.

15 ▶ Weber [1988 (1922)], p. 542.

16 ▶ Weber [1988 (1922)], p. 542.

17 ▶ Weber [1988 (1922)], p. 542.

이처럼 베버에게 행위는 항상 의미의 이해를 전제하고 있으며, 따라서 의미 있는 있는 행위는 "이해 가능한" 행위이다.[18] 이 경우 모든 이해는 "명확성"을 밝혀내는 것을 목적으로 해야 한다는 것이다. 즉 우리는 특정의 행위를 논리적 혹은 수학적이란 의미에서 "합리적으로" 명확히 이해하든지, 아니면 감정적 혹은 예술적 · 수용적이란 의미에서 "감정이입적 · 추체험적으로"(nacherlebenden) 명확히 이해해야 한다는 것이다. '감정이입적으로' 명확하다 함은 특정의 행위와 관련해 "체험되어 있는 **감정의 관계**"가 "완전히 추체험되었다는 것"을 말하며, '합리적으로' 명확하다 함은 수학적 혹은 논리적 언명 같은 "의미의 관계들"을 이해하는 것처럼 우리가 특정 행위를 (그것이 무엇을 의미하는지를) "전적으로 분명하게" 이해한다는 것을 말한다.[19]

베버에 따르면 이해의 어려움은 우리가 "특정 인간의 행위가 경험을 토대로 하여 지향하고 있는 궁극적인 '목표들'과 '가치들'"을 어떻게 해석해야 하는가의 문제에 봉착했을 때 발생한다. 왜냐하

---

18 ▶ 베버는 "의미를 부여하면서(deutend) 사회적 행위를 이해하고 이를 통해 행위의 경과와 영향을 인과적으로(ursächlich) 설명하려는" 자신의 학문을 문화학 혹은 사회학이라고 불렀다. Max Weber [1988 (1922)], p. 542.

19 ▶ Max Weber [1988 (1922)], p. 542. 사회학 내지는 문화학의 임무가 '의미를 부여하면서 사회적 행위를 이해하고 이를 통해 행위의 경과와 영향을 인과적으로 설명'해야 한다는 베버의 근본적인 문제의식은 유교와 도교, 힌두교와 불교 그리고 고대의 유대교 등과 같은 동양과 서양의 종교에 대한 그의 광범위한 연구와 그리고 무엇보다 이러한 연구의 출발점이자 토대가 된 '프로테스탄티즘 윤리와 자본주의 정신' (1904/1905)으로 연결된다. 베버는 이들 작품에서 인간의 사회적 행위의 의미를 가치와 이념 그리고 경제활동의 관계에서 실증적이고도 (즉 합리적으로 명확하게) 사변적으로(즉 감정이입적인 추체험 속에서) 이해하려고 노력했고, 그리고 그러한 행위의 진행이 초래한 결말, 즉 그것이 근대세계에 대해 갖는 궁극적 의미를 밝히려고 시도했다.

면 이해할 수 있는 부분들과 이해할 수 없는 부분들은 "종종 섞여 있고 결합"되어 있기 때문이다.[20] 따라서 그러한 목표들과 가치들의 "상당수"에 관해 우리는 "아주 빈번하게도" 그것들을 "전적으로 명확하게" 이해할 수 없다는 것이 베버의 생각이다. 그러나 이 경우 문제가 되는 것은 설령 우리가 상황에 따라서 그것들을 정말 "지적으로", 즉 합리적으로 명확하게 이해할 수는 있겠지만, 그럴 경우 "감정이입적인 상상을 통해 **추체험적으로**" 이해하는 문제는 여기서 배제된다는 점이다.[21] 베버는 바로 이러한 문제가 우리가 다루려고 하는 궁극적인 목표들과 가치들이 (주관적인) 우리 자신의 궁극적인 그것들로부터 보다 근본적으로 벗어나면 벗어날수록 보다 커지게 된다고 보고 있다.[22]

아렌트에 있어서도 이해의 문제는 중요했다. 이해는 "현실과 관계를 맺고 현실과 화해하는 끝없는 활동"이며, "인간에게만 있는 독특한 삶(being alive)의 방식"이다.[23] 이해의 전제는 칸트가 "구상력"(Einbildungskraft)[24]이라고 말한 인간의 능력이다. "참된 이해"는 아렌트가 보기에 "지식을 **의미 있게**" 만들어내는 원천이 된다.[25] 비록 그녀가 베버처럼 하나의 체계적인 이해의 개념을 전개시키지는 않았지만 그녀의 연구 내지는 작품을 "본질적"으로 꿰뚫고 있는 근본 모

---

20 ▸ Max Weber [1982 (1920)], p. 543.
21 ▸ Max Weber [1982 (1920)], pp. 543–544.
22 ▸ Max Weber [1982 (1920)], pp. 544.
23 ▸ Arendt (1993), pp. 307–308.
24 ▸ Immanuel Kant, *Kritik der reinen Vernunft*, Raymund Schmidt (Hrsg.) (Hamburg, 1956), A 120 참조.
25 ▸ Arendt (1993), p. 311. 강조는 인용자의 것.

티브는 "나는 이해해야 한다"[26] 혹은 "나는 이해하고자 한다"[27]는 원칙이었다. 이해는 아렌트에게 "글로 표현하는 것"이 되고 글로 표현하는 것은 "이해과정의 부분"이 된다.[28]

흥미로운 점은 베버가 이해의 개념을 파악하는 식으로 그녀 역시 유사한 맥락에서 "개인적 경험이 없이 가능한 그 어떤 사고과정은 없다"고 생각하는 점이다. 즉 그녀에게 "모든 사고"는 "사상(Sache)을 나하뎅켄(Nachdenken)하는 것",[29] 즉 생각 속에서 어떤 일의 과정을 추적하여 이해하는 것이 된다. 사고의 전개 이전에 특정의 경험이 선행되어 있다는 점에서, 따라서 어떤 하나의 이념이 선험적으로 구성될 수 없다는 점에서 아렌트적 의미의 '나하뎅켄'은 추체험과 공통점을 갖는다. 아렌트에게 그것은 근대 세계에 대한 '나의 경험' 속에서 구체적으로 나타난다. "나는 근대 세계에 살고 있으며, 그래서 내가 근대 세계에서 나의 경험들을 가지고 있는 것은 자명한 것이다."[30]

2. 경험과 정치의 이해

경험의 차이는 (그것이 추체험의 형식으로 표현되든 아니면 '나하

26 ▶ Hannah Arendt, *Was bleibt? Es bleibt noch die Muttersprache*(Günter Gaus im Gespräch mit Hannah Arendt(Sendung vom 28.10.1964), p. 2/13 참조.

27 ▶ Arendt(Sendung vom 28.10.1964), p. 7/13.

28 ▶ Arendt(Sendung vom 28.10.1964), p. 2/13.

29 ▶ Arendt(Sendung vom 28.10.1964), p. 12/13.

30 ▶ Arendt(Sendung vom 28.10.1964), p. 12/13.

뎅켄' 의 형식으로 표현되든 간에) 이해의 차이를 만들어낼 수 있다. 베버는 통일된 독일제국의 흥망성쇠기와 급속한 자본주의적 산업화의 시기를 살다간 사람이었다. 이 시기는 첨예화된 '사회문제' 가 아직 많은 해결을 기다리던 시기이기도 하며, 무엇보다 독일 사회민주주의가 새로운 정치적 대안으로서 조직화되고 공고화되어 가던 시기이기도 하다. 이러한 격동의 시기에 베버는 독일의 국내 · 국제정치적 상황에 대해 "균형잡힌 평가"를 내리고 비스마르크와 빌헬름 황제 시대에 대한 "비판적 결산"[31]을 이끌어낸다. 그러나 비스마르크로 대변되는 권력정치의 문제를 비판하고 프로이센 보수주의자들에 대항해 영국식 의회주의를 옹호하는 그의 자유(민주)주의적 입장에도 불구하고 제국주의적인 권력정치를 옹호하는 계기들이 그의 생각 곳곳에서 확인될 수 있다는 사실은 정치에 대한 그의 이해방식에 있어 아이러니를 느끼게 한다.

이러한 아이러니는 베버가 (관료주의의 역동성에 포박된 인간의 암울한 미래를 헤쳐나갈) 단호하고 책임감 있는 정치인의 역할을 무엇보다도 카리스마적 지도자에서 찾으려 하고, 그러한 지도자를 "진정한 민주주의의 수호상" (Palladium)[32]으로 이상화시키고 있다는 점에서 확연히 드러난다. 정치에 대한 이와 같은 이해의 이유가 대부분의 의회정치인들이 보여준 "말할 수 없이 치졸한 행동방식"에 대한 베

---

31 ▶ Iring Fetscher, Die Demokratie, *Grundfragen und Erscheinungsformen* (Stuttgart/Berlin/Köln/Mainz, 1970), p. 42.

32 ▶ Max Weber, *Gesammelte Politische Schriften*, Johannes Winkelmann (Hrsg.) [Tübingen, 1988 (1921)], 5. Aufl., p. 501.

버 자신의 "그 어떤 체념"에 기인[33]하는지는 모르겠지만, 중요한 점은 비스마르크와 같은 권력정치인을 부정하면서 동시에 그러한 정치인을 옹호하고 이상화하는 베버의 정치에 대한 이해는 그가 살던 시대가 그의 정치의 이해에 부과하는 경험의 한계를 뛰어넘을 수 없었다는 사실이다.[34]

아렌트는 베버가 경험했던 것과 같은 독일 통일도 급속한 산업화의 여파도, 최초의 사회주의 혁명과 인류 최초의 총체전이라고 볼 수 있는 제1차 세계대전의 충격과 같은 근대적 경험도 하지 않았다. 그리고 그녀는 독일의 전쟁 패배와 군주제의 붕괴, 그리고 바이마르 공화국의 등장이 독일과 유럽의 정치사에 갖는 의미에 대해 생각해 볼 기회를 줄 수 있는 경험을 하지도 못했다. 사실 그러한 근대 경험들을 이해하기에 그녀는 너무 어린 나이였다. 어쩌면 아렌트는 1933년에 있은 히틀러와 나치주의자들의 집권을 제외한다면 베버에 비해 상대적으로 커다란 정치적 사건들을 진정으로 경험하지 못했다고 볼 수 있다.

하나의 근대 경험으로서 1933년은 그녀에게 최초의 쇼크를 가져다 준다. 이것은 베버와 아렌트의 근대 경험의 차이를 가르는 근본적인 출발점이 된다. 즉 그녀는 베버와는 다른 정치적 운명과 이를

---

33 ▶ Fetscher (1970), p. 48.

34 ▶ 물론 베버는 정치적 이상주의자가 아니라 현실주의자이다. 더구나 정치에 대한 그의 이해방식에 영향을 준 사람들 가운데 프로이센의 국가이념과 비스마르크를 찬양하고 독일제국의 통일을 정당화시킨 트라이취케(Heinrich Treitschke)를 포함하는 당대의 공식 역사가들이라는 것을 [국가의 탄생은 항상 그러한 국가의 대변자로서 공식적인 역사(철학)가를 필요로 한다] 감안한다면 베버의 정치의 이해방식은 큰 문제가 아닐 수도 있을 것이다.

통해 결정된 그녀 자신만의 고유한 개인적 운명을 겪게 되는 것이다. 그런데 아렌트의 이러한 근대 경험에서 중요한 것은 히틀러의 권력 장악 자체에 있었던 것은 아니었다. 문제는 '글라이히샬퉁' (Gleichschaltung)[35]의 방식에 있었다. 그녀의 표현을 빌리자면 그것은 나치의 "테러의 압력" 이전에 "상당히 자발적"으로 진행되었다는 것이다. "우리의 적들이 아니라 우리의 친구들"이 '글라이히샬퉁'을 만들어 냈다는 "기괴한" 사실 속에서 그녀는 "일상적인 [이해의] 수준을 뛰어넘는" 문제의 심각성을[36] 보고 있다.

아렌트의 문제의식은 상당히 설득력이 있게 다가온다. 왜냐하면 그것은 히틀러라는 한 개인의 이름으로 체현된 권력의 속성이라는 것은 문제를 이해하는 데 그리 중요한 의미를 갖지 않을 수도 있다는 것을 암시해 주기 때문이다. 다시 말해 그 어떤 사악한 하나의 인간이 권력을 장악하여 그것을 어떤 식으로 행사하든 간에 결국 문제가 되는 것은 이러한 권력의 논리와는 상관없이 이루어지는 권력에 대한 자발적인 복종이기 때문이다. 이것은 정치와 권력의 문제를 새롭게 이해하는 계기가 될 수 있다.

35 ▶ 'Gleichschaltung'은 영어로는 'unification' 혹은 'coordination'으로 번역이 될 수 있다. 그 개념은 독일 국가사회주의가 실례로 입증하듯이 국가 내의 전체 정치적 · 사회적 조직들과 제도들을 하나의 국가로 편재시켜 단일화시킨다는 것을 함축하고 있다. 즉 그것은 모든 반대파가 제거되면서 단일한 조직과 제도로서 전체주의 국가가 수립된다는 것을 의미하고 있다.

36 ▶ Arendt (Sendung vom 28.10.1964), p. 7/13 ; Arendt (1993), p. 314도 참조.

3. 정치의 의미와 철학(1)

베버에게 권력은 상대방의 저항에 대항해 '자신의 의지를 관철' 시키는 것을 의미하며, 그것은 항상 '폭력'과 '지배'와 연관되어 있는 어떤 것이다. 폭력은 권력과 지배, 따라서 '복종'을 가능케 하는 최후의 보루이며, 따라서 그에게 국가란 '합법적' 폭력의 독점체를 의미한다(이 부분에 대해서는 후에 다시 설명할 것임). 베버가 권력-폭력-지배-복종-국가의 관계에서 권력을 이해하고 모든 정치적 행위와 현상을 이러한 관계에서 이해하려고 하는 전통적 사유체계의 틀에 머물러 있는 데 반해, 아렌트는 권력의 의미를 새롭게 이해하고 새로운 가치를 부여하려 시도한다. 베버식의 권력 이해에 기반해서 문제를 본다면 테러와 폭력으로 특징지어지는 히틀러식의 전체주의의 정치가 무엇을 의미하는지는 분명해진다. 그것은 정치란 궁극에 있어서는 일상적으로 폭력이 수반되는 현상 아니면 예외적으로 폭력이 수반되는 현상 둘 가운데 하나일 뿐이다. 어느 경우에서나 지배와 복종의 문제는 나타나게 되며, 근대 국가의 적나라한 모습을 그릴 수 있게 된다. 요컨대 베버에 따르면 정치의 의미를 이해하기 위해서는 "모든 국가는 폭력에 근거하고 있다"는 것을 이해해야 한다는 것이다.[37]

37 ▶ 이처럼 베버는 '직업으로서 정치' (1918/1919)에서 정치와 국가를 설명하면서 폭력에 대한 이러한 트로츠키(Leon Trotzkij)의 생각이 "사실상 맞는 것"이라고 확인하고 있다. Max Weber[1982(1922], p. 506. "폭력이 [정치의] 수단으로서 받아들여지지 않을(unbekannt) 수도 있을 사회의 집단들(Gebilde)만 존재하고

베버는 "역사적으로" 국가에 선행하는 많은 '정치적 동맹' 들이 있다고 본다. 국가는 단지 현존하는 하나의 정치적 동맹일 뿐이다. 정치적 동맹, 즉 국가는 권력과 폭력을 '수단' 으로 하는 정치를 통해서, 혹은 정치적 동맹의 담당자들, 즉 권력과 (그러므로) 폭력을 장악하고 있거나 장악하려고 하는 정치인들을 통해서 이끌어진다. 이 경우 정치인들은 권력과 폭력을 이용해 국가에 영향력을 행사하려 하고, 그것은 항상 "피지배 인간들이 각각의 지배 인간들의 권위에 순응해야 한다"는 것을 전제하고 있을 수밖에 없기 때문에 국가란 이렇게 본다면 "인간의 인간에 대한 **지배관계**"[38] 이상의 의미를 가지기 힘들다. 이것이 베버가 이해하려는 정치의 근본 의미라고 볼 수 있다.

여기에 베버의 정치의 의미 이해의 취약점이 드러난다. 즉 베버적 문제틀이 정치의 현실을 객관적으로(보다 정확히 말하면 '가치자유' 혹은 '가치중립' 의 입장에서) 이해할 수 있는 명확한 기준을 제공해 줄 수는 있겠지만, 반면 그것은 정치가 정치적 동맹으로 표현되는 국가의 지배자로서 '지도자' (Führer)가 없이는 이루어질 수 없다는 메시지를 명시적으로 전달하고 있기 때문이다. 이것은 자칫 특정의 개인을 이상화시킬 수 있는 위험의 소지를 갖고 있다. 이러한 위험은 베버가 권력은 어디까지나 목적이 아니라 수단임을 강조하였음에도

있게 된다면 '국가' 개념은 사라져 버리게 될 것이며, '아나키' 라는 특별한 의미로서 지칭될 수 있는 상황이 나타나게 될 것이다." Max Weber [1982 (1922)], p. 506. 베버는 더구나 모든 정치적 집단들을 "폭력집단들" (Gewaltgebilde) 로 이해한다. Max Weber, *Soziologie, universalgeschichtliche Analysen, Politik* (Stuttgart, 1973), p. 80.

38 ▶ Max Weber [1988 (1921)], pp. 505–507 참조.

불구하고, 그리고 그가 "맹목적인 권력정치가"에 비판적 입장을 견지하고 있음에도[39] 불구하고 그의 정치의 의미 이해에 항상 내재해 있는 문제이다.

기괴한 '글라이히샬퉁'에 대한 아렌트의 경험과 유대인으로서 그녀 자신이 가질 수밖에 없는 세계 소외에 대한 경험, 그리고 그러한 경험에 대한 '나하뎅켄'은 그녀로 하여금 권력과 정치의 의미를 새롭게 이해할 수 있는 계기가 된다. 아렌트 자신의 표현을 빌리면 그녀가 유대인이었다는 사실은 "나 자신만의 문제"였지만, 이 '나 자신만의 문제'는 "순전히 정치적인" 것이었다는 것이다.[40] 이러한 상황이 의미하는 것이 무엇인지 이해하기 위해서는 그녀의 근대 경험에 있어 "결정적"이었던 사건에 대해 언급할 필요가 있다. 그녀에게 '결정적'이었던 것은 최초의 쇼크였던 1933년이 아니라, 10년 뒤인 1943/1944년에 그녀가 아우슈비츠(Auschwitz)에 관해 알게 되었을 때였다. 아우슈비츠는 "그래 모든 것이 다시 한 번 잘 될 수 있을 거야"와 같은 "정치"에 있어서의 일반적인 관념을 뒤집는 새로운 차원의 현상이었다. 아렌트는 아우슈비츠는 "결코 일어나지 말았어야 했다"라고 말한다. 그런데 여기서 그녀가 문제삼는 것은 "시체의 제조"를 통해 만들어지는 것과 같은 희생자의 수가 아니라는 점이다.[41] 즉 그녀에게 가장 큰 문제가 된 것은 정치의 의미 상실인 것이다.[42]

---

39 ▶ Weber [1988 (1921)], p. 507, 547 참조.

40 ▶ Arendt (Sendung vom 28.10.1964), p. 7/13.

41 ▶ Arendt (Sendung vom 28.10.1964), p. 8/13.

42 ▶ 이 점에서 아우슈비츠로 표현되는 전체주의가 아랜트에게 "정치적인 것의 종말"을 의미한다는 폴라트의 지적은 적절하다고 볼 수 있다. Ernst Vollrath, "Han-

다시 말해 아렌트에게 '결코 일어나지 말았어야 할' 현실은 정치의 의미 상실이라고 볼 수 있다.

아우슈비츠의 문제는 만약 우리가 이 문제를 베버의 권력과 정치에 대한 이해의 틀을 가지고 접근한다면 간단히 설명이 가능하다. 앞서 언급했지만 정치에 있어 그에게 중요한 것은 '누가 누구를 지배하느냐'의 문제이다. 베버에게 정치와 권력의 문제가 근본적으로는 명령과 복종이라는 지배의 관계라는 것을 다시 반복할 필요는 없겠으나 논의의 전개를 위해 다시 권력과 폭력의 문제로 돌아와 보자. 베버는 권력은 "무정형적"(amorph)인 것[43]이므로 권력의 문제를 고찰하기 위해 "권력의 특별한 형태"로서 "지배"[44]의 문제에 주의를 기울일 것을 요구한다. 지배는 "하나의 **명령**에 대하여 복종을 발견할 수 있는 기회"[45]를 의미하는데, 그것은 보다 정확히 말하자면 "'지배자' 혹은 '지배자들'에 의해 표명된 의지('명령')가 타인('지배자' 혹은 '지배자들')의 행위에 영향을 미치려 하고, 그래서 행위가 […] 마치 피지배자들이 그 명령 내용을 자신들의 행위의 준칙으로 만드는 것과 같이 진행되도록 하는 방식으로 실제로 영향을 미치는 사실적 상황"으로 이해되어야 한다는 것이다.[46] 지배는 구체적으로 "행정"과

---

nah Arendt", *Politische Philosophie des 20. Jahrhunderts*, Karl Graf Ballestrem & Henning Ottmann (Hrsg.) (München, 1990), p. 14.

43 ▶ 이처럼 베버에게 권력은 자신의 의사를 관철할 "모든 기회"를 (그 "기회가 어디에 근거하고 있든 간에") 의미한다. Max Weber, *Wirtschaft und Gesellschaft* (Tübingen, 1947, 3. Aufl.), p. 28.

44 ▶ Weber (1947), p. 603.

45 ▶ Weber (1947), p. 29.

46 ▶ Weber (1947), p. 606.

"조직"을 통해 표현되고 작동되며,[47] 폭력은 "다른 수단들이 말을 듣지 않을 때" 적용되는 "최후의 타개책"(ultima ratio)으로 이해된다.[48] 요컨대 아우슈비츠는 베버식의 논리를 따르게 되면 히틀러를 포함하는 나치주의자들의 명령과 이에 의해 영향을 받은 사람들의 복종을 통해 구체화된 지배관계, 보다 넓은 의미로 말한다면 권력관계 이상의 것은 아니게 된다. 더 나아가 그것은 궁극에 있어서는 '최후의 타개책'의 한 표현물로 이해될 수 있는 것이다.

아우슈비츠가 지배와 복종을 핵심으로 하는 인간의 인간에 대한 지배관계를 의미한다는 것, 그리고 그것을 성립시킬 수 있었던 것은 최후의 타개책인 폭력이었다는 것 등은 어느 누구도 부정할 수 없을 것이다. 베버의 논리에 따라 정치를 이해하면 객관성뿐만 아니라, 그것을 사실적으로 입증할 수도 있다는 의미에서 경험성도 획득할 수 있다. 그러나 베버식으로 문제를 이해하게 된다면 거기서 과연 어떤 의미의 정치가 도출될 수 있을까 혹은 그러한 권력과 지배관계에 저항하는 정치의 의미는 무엇일까 등과 같은 물음들은 영원히 해결될 수 없게 되어버린다. 마찬가지로 과연 정치의 담당자로서 인간의 행위 혹은 정치적인 의미에서 인간의 행위는 과연 무슨 의미를 갖는가와 같은 물음도 이 경우 해결이 불가능한 혹은 해결할 필요가 없는 것으로 남게 된다.

앞서도 설명했지만 베버에게 중요한 것은 인간의 행위, 무엇보다 사회적 행위의 이해 문제이다. 그렇다면 이러한 사회적 행위가 정

---

47 ▸ Weber(1947), pp. 607–612 참조.
48 ▸ Weber(1947), p. 29.

치적 의미를 획득하게 되는 것은 어떤 경우인가라는 의문이 생길 수 있을 것이다. 베버의 답변은 간단하다 : "정치적으로 지향된" 행위는 사회적 행위가 "하나의 정치적 동맹의 지도부에 영향을 미치는 것을 목적으로 하고 있고, 특히 정부권력의 점취나 강제수용(Expropriation) 혹은 재분배나 할당을 목적으로 하고 있을 때, 그리고 그러는 한에 있어서" 그렇다.[49] 그렇다면 다음과 같은 질문이 생길 수 있다. 베버가 이해하듯 인간 행위의 근저에 '주관적으로 의도된 의미'가 놓여 있고, 이러한 근거에서 행위가 이해 가능하다고 한다면, 예컨대 행위의 정당성 여부나 더 나아가 주관적으로 의도된 의미의 옳고 그름의 여부는 문제가 되지 않는 것일까?

베버는 특정의 행위를 "**동기에 따라서**" 이해할 경우 그것은 "**설명적** 이해"라고 말한다. 이 경우 그에게 중요한 것은 행위가 "합리적" 동기에 따라서 이루어졌느냐, 아니면 "감정적" 혹은 "비합리적" 동기에 따라서 이루어졌느냐의 문제이다.[50] 따라서 베버에게 행위의 정당성 여부나 동기의 옳고 그름의 판단 여부는 정치의 이해에 중요한 의미를 갖지 못한다. 예컨대 쿠데타의 경우 (이것은 베버적 의미로 보면 '정치적으로 지향된' 행위의 하나인 '국가권력의 강제수용'에 해당된다) 그것이 정당한 행위냐 혹은 올바른 행위냐를 이해하는 문제는 베버에게는 더 이상 이해할 수 없는 것이 된다. 왜냐하면 중요한 것은

49 ▶ Weber(1947), p. 29.

50 ▶ '설명적 이해'는 '실제적'(aktuelle) 이해의 전제 하에서 성립될 수 있는 것이다. 예컨대 우리는 어떤 사람이 얼굴표정을 보고 그것이 화가 났다는 것을 '실제적'으로 이해할 수 있지만 그 동기까지 이해하게 된다면 그것은 '설명적' 이해가 된다고 볼 수 있을 것이다. Weber[1988(1922)], pp. 546-547 참조.

단지 그러한 '정치적으로 지향된' 행위가 합리적으로, 즉 베버가 항상 강조하듯 수단과 목적의 관계에서 합목적으로 이루어졌느냐 아니면 그렇지 않느냐의 문제일 뿐이기 때문이다. 같은 맥락에서 아우슈비츠의 문제를 이해하면 그것은 나쁜 행위(동기)나 판단의 문제가 아니라 합리적 동기(즉 살육이라는 목적을 얻으려고 폭력이라는 목적합리적인 수단의 적용)의 한 문제로 이해될 뿐이다. 이것은 정치의 의미를 이해하는 데 커다란 딜레마가 될 수 있다.

4. 정치의 의미와 철학(2)

정치의 의미에 대한 아렌트의 이해는 베버와 근본적이고도 중요한 차이를 보인다. 무엇보다 유대인이 겪은 참상에 대한 그녀의 문제의식은 정치와 인간 행위의 문제를 베버와 다른 식으로 이해하도록 한다. 그녀 스스로가 밝혔듯이 자신의 문제가 '오로지 정치적'이었다는 것은 베버와는 달리 정치 일반의 문제, 즉 지배와 권력 그리고 폭력의 문제 및 인간 행위의 문제에 대해 새로운 의미를 부여하고, 베버와 달리 그러한 개념들에 대해 어떤 도덕적인 가치평가를 내린다는 것을 의미한다. 여기서 아렌트 스스로가 밝힌 "실천적 작업"[51]의 진정한 의미가 찾아질 수 있을 것이다.

실천적 작업은 아우슈비츠로 대표될 수 있는 전체주의적 현상

51 ▶ Arendt (Sendung vom 28.10.1964), p. 7/13.

에 접근하여 정치의 의미 상실과 무엇보다 그러한 의미 상실에 직접적으로 책임이 있는 인간 행위와 판단의 의미를 이해하는 것으로부터 출발한다. 전체주의 하의 인간들은 아렌트가 보기에 "단지 물질"에 불과할 뿐이다. 이 물질화된 인간을 대상으로 하여 "자연과 역사에 대한 초인간적인 법칙들이 실행된다."[52] 즉 인간들은 ('초인적인 법칙들'이란 의미에서 본다면 법칙들에 따라 그저 처리되기만을 기다리는) "믿을 만한 인간 물질"일 뿐이다.[53] 아렌트에게 아이히만(Otto Adolf Eichmann)[54]은 이러한 '믿을 만한 인간 물질'의 대표자로서 표상된다. 아이히만은 "자기 자신을 표현할 수 없는 무능함"의 소유자이며, 이러한 무능함은 "생각을 못 하는 무능함과 아주 밀접하게 연관"되어 있다는 것이다. "타인의 관점에서 무언가 자신을 생각해 볼 수 있는 능력이 없는" 인간, 한 마디로 그는 아렌트에게 "상상력(Vorstellungskraft)이 절대적으로 결핍"된 인간이었다.[55]

정치의 문제는 이처럼 결국 인간의 행위(즉 행위의 방향을 조건

---

52 ▶ "자연과 역사 혹은 사회에 대한 이러한 객관적 법칙의 실행은 (…) 인종[차별] 사회이든 혹은 계급 없고 민족 없는 사회이든 결론적으로 하나의 인류를 생산해낸다." Hannah Arendt, *Elemente und Ursprünge totaler Herrschaf. Antisemitismus, Imerialismus, Totale Herrschaft*[München, 1991(1955) 2. Aufl.], p. 706.

53 ▶ Arendt[1991 (1955)], p. 542.

54 ▶ 아이히만은 독일 국가사회주의의 SS(친위대)의 고위 간부였으며, 당시 유대인의 이송과 추방에 지도적인 역할을 담당했다. 그는 전후에 브라질에서 도피생활을 하고 있었는데 1960년에 체포되어 이스라엘에서 재판을 받고 처형당한다.

55 ▶ Hannah Arendt, *Eichmann in Jerusalem. Ein Bericht von der Banalität des Bösen. Mit einem einleitenden Essay von Hans Mommsen*[München, 1992 (1964), 8. Aufl., Neuausgabe], p. 78. 물론 아렌트는 아이히만이 "양심의 소리"를 들을 수도 있었다는 것을 인정하고 있고, 그것이 그를 둘러싸고 있었던 "사회의 소리", 즉 객관적인 강요 같은 것에 의해 제한당할 수도 있었다는 것을 인정하고 있다. Arendt [1992 (1964)], p. 163.

지어 주고 이끌어 주고 있다고 믿어지는 이념)와 판단의 문제이다. 그런데 아렌트에게 이러한 문제는 (예외적이라는 측면에서) 전체주의에 고유한 행위문제와 연관되는 것만이 아니라 일상적인 의미에서의 행위문제와도 연관이 되는 것이다. 즉 아이히만으로 표상되는 그러한 인간은 "오직 출세와 안전"에만 신경을 쓰는 "하나의 원자화된 개인" 일 뿐이다. 그러한 인간은 "범죄적 열정과 정상적 열정"을 분간 못 하는 "그저 안전이 조금이라도 위협을 받으면 […] 모든 것을 맡긴다는 심정만을" 가진 인간일 뿐이다.[56]

그런데 일상적이라는 의미에서 아렌트가 아이히만을 대표적 사례로 해서 이해한 인간의 행위문제는 베버적 문제틀로도 충분히 이해가 가능하다는 점이 강조될 수 있다. 문제는 관료주의에 있다.[57] 관료적 지배의 주체나 객체나 베버에게는 모두 일상화된 의미에서의 원자화된 대중, 고대 이집트에서나 볼 수 있었던 것과 같은 인간일 뿐이다. 이처럼 베버는 "오늘날까지 […] 이집트의 관료주의에 버금갈 수 있을 것 같은 그러한 관료주의"는 없었으며, 이러한 관료주의는 "기술적으로 개선된, 합리화된, 요컨대 훨씬 더 기계화된 토대 위에서 […] 저지할 수 없을 정도로" 발전해 가고 있다고 당대를 진

56 ▶ Arendt [1992 (1964)], p. 543. 따라서 아이히만 같은 인간은 대중사회의 인간의 원형으로도 간주될 수 있을 것이다. 여기에 대해서는 Arendt [1991 (1955)], p. 499 이하 참조.

57 ▶ 베버는 근대 그리고 근대 이후의 미래의 의미를 관료화 내지는 관료주의에서 찾고 있다. "미래는 관료화에 장악되어 있다" (Der Bürokratisierung gehört die Zukunft). Weber [1988 (1921), p. 330]. 근대 국가의 "실제적 지배"는 "필연적으로 불가피하게 관료제의 손"에 놓이게 되며, "고용된 관료들이 우리의 모든 일상의 욕구와 일상의 불만에 대해 결정"을 내린다. Weber [1982 (1922)], p. 320.

단한다.[58] 이렇게 보면 아이히만적인 인간은 거대한 전체 관료주의에 포섭된 대중들 중의 하나 혹은 하나의 부품일 뿐이다. 여기서 우리가 '초인적인 법칙들'의 전체(주의)적인 운동의 아주 조그만 부분을 구성하고 있는 '물질'로서 인간이라는 아렌트의 문제의식을 상기한다면 베버와 아렌트 간에는 놀랄 만큼 유사한 문제의식이 있다는 점을 알 수 있다.

그러나 이 점을 인정한다고 해도 아렌트와 베버의 문제의식은 근본적으로 다르다는 점이 강조될 수 있다. 왜냐하면 분명 관료주의의 지배적 상황 혹은 '초인간적인 법칙'과 '인간 물질'이 만들어내는 상황이 정치의 진정한 모습은 아닐 것이기 때문이다. 아니 거기서 그 어떤 정치의 진정한 의미가 찾아져야 한다면 그것은 찾아져야 할 것이기 때문이다. 베버는 예컨대 문제가 되는 관료주의적 지배현상에 대해 다음과 같이 의미를 부여하고 있다 : 중요한 것은 "이러한 발전에 대해서 뭔가를 변화시킬 수 있느냐"의 문제가 아니라("왜냐하면 그것을 할 수 없기 때문이다") 이러한 발전에서 "어떤 결과가 초래되느냐"의 문제이다.[59] 베버는 인간의 자유 공간을 침해해 가는 관료주의적 발전의 문제를 인식하고 있음에도 불구하고 더 이상 어떻게 '할 수 없기 때문에' 그대로 내버려 둘 수밖에 없다라는 식의 논리를 전개시킨다. 이러한 논리 속에서 정치의 의미를 찾는다든지, 혹은 정치를 담당한 인간의 행위문제에 대해서 도덕적 판단이나 가치의 문제

---

58 ▶ Max Weber, *Gesammelte Aufsätze zur Soziologie und Sozialpolitik*, Marianne Weber(Hrsg.) (Tübingen, 1924), p. 413–414.

59 ▶ Weber(1924), p. 414.

를 비판적으로 다룬다는 것은 불가능할 것이다. 적어도 베버에게 그러한 실천적 작업은 무의미한 것이다.

특정의 경험적 현상의 옳고 그름 혹은 그 진실 여부를 떠나 단지 그 **의미**를 (가치중립적으로) 해석해야 하는 것이 베버의 생각이라면 여기서 다시 이 문제에 대해 논의할 필요가 있다. 의미란 베버에 따르면 "역사적으로 주어진 하나의 행위자의 사례에서 사실상 P" 아니면, "행위자들의 수많은 사례들에서 평균적으로 대략적으로 [나타난] X"가 아니면, 혹은 "유형으로 **생각된** 행위자 혹은 행위자들에 의해 주관적으로 **의도된** 의미를 개념적으로 구성한 **순수한** 유형 속에서" 존재하고 있는 그 어떤 것이 된다.[60] 다시 말해 학문이 이해하고 해석(해야만)하는 의미는 "그 어떤 객관적으로 '올바른' 혹은 형이상학적으로 규명된 '참된' 의미"는 아닌 것이[61] 되어버린다. 또한 베버는 인간의 태도를 해석해서 얻어진 이해가 "아주 높은 정도의 명확성"을 가지고 있다고 해도 그것이 "경험적 타당성"을 입증해 주는 것은 아니며, "가장 명백히 이해할 수 있는 [행위의] 동기"가 항상 "실제적으로 작용하고 있었던 것"은 아니라는[62] 모호한 입장을 보인다.

어쩌면 가치 상대화로 비추어질 수도 있을 이러한 모호함은, 만약 우리가 행위의 정치적 의미를 이해하려는 순간 우리를 이해할 수 없는 개념의 신비화로 빠트리게 될 위험이 있다.[63] 물론 베버는 아렌

---

60 ▶ Weber [1988 (1922)], p. 542, 547–548도 참조.

61 ▶ Weber [1988 (1922)], p. 542. 베버는 그러한 의미의 탐구는 역사학에 해당하는 것이지 사회학에 해당하는 것은 아니라고 한다.

62 ▶ Weber [1988 (1922)], p. 428.

63 ▶ 이 점에서 베버의 "사회적 사상"이(이것은 우리의 논의의 전체 맥락에서 본다면

트처럼 전체주의를 경험하지는 않았다. 따라서 그가 아렌트와 동시대의 사람이었다면 근대에 대해 다른 식의 이해를 했을 수도 있었을 것이다. 그러나 베버는 전체주의와 유사한 하나의 현상, 즉 관료주의로 표상되는 합리화되고 산업화된 대중사회의 등장과 이 속에서 (행위하는 시민이 아닌) 분절화된 인간의 등장을 아렌트 이전에 이미 경험했다. 마찬가지로 베버는 아렌트보다 이전에 전쟁이라는 인간 최악의 상황도 경험했다. 공유된 경험이 있음에도 불구하고 양자는 근대의 이해와 의미구성에서 뿐만 아니라 문제 해결의 방식에서도 차이를 보여준다. 특히 '의미 있는 행위'에 대한 이해의 문제에 있어 양자는 근본적인 차이를 보여주고 있다.

근본적인 차이는 무엇보다 아렌트가 베버처럼 인간과 인간 행위의 문제를 단지 앞서 설명한 것과 같은 (이념형적) 유형의 한 문제로 이해하려 하지 않은 데서 확연해진다. 이러한 맥락에서 인간을 이해하는 데 있어 아렌트의 최고의 발견은 법칙 속의 물질이나 혹은 거대한 운동 속의 한 부속물로 환원될 수 없는 인간 존재이다. 그녀에게 인간은 "실존적으로 이미 규정된" 자유로운 존재이다.[64] 이와 같은 인간 존재의 모습은 '행위'를 통하여, 즉 인간의 일상적인 노동(Arbeiten)과 산출(Herstellen)과 분명히 구분될 수 있고, "직접적으로 인간들 사이에서 일어나는 유일한 활동"을 통하여 특징지어진다.[65]

'사회적 행위'에 대한 그의 생각이 될 것이다) "형식적"이며, "생기가 없고(starr)", "공허"하며, "무이념적"(ideenlos)이라는 비판은 적절하다고 볼 수 있다. Leo Kofler, *Zur Geschichte der bürgerlichen Gesellschaft*(Darmstadt, 1979, 7. Aufl.), p. 332.

64 ▶ Hannah Arendt, *Über die Revolution* [München, 1986(1963) 3. Aufl.], p. 272.

베버와 구분되는 또 하나의 중요한 특징은 아렌트에게 행위는 항상 언어행위를 전제하고 있고 또 그것을 의미한다는 것이다. 언어 없는 행위는 행위자 없는 행위가 된다. "올바른 순간에 올바른 단어를 찾는 것" 자체가 아렌트에게는 이미 행위인 것이다.[66] 이처럼 행위의 문제는 항상 판단의 문제와 연결되어 있다. 마찬가지로 인간은 "실존한다는 것은 무엇을 의미하는가"를 물어야 한다는 것이다.[67] 이 순간 우리는 아렌트에게서 그녀가 '상상력'이 부족하다고 비판했던 아이히만이라는 인간과는 절대적으로 다른, 그리고 베버가 이해하고 유형화하고자 했던 인간과도 다른 또 하나의 인간을 표상할 수 있게 된다.

5. 정치의 의미와 철학(3)

행위와 언어 및 판단의 맥락에서 아렌트가 이해하려 했던 것은 인간의 행위 속에는 권력, 즉 "행동할 수 있고 어떤 것을 할 수 있을 뿐만 아니라 다른 사람들과 결합할 수도 있고 이들과 합의 하에 행동할 수 있는 능력"이 있다는 점이다.[68] 권력은 아렌트에게 정치적인

---

65 ▶ Hannah Arendt, *Vita Activa oder Vom tätigen Leben* [München, 1992(1960) 7. Auflage der Neuausgabe], p. 14.

66 ▶ Arendt [1992(1960)], pp. 169–171.

67 ▶ Hannah Arendt, *Vom Leben des Geistes. Das Denken, Das Wollen* (München, 1998), p. 67.

68 ▶ Hannah Arendt, *Macht und Gewalt* [München, 2000(1970), 14. Aufl.], p. 45. 행위와 언어 그리고 권력에 대한 아렌트의 문제의식을 하버마스의 용어로 개념화시키면 "의사소통적 [행위]로 산출된 권력" [(Jürgen Habermas, *Philosphisch-politische Profile* (Frankfurt am Main, 1981, 3. erw. Aufl.), p. 231, 아렌트의 권력 개

것의 이해를 위한 전제가 된다. 베버와 마찬가지로 아렌트에게 권력은 항상 정치와, 혹은 정치는 항상 권력과 연관될 수밖에 없는 것으로 이해되지만 그녀에게 그것은 지배와 피지배를 전제하고 있는 권력정치의 모습이 아닌 합의의 행위로 나타난다. 즉 권력은 "인간들이 [⋯] 공동으로 행위를 할 때면 항상 생겨난다"는 것이다.[69] "하나의 정치체를 결속시키는 것은 그 정치체가 그때마다 가지고 있는 권력 잠재력이며, 하나의 정치공동체들이 파멸하는 것은 권력 상실이고 결론적으로는 무기력이다."[70]

이처럼 권력은 베버의 생각과는 다르게 다수의 인간으로부터 생성되는 공동의 행위와 연관되는 것이다. 인간의 공동행위는 정치와 권력을 연결시켜 주는, 따라서 정치의 의미를 찾아주는 중요한 매개체가 된다. 베버에게 있어 인간의 행위는 단지 개인적인 것이다. 그는 국가, 동업조합, 국가 등과 같은 "특정 종류의 인간의 공동행위"는 "예외 없이 그것들에 참여한 개별 개인의 행위로 환원"시켜 이해해야 한다고 주장한다.[71] 그렇다면 권력은 개별 개인에게만 속한 것이 되고, 오직 그러한 개별적 개인의 행위로부터만 이해될 수 있는 것이 된다. 이 점이 베버와 아렌트가 이해하는 정치의 의미를 근본적으로

념 일반에 대한 하버마스의 이해는 전체적으로 223-248쪽 참조]이 될 것이다. 의사소통적 입장에서 권력을 이해하려는 하버마스의 노력은 두 권으로 된 그의 주저 "Theorie des kommunikativen Handelns" (1981)에서 이미 볼 수 있는데, "Faktizität und Geltung" (1992)에서도 계속 이어지고 있다.

69 ▶ Arendt [2000(1970)], p. 53.

70 ▶ Arendt [1992(1960)], p. 193.

71 ▶ Weber [1988(1922)], p. 439. 이와는 약간 다른 뉘앙스의 생각은 Weber [1988(1922)], p. 552 참조.

구분짓고 있는 특징이라 볼 수 있다. 아렌트가 다수의 인간 행위 속에서 권력을 보고 있고, 더구나 그러한 행위 속에서 "하나의 새로운 시작을 이루어내는" 능력 혹은 "스스로 새로운 시작을 만드는" 자발성[72]을 보고 있다면 정치의 의미 이해에 있어 베버와의 차이는 더욱 커진다. 즉 권력은 궁극에 있어서는 파괴나 죽음의 문제와는 거리가 먼 인간에게 고유한 산출 (혹은 탄생)행위와 관계되는 것이므로 베버가 이해했던 것과는 반대로 무폭력이다.[73] 아렌트에게 폭력은 행위와는 무관한 명령 및 복종과 관계될 뿐이다. 그리고 인간은 무기력, 즉 더 이상 행위할 수 없는 절망으로부터 폭력에 손을 댄다는 것이다.[74]

아렌트가 밝히려 했던 정치의 의미는 궁극적으로 과연 무엇인가? 그리고 그러한 의미 속에서 찾아질 수 있는 (베버가 '사회학' 개념을 통해 학문의 정체성을 찾으려고 시도했다는 의미에서) 정치학이라는 하나의 학문의 정체성은 무엇인가? 아렌트는 한 마디로 "정치의 의

---

72 ▶ Arendt [1992 (1960)], p. 15, p. 166 그리고 Arendt [2000 (1970)], p. 81.

73 ▶ 아렌트의 이러한 권력이해는 인간은 시작하기 위해 탄생한다는 실존적인 인간이해가 전제되어 있다. 이 점에서 아렌트의 정치적 신조를 "시작하기 위해 인간이 창조되었다" (Initium ut esset, creatus est homo)라는 아우구스티누스의 말 [Arendt (1991 (1955), p. 730)]로 이해해도 무리는 아닐 것이다. 이에 관해서는 Arendt [1992 (1960)], p. 166도 참조. 인간의 "공동의 삶의 지속성은 우리가 일반적으로 인간의 자유라고 부르는 것을 통해 격동" (ererschüttert)되고, 그리고 "정치적으로 그것은 이러한 공동의 삶 속으로 잉태되는 각각의 새로운 인간의 탄생"을 의미한다, 왜냐하면 "각각의 새로운 탄생과 더불어 새로운 시작, 새로운 자유, 새로운 세계가 열리기 때문이다." Arendt [1991 (1955)], p. 713. 인간은 "하나의 신설자(Neuer)이므로 새로운 어떤 것을 시작할 수 있다." Arendt [1986 (1963)], p. 272.

74 ▶ Arendt [1991 (1955)], p. 725 이하 참조.

미는 자유이다"[75]라고 말한다. 이것의 의미는 다음과 같이 요약될 수 있다. 첫째, 자유는 처음부터 "정치 본래의 본질을 규정"한다.[76] 둘째, '자유'의 문제는 "다양함의 공존과 병존"으로부터 출발할 수밖에 없는 것이므로 정치는 자연스럽게 이러한 '다양함의 공존과 병존'의 문제를 다루는 실천적 행위가 된다. 부연하면 '다양함'은 "인간의 다원성"을 의미하므로 정치는 이러한 인간의 다양성을 "기초로 하여" 성립되는 것이다. 즉 정치는 (다양한) "인간들 사이에서" 혹은 인간의 다양성 사이에서 생겨난다.[77] 셋째, 자유는 "공공의 관심사에 대한 능동적 참여의 권리가 시민들에게 보장되지 않는다면" 결코 실현되지 않는다.[78] 마지막으로 강조될 것은 "자유의 경이로움"이다. 그것은 "시작할 수 있음"에 근거를 두고 있으며, 이 '시작할 수 있음'은 "각각의 인간이 탄생을 통해 세상으로 나오는 한 […] 그 자체가 하나의 새로운 시작이라는 사실"에 다시 근거를 두고 있다.[79]

---

75 ▶ Hannah Arendt, *Was ist die Politik. Fragment aus dem Nachlaß*, Ursula Ludz (Hrsg.) [München, 2003 (1993)], p. 28.

76 ▶ Arendt [1986 (1963)], p. 9

77 ▶ Arendt [2003 (1993)], pp. 9–11.

78 ▶ Arendt [1986 (1993)], p. 281.

79 ▶ Arendt [2003 (1993)], p. 34. 그녀에게 인간의 행위 및 권력의 문제 그리고 궁극적으로는 정치의 의미가 기존의 관념과는 다르게 이해될 수 있었다는 것을 보여주기 위한 근거는 고전 고대이다. 그리스 폴리스 시대와 로마 공화국(res publica) 시대 속에서 권력은 인간들 간의 자유로운 행위라는 의미에서(보다 정확히 말하면 집단적으로 자유로운 인간들 간의 행위라는 의미에서) 오늘날과는 다르게 전개되었다는 것이다. Arendt [2000 (1970)], pp. 36–41 참조. 그녀의 문제의식은 현재의 역사에 맞추어져 있지만 문제의 해결방식은 과거로 향해져 있다. 이것은 그녀로 하여금 문제를 보다 사변적이고 철학적인, 다시 말해 규범적인 방향으로 이해하도록 유도하는 데 큰 역할을 한다. 여기서 이러한 이해가 가질 수 있는 문제점을 다 논의할 수는 없을 것이다. 아렌트는 예컨대 미공화국의 탄생을 (고전적 폴리스에 버금가는) 자유의 제도로서 이해하고, 무엇보다 건국

IV. 맺는 말

유대인으로서 독일 내에서 이방인일 수밖에 없었던 그녀는 독일이라는 하나의 국가 속에 통합된 베버와는 달리 국가권력의 주변부나 혹은 중심부에 접근하여 권력을 경험적으로 관찰할 진정한 기회가 없었다. 따라서 그녀는 베버가 시도한 것과 같은 권력의 개념화를 통해 권력의 의미를 명확히 밝혀내고, (암시적 혹은 명시적으로) 이렇게 규정된 권력을 (독일이라는 한 나라의) 국가적 · 민족적 정체성과 연결시켜 이해할 아무런 이유가 없었을 것이다. 어쩌면 이러한 권력의 이해방식은 세계 소외를 경험한 그녀에게는 무의미한 것일 수도 있었을 것이다. 이것은 문제를 새로운 방향에서 접근하도록 하는 계기가 된다. 그리고 무엇보다 전체주의에 대한 그녀 자신의 경험은 정치의 의미를 다시 찾으려는 실천적 작업으로 연결되었다.

정치의 의미를 새롭게 찾아보려는 그녀의 시도는 정치의 문제를 권력 내지는 폭력을 수단으로 하여 국가를 이끌거나 국가에 영향을 미치려는 인간의 인간에 대한 지배행위로 이해하려는 베버의 이해방식과 비교했을 때 상당히 의미 있게 다가온다. 물론 이러한 시도 속에서조차 '문화의 운명'에 대한 베버의 강렬한 문제의식이 작용하고 있다는 점은 간과되서는 안 될 것이다. 세계의 의미 상실에 대한

의 아버지들을 자유로운 행위자이자 권력의 산출자로 이상화하고 있다. 그런데 이들은 사실 엄청난 규모의 땅 투기꾼들이었고 땅 부자들이었다.

의식적 거부, 새로운 언어 및 가치 창조의 필요성에 대한 강조, 학문(그것은 가장 광범위한 의미에서 문화로 이해될 수 있다)의 새로운 정체성을 찾기 위한 노력, 이 모든 것들을 우리는 아렌트의 시도 속에서 읽어낼 수 있다.

그럼에도 베버와 차별지어 강조될 수 있는 것은 "철학이 역사로부터 독립되어서, 아니 역사운동의 요동(Hin und Her)에 대항하면서까지 도덕과 권리의 규범들을 예사로 초안하는 것"을 최초로 보여준 사람이 칸트였다면,[80] 아렌트 역시 그러한 시도를 한 사람들 중 한 명으로 이해될 수 있다는 점이다. 물론 아렌트는 도덕과 권리의 규범들을 체계적으로 개념화시키고 있지는 않다. 그러나 역사의 진행이 어떤 방향으로 요동치든 간에 정치의 의미 상실 같은 것이(그것은 '좋은 그리고 정의로운 삶'의 상실이 될 것이다) 인간에게 결코 일어나지 않을 것이라는 혹은 일어나지 말아야 한다는 불변의 보편적 기준을 그녀가 제시해 준 점을 인정한다면, 바로 그러한 기준이 인간의 도덕과 권리의 규범들 중의 하나가 아니고 과연 무엇일까라는 의문이 든다. 이 점에서 아렌트의 정치에 대한 모든 생각은 "정신"은 "인간에게 있어 생성원칙"[81]이라는 칸트의 의도를, 그리고 칸트에 의해 주창된 계몽의 신조, "Sapere aude!"[82]의 의미를 충실히 따르고 있다.

---

80 ▶ Rüduger Bubner, *Geschichtsprozesse und Handlungsnormen. Untesuchungen zur praktischen Philosophie*(Frankfurt am Main, 1984), p. 176.

81 ▶ Immanuel Kant, "Anthropologie in pragmatischer Hinsicht", *Theorie-Werkausgabe Bd. 12*, Wilhelm Weischedel(Hrsg.) (Frankfurt am Main, 1968), p. 544.

82 ▶ 너 자신만의 고유한 이성을 사용할 용기를 가져라! Immanuel Kant, "Beantwortung der Frage : Was ist Aufklärung?", *Schriften zur Anthropologie, Geschichtsphilosophie, Politik und Pädagogik*(Theorie-Werkausgabe Bd. 12), Wilhelm Weischedel

마지막으로 남을 수 있는 물음은 (정치에 대한 아렌트의 실천적 작업의 결과가 무엇이고 어떤 철학적 맥락 속에서 이해될 수 있든지 간에) 그녀의 시각을 가지고 다음과 같은 인간 행위의 측면, 즉 인간은 "역사를 자신의 맘대로 만드는 것도, 자동으로 선택된 상황들 하에서 만드는 것도 아니고 직접적으로 현존하고 있고 주어져 있는, 그리고 과거로부터 전수된 상황들 하에서" 만들어 간다[83]는 측면에 우리가 어떻게 접근해 갈 수 있을까라는 문제가 될 것이다.

(Hrsg.) (Suhrkamp, Frankfurt am Main, 1968), p. 51.

83 ▶ Karl Marx · Friedrich Engels, *Marx Engels Werke* (*MEW*), Bd. 8 (Berlin, 1960), p. 115.

참고문헌

Arendt, Hannah. 1993. *Briefwechsel 1926–1969*. München.

_____. 1964. *Was bleibt? Es bleibt noch die Muttersprache* (Günter Gaus im Gespräch mit Hannah Arendt(Sendung vom 28.10.1964) (=http://www.rbb-online.de/_/zurperson/interview_jsp/key=zp_interview_638419.html).

_____. 1991(1955). *Elemente und Ursprünge totaler Herrschaf. Antisemitismus, Imerialismus, Totale Herrschaft*. München, 2. Aufl. Aus dem Amerikanischen.

_____. 1992(1964). *Eichmann in Jerusalem. Ein Bericht von der Banalität des Bösen. Mit einem einleitenden Essay von Hans Mommsen*. München, 8. Aufl. Neuausgabe. Aus dem Amerikanischen.

_____. 1986(1963). *Über die Revolution*. München, 3. Aufl. Aus dem Amerikanischen.

_____. 1992(1960). *Vita Activa oder Vom tätigen Leben*. München, 1992(1960) 7. Auflage der Neuausgabe. Aus dem Amerikanischen.

_____. 1998. *Vom Leben des Geistes. Das Denken, Das Wollen*. München. Aus dem Amerikanischen.

_____. 2000(1970). *Macht und Gewalt*. München, 14. Aufl. Aus dem Amerikanischen.

_____. 2003(1993). *Was ist die Politik. Fragment aus dem Nachlaß*. Ursula Ludz (Hrsg.). München.

Arendt, Hannah. 1993. *Essays In Understanding. 1930–1954*. New York/London.

Bendix, Reinhard. 1982. *Freiheit und historisches Schicksal. Heidelberger Max Weber–Vorlesung*. Frankfurt am Main.

Choi, Chiwon. 2002. *Kulturkonzeptionen deutscher Gesellschaftswissen–schaftler und Historiker seit dem späten 19. Jahrhundert*, Aachen (Bremen, Univ., Diss., 2002).

Fetscher, Iring. 1970. *Die Demokratie. Grundfragen und Erscheinungsformen*. Stuttgart/Berlin/Köln/Mainz.

Habermas, Jürgen. 1981. *Philosphisch–politische Profile*. Frankfurt am Main, 1981, 3. erw. Aufl.

Höffe, Otfried. 1977. *Ethik und Politik. Grundmodelle und –probleme der praktischen Philosophie*. Frankfurt am Main.

Jaspers, Karl. 1932. *Max Weber. Deutsches Wesen im politischen Denken, im Forschen und Philosophieren*. Oldenbourg.

_____. 1946. *Max Weber. Politiker, Forscher, Philosoph*. Bremen, 2. Aufl.

_____. 1988(1958). *Max Weber. Politiker, Forscher, Philosoph* 1988(1958). München.

Kant, Immanuel. 1968. "Anthropologie in pragmatischer Hinsicht." *Theorie–Werkausgabe Bd. 12*, Wilhelm Weischedel (Hrsg.). Frankfurt am Main.

_____. 1968. "Beantwortung der Frage : Was ist Aufklärung?" *Schriften zur Anthropologie, Geschichtsphilosophie, Politik und Pädagogik* (Theorie–Werkausgabe Bd. 12), Wilhelm Weischedel (Hrsg.). Frankfurt am Main.

_____. 1956. *Kritik der reinen Vernunft*. Raymund Schmidt (Hrsg.). Hamburg.

Kofler, Leo 1979. *Zur Geschichte der bürgerlichen Gesellschaft*. Darmstadt, 7. Aufl.

Marx, Karl& Engels, 1960. *Marx Engels Werke* (MEW). Bd.8. Berlin.

Nietzsche, Friedrich. 1968. "Also sprach Zarathustra." *Kritische Gesamtasgabe VI (1)*. Giorgio Colli u. Mazzino Montinari (Hrsg.). Berlin/New York, 1968.

_____. 1972. "Unzeitgemässe Betrachtungen II. Vom Nutzen und Nachteil der Historie für das Leben." *Kritische Gesamtausgabe, Bd III* (1). Giorgio Colli u. Mazzino Montinari (Hrsg.). Berlin/New York.

Poprotny, Thorsten. 1996. *Politik als Pflicht? Zur politischen Philosophie von Max Weber und Karl Jaspers*. Frankfurt am Main/Berlin/Bern/NewYork/Paris/

Wien.
Treoltsch, Ernst. 1961. *Der Historismus und seine Probleme*. Aalen, Neudruck der J. C. Mohr Ausgabe 1922.
Vollrath, Ernst. 1990. "Hannah Arendt." *Politische Philosophie des 20. Jahrhunderts*,. Karl Graf Ballestrem& Henning Ottmann (Hrsg.). München.
Weber, Max. 1988 (1922). *Gesammelte Aufsätze zur Wissenschaftslehre*. Johannes Winckelmann (Hrsg.). Tübingen, 5. ern. durchges. Aufl.
_____. 1988 (1921). *Gesammelte Politische Schriften*. Johannes Winckelmann (Hrsg.), Tübingen.
_____. 1988 (1924). *Gesammelte Aufsätze zur Soziologie und Sozialpolitik*. Marianne Weber (Hrsg.). Tübingen, 2. Aufl.
_____. 1947. *Wirtschaft und Gesellschaft. Grundriß der verstehenden Soziologie*. Marianne Weber (Hrsg.). Tübingen, 3. Aufl.
_____. 1973. *Soziologie, universalgeschichtliche Analysen, Politik*. Stuttgart.

제6장

한나 아렌트에 대한 페미니즘의 수용과 전망

김인순(동국대학교)

I. 들어가는 말

한나 아렌트는 20세기의 가장 영향력 있는 여성 정치철학자로, 그녀는 여러 면에서 독특하고 전례 없는 사람으로 알려져 있다. 그녀의 다양한 학문적 스펙트럼은 다양한 평가를 가져왔다. 그럼에도 불구하고 그녀는 자신의 사고를 어느 학파나 관점에 포함시키기를 원치 않았다. 그녀의 그러한 의도는 정치를 다양성으로 해석하는 그녀 사고의 특성을 생각해 볼 때 당연한 일일 것이다.

아렌트는 경제 중심으로 구축된 현대인의 삶이 인간 정신을 협소하게 만듦으로써 인간의 존엄성을 파괴시켰다고 보고 진정한 인간 삶의 모습을 재구성하려 하였다. 그러나 이러한 재구성을 위해 그녀가 끌어들인 이상적인 삶의 형태로서 고대 폴리스라는 정치공동체는 여성과 노예의 삶을 자유 실현의 장이라 할 수 있는 공적 영역에서 배제시키고, 아렌트의 용어법에 따르면 저열한 인간의 활동영역으로 간주된 사적 영역에 배치시킴으로써 여성과 노예를 억압했다는 한계가 있었다. 그런데도 아렌트는 그러한 여성의 삶에 대해 철저히 침묵으로 일관함으로써 남성우월주의에 대한 여성 지지자의 모습을 보였다.

얼핏 보면 아렌트는 "남성성과 남성숭배 문화에 의지한 정치이론을 제시"한 것처럼 보인다. 『인간의 조건』에서 아렌트는 자유를 공적 영역에서 발생하는 행위의 지점에 위치지우고, 영웅적 행위를 찬양하며, 영광 혹은 명예라는 남성적 가치를 인간 최상의 가치로 여긴다. 여기서 공적 영역은 남성의 주요한 활동무대로 간주되어 온 곳이다. 그렇다면 자유란 남성들만의 전유물이 된다는 말이 된다.

이런 이유로 그녀는 "1970년대 말 1980년대 초 여성중심적 시각으로 남성중심적 정치사상에 도전하던 페미니스트들의 저항에 부딪칠 수밖에 없었다."[1] 『인간의 조건』은 "뛰어나지만 불구의 책"으로, 그것은 "남성 이데올로기 위에서 번성한 여성 정신의 비극을 구현한다"고 혹평한 리치의 평가는 그 대표적인 예이다.

그런데도 우리는 페미니즘과 관련하여 왜 아렌트를 탐구해야 하는가? 아렌트 사고의 남성중심적 요소에도 불구하고 그녀가 궁극

1 ▶ 메어리 G 디츠, 이남석 · 이현애 역, "한나 아렌트와 페미니즘 정치학", 『페미니즘 정치사상사』(서울 : 이후, 2004), 367쪽.

적으로 의도한 것은 여성 : 남성의 이분법적 구분에 의한 어느 한쪽만의 해방이 아니었다. 그녀는 그보다 더 근본적인 것에 관심이 있었다. 즉 아렌트는 18세기 이래로 경제발전에 따른 경제지상주의적 사고로 인해 불거져 나온 인간 삶의 굴절과 그로 인한 인간성 파괴, 궁극적으로는 인간 존엄성의 상실로부터 그것의 회복을 통한 '인간 해방'을 평생의 문제의식으로 끌고 갔던 것이다. 그녀는 자신의 정치사상의 핵심적 요소인 사적 영역 : 공적 영역의 구분을 기초로 해서 양자의 관계를 밝힘으로써 진정한 삶의 양식을 구축하려 한 것이다. 그녀는 양자의 조화를 통해 인간성 회복, 그로 인한 인간 해방을 이룰 수 있다고 보았다.

이러한 자신의 기획을 관철시키기 위해서 아렌트는 "여성의 이슈들을 더 넓은 범위의 해방적 관심으로부터 분리시킨 정치에 공감하지 않았고, 그에 따라 "여성 해방으로부터 거리를 두는 굳은" 신념을 고수했다.[2] 그녀는 여성의 이슈들이 공적 자유 및 공적 행복과 연관된 "공적 영역을 압도한다고 믿었기 때문에" "그녀 스스로 암시를 통해 그것들에 접근했던 것이다."[3]

그런 점에서 초기 페미니스트들의 혹평처럼 아렌트의 사상이 페미니즘을 좌절시킨 것만은 아니다. 1980년대 중반 이후로 아렌트

2 ▶ Mary G Dietz, "Feminist Receptions of Hannah Arendt", in Bonnie Honig (eds.), *Feminist Interpretations of Hannah Arendt*(The Pennsylvania State University Press, 1995), p. 19.

3 ▶ Bonnie Honig, "Toward an Agonistic Feminism : Hannah Arendt and the Politics of Identity", in Bonnie Honig (eds.), *Feminist Interpretations of Hannah Arendt*(The Pennsylvania State University Press, 1995), p. 1.

의 정치사상을 다른 측면에서 접근한 페미니스트들의 시각은 그것을 반영한다. 그들은 아렌트의 인간 해방 기획이 자신들의 여성 해방적 기회에 많은 시사점을 던져준다는 사실을 인식하기 시작했고, 아렌트의 이론적 보고들로부터 자신들의 목적에 적합한 요소들을 도출해내려 했던 것이다. 이처럼 아렌트의 인간 해방 기획은 지금까지 협소한 시각에서 여성의 삶을 조건짓고 여성 해방을 기획한 페미니즘이 자신들의 목적을 이루기 위해 탐구해야 하는 이론적 지반이 된다 할 것이다.

따라서 필자는 "아렌트의 정치사상"에는 풍부하게 "페미니즘적 측면"이 내재돼 있으며, "정치와 정치적 삶의 전망을 구체화하려는 페미니즘의 시도에 상당한 기여를 한다"고 주장하고 싶다.[4] 이것을 드러내기 위해서 필자는 첫째, 아렌트 정치사상에 대한 페미니즘의 상반되고 다양한 해석들을 비판적으로 검토함으로써 아렌트의 정치사상이 함축하고 있는 페미니즘적 요소를 드러낼 것이고, 둘째, 앞으로 아렌트의 정치사상이 페미니즘 사상에 어떤 기여를 할 수 있을지 그 전망을 탐색할 것이다.

4 ▶ 메어리 G 디츠(2004), 368-369쪽.

II. 여성, 그리고 활동적 삶

아렌트 사고의 개념적 도식이 생생하고 완전하게 나타나는 곳은 『인간의 조건』이다.[5] 아렌트의 정치사상은 인간은 자연적 조건만으로는 진정한 삶을 구성하기 힘들며, 그와 대비되는 인공적 조건과의 조화가 있어야만 인간다운 삶이 가능하다는 전제로부터 출발한다. 이것을 설명하기 위해서 그녀는 "인간의 조건에서 비롯되기 때문에 영속적이며, 인간의 조건 자체가 변하지 않는 한 상실될 수 없는 일반적인 인간의 능력"을 세 가지로 제시하고 그 특성을 탐구한다.[6] 그것은 노동, 작업, 행위로, 이것들은 실존적 존재들의 세 가지 활동들이라고 할 수 있다. 이것들 중 노동작업은 사적 영역을 구성하고 행위는 공적 영역을 구성한다. 그런데 아렌트의 이 공적 : 사적 영역의 구분은 그녀의 사고에 있어서 중요하다. 그리고 그 점에서 아렌트와 페미니즘과의 관계는 중요한 문제가 된다. 왜냐하면 아렌트는 전통적으로 남성과 여성의 영역으로 구분되어 있던 공적 : 사적 영역과 세 활동들 각각의 특성을 통해서 '인간'의 참된 존립방식을 밝히고, 그것들이 자유와 맺는 관계를 드러내려 했기 때문이다.

이 활동적 삶의 세 구성요소들은 고정된 위계를 갖고 있지 않고

---

5 ▶ Mary G Dietz(1995), p. 21.

6 ▶ Arendt, *Human Conditions* (The University of Chicago Press, 1958), p. 6(이하 *HC* 로 약칭).

시대에 따라 변화를 겪게 되었다. 그래서 아렌트는 자신이 '전도'라고 부르는 다양한 시간적 관계성을 받아들인다.[7] 아렌트는 노동활동이 천시되고 행위가 우월시되던 고대에 대해서는 찬사를 보내지만 그 반대현상이 나타난 근대에는 대해서는 혹독한 비판을 가한다. 아렌트에 따르면 고대에 가장 높은 위계를 부여받았던 행위는 인간들의 삶에 광채를 부여함으로써 인간다운 삶의 여건을 마련해 주는 데 결정적 기여를 했다. 이것은 순전히 "우리 신체의 노동과 우리 손의 작업"(HC, 79, 83, 111)이 행위를 지탱해 주었기 때문에 가능한 일이었다. 세 활동들의 특성에 대한 아렌트의 설명은 여성과 정치의 관계에 대해 생각하도록 초대한다.

노동(labour)은 신체를 사용해서 행하는 활동으로 순전히 개인적인 가치와 관련이 있으며, 그 때문에 공적 영역에 진입할 수 없다. 그것은 가족 내에서 일어나는 가족구성원들의 '삶'과 관련된 활동양식이다. 노동은 덧없음을 그 특징으로 하며, 생물학적 필연성에 매여 있다. 그것은 기껏해야 자연과의 신진대사를 가능하게 하는 활동일 뿐이다. 그것은 시작도 끝도 없다. 한 마디로 그것은 자연성, 즉 '삶'에 상응하는 활동이다. 노동은 어떤 것을 새로이 시작할 능력을 갖고 있지 않고 자유를 추구할 능력도 갖고 있지 않다.

작업(work)은 인간이 '함께 함'을 가능하게 해주는 공간, 즉 인공적 세계를 창조해 주는 활동이다. 노동이 자연성에 상응하는 활동인 반면 작업은 세계성(worldliness), 즉 "비자연성에 상응하는 활동"

7 ▶ Dietz(1995), p. 21.

이다.[8] 작업은 세상에서 사람들이 편히 머물 장소, 즉 세계적인 거주지를 건립하고 행위가 거처할 장소를 마련해 준다. 제작인(homo faber)이 노동 동물(animal laborans)과 다른 점이 있다면 노동 동물이 신체와 관련된 일을 무한히 반복하는 것과 달리 제작인은 "자유롭게 생산하거나 파괴한다"는 것이다(HC, 144). 그것은 시작도 끝도 분명하다. 그래서 그것은 끝을 예측할 수 있다. 노동생산물이 생산되자마자 소비되는 것과 달리 작업생산물은 상대적으로 지속성과 안정성을 갖고 있고 사용된다. 따라서 작업은 인간의 삶을 어느 정도 지속시켜 주고 안정화시켜 준다.

아렌트가 행위(action)에 주목하는 이유는 바로 이 때문이다. 행위는 삶의 필요들을 조달해 주는 활동인 노동활동과 견고성뿐만 아니라 자신의 동일성을 확보해 주는 작업활동이 떠받쳐 줄 때만이 가능한 활동이다. 그것은 그 어떤 매개물도 갖지 않으며 사람들 사이에서, 즉 인간관계망 속에서 진행된다. 이러한 활동 속에는 노동이나 작업이 할 수 없는 능력, 즉 말과 행위로 자신을 드러냄으로써 타자로부터 자신의 실존성을 인정받고 새로운 일을 시작할 수 있는 시작능력이 내재되어 있다. 그것은 시작은 있지만 끝은 없으며, 그래서 예측할 수도 없다. 그러한 행위의 결과로 행위자는 자신의 정체성을 형성하고 무엇인가 새로운 것을 창설한다. 이것은 자유와 관련된 활동이다.

행위의 독특한 특징은 오로지 다른 사람의 현존이 있기에 드러

8 ▶ 메리 G. 디츠(2004), 371쪽.

난다. 이 다른 사람의 현존, 즉 '다원성' 은 행위에 상응하는 개념으로서 아렌트의 행위 개념을 설명하는 데 없어서는 안 되는 것이다. 그것은 인간의 관계망을 구성하는 요소이며, 조화롭고 일치된 행위의 전제조건이도 하다. 아렌트에 따르면 이 "다원성이 동등성과 차이성이라는 이중의 성격을 갖는다"(HC, 175). 동등성은 타자에 대한 이해를 가능하게 해주고, 차이성은 동일함을 공유한 것으로부터 구별을 가능하게 해준다. 그런데 "이러한 차이성을 드러내 주는 것"이 "말과 행위"이다(HC, 176). "말과 행위만이 서로를 드러내는 양식"으로서 "인간은 이것들에 의해 이 세계에 참여하는데", 이 참여는 "타인의 현존에 의해서", 즉 타인에게 드러내고 싶은 순수한 동기에 의해서 자극받는다(HC, 176). 따라서 다원성은 인간의 특이성이 드러나는 조건이라 할 수 있다. 다원성은 '같음 속에서 다름' 을 보는 조건을 마련해 준다.

따라서 정치는 인간의 삶을 풍요롭게 해주는 자원이라 할 수 있으며, 노동과 작업은 그것을 가능하게 해주는 전제가 된다는 점에서 아렌트는 노동, 작업, 행위 모두를 인간의 지속적인 활동으로부터 나오는 구성물로 보았다. 그래서 그녀는 인간의 조건을 규범적으로 판단하려 했으며, 우리의 실존조건 안에서 특정한 방식으로 말하고 살아갈 때 우리가 진정으로 행하는 것이 무엇인지 사색하게 하려 했다.[9]

그럼에도 불구하고 그녀의 정치사상이 과연 완전한 것인가에 대하여 회의적인 시각이 있다. 그 이유는 다음과 같다. 아렌트가 『인

9 ▶ 디츠(2004), 370쪽.

간의 조건』에서 작성한 개념적 지도에서 활동적 삶의 위계는 원래부터 존재했던 불변의 범주가 아니라, 여성의 활동을 무가치한 것으로 간주하고 저열시한 사회의 산물이다. 비록 근대 이후에 여성이 제작의 영역에 진입해서 제작활동에 종사했을지라도 여성들은 남성들의 노동력에 대한 보조자일 뿐이었으며, 그들은 제작인의 가면을 쓰고 실제로는 노동활동을 했을 뿐이다. 여성은 공적 영역으로부터 배제되어 있었기 때문에 자유의 경험은 아예 생각조차 할 수 없었다. 여성은 아렌트가 제시한 인간 경험의 가장 해방적인 측면을 별로 경험하지 못했던 것이다."[10]

그럼에도 불구하고 아렌트는 "노동을 노예와 동일시"하고 "자유"를 "주인"과 관련된 것으로 본 고대의 구분을 따르면서 폴리스에서 여성과 노예의 문제를 다루지 않았다(HC, 86). 아렌트는 노동에 대한 설명에서 젠더적 통찰력을 발전시키지 못했다. 그녀는 여성이나 노예의 삶에 대해 침묵으로 일관했다. 노동에 대한 설명부분은 페미니즘의 입장을 발전시킬 수 있는 곳임에도 불구하고 그녀는 이것을 인식하지 못했다. 이 밖에도 『인간의 조건』에는 젠더적 통찰력이 개입될 여지가 있는 곳이 많이 있다. 그러나 그녀는 이것을 발전시키지도 않았고, 여성의 삶의 조건과 전혀 연계시키지도 않았다. 말하자면 아렌트 텍스트에서 남성에 의한 여성 억압의 역사가 삭제된 것이다.

또한 아렌트는 『혁명론』에서 새로운 것을 창설하는 자유의 행

10 ▶ 디츠(2004), 382쪽.

위를 다루었음에도 불구하고 프랑스 혁명에서 여성의 정치행위를 무시했다.[11] 그렇다고 해서 그녀가 주인 : 노예, 소수 : 다수, 지배자 : 억압자의 틀로 인간의 조건을 분석한 것도 아니다. 이것은 아렌트의 전체적인 정치적 기획에 전적으로 배치되는 상황이다. 아렌트는 『인간의 조건』에서 현대에 노동 동물의 승리로 인해 행위능력을 제거당하고 자유의 상실로 고통받는 인간을 해방시킬 것을 기획했으나 그것은 "포괄적인 해방의 기획이 되지 못했던 것이다."[12] 그렇다면 페미니즘은 여성의 삶의 조건을 구축하기 위해서 활동적 삶을 토대로 한 인간의 조건 전반에 대한 아렌트의 해석으로부터 어떤 측면을 이끌어 낼 것인가?

11 ▶ 조앤은 한 논문에서 아렌트가 프랑스 혁명에서 여성들의 정치적 행위가 미래의 새로운 시작 가능성으로 이끌었음에도 불구하고 아렌트는 무시했다고 주장한다. Joan B. Landes, "Novus Ordo Saeclorum : Gender and Public Space in Arendt's Revolutionary France", in Bonnie Honig (eds.), *Feminist Interpretations of Hannah Arendt*(The Pennsylvania State University Press, 1995) 참조할 것.

12 ▶ 디츠(2004), 385쪽.

III. 공 · 사 구분에 기초한 페미니즘의 아렌트 수용

1. 생물학적 재생산에 기초한 페미니즘의 아렌트 수용 : 남성중심적 아렌트

앞에서 지적한 바와 같이 아렌트는 근대의 기획이 인간 삶의 조건을 무자비하게 파괴한 측면이 있다고 보고 그것을 비판했지만 그녀 역시도 근대 세계에 내재한 여러 가지 모순을 밝혀내지 못했다. 즉 그녀는 바람직한 인간 삶의 모습을 행위의 개념을 통해서 그리려 하면서 공적 : 사적 영역을 구분했지만 공적 : 사적 영역 사이의 구분 속에 함축된 성차별주의의 모순을 파악해내지 못했다. 그러나 이것은 아렌트가 더 넓은 범위의 해방적 관심에서 추구한 '공적 행복'이나 '공적 자유'가 사적인 가치들과 양립하기 어렵기 때문이었을 것이다.

이런 이유로 아렌트의 정치사상에는 분명히 페미니즘을 좌절시키는 측면이 있다. 그러나 그것이 전부가 아니라는 것도 분명하다. 그녀의 정치사상에는 페미니즘의 여성 해방 기획에 많은 기여를 하는 측면도 있다. 필자는 어떤 저자에 대한 수용이 일어날 때와 마찬가지로 "아렌트에 대한 페미니즘의 수용 역시 특수한 텍스트와 특수한 대화적 맥락에 의해 형성되었다"[13]는 점을 언급하면서 아렌트에 대한 페미니즘의 초기 수용부터 논의를 시작할 것이다.

20세기 후반에 페미니즘은 자유주의 페미니즘과 맑스주의 페미니즘에 반대하여 "여성문제"를 다루는 새로운 관점들을 도입했는데, 그것들은 관점인식론, 문화적 페미니즘, 여성중심적 페미니즘 혹은 차이 이론, 포스트모던 페미니즘 등이다.

1970년대와 1980년대 초에 차이의 페미니즘은 아렌트를 정치이론가, 여성 해방주의자로 간주하고 대화적 맥락에서 아렌트에 접근하게 된다. 차이의 페미니스트들은 여성이라는 개념을 출발점으로 삼아 남성과의 다름을 강조하면서 남성중심주의에 도전했다.[14] 그들은 남성과의 다름에 기초하여 그것을 통해 여성의 연대를 주장했고, 더 나아가 "여성이 남성과 다르다는 사실이 장애라기보다는 평등의 진정한 기초이자 원천이라고 보아 다른 가치들보다 여성주의 가치를 우선시하고 여성적인 것에 우월성을 부여하기도 했다."[15] 그들은 여성적 가치, 즉 배려, 평화, 사랑, 모성, 타자지향성 등과 같은 가치를 존중했고, 낸시 프레이저의 말대로 여성에게 주어진 "차이들"을 "커다란 명예"로 여겼다.

차이의 페미니스트들 중 리치나 브라운, 오브라이언은 아렌트를 남성적으로 생각하는 여성으로 간주한다. 그들이 보기에 아렌트의 『인간의 조건』은 노동활동에서의 여성의 노고를 하찮게 여기고 여성의 조건을 나쁘게 함축한 것에서 한 걸음 더 나아가 남성의 공적

13 ▶ Dietz(1995), p. 22.

14 ▶ 차이의 페미니즘으로는 20세기 초에 남성과의 같음과 평등을 강조하여 여성이 남성과 동등한 대우를 받는 것을 지향한 1기 여성운동(평등지향적 전략)과 20세기 후반(1960년대)에 남성과의 차이를 강조하여 여성주의 가치를 우선시한 2기 여성운동(차이지향적 전략)이 있지만 여기서는 후자를 중심으로 논의할 것이다.

15 ▶ 장미경, 『페미니즘 이론과 정치』(서울 ; 문화과학사, 1999), 108-109쪽.

영역을 찬양했다는 점에서 그 책은 결점투성이이다. 이들에게 아렌트의 구분은 아리스토텔레스의 재료들로부터 만들어진 빅토리아풍의 남성우월주의의 일종인 것 같다.[16]

차이의 페미니즘 전략을 유지하는 데 있어서 차이의 페미니즘은 신체, 성, 모성, 재생산을 통한 여성의 해방적 정치를 가정한다. 브라운은 『남성다움과 정치』에서 아렌트의 3분법적 구조(노동 동물 : 제작자 : 행위자)를 제거하고 아렌트의 텍스트에 남성우월주의적 선호를 가진 성 이분법을 서술하는 이분법적 범주를 부과한다.[17] 오브라이언, 리치 역시 여성들의 재생산 능력에 주목하여 남성들은 여성들이 생물학적 재생산을 통해 남성들을 위협하려 하기 때문에 여성을 지배·억압한다고 본다. 특히 오브라이언은 아렌트를 "남성 우월성의 정상성과 심지어 필연성을 수용하는 여성"이라고 지적하고 『인간의 조건』을 남성주의적 텍스트로 간주한다.

아렌트와 오브라이언은 인간으로서 여성의 본성이나 의미에 대해 접근하는 데 있어서 사실상 맞물리는 관점을 가져온다. 오브라이언은 아렌트를 따라서 이분법적 접근을 통해 분석을 시도한다. 이러한 전략에 따라 아렌트는 "남성중심적 사고에 대한 여성 지지자", 말하자면 공적 영역의 수호자로, 오브라이언은 사적 영역의 수호자로 된다.[18] 오브라이언은 "존재, 본성, 주관성이라는 고정된 틀"을 통

---

16 ▶ Elizabeth, Young-Bruehl, Elizabeth, "Hannah Arendt among Feminists", in Bonnie Honig(eds.), *Feminist Interpretations of Hannah Arendt*, ed. by Bonnie Honig, The Pennsylvania State University Press, 1995), p. 308.

17 ▶ Dietz(1995), p. 26.

18 ▶ Phillip Hansen, *Hannah Arendt : Politics, History, and Citizenship*(Polity Press, 1993),

해 아렌트를 해석하기 때문에 아렌트의 노동, 작업, 행위가 구성하는 활동적 삶은 오브라이언에 의해 "인간의 두 본성"이라는 말로 성격 규정된다. 또한 "오브라이언은 인간 본성의 문제를 이분법적 남성 : 여성 대립으로 가정하기 때문에" 아렌트의 노동, 작업, 행위라는 세 활동들을 삭제하고 "본성 : 사회"로 대체한다.[19]

오브라이언의 기획에 따르면 아렌트의 행위 이론은 행위의 형이상학이 되고, 그것은 남성중심주의의 정당화 작업이라 할 수 있다. 아렌트 정치 이론에 대한 오브라이언의 해석에서는 사적인 것, 여성적인 것이 과장되고 여기에 신체, 성, 모성이라는 대응부가 부착된다. 이러한 맥락에서 아렌트의 공적 영역의 우월성은 파기된다.

이리하여 오브라이언은 행위에 실존적 우월성을 부과했던 아렌트의 기획과 대조적으로 사적 영역에 존재론적 우월성을 부여한다. 이제 젠더(gender) 주관성은 인간의 본성으로, 공적 : 사적 영역은 인간의 삶으로 할당된다. 또한 아렌트의 행위 개념은 "가부장 정치와 권능의 원리, 사회적 · 이데올로기적인 형식들 속에서 남자다움(manhood)에 대한 그들의 정의(definition)를 수행하기 위해서 집단적으로 행위하는 아버지의 형제애"로 변형된다.[20]

이 같은 페미니스트들의 견해는 여성의 정체성과 페미니즘 정치학의 중심에 신체, 재생산 활동을 배치함으로써 결과적으로 노동 동물을 찬양하는 셈이 되고 말았다. 그러나 이러한 페미니즘 정치학

---

p. 81.

19 ▶ Dietz(1995), p. 24.

20 ▶ O'Brien, *The Politics of Reproduction*(Routledge & Kegan Paul, 1981), p. 103–104.

은 또 다른 숨은 뜻을 간과하고 있다. 이 페미니스트들은 자기 스스로 공적 영역 : 사적 영역 구분을 사용함으로써 가부장적 질서를 인정하고 정당화하는 오류를 범하고 만 것이다. 이런 논의들은 인간 삶의 또 다른 측면, 즉 다른 사람들과 함께 행위함으로써 오는 공적 삶의 의미를 삭제한다는 점에서 여성의 삶을 초라하고 협소하게 만든다.

2. 성 정체성의 토대 위에서 페미니스트의 아렌트 수용 : 여성중심적 아렌트

오브라이언이 남성중심적 아렌트를 통해 아렌트를 남성우월주의의 수호자로 그린 것과 달리, 여성의 신체에 주목하여 아렌트를 여성중심적으로 해석하려는 다른 페미니스트들이 있다. 그 대표적인 사람들로 하트삭, 엘쉬타인, 위난트, 루딕 등이 있는데, 그들은 모두 아렌트 정치사상으로부터 여성적인 가치를 찾으려 한다. 그들은 아렌트의 탄생성(natality)이라는 개념을 적극적으로 수용한다.

이들의 특징은 시작을 의미하는 "탄생성"이라는 아렌트의 정치적 개념을 "노동 동물의 영역(즉 [여성] 인간 신체의 생물학적 과정)에 연결시키거나 혹은 취약한 인간의 삶을 돌보고 지키는 것처럼 불가피한 필연성들과 연루된 활동들과 연결시킨다는 점이다."[21]

21 ▶ Dietz(1995), p. 27.

이들에 의해서 아렌트의 '정치적인' 탄생성 개념은 생물학적 필연성과 관련된 것, 즉 사적 영역의 가치로 변형됨으로써 남성다움, 경쟁성, 용기라는 특징을 상실한다. 이제 탄생성 개념은 다른 사람과 관련되어 인간다운 삶을 구성하던 활동으로부터 개인적 가치와 연관된 노동 동물의 활동으로 변형되어 버렸다.

루딕은 모성체험 혹은 육아를 여성의 도덕적 비전을 구성하는 것으로 본다. 루딕은 여성의 사적인 영역, 즉 가정 내의 경험, 특히 어머니 역할의 긍정적 양식을 중요하게 여기고 이것을 공공윤리의 토대로 삼고자 하였다. 모친은 어린 아이라는 리얼리티에 의해 존재한다. 루딕은 모성을 생물학적 양친으로 한정시키는 것이 아니라 모든 모성적 형식들, 즉 돌보는 사람의 여러 역할들로 규정한다. 또한 루딕은 "모성적 사고"는 모성적 실천으로부터 자라난다고 주장하는데, 이 "모성적 실천"은 보호와 성장을 요구하는 타자인 어린 아이의 리얼리티에 대한 여성으로서의 반응을 요구한다.[22] 이 과정에 포함되어 있는 많은 요인들은 어머니가 통제할 수 있는 범위를 벗어나기 때문에, 그리고 통제가 지나치면 성장장애를 가져옴을 알기 때문에 어머니는 상대적으로 수동적 태도를 취하게 되는데, 이것은 기술전문적이고 과학적인 사고와 반대되는 것이다.

결국 아렌트가 인간 세대들의 새로운 시작과 정치적 행위에 의해 재현된 새로운 시작 양자를 강조하기 위해서 사용하곤 했던 탄생성은 페미니스트들에게 전형적인 여성의 헌신이므로 그것은 직접적

---

22 ▶ 조세핀 도노번, 김익두 · 이월영 역, 『페미니즘 이론』(서울 : 문예출판사, 1996), 320쪽.

으로 모성에 대한 찬양이다.[23] 이처럼 아렌트의 세계에 대한 배려, 돌봄이라는 정치적 가치는 가족에 대한 헌신, 모성이라는 사적 가치로 변형된다. 그러나 "전쟁이 아닌 평화주의적 이미지를 발견"하려는 이런 시도는 "모든 정치적인 인간의 힘 중 가장 강력한 것"을 의미하는 "아렌트의 사랑에 대한 견해"를 생각하면 오류이다.[24]

그런데 이처럼 아렌트를 여성적으로 해석하려는 시도들은 리치와 오브라이언처럼 아렌트를 남성중심주의의 지지자로 그리려 한 사람들에 못지않은 문제점을 드러낸다. 공적 영역과 관련 있는 탄생성 개념을 이렇게 사적 영역의 가치로 변형시키면 아렌트의 노동, 작업 : 행위 및 정치 : 형이상학 사이의 구분이 사라지게 된다. 이것은 "사적인 것이 정치적인 것"이라는 차이의 페미니즘의 입장은 수용할지 몰라도 아렌트의 정치적 기획은 기형적인 것이 되고 만다. 정리하면, 이들이 아렌트의 정치를 "재생산에 근거지우고", 그에 따라서 출산하고 돌보는 "노동 동물을 권력의 원천으로 삼으려 하는 것은 그 독특한 아렌트의 인식할 수 없는 측면을 만드는 것만큼이나 철저하게 노동 : 행위(권력)를 모호하게 하는 것이다."[25] 또한 그들은 남 : 녀 이분법의 여성적 측면에 주목해서 아렌트를 성별화한다. 그들은 아렌트의 정치사상으로부터 "여성적인 여성성을 상정하여 여성이 남

---

23 ▶ Young-Bruehl(1996), p. 315.

24 ▶ Dietz(1995), p. 27. 아렌트에게 사랑이란 개념은 세계, 즉 정치영역을 돌보고 가꾸는 것을 의미한다. 그것은 공적인 가치, 공적 삶, 공적 세계와 관련이 있는 것이다. 그런데 이 정치적 덕목이 페미니스트들에 의해서 가정영역의 덕목으로 축소되어 버린 것이다. 이는 명백히 아렌트의 정치사상에 대한 오해로부터 기인한 것이다.

25 ▶ Dietz(1995), p. 28.

성에 의해 매개되지 않는 자아관과 언어를 찾으려 하였으나" 『인간의 조건』의 지형을 잘못 이해했다.

결국 여성적 여성성이라는 전제 아래서 아렌트를 부드러운 여성의 이미지로 해석하는 페미니즘과 남성적 여성성이라는 전제 아래서 아렌트를 경쟁적이고 근육질적인 남성의 이미지로 해석하는 페미니즘 둘 다 여성과 남성이라는 이분법적 도식을 수용하고 있다. 게다가 그들은 모두 신체나 남성성 : 여성성, 모성에 의거한 성 정체성이나 생물학적 재생산이라는 렌즈를 통해 아렌트를 보았지만, 여성을 단일한 정체성을 가진 본질주의적인 것으로 가정하고 남성과의 차이만을 강조할 뿐, 여성 내에서의 작은 차이는 무시한다.

이러한 한계 때문에 이들은 아렌트의 정치행위 개념을 올바로 파악하지 못했다. 이 차이의 페미니즘은 결국 남성중심주의와 똑같은 논리로 자신들이 반대하는 남성의 지배를 여성의 지배로 대체한 것에 불과하다. 영-브뢸의 말대로 중요한 것은 젠더화된 영역을 고정된 영역으로 볼 것이 아니라, 젠더화된 공적 : 사적 영역을 파괴하는 것이며 정치를 구성하는 요소와 인간의 실천을 좀 더 생생하게 해방적으로 개념화하는 것이다.

IV. 공적 · 사적 영역에서의 성 이분법을 활동적 삶의 삼분법으로 대체하기

앞에서 살펴보았듯이 아렌트 정치사상에 대한 차이의 페미니즘 분석은 공평하지도 못하고 적합하지도 않다. 그들은 아렌트 저서에 나오는 공적 : 사적 영역의 구분으로부터 남성 : 여성의 성별화를 읽어내고 자신들도 똑같이 이분법을 고수하는 방식을 사용했다. 그러나 다른 시대엔 사적 영역과 공적 영역의 노동과 작업은 특수한 계급이나 젠더를 나타내는 것이 아니라 공적 영역이 수호되어야 하는 "특수한 속성들"을 나타내는 것 같다.[26] "아렌트는 사멸성, 신체를 가졌다는 사실과 결합된 순수한 공포를 강조한다. 아렌트는 신체는 역시 초월적 주체의 통제를 넘어서 과정들 속에 뒤얽힌다는 것을 상기시키면서 인간의 신체에 이의를 제기한다."[27] 그러나 "아렌트는 살아 있는 존재에서의 주체의 순수한 축복을 강조하면서 신체의 쾌락을 축복하고 심지어 찬양한다. … 아렌트에게 (인간의 인공적 조건인필자 첨가) 세계(위대한 말과 행위의 장소)와 삶(신체의 장소)은 사실상 상호의존적인 것으로서 그렇게 대립적인 것이 아니다. 아렌트에게 행위와 말은 신체적인 충동이 없으면 텅 비게 된다."[28] 이런 맥락에서 호니그가 주장한 "아렌트는 젠더(gender) 이론가"라기보다는 "활동적인 정치이론가"라는 평가를 수용하는 다른 해석들이 시도되었다.[29]

디츠는 『인간의 조건』에서 다음과 같이 젠더의 숨은 뜻을 파악했다. 즉 아렌트는 젠더를 현대성의 지배적인 범주로 이론화할 뿐만

26 ▶ Hannah Pitkin, "Jutice", p. 342. 여기서는 Honig(1995), 143쪽에서 재인용.
27 ▶ Linda M. G. Zerilli, "The Arenditian Body", in Bonnie Honig (eds.), *Feminist Interpretations of Hannah Arendt*(The Pennsylvania State University Press, 1995), p. 173–4.
28 ▶ Zerilli(1995). p. 180.
29 ▶ Honig(1995), p. 222.

아니라 그것을 행위의 정치 개념으로 대체한다는 것이다.[30] 디츠의 이러한 전략은 차이의 페미니스트들이 시도했던 공적 : 사적 영역이라는 이분법을 떠나 활동적 삶을 구성하고 있는 노동 : 작업 : 행위라는 3분법으로 이동함으로써 취해진 것이다. 이처럼 활동적 삶의 3분법으로 이동하게 되면 아렌트가 남성성 : 여성성으로 구분하는 두 개념들은 공적인 것 : 사적인 것이 아니라 노동 동물 : 제작자가 된다. 전자는 생물학적 순환과정을 책임지는 자이고, 후자는 세계의 건설자이자 지구의 지배자이다. 행위자는 양자의 활동에 의존함에도 불구하고 그들이 하는 것 이상의 것, 즉 자유의 담지체이자 구현체로서 양자보다 더 우월한 실존적 위상을 갖게 된다.

"디츠는 아렌트의 활동적 삶의 성별화는 한나 핏킨의 용어, 즉 쓸모 있는 유용성의 태도(공작인의 태도)와 과정적 사고(노동 동물의 태도)"[31]로부터 취해진 것이라고 주장한다. 따라서 『인간의 조건』의 사회적 영역으로부터 "현대성에 대해 특수하게 역사적으로 출현하는 사회적 공간뿐 아니라, 핏킨이 정립하는 여성적인 기호 표현과 남성적 기호 표현(혹은 아렌트가 여성 일반, 남성 일반이라 부르는 것)으로 기입되고 재현되는 상징적 질서를 이끌어낼 수 있다.[32] 현대성은 인간 사회를 문명화 · 제도화시킨다는 이름 아래 남녀의 성별화를 심화시켰던 것이다.

그러나 디츠는 상징적 범주화의 틀을 벗어나서 성 이분법적 노

---

30 ▶ Dietz(1995), p. 29.

31 ▶ Dietz(1995), p. 30. 피트긴의 말을 디츠가 인용한 것이다.

32 ▶ Dietz(1995), p. 30.

동 동물 : 제작자가 복합적이고 다층적으로 나타나는 것으로 본다. 첫째, 제작인은 도구를 통해 노동 동물의 노고와 출산의 고통을 덜어주기 때문에 디츠는 양자의 관계를 상호 유익한 관계로 본다. 둘째, 게걸스러운 삶(living 혹은 life)의 원리가 지배적이게 된 현대 사회에서 제작자는 한편으로 삶의 과정에 흡수됨으로써 그의 이상이 파괴되며, 다른 한편으로 재료를 부수고 노동 동물에게 폭력을 가한다는 점에서 양자를 대립적 관계로 본다. 이처럼 아렌트는 여성을 노동 동물에게, 남성을 제작자에게 고정시킴으로써 현대성의 수동적인 성 기준을 드러내고 있는 것이다. 물론 근대 세계에서 노동 동물이 승리했지만 이것은 결코 여성의 승리가 아니다. 왜냐하면 노동 동물도 제작자도 '드러냄'의 활동으로 진행되는 자유의 행위를 촉진시키지 못하기 때문이다. 오히려 양자는 자유의 공간을 파괴한다. 그래서 디츠는 노동 동물과 제작자 관계의 세 번째 국면을 제시하는데, 그것은 양자가 서로 연합하여 인간의 행위능력을 제거한다는 점이다.

디츠는 페미니즘이 아렌트의 행위 개념으로부터 정치적 해방의 요소를 이끌어내야 한다고 본다. 이는 디츠가 노동이나 작업의 단일성이 아닌 행위 개념의 연대성을 인식했기 때문이다. 디츠에 따르면 "아렌트의 이론은 자유를 성 정체성의 고정된 언어로부터 거리를 두는 대신에 그것을 개인적인 말-드러냄의 행위 속에 위치시킨다. 그런데 그 말-드러냄은 선규정되고 서술적이며 분기되는 지시대상들의 통제에 저항한다."[33]

33 ▶ Dietz(1995), p. 31-2.

이러한 해석은 페미니즘이 성별화를 떠나 자유로운 행위자를 상정할 수 있게 한다. 그때 행위의 '누구임'을 통해 페미니즘은 불필요한 이분법의 검토로부터 해방되어 결국은 인간 개인의 자유와 독특성을 살려내는 정치로 복원될 수 있을 것이다. 디츠는 아렌트의 텍스트로부터 아렌트가 여성의 전통적 능력들(혹은 여성 신체)에 대한 향수어린 찬양을 포기하고 말하고 행위하는 사람들의 잠재력을 개방시켰다는 숨은 뜻을 추출해낸다. 요컨대 아렌트는 『인간의 조건』에서 "노동 : 작업의 대립을 통해 성별화를 시도하지만, 최종적으로 그것들을 "모든 사람들이 자유로워질 수 있는 영역이라고 하는 행위와 대조시킴으로써 성별화를 넘어선다."[34]

디츠의 이런 전략은 인간의 유한성, 즉 사멸성에 대한 아렌트의 인식이 의도하는 바를 포착한 데서 취해진 것이다. 디츠는 아렌트가 유한성에 맞설 대안으로 행위를 제안했고, 그 행위의 목표점인 불멸성을 통해서 자유의 실현을 추구하고 그로 인한 인간 해방을 주장한다고 본 것이다. 이러한 해방의 기획은 인간답게 산다는 것과 관련된다는 점에서 디츠의 전략은 아렌트의 의도에 어느 정도 부합하는 측면이 있다고 생각된다.

34 ▶ Young-Bruehl(1996), p. 316.

V. 다원적 차이에 기초한 페미니즘(해체적 페미니즘)의 아렌트 수용

앞에서 성 정체성의 페미니즘은 모든 여성을 동일한 범주로 파악한다는 점에서 여성 내에서의 미세한 차이를 무시하며, 이러한 틀로 아렌트의 다원성에 기초한 행위 개념을 파악하는 데는 무리가 있다는 것을 지적했었다. 다른 한편 디츠와 같이 활동적 삶의 3분법에 근거해서 아렌트 사상의 페미니즘적 요소를 포착해내려는 시도는 노동, 작업, 행위에 다차원적으로 접근함으로써 여성 : 남성 구분을 넘어서 인간 전체의 해방적 기획을 목표로 했다. 이와 비슷한 결론에 도달하는 또 하나의 페미니즘이 있다. 그것은 정신분석학의 발전이나 포스트모던 페미니즘의 영향 아래 성장한 포스트모던 페미니즘이다.

그 페미니스트들은 아렌트 초기의 전기적 저서 『라헬 파른하겐』의 패리아(pariah, 주변인) 관념을 통해 "아렌트가 여성들의 위치를 명확히 고려하지는 않았지만" 소외된 "주변부 사람들의 미덕들을 잘 이해"했다는 해석을 내리고 "정체성의 정치에 대한 아렌트의 관계를 이해하려 했다."[35] 그 전기의 주인공 라헬 파른하겐이 형성하고 있던 패리아 의식은 여성으로서 그리고 유대인으로서의 의식이다. 브륄의

35 ▶ Young-Bruehl (1996), p. 313.

말대로 라헬 파른하겐처럼 소외되고 주변화된 집단의 사람들은 하나의 집단에만 속해 있는 것이 아니라 "다른 집단들에도 속해 있고, 그들의 정체성은 다원적이며", 또한 이러한 "아렌트의 통찰력은 여성들을 여성이라는 동일한 범주로 일반화시키는 것에 대해, 그리고 모든 여성들이 인종, 계급, 민족과 무관하게 동일한 여성적인 미덕을 갖는다고 믿는 견해에 대해 비판적이었던 페미니스트들에 의해 채택되었다."[36]

라헬 파른하겐이 유대인으로서의 정체성을 더 소유하고 있었듯이 아렌트도 여성으로서 사고했다기보다 오히려 유대인으로서 사고했다. 또한 아렌트가 로자 룩셈부르크를 찬양하는 이유도 바로 로자 룩셈부르크가 "정체성의 정치와 공동체 속에서 멤버십을 경계하고" "특수한 종류의 성질의 차이나 구분을 선택했기" 때문으로, 이것은 "작은 차이 만세"이다. 그러나 "그것은 성적 차이가 아니다—그것은 하찮은 작은 차이이다. 그 작은 차이는 바로 내부의 sex : gender 차이이며",[37] 남녀 사이의 차이가 아니라 여성들 사이에서의 차이이다. 행위의 선결조건인 다원성은 sex : gender를 초월한다.[38] 아렌트의 다원성은 젠더를 다른 많은 입장들로부터 떠나 문화적 정체성 안으로 흡수한다.[39]

아렌트의 정치행위 이론은 말을 통한 조화로운 공동행위를 중시하는 페미니즘의 이론적 출발점으로 기여한다. 이러한 출발점으로

36 ▶ Young-Bruehl(1996), p. 313.
37 ▶ Honig(1995), p. 151.
38 ▶ Young-Breul(1996), p. 317.
39 ▶ Dietz(1995), p. 34.

부터 시작한 호니그, 크리스테바는 정체성을 해체시킨다. 그런데 이 페미니즘은 정치의 비판적 핵심을 "여성"이라는 범주로 삼긴 하지만 그것은 어디까지나 행위자들의 정치적 정체성으로서 여성이라는 범주가 아니다. 그것은 고정되고 본질적인 종적 정체성을 해체한다. 따라서 이들의 성공 여부는 고정된 존재를 구성적인 행위로 환원시키고 차이를 무시하는 범주들로부터 다원적이고 자유로운 정체성을 주장하는 아렌트의 행위 개념을 올바로 전유하는 데 있을 것이다.

호니그는 패리아 관념을 독립적인 비판, 행위, 그리고 판단에 필요한 거리를 확보할 수 있는 특권적인 위치로서의 이방인 위치에 둠으로써 정체성을 해체하고 변화, 특수성, 차이를 주장한다. 그리고 이 입장에서 "논쟁적인 수행의 정치"(agonistic politics of performativity)라는 개념을 재구성한다. 그녀는 아렌트의 행위를 젠더의 대체물로 가정하고 정치를 페미니즘에 권장하는데, 그 정치란 젠더의 금지하는 양 극단을 해체하고 (수행적이고 논쟁적으로) sex : gender의 지배적인 구성을 정체성의 이분법적이고 결합적인 정체성의 범주들이라고 주장한다.[40]

호니그의 "논쟁적인 수행의 정치"는 선천적이고 안정적이며 공유적인 정체적 토대 위에서 구성되는 정치공동체에 의해서 정치공간이 폐쇄되지 못하게 한다. "그것은 정체성들은 결코 한결같지 않다는 것, 그리고 균열, 불충분성, 현존하는 정체성의 나쁜-부적합성 속에 비판적인 효력의 지점이 있다는 것을 가정한다. 따라서 그것은

40 ▶ Dietz(1995), p. 35.

패리아들의 입장은 그 자체 결코 안정적이지 못하게 되며, 따라서 패리아들은 이방인이 아니게 되고, 게다가 그 지점들은 하나가 아니라 다양하게 된다는 것을 가정한다.[41] "이 다양한 지점들은 정치적으로 특권화된 정치공간을 분산시키고", 그에 따라 "권력의 공간과 저항의 공간을 탐구하는 행위의 지점을 증식시킨다."[42] 호니그의 해체적 페미니즘 속에서 우리는 아렌트의 논쟁적 정치를 발견할 뿐만 아니라, 아렌트의 공간에서 논쟁으로서 정치적 말(political speech)의 극적인 상(picture)을 발견한다.[43]

어떤 특수한 논쟁적 행위는 결국 존재의 무엇임(what-ness)이 아니라 행위의 누구임(who-ness)을 복원시킨다. 그것은 특수성과 변화를 찬성하고 정체성의 정치를 파괴한다. 그래서 그것은 규격화, 단일화로부터의 활로를 모색하며, 차별화되고 다양하며 항상 개정에 열려 있다. 그런데 사회적인 것과 그 규격화 메커니즘은 완벽하게 폐쇄적이지 못하다. 이러한 사실 자체는 단일화되고 자연화된 정체성과 그 토대 전복의 가능성을 말해주며, 행위가 진리에 의해 잠식당하지 못하게 한다. 이것은 행위가능성의 영역을 자명성의 공간인 사적 영역으로 확장시킬 수 있게 한다. 거기서도 옛것에 대한 끊임없는 개정과 증대가 발생하며, 새로운 관계들이 창출됨으로써 새로운 실재들이 확립된다는 것이다. 이처럼 호니그는 행위가능성의 영역을 사적 영역으로까지 확장시켰다.

---

41 ▶ Honig(1995), p. 155.
42 ▶ Honig(1995), p. 155.
43 ▶ Dietz(1995), p. 37.

이 해체의 전략은 쥴리아 크리스테바로부터도 취해진다. 아렌트의 『인간의 조건』과 반대로 그 『여성들의 시간』은 자연에 대한 여성 주체의 육체적이고 정신적인 관계의 특수성을 주장한다. 그녀는 언어학(기호학)과 정신분석학적 관점에서 접근함으로써 언어학을 "의미하는 주체"에 대한 학문으로 만든다. 그녀는 언어학을 철학, 역사, 정신분석과 연결시킨다. 그녀의 "의미하는 주체"에 대한 관심은 언어학에서 말하는 발화주체에 대한 관심이며, 그것은 정신분석에서 피분석자 혹은 분석주체의 언어에 대한 관심으로 이어진다. 그녀는 "말하는 주체"를 재구성함으로써 권위주의적이고 억압적인 현대 언어학의 철학적 토대를 벗어난다. 말하는 주체는 생리학상의 생성과정과 사회적 억압으로 나누어진 주체로, 그것은 분열된 주체이다. 즉 그녀의 말하는 주체는 의미를 생산하고 의미를 왜곡하는, 욕망하는 주체가 된다. 그녀는 욕망하는 주체를 설정함으로써 주체의 이질성과 비균질적 과정으로서 언어로 이동한다. 그녀는 일상 언어 속의 모호성, 다의성, 불확정성을 드러낸다.

이러한 관점을 성 정체성에 적용하면 성적 본질주의는 거부된다. 그녀는 본질적 의미에서의 여성이란 존재하지 않으며, 억압된 여성성도 존재하지 않는다고 주장한다(E. Grosz, 147-187). 라깡과 달리 그녀는 외디푸스 이전 단계인 상상계를 기호계로 대체하고, 라깡의 외디푸스 단계인 상징계는 유지한다. 이는 여성이 상징계에서 표현될 수도 상상될 수도 없으며, 부정적 존재로서 간주되어 왔기 때문이다. 그녀는 여성 : 남성 이분법적 구조를 거부하며, 그에 따라 여성적인 것과 생물학적 여자, 그리고 남성적인 것과 생물학적 남자의 동일성도 거부하는데, 이는 기호계의 잠재력 때문이다. 말하자면 남성이 여성적일 수 있고 여성이 남성적일 수 있다는 것이다. 그녀는 고정된 성 정체성의 해체, 여성성 : 남성성의 해체를 통해 그 다의성, 모호성, 불확정성, 복수성과 분열성을 주장하는 것이다. "이러한 해체의 페미니즘은 존재의 무엇임(what-ness)에 대해 아렌트의 행위의 누구임(who-ness)을 복원시킬 것을 목적으로 한다. 그러므로 그것은 "변화"의 정치 혹은 "논쟁적인 수행의 정치"를 권장한다."[44]

그러나 크리스테바가 여성성의 존재를 거부하고 있다 하더라도 모성의 존재는 인정한다. 모성은 특정한 주체에 의해 규정되는 것이 아닌 하나의 과정으로 그것은 구성적인 것이다. 그것은 주체가 생산되면서 동시에 소멸되는 지점이자 저장소인 코라(chora)를 통해 표현된다. 코라는 어머니와 태아의 경계이며, 주체가 전복되는 공간 혹은 상태이다. 임신경험은 어머니에게 주체와 타자에 대한 사랑의 분할을 즉각적으로 이해하게 된다. 그녀에게 임신은 주체의 분열이라는 경험을 가져온다. 그것은 육체를 배가하고 자아/타자, 자연/의식, 생리학/언술의 분리 및 공존을 가져온다. 아이의 출생은 다른 이에 대한 사랑을 경험하도록 어머니를 인도한다. 사랑은 어머니에게 타자를 경험하는 근본적 토대인 셈이다.

결국 크리스테바는 사적인 친밀한 관계 속에서 발생하는 사랑이라는 개념을 통해 자아의 정체성이 형성되는 것으로 보며, 임신을 주체의 분열을 겪는 사건으로 본다는 점에서 아렌트와 달리 사적 영역의 일을 통해 인간의 존립성을 주장하려 한다. 또한 "그녀는 코라

---

44 ▶ Dietz(1995), pp. 35-36.

라는 신체에 기초해서 여성주체를 논하고 자연과 생물학적 삶의 과정의 영원한 회귀로 여성 신체를 정렬시키는 것은 이성애주의와 본질주의의 증거이다. … 모든 신체를 수용하는 이 용기, 즉 역동적 자연은 무성적 신체에 대한 요구를 무시한다."[45] 이는 아렌트가 모성성, 여성성을 떠나 유한성으로부터 오는 공포를 강조한 것과 다르다.

이러한 현상은 비단 크리스테바의 문제인 것은 아니다. 전반적으로 해체의 페미니즘은 실제로 페미니즘 시각에서 접근하지 않고 있으며, 여성 운동의 틀을 버린다는 점에서 여성 해방운동에 얼마나 기여할 수 있을지도 의문이다.

이와 같이 아렌트는 정치행위의 독특성과 예기치 않음에 의해서 단일성, 필연성, 고정성, 보편성 대신에 특수성, 우연성, 독특성, 창발성 등을 강조함으로써 동일적이고 단일적인 정체성으로부터 여러 부류의 정체성으로 여성을 해체하는 페미니즘 정치에 빛을 던진다.

VI. 남아 있는 함축들과 전망

지금까지 페미니즘이 여성의 정치적 해방이라는 기획을 달성하기 위해서 아렌트를 어떻게 수용하고 있는지를 살펴보았다. 페미니즘에서 아렌트에 대한 해석이 다양하게 이루어졌음에도 불구하고

45 ▶ Zerilli (1995), p.173.

아렌트의 정치사상으로부터 페미니즘이 자신의 정치적 해방 실천을 위해서 이끌어낼 수 있는 함축들은 아직도 많이 남아 있다. 페미니즘의 관점에서 아렌트 사상의 분석과 아렌트가 공적 영역에서의 여성의 자유행위에 대해 침묵을 지켰다는 사실은 역으로 공적 : 사적 영역의 관계를 재구성하고 자유의 개념을 확장할 수 있는 여지를 남겨두었다는 말이 된다. 그러므로 아렌트 정치사상으로부터 페미니즘적 측면을 도출해내는 것은 그녀의 사상이 앞으로 페미니즘의 기획에 어떤 기여를 할 수 있는지, 그리고 페미니즘의 운동방향이 어떻게 전개될지를 가늠할 수 있는 계기가 된다는 점에서 중요하다.

행위를 성으로부터 해방시키면 행위란 모든 인간이 인간답게 살아가는 것과 직결된 실존적 활동 그 자체가 된다. 즉 인간은 일상의 삶 속에서 그때 그때 자신에게 밀어닥친 현안을 해결해야 하는 정치적 실천상황에 부딪치고, 그때 정치적으로 행위해야 한다. 그것은 성, 인종, 계급, 민족과 무관한 문제이다.

여기서 필자는 페미니즘이 완전히 발전시키지 않은 이슈를 다룰 것이다. 아렌트는 『생각』에서 생각할 때 우리는 어디에 있는가라는 물음을 제기하면서 생각할 때 우리는 그 어디에도 존재하지 않는다고 주장한다. 그러나 이것을 뒤집으면 생각할 때 우리는 모든 곳에 존재한다는 말이 된다. 이는 생각함의 활동이 일상적이고 무성적(無性的)으로 이루어진다는 말이 된다. 그런데 "여기서 무성적이라는 말은 '남성중심적'이라는 말이 아니라, 자연적으로 여겨졌던 남녀의 성적 차이에 따라 할당된 역할에 속박되지 않는 관계와 영역을 뜻한다.

생각함의 활동은 정치행위의 근본적인 토대가 된다는 점에서 중요하다. 영-브륄 역시 생각함(thinking)의 활동에 대해 잠깐 언급하면서 그것을 무성적인 활동으로 간주한다. 그는 이 생각함의 활동으로부터 페미니즘적 함축을 이끌어낸다. 영-브륄은 모든 사람은 젠더(gender)의 나르시시즘의 토대 위에서 생각한다는 견해를 취하면서 여성들은 여성들로서 그리고 여성중심적으로, 남성들은 남성들로서 그리고 남성중심적으로 생각한다고 주장한다. 영-브륄에 따르면 이 두 젠더의 나르시시즘의 토대는 점점 분기된다. 이는 생각함의 활동이 가지고 있는 성질, 즉 보편적인 것을 해체하고 특수가 등장할 공간을 마련하는 성질로부터 가능하다.

그러나 여성들은 각자 위치에서 저항과 연대를 도모하는 것 이상의 것을 해야 한다. 특히 아렌트의 "재현적 생각함"(비판적 사고, representative thinking)은 더 넓은 범위의 정치적 연대의 모색을 가능하게 함으로써 더 강한 페미니즘적 실천의 수단이 될 수 있다. '다른 사람의 입장에서' 생각하는 재현적 생각함은 각자의 위치에서 다른 사람을 보기 때문에 여성 내에서의 다른 타자의 위치에 대해서도 해방적 실천운동을 전개할 수 있기 때문이다. 따라서 재현적 생각함은 다양한 위치나 관점으로 분기시킬 수 있는 토대가 된다. 그러나 재현적 생각함은 정신 속에 다른 사람들을 등장시켜 그들의 검토를 받는다는 점에서 공적 속성을 갖는다.

또한 아렌트 정치사상의 특징인 현상학적 존재론(phenomenological ontology)은 이 재현적 생각함의 활동이 있기에 가능한 것이다. 이 재현적 생각함의 활동은 인간사 영역에서 발생한 문제를 현상세계와 유리되지 않은 상태에서 비판적이고 구체적으로 다룸으로써 일정한 종류의 추상적 범주화와 형이상학적 사변을 배제한다. 따라서 아렌트는 추상적인 본질 일반을 주장하는 것이 아니라 특수한 인간의 본질을 주장하는 것이다.[46] 재현적 생각함은 극단적 다원주의의 이론적 취약점, 즉 정치를 체계화할 틀을 제공하지 못한다는 약점을 보완할 수 있다.

그러면서도 그것은 개별성을 무시하지 않는바, 독특성을 통해서 주체의 차이를 드러내는 '누구'(who)로 되기 위해서는 재현적 생각함이 필요하다. 그리고 이 '누구'는 규정되거나 고정된 것이 아니라 지속적으로 만들어 가는 것이다. 따라서 재현적 생각함의 활동에 주목할 때 페미니즘 이론은 여성 해방 기획을 더 넓은 범위에서 구체성을 풍부히 담지하면서도 생동감 있는 실천활동으로 만들 수 있다.

다음으로 아렌트의 정치행위 이론에 있어서 '현상성'(appearingness)이란 개념은 정치행위의 동기와 관련된 중요한 개념이다. '나타난다'(appear)는 것은 인간이 타자로부터 인정받고 싶은 욕망과 관련된 본원적인 것으로서, 이것이 없으면 인간은 자신의 독특성도 실존성도 인정받을 수 없게 된다. 따라서 '나타남'(appearance)은 정치의 근본적인 출발점이라 할 수 있다. 그런데 인간이 타자 앞에 '나타날' 때는 그냥 단순히 나타나는 것이 아니다. 그때 그는 자신의 독특성을 뽐내야 하고 자신의 모든 인격과 가능성을 보여주어야 한다. 나타남의 활동은 일차적으로는 신체, 특히 목소리를 통해서 이루어진다. 그러나 이때의 신체도 무성적인 신체이다.

그런데 그 신체의 '나타남'의 활동이 일어날 때 정신도 함께

---

46 ▶ Hansen (1993), p. 84.

'나타난다.' 아렌트가 "고차적이고 의미 있는 활동"을 통해서 자유로운 삶을 구현하려는 시도를 하는 데 있어서 정신적 삶은 중요하다. 그러나 비록 초점이 정신의 삶에 있다 하더라도 그것이 신체나 자연을 완전히 제거하는 것은 아니다. 따라서 아렌트에게 행위자는 "정신을 내재한 육체"를 가지고 남 앞에 현상하는 자이다.[47] 육체는 정신을 담은 텅 빈 그릇이 아니다. 그것은 저항의 지점이다. 정신을 담지한 신체와 목소리는 행위를 나타내는 실체로서, 그것은 상징적 질서에 반항하고 '누구임'을 드러내는 매체이다. 그는 정념, 용기, 욕망에 이끌려 행위한다. 인간은 이성을 동반한 신체, 그리고 목소리와 더불어 행위함으로써 세계에 통합될 수 있다.

이처럼 아렌트가 재구성하려 한 공적 삶은 합리적 담론뿐만 아니라 열정과 자발성을 인정하며, 로고스와 이성뿐만 아니라 명백한 육체적 현상의 드라마를 인정한다.[48] 따라서 페미니즘이 정신 : 육체의 이분법적 틀에서 벗어나 인간을 정신과 육체 모두를 가진 존재로 바라볼 때 그 본질을 제대로 볼 수 있을 것이다. 육체는 자아나 타자, 사적이거나 공적인 것, 자연적이거나 문화적인 것, 심리적인 것이나 사회적인 것의 어느 하나가 아니며 주체를 정신과 육체, sex : gender라는 상호배제적인 범주로 나누는 설명과 육체를 한 가지 틀로 유형화하는 것은 거부해야 한다.[49] 이처럼 현상(성)이란 개념은 페미니즘이 한정된 시각에서 벗어나는 데 있어서 하나의 이론적 토대를 제공

---

47 ▶ 장미경(1999), 204쪽.
48 ▶ 브륄(2004), 394쪽.
49 ▶ E. Grosz(1994), p. 15-19. 여기서는 박미경(1999), 203쪽에서 재인용.

한다.

이 밖에 아렌트 사상으로부터 뽑아낼 수 있는 페미니즘적 함축은 많다. 페미니즘에 있어서 아렌트의 사고는 여성의 정치적 해방 실천을 위한 이론적 보고가 되는 데 손색이 없다. 아렌트의 관조적 삶과 활동적 삶의 통합, 현상학적 존재론, 인간됨의 실현, 세계사랑, 특수자의 존엄성 강조 등은 여성 해방 기획을 한층 더 알찬 기획이 되게 해줄 것이다. 이것들은 페미니즘에게 고정성, 본질, 존재, 보편성, 단일성, 성으로부터 구성성, 조건, 행위, 특수성, 다원성, 인간 등으로 전형시킬 수 있는 토대가 된다. 이러한 사실은 아렌트 사상이 페미니즘 담론의 지평을 확장시키기에 충분할 정도의 이론적 통찰력을 가지고 있으며, 앞으로 페미니즘에게 발전적인 전망을 제시할 수 있으리라는 것을 나타낸다.

VII. 끝맺는 말

아렌트의 『인간의 조건』은 아렌트에게 더 나은 현실, 더 나은 정치세계를 기획하기 위한 출발점이 된다. 그녀는 말과 행위의 정치를 통해서 페미니즘 사상가들에게 정치로 나아갈 수 있는 길을 열어주었다. 아렌트 텍스트로부터 여성의 정치적 해방에 대한 함축을 이끌어내려는 페미니즘은 많은 시행착오를 경험하면서 아렌트의 이론을 재해석하였다.

호니그의 말대로 "아렌트가 여성문제를 정치적으로 제기하기에 적실한 것으로 생각했든" 아니든 페미니즘의 관점에서 아렌트는 여성문제에 대해 침묵했다는 비판으로부터 결코 자유로울 수 없다. 그럼에도 불구하고 아렌트 사상의 전체적인 틀 속에서 보면 그것은 전혀 문제가 되지 않는다. 왜냐하면 아렌트가 목적으로 한 것은 불평등한 억압구조를 드러내는 것이 아니라 성, 민족, 계급을 떠나 '모든' 인간이 현대성의 굴레로부터 해방되는 것이었기 때문이다. 아렌트가 보기에 "노예화된 사람들이나 주변화된 사람들의 해방이나 보편적 시민성"은 "근대 혁명의 기획"이다.[50] 그러나 아렌트의 기획은 그보다 더 큰 범위의 광대한 근대의 정치적 딜레마, 즉 근대의 산업화와 기술화가 인간을 소외시키고 인간의 삶을 파괴하는 현대성의 병폐를 지적하고 그 해결책을 모색하는 것이었다. 따라서 그것은 성의 범주를 초월해서 더 광범위하고 근본적 범주인 '인간'에 대한 해방의 기획이라 할 수 있다.

페미니즘은 이러한 아렌트의 정치사상을 수용해서 나름대로의 성과를 거두었다고 생각된다. 영-브륄의 말대로 "현 세대의 페미니스트 정치이론가들이 아렌트 저작과 가졌던 조우는 확실히 성적 차이의 문제에 관한 페미니스트적인 이론적 고착을 제거하도록 도왔으며, 모든 방법에서—모든 집단에 대해서—극복될 구분으로서 사적 : 공적 구분에 대해 편협한 견해를 벗어나도록 도왔다. 아렌트와의 조우는 이러한 방향에서 페미니즘을 도왔다. 그런 점에서 아렌트는 페미니즘에게 있어 가치가 크다고 생각된다.

50 ▶ Young-Bruehl(1996), p. 309.

아렌트가 인간 해방의 매체로 여기는 '말하는 행위'와 '자기현시'(self-display) 행위는 정치적 활동성을 고갈시키지 않는다. 또한 그것들은 정치를 이론화하는 페미니스트들의 정치적 활동성도 고갈시키지 않는다.[51] 페미니즘은 아렌트로부터 여성 해방의 이론적 통찰을 제공받았으며, 앞으로도 더 많은 함축들을 도출해냄으로써 페미니즘의 목적에 다가서는 데 도움을 받을 여지는 많이 남아 있다고 생각된다. 페미니즘은 아렌트가 정치행위를 통해 확립해 놓은 더 넓은 범위의 지평 위에 설 때 진정한 해방의 정치를 구현할 수 있을 것이다.

51 ▶ Dietz(1995), p. 39.

참고문헌

메어리 G 디츠. 이남석 · 이현애 역. 2004. "한나 아렌트와 페미니즘 정치학." 『페미니즘 정치사상사』. 이후.

장미경. 1999. 『페미니즘 이론과 정치』. 문화과학사.

Arendt, Hannah. 1958. *Human Conditions*. The University of Chicago Press.

______. 1972. *Life of Mind, One/Thinking*. Harcourt Brace Jovanovich.

Dietz, Mary G, 1995. "Feminist Receptions of Hannah Arendt." Bonnie Honig (eds). *Feminist Interpretations of Hannah Arendt*. The Pennsylvania State University Press.

Hansen, Phillip. 1993. *Hannah Arendt : Politics, History, and Citizenship*. Polity Press.

Honig, Bonnie. 1995. "Toward an Agonistic Feminism : Hannah Arendt and the Politics of Identity." Bonnie Honig(eds). *Feminist Interpretations of Hannah Arendt*. The Pennsylvania State University Press.

Landes, Joan B, 1995. "Novus Ordo Saeclorum : Gender and Public Space in Arendt's Revolutionary France. Bonnie Honig (eds). *Feminist Interpretations of Hannah Arendt*. ed. by Bonnie Honig, The Pennsylvania State University Press.

O'Brien. 1981. *The Politics of Reproduction*, Routledge & Kegan Paul.

Young-Bruel, Elizabeth. 1995. "Hannah Arendt among Feminists." Bonnie Honig(eds). *Feminist Interpretations of Hannah Arendt*. ed. by Bonnie Honig,

The Pennsylvania State University Press.

Zerilli, Linda M. G. 1995. "The Arenditian Body." Bonnie Honig (eds). *Feminist Interpretations of Hannah Arendt*. The Pennsylvania State University Press.

제 7 장

한나 아렌트의 '탄생성'의 교육학과 왕양명의 '치량지'(致良知) : '공적 감각'과 '지행합일'의 인간교육을 위해서*

이은선(세종대학교)

I. 시작하는 말

본 논문은 20세기 서구 최고의 정치철학자로 알려져 있는 한나 아렌트(Hannah Arendt, 1906-1975)와 중국 명나라의 혁신적 유교사상가 왕양명(王陽明, 1472-1529)의 사상을 비교 연구하면서 거기서 얻어지는 지혜를 가지고 오늘 우리 시대를 조명해 보려는 것이다.

왕양명은 주지하다시피 11세기 송나라 주희(朱熹, 1130-1200)의

* ▶ 본 논문은 한국양명학회 논문집 『양명학』(陽明學) 제8호(2007. 7)에 수록된 논문임.

신유학을 그보다 300여 년 후인 자신의 시대를 위해서 다시 한 번 크게 개혁한 사상가이다. 그는 당시 주희식 '성인지도'(聖人之道, To become a sage)의 가르침이 심각한 주지주의적 관념론에 빠져 있는 것을 보고 그것을 개혁하여 진정으로 '실천'할 수 있고 '행위'할 수 있는 인간을 키워낼 수 있는 공부법으로 개혁하기 원했다. 그는 '인간은 누구나가 배움(學)을 통해서 성인이 될 수 있다'는 유교 본래의 가르침에 따라 다시 그 참된 공부법을 찾아 고민하던 중 우리 모두의 본래 성품은 이미 성현을 이루는 데 적합하다는 것을 깨닫게 되었다. 이 깨달음을 그는 '우리 마음이 곧 하늘'(心卽理)이고, '지(知)와 행(行)은 하나이다'(知行合一)라는 말로 표현해 주었다.

한나 아렌트의 '인간의 조건'과 삶에 대한 탐구도 인간 본래성과 고유성에 대한 유사한 믿음을 전해준다. 20세기를 서구 관념론의 비극적 결과인 '전체주의 시대'로 보고, 인간 공통의 삶의 기반에 대한 관심을 모두 잃어버리고 저마다 사적 영역의 이익추구에만 몰두하는 시대를 규탄하면서도 아렌트는 인간이 다시 새롭게 시작할 수 있고, 위대한 일을 할 수 있으며, 약속과 용서할 수 있는 능력을 통해서 기적과 같이 새로운 시대를 열 수 있는 인간가능성을 말했다. 그리고 이러한 인간의 조건을 '탄생성'(natality)으로 표현하였다.

이들의 사고와 탐색은 그러나 여기서 끝나지 않는다. 양명은 자신의 인간가능성에 대한 처음의 깨달음이 자칫 다시 심약한 주관주의와 관념주의로 전락할 위험이 있다는 것을 알아차렸고, 그래서 "백 번의 죽음과 천 번의 고난"(白死千難)을 겪으면서 고민하며 그 인간 심(心)의 더욱 더 근본적 기초인 '양지'(良知, the innate knowledge of the good)를 발견했다. 양지는 인간 심의 기초적인 직관력으로서 무엇이 옳고 그른지를 직관적으로 알 수 있는 능력이고, 우리 인식의 대상인 세상을 사적 욕망이나 의도에 좌우됨이 없이 그 자체로 파악할 수 있는 능력을 말한다. 한나 아렌트에게서의 유사한 전개는 그녀가 인간학적 주저인 『인간의 조건』(*The Human Condition*)에서 인간 '활동적 삶' (vita activa)에 관심을 갖고 거기서 특히 '행위' 에 집중적으로 관심을 가졌지만, 그러나 점점 시간이 갈수록 그 행위를 가능케 하는 더욱 더 근원적인 정신의 힘인 '판단' (judging)에 주목하게 되는 것에서 볼 수 있다. 이것은 인간 활동적 삶의 꽃인 '행위' 가 주로 인간 정신의 주관적 측면인 '의지' (will)와 관계한다면 '정신적 삶' (vita contemplativa)의 '판단' 이란 세계의 객관과 더욱 직접적으로 관계하는 지적 감수성으로서 인간 의지와 행위의 출발점이 되기 때문이다.

우리 모두가 주지하는 대로 아렌트는 특히 칸트의 『판단력비판』으로부터 많은 것을 얻으면서 이 판단력의 정치적 속성을 부각시키는데, 왜냐하면 판단력이야말로 그것의 '확장' (enlargement)을 통해서 '사심 없음' 의 마음이 되어서 상대방의 입장에서 나를 생각해 볼 수 있는 소통과 공감의 능력이라고 보았기 때문이다. 이렇게 인간 본유적인 소통의 정신적 힘을 발견한 양명과 아렌트는 그것을 확충하고 바르게 키워내기 위해서(致良知, the enlargement of the mind) 많은 교육적 사고를 발전시키고, 이 본유의 능력을 진정으로 인간적인 자유와 문화, 교양의 힘으로 자라게 하여 자아와 인간뿐 아니라 세계를 배려하고 관심을 가지는 행위의 능력으로 키우기를 원했다. 이는 '공적 감각' 과 '지행합일' 의 인간 육성을 말한다.

이렇게 본 논문은 동서의 두 사상가를 그들 사고의 전개과정을 문제사적으로 따라가며 살펴보려고 한다. 비록 동서와 400여 년의 시공의 차이가 있지만 두 사상가의 생애 전개와 맞물려서 진행되는 사상의 전개를 따라가 보면 거기에는 쓰인 개념이나 용어의 차이에도 불구하고 내적으로 깊은 유사성이 있다. 그 유사성이란 인간과 세계의 의미와 가능성에 대한 매번의 세찬 반박과 해체에도 불구하고 다시 그것을 재건하려는 시도였으며, 그 시도에 있어서 궁극까지, 아니면 근저에까지 다가가서 온전히 이루어 보려는 '성실성'(誠)이었고, 그래서 거기서 그 성실성의 한 표현으로서 그들에게 있어서 새로운 세대의 교육은 참으로 중요한 정치적 실천이 되고 '세계사랑'(Amour Mundi)의 표현이 되었다는 점이다.

이렇게 유사하게 얻어진 두 사상가의 세계의미 실현방안들이 오늘 우리 시대에도 여전히 의미 있고 타당한 것을 본다. 오늘 우리 시대에도 양명과 아렌트가 고민했듯이 세계를 따뜻한 마음으로 끌어안는 사람은 드물고, 오직 사적 욕망과 오도된 무제한의 신념만이 난무하여 우리 삶의 공적 기반이 한없이 위협받고 있으며, '생각 없음'과 '사고하지 않음'이 정치, 사회, 문화의 모든 영역에서, 심지어는 배움의 현장에까지 만연되어 있다. 이러한 상황에서는 행위할 수 있는 인간의 출현은 기대하기 힘들고, 교육은 단지 사적 욕망을 채우는 수단으로 전락해 버리며, 세계는 다시 또 다른 형태의 전체주의 위협 아래 놓이게 되었다. 따라서 오늘 우리 시대야말로 더욱 절실하게 인간가능성과 그 정신적인 힘에 대한 심도 깊은 탐구가 요청된다고 하겠는데, 양명과 아렌트의 사상은 이 일을 위해서 좋은 길잡이가 된다.

이것과 더불어 본 논문의 또 하나의 의도는 어떻게 우리 고유의 전통 언어들이 오늘날의 현대 언어로 재해석되고 다시 번역될 수 있는지를 드러내는 일이다. 양명의 언어였던 유교 언어는 우리 민족의 언어와 사고 형성에 가장 두드러진 영향을 끼친 것 중 하나였다. 그러나 오늘날은 그 언어가 매우 생소하게 되어서, 예를 들어 조선 시대 내내 우리 선인들의 최대의 학문적 관심거리였던 '사단칠정론'(四端七情論) 등이 오늘날은 종종 그들만의 지적 놀음이었던 것으로 치부되어 외면되고 있다. 그러나 우리가 아렌트의 인간 정신적 삶에 대한 탐구와 그녀에게 깊은 영향을 준 칸트의 이성비판들을 살펴보면 이들이 인간 행위와 판단의 합당한 근거를 찾기 위해 인간의 '감각'(sense)과 '감정'(feelings), '오성'(intellect)과 '이성'(reason) 등의 관계를 탐구했고, 어떻게 인간의 정신적 삶이 활동적 삶과 관계되는지를 탐구한 노력들과 다른 것이 아님을 알 수 있다. 인간 도덕적 능력(性 또는 理)의 시작(四端, four beginnings)을 '이성'(理)으로 봐야 할는지, 아니면 그 이성적 판단력도 더 근원적으로는 인간 마음의 '감정'(七情, 氣)이나 '감각'(taste도 그 중의 하나)에서 싹트는 것으로 보아야 할는지 등을 놓고 씨름한 것이다. 동서의 이 모든 노력들은 모두가 어떻게 하면 세계를 이해할 줄 알고 사랑하며 한몸을 이룰 줄 아는 인간 정신을 키울 수 있는가 하는 노력이었다. 그 일에 있어서 우리 선인들이 결코 게을리하지 않았고, 더 나아가서 세계의 어느 그룹들보다도 치열했다는 것을 본 논문은 간접적으로나마 보여주고 싶다.

양명과 아렌트 모두 그들의 사상 전개에서 네 단계의 문제사적 전개과정을 보이고 그때마다 대표되는 저서 또는 공리가 있었지만 본 논문에서는 크게 두 단계, 즉 '활동적 삶'(行/의지)과 '정신적 삶'(知/판단력)의 탐구단계로 나누어서 살펴보려고 한다. 마지막으로 그들의 교육적 귀결과 거기서 그들의 여러 대안적 제안들과 한계들을 살펴보려고 한다. 오늘날 우리 사회가 당면하고 있는 가장 큰 위험 가운데 하나는 바로 교육에서의 전체주의의 위협이다. 아렌트도 지적했듯이 교육은 특히 '인간의 자연'(nature)과 관계하는 일이므로 이 인간의 자연을 조작하려는 교육에서의 전체주의는 가장 두려운 결과의 재앙이 될 수 있다.

II. 한나 아렌트의 '활동적 삶'과 왕양명의 '심즉리'(心卽理)

1. '탄생성'과 '심즉리'의 발견

삶의 거의 말년까지도 자신이 '철학자'(philosopher)로 불리는 것을 원치 않았고 대신 '정치이론가'(political theorist)로 불리기를 선호했던 한나 아렌트의 '전체주의'(totalitarianism) 비판은 그녀가 한 유대인 지성인으로서 20세기 인류가 겪었던 끔직한 삶의 정황들을 직접적으로 체험하면서 우러나온 것이었다. 그것은 '제국주의'와 '반유대주의', '스탈린주의' 등의 체제 속에서 어떻게 인간이 철저히 "무용지물화"(superfluous)되고 무기력해지는 것에 대한 비판적 고찰이다. 꽉 짜여진 "기획"(project) 속에서, 한 치의 오차도 없이 계획된 목표가 달성되도록 하는 기도(企圖) 속에서 그 목표에 합당하지 않고 능력이 없는 것으로 판단되고, 또는 그 기도의 실현가능성이나 독재성에 대해서 의심을 품는 사람들을 모두 제거해 버리는 체재를 그녀는 전체주의 체제로 규정했다. 그 체제 속에서 어떻게 목표의 달성을 위해서는 결코 "불가능한 일이 없다"(everything is possible)는 신념 아래 극단까지 인간성이 파괴되어 갔으며, 상상할 수도 없을 정도로 비인간성의 일이 자행되었는지를 밝혀주었다. 거기서 대중들은 "무감각해졌고"(no-sense, senselessness), 오직 그들의 사고를 기능하게 하는 것이 있다면 조그마한 이익과 힘에라도 매달리는 자기 보존의 본능뿐이었다. 철학자를 포함하여 소위 지성인, 교양인이라고 하던 사람들도 쉽게 무감각한 대중이 되어서 아주 작은 이익을 위해서도 인간성의 존엄들을 간단히 내던지고 자신의 안위와 보존에만 매달리는 속물들이 되어가는 것을 그녀는 보았다.

전체주의 테러는 마지막에는 이러한 상식적 실리추구도 무용지물로 만들어 버린다. 자신의 목적에 대한 '초의식'(ideological super-sense)에 사로잡혀서 모든 현실성과 현실 속의 다양함과 변화를 무시하고, 결국에는 자신과 자기 편까지도 삶의 정지와 철저한 무(無, the nihilistic banality of homo homini lupus)로 몰고 간다.[1] 한나 아렌트는 어떻게 이러한 인간의 범죄(crime)가 가능할 수 있었는지를 묻고 또 묻는다. 그 범죄란 결코 우리가 지금까지 인간사에서 경험했던 대로 일반적인 인간적 악행들—이기심이나 욕심, 탐욕, 복수, 권력욕 또는 비겁함 등—의 동기에서 행해진 것이 아니라, 도저히 이해할 수 없고 그래서 벌을 줄 수도 용서할 수도 없는 최신종의 범죄로서, 그녀에 의하면 서구 철학사나 심지어는 기독교 신학에서조차 뚜렷한 개

1 ▶ Hannah Arendt, *The Origins of Totalitarianism* (A Harvest/HBJ Book, New York and London, 1983), p. 458.

념을 갖고 있지 않은—칸트만이 유일하게 그 존재를 감지한—'근본악' (radical evil)이 아닌가 생각한다.[2]

실리주의적인 관점에서 오로지 자신의 목표에만 몰두하여 현실의 뜻밖의 것과 다양함, 활동들을 경멸하는 전체주의의 악을 아렌트는 나중에 자신의 『정신의 삶』(*The Life of the Mind*)에서 다각도로 탐구한다. 그녀는 서구 정신사에서의 전통적인 "형이상학적 오류들"(metaphysical fallacies)을 지적하는데, 항상 현실보다 이념을, 몸과 감정과 의지보다 이성과 사고를, 활동보다는 존재를 우위에 놓아왔으며, 그것이 20세기의 전체주의적 관념주의와 무관하지 않다고 본다. 비록 헤겔이 인간 정신의 본질을 '활동' (action)으로 전환시켜 놓기는 했지만, 그 정신의 활동과 역사를 마치 과학의 체계처럼 만들어 놓고서 그 체계로써 미래의 모든 것을 규정해 놓으려고 했다는 것은 바로 20세기 전체주의를 불러일으키는 데 결정적인 책임이 있다는 것이다.[3] 아렌트에 따르면, 헤겔 이후 철학의 신은 이제 더 이상 '불멸성' (immortality)이 아니라 '필연성' (necessity)이 되었고, 그래서 헤겔은 "철학적 사고의 목표는 우연적인 것을 제거하는 것 외의 다른 것이 아니다"라고 언표하였다고 한다.[4]

15세기 후반부터 중국 명나라(1368-1644) 후기의 유학자 양명이 고통받고 있던 것도 바로 전 시대의 거대한 철학적 체계가 불러온

---

2 ▶ Arendt(1983), p. 459.

3 ▶ Hannah Arendt, *The Life of the Mind*(One-Volume Edition, HBJ Book, San Diego, New York and London, 1978), One/*Thinking*, p. 91.

4 ▶ Arendt(1978), p. 139.

삶과 사고의 고사였다. 11세기 중국 신유교의 집대성자로 평가되는 주희의 철학은 그동안 300여 년을 지내오면서 시험과목이나 사상의 표현방식까지도 엄격하게 규제하는 국가 과거제도를 통해서 거의 관학화되었고, 국가적 이데올로기로 자리 잡게 되었다. 송나라(960–1279) 신유교의 종합자인 주희의 철학은 이 세상의 만물을 궁극의 합리성인 '태극'(太極 또는 無極, The Great Ultimate) 또는 '천리'(天理, The heavenly Principle)의 현현으로 파악한다. 따라서 그에 따르면 인간의 본성(性)도 그 합리성(理)의 표현인데(性卽理), 인간은 이러한 자신의 본성에 도달하기 위해서는 세계의 만물 속에 같은 합리성으로 존재하는 수많은 합리성의 현현들을 탐구함으로써 가능하다고 한다. 이것은 그의 공부법이 지극히 지적이고, 이성적이고, 합리적인 과정이 되는 것임을 말한다.

어린 시절 일찍이 생모를 여의고 무정한 계모 밑에서 자라났지만, 아주 일찍부터 삶에서 제일가는 일은 과거에 급제하는 일이 아니라 '성인'(聖人)이 되는 길을 배우는 것이라고 선언한 양명은 많은 탐색을 거쳐서 주희 철학과 만나게 된다. 주희 철학의 가르침대로 인간 만사와 만물에 대한 지식을 얻기 위해서 수많은 책을 읽고, 경전을 공부하고, 지식을 쌓아갔지만 그는 인간은 이러한 주지주의적이고 지식의 양을 축적해 가는 방법을 통해서는 깨달음에 도달할 수 없다고 보았다. 이러한 가운데서 당시 명나라 후기의 지적·정치적 상황을 살펴보면, 15세기 초까지의 번영을 뒤로 하고 쾌락에 빠진 왕들을 대신해서 '비밀경찰 조직'을 운영하는 몇몇 환관들의 전제권력의 남용이 극심했다. 이러한 예측할 수 없는 상황 속에서 지식인들은 전제권력의 화를 피해서 아예 숨어버리거나 과거시험 과목의 암기나 화려한 글쓰기에 몰두했고, 지식인들의 정치적 저항은 한갓 꿈이었다.

이와 같은 상황에서 젊은 유학자 관리 양명은 당시 조정의 막후 실력자인 환관 유근의 부당한 처리로 투옥된 어떤 관리들을 구하려고 용감하게 나섰다가 큰 위기에 봉착하게 된다. 그는 투옥되어 의식을 잃을 때까지 매를 맞고 극도의 오지인 용장으로 유배되어 가는데, 그러나 거기서 큰 깨달음을 얻게 된다. 보통 양명의 '용장대오'(龍場大悟)라고 일컬어지는 이 경험 속에서 양명은 인간의 삶은 이 세상의 만물에 대한 지식을 모두 습득할 만큼 그렇게 한계가 없는 것이 아니고, 수많은 이론적 지식의 습득만으로는 결코 행위에로 나갈 수 없다는 것을 알아차리게 된다. 그에 따르면 인간은 이성만의 존재가 아니라 몸의 존재이고 감정과 의지의 존재이기도 한데, 그리하여 차가운 이성적 본성(性)만이 아니라 우리 존재의 모든 측면, 즉 '심'(心) 자체가 '하늘'(理)과 맞닿아 있으므로(心卽理) 성학의 길을 단순히 지적 현학주의로 만들어 버린 주희의 사고에 동참할 수 없었던 것이다. 일반적으로 주희의 '성즉리'(性卽理)에 대해서 양명의 '심즉리'(心卽理)로 말해지는 이 명제는 양명이 "비로소 성인의 도는 나의 본성으로 스스로 충족하니, 지난날 대상 사물에서 이치를 구한 것은 잘못이었다"는 깨달음을 표현한 것이다.

이것을 오늘날 아렌트의 전체주의 비판과 연결하여 보면 바깥에 세워진 목표를 위해서 불가능할 것이 없는 것처럼 인간을 내몰면서 삶의 다른 모든 현실적인 측면들, 즉 몸과 마음과 감정의 측면들을 정지시키는 지적 전체주의를 지양하고, 인간의 활동(心)에는 많은 현실적인 제약들과 조건들이 있지만 그래도 그 현실(心) 안에서 궁극의 도가 실현되는 것임을 알고 매순간의 활동 속에서 도의 현현을 보라는 요구라고 하겠다. 그러므로 매순간과 과정의 활동(行)이 중요하므로 양명은 줄기차게 행(行)을 강조했고, 그 행(行)의 본래적 모습인 '지행합일'의 구조를 드러내려고 하였다. 이것은 아렌트가 자신을 철학자가 아닌 '정치이론가'로, 그리고 철학자 그룹들을 종종 "학교사람들"(school-men)이라고 조롱하는 듯한 표현을 하면서 활동과 행위를 강조한 것과 연결된다고 하겠다.

아렌트는 '모든 것이 가능하다'는 전체주의의 악 앞에서 인간의 현실적 삶은 결코 그렇지 않은 '조건들'(conditions)을 찾기를 원했고, 인간의 정신적 삶이 아닌 활동적 삶이 어떠한 조건 하에서, 어떠한 제약에도 불구하고 이루어지는지를 보기 원했다. 여기서 그녀가 발견한 것은 그러나 놀랍게도 인간의 활동이 그 지구적 제약과 '사멸성'이라는 한계에도 불구하고 다시 새롭게 시작할 수 있는 '탄생성'과 전혀 새로운 것을 불러올 수 있는 '행위'의 능력을 갖고 있다는 것이었다("한 아이가 우리에게 태어났도다!").[5] 이것은 양명이 심즉리에 대한 확신과 믿음으로 다시 세상으로 나아가서 그 치유를 위해서 활동하기 시작했고, 아렌트도 자신의 『인간의 조건』을 '세계사랑'(Amour Mundi)으로 불러주기를 원했던 데서도 나타나듯이 그렇게 인간 활동의 한계와 조건들에도 불구하고 그 활동들을 통해서 다시 좋은 것, 새로운 것, 궁극적인 것이 실현될 수 있는 것에 대한 믿음을

5 ▶ 한나 아렌트, 이진우 · 태정호 역, 『인간의 조건』(서울 : 한길사, 2001), 312쪽.

드러내 주는 것이다.

인간의 '행위'(action)는 인간이 홀로 살 수 없고 다른 사람들과의 사이에서 살아 있다는 조건에서 나오는 인간의 활동이다. 아렌트는 『인간의 조건』에서 그 행위를 특히 아리스토텔레스의 '현실태'(energeia)의 개념을 들어서 "목적을 추구하지 않으며 어떤 생산물도 남기지는 않으나 실행 자체에서 완전한 의미를 가지는 활동"으로 밝힌다.[6] 즉 인간의 말과 행위란 본래적으로 '자기목적성'을 갖는 것이며, 여기서 '목적'(telos)은 추구되는 것이 아니라 오히려 활동 그 자체 안에 놓여 있는 것이라는 의미이다. 이렇게 해서 '행위'는 항상 필연성이나 유용성 때문에 나와서 언제나 어떤 생산물을 지향하는 '노동'이나 '작업'의 활동과는 달리 바로 이 자기목적성 때문에 인간 고유의 인격성과 위대성을 드러내는 것이다. 공론영역이란 바로 이러한 인간의 행위가 실현되는 곳이라고 한다. 즉 이 영역에서는 인간이 어떤 공리주의나 유용성의 원리에 의해서 세워진 목적을 위한 수단으로 여겨지지 않고 오직 그 현실태로서 받아들여지고 자기 자신의 현실화가 실현되는 곳이다. 이와 반대로 소수에 의해서 공동체의 다수가 이러한 행위에의 가능성을 빼앗기고 수단으로 전락되어 오직 생산하는 능력에 의해서만 평가받는 사회가 전체주의 사회이고 전체주의 악의 사회인 것이다.

6 ▶ 한나 아렌트(2001), 269쪽.

2. '자유'(의지, will)와 '의'(意)의 발견

이렇게 본래적으로 순수 현실태와 자기목적성의 활동으로 이해되는 인간 행위의 문제는 다름 아닌 우리 삶과 활동에서의 '자유'(freedom)의 문제와 연결된다. 아렌트는 그녀의 비슷한 시기의 논문 「자유란 무엇인가?」(What is freedom?)에서 자기목적성으로서의 인간 행위의 이해와 유사하게 진정한 자유가 무엇인지를 탐구한다. 그 자유란 결코 개인의 '의지'(will)나 '사유'(thought)의 문제가 아니고, 또는 개인적인 자유(liberty)나 '주권'(sovereignty)의 문제가 아니라 오직 다양성이라는 인간의 조건 속에서 "전에는 전혀 없었던 것을 현재에로 부르는 행위", 그래서 자신의 개인적인 동기나 목적을 뛰어넘어서 순간에서 행위하는 것, 오직 '시작'(archein)에 몰두하는 것이지, '결과'(prattein)에까지 염두에 두고서 주저하거나 피하는 것이 아닌 활동을 말한다.[7] 이런 의미에서 그녀에 의하면 정치적 행위의 활동은 항상 불멸성(immortality)을 추구하면서 작품으로 무엇인가를 남기기를 원하는 예술의 행위와는 가장 극에 있고, 반대로 '퍼포먼스'(performing arts)로서의 예술은 정치와 인간의 행위와 가장 유사성을 보인다.[8]

이러한 이야기를 듣고 있으면 우리는 왕양명이 자신의 심즉리

---

7 ▶ Hannah Arendt, "*What is freedom?*", *Between Past and Future*(Penguin Book, New York 1993), p. 151ff.

8 ▶ Arendt(1993), p. 153–154.

의 터득에 따라, 즉 아렌트의 언어로 다시 이야기하면 인간의 '활동'(마음) 안에 '전혀 새로운 것'(하늘의 도)을 불러오고 실현할 수 있는 능력이 있다는 확신인데, 그가 이 확신에 근거해서 줄기차게 '지행합일'을 주장한 것이 생각난다. 그에 따르면 참된 지(知), 진정한 지(知, 眞知)에서는 자연스럽게 행위가 따라 나온다. 그래서 지(知)와 행(行)은 하나인 것이다. 그러나 많은 경우 그렇게 되지 못하는 이유는 지(知)에서 행(行)으로 옮겨지는 사이에 사적 욕망과 동기가 개입되어서 따지게 되고, 목적을 재게 되며, 다시 말하면 지(知)가 생산물에 집착하면서 공리주의의 도구가 되기 때문이다.

양명에 따르면 "행(위)은 지식의 완성이고"(行是知之成), "지(知)는 행(行)을 지향한다"(知是行的主意). 그러므로 "행위를 포함하지 않는 지식은 지(知)라고 부를 수 없다"(不行不足謂之知)라는 것이다. 이것을 아렌트의 언어로 다시 해석해 보면 인간 활동의 가장 고유한 형태는 '행위'이고, 이것은 바로 자기목적성의 현실태로서 존재할 수 있는 것이며, 그래서 건강한 권력에 의해서 공론의 영역이 살아 있는 사회란 모두가 각자 나름대로 행위하면서, 즉 자신만의 고유성을 드러내면서 살아갈 수 있는 사회를 말하는 것이다. 반대로 가장 악한 사회란 플라톤이 예시했던 대로 일인독재의 사회 속에서 "알지만 행하지 않는 자"와 "행하기는 하나 알지 못하는 자"가 철저히 구분되어서[9] 모두가 참된 삶에서 소외된 경우를 말한다. 양명의 말대로 하면 모든 구성원에게서 행(行)와 행(行)이 완전히 나뉘어져서 사적 욕망

9 ▶ 한나 아렌트(2001), 287쪽.

만이 들끓는 사회를 말한다.

양명은 이와 같은 인간 삶에서의 지(知)와 행(行)의 분리의 병을 치유하기 위해서 행(行)에 집중한다. 그러면서 그것이 우리 마음의 '의지'(意, will 또는 intention)와 밀접하게 관련되어 있는 것으로 보고, 다시 말하면 심(心)의 핵심을 '의'(意)로 보고, 이 의지가 어떻게 작동하는지를 관찰하는 것이야말로 우리 공부(格物)의 핵심이 된다고 선언한다. 왜냐하면 의지란 마음의 '지향성'(intentionality)으로서 지(知)라고도 할 수 있고, 행(行)이라고도 할 수 있으며, 행(行)의 시작으로서 세계만물을 존재에로 불러오고 새로운 것을 시작하는 출발점이기 때문이다.

> 그렇다. 몸의 주재자는 마음(心)이며, 마음으로부터 나오는 것이 뜻(意)이다. 뜻의 본체는 앎(知)이며, 뜻이 가 있는 곳이 바로 사물(物)인 것이다. 만약 뜻이 어버이를 섬기는 데 가 있다면 어버이를 섬기는 일이 곧 하나의 (사)물이 되고, 뜻이 임금을 섬기는 데 있다면 그것이 곧 하나의 물이 된다. … 그래서 마음 밖에 이치(理)가 따로 있는 것이 아니고, 마음 밖에 사물이 따로 있는 것이 아니다 … .[10]

양명은 여기서 선언된 '심즉리'(心卽理)—우리 마음 안에 만물의 이치가 있다—와 그 심(心)의 핵심으로서의 '의지'(意)에 대한 이

10 ▶『傳習錄』上 6조, "先生曰 : 然. 身之主宰便是心. 心之所發便是意. 意之本體便是知. 意之所在便是物. 如意在於事親, 卽事親便是一物. 意在於事君, 卽事君便是一物. … 所以某說無心外之理, 無心外之物."

해—그것은 우리 마음의 의지야말로 만물을 시작하고 불러내는 기원자(originator)로 보는 것인데—에 근거해서 주희와 더불어 유명한 '격물'(格物, the investigation of things) 논쟁을 벌인다. 양명은 『대학』(大學)이 가르쳐 주는 성학(聖學)의 길인 '8조목'(格物, 致知, 誠意, 正心, 修身, 齊家, 治國, 平天下)에서 격물을 주희가 가르쳐 준 대로 수많은 외물에 대한 탐구를 통한 지식의 확충으로 이해하는 것에 반대한다. 오히려 외물들이란 바로 나의 뜻(意)이 다가가서 불려지는 존재들이므로 먼저 그 사물을 촉발하는 나의 뜻(意)을 고치는 공부, 나의 마음을 바르게 하고(正心) 내 뜻을 사적 욕망으로부터 벗어나게 하여 성실히 하는 공부가 되어야 한다고 주장했다. 그래서 그는 주희가 송대 이전의 『대학』 고본을 새롭게 편하면서 '성의'(誠意) 장 앞에 '격물'(格物) 장을 앞서서 배열해 놓는 것에 반대하고, 원래의 고본으로 돌아갈 것을 주장하면서 8조목의 모든 가르침이란 모두 한 가지로 '뜻을 성실히 추구하는 데'(誠意) 있으며, 이것이 바로 격물의 진정한 의미라고 결론짓는다.[11] 부모님을 잘 섬기기 위해서 그 부모님 섬기는 일에 관해 기록해 놓은 수많은 책들을 읽음으로써 가능해지는 것이 아니라, 부모님 섬기는 일에 마음이 닿자마자(知 또는 意) 거기에 어떤 사심도 끼어들지 않게 해서 즉각적으로 행동으로 옮기는 일(行)을 통해서 참된 효(孝)가 이루어지는 것이라는 의미이다. 아렌트의 이야기대로 하면 행위의 자기목적성과 창발성에 대한 강조인 것이다.

11 ▶ 쥴리아 칭, 이은선 옮김, 『지혜를 찾아서-왕양명의 길』(분도출판사 1998), 110쪽 이하.

앞에서 우리가 언급한 「자유란 무엇인가?」라는 논문에서 아렌트는 인간 행위와 가장 밀접한 관계가 있는 '자유'(freedom)의 문제가 한 개인의 의지문제로 환원되는 것에 대해서 비판했다. 그러나 시간이 지나면서 이 인간 의지의 문제를 검토하지 않을 수 없다는 것을 안다. 그래서 그녀는 『정신의 삶』에서 '사고'(thinking) 다음으로 '의지'(willing)의 문제를 다루면서 어떻게 서구 정신사에서 의지의 문제가 점점 더 가장 중요한 테마가 되어왔는지를 밝힌다. 그녀에 따르면 영원회귀적 세계관을 가지고 있던 고대 그리스인들에게 이 의지의 문제는 낯설다. 서구인들이 의지의 문제를 발견한 것은 인간 "내면"(inwardness)의 차원에 대한 "발견"(discovered)과 더불어 시작되었는데, 기독교와의 만남에서 바울의 고민과 더불어 시작되었고, 중세의 어거스틴과 둔스 스코투스(Duns Scotus) 등을 거쳐 특별히 근대에 들어와서 가장 첨예화되었다고 한다. 그것은 근대에 '계획'(project)할 수 있는 자아에 대한 자각과 함께 '진보'(progress)의 개념이 등장했고, 그리하여 이제 과거와 현재가 아닌 '미래'가 가장 중요한 관심거리가 되면서 의지가 정신의 "가장 내적인 자아"(inmost self)로서 중요하게 되었다는 것이다.[12]

아렌트에 의하면 일반적으로 중세까지만 해도 의지(자유의지, free-will)의 문제는 악의 존재 문제와 쉽게 연결되므로 그렇게 선호되지 않았다. 그러다가 토마스 아퀴나스보다 약간 젊은 세대인 둔스 스코투스에 의해서 지성이라는 것은 의지에 대상을 제공해 주는 보조

12 ▶ Hannah Arendt, *The Life of the Mind*(One-Volume Edition), One/*Thinking*, p. 214 ; Two/*Willing*, p. 44.

자의 역할을 할 뿐이고, 그 대상에로 '향하는' 의지의 "확인"(conformed)이 없이는 정확히 기능하지 못하는 것인데,[13] 따라서 지성(intellect)이 아닌 의지(will)야말로 유한한 존재인 인간 존재가 그의 유한성을 넘을 수 있는 정신적 기제가 된다고 주장한다. 그는 '자유' (freedom)와 '필연성' (necessity)이란 모두 우리 정신의 두 가지 명암으로, 그것의 화해를 위해서 인위적으로 신적 은총이 필요한 것이 아니라 우리의 '의지'로써 '행위'를 시작하여 그 필연성을 극복해내야 한다고 보았다. 이렇게 "행위의 원천"(the spring of action)으로서의 의지에 대한 경험은 이후 근대의 데카르트와 칸트를 거쳐서 헤겔의 역사철학에서 화려하게 꽃피었고(the Now cannot resist), 니체의 "힘에의 의지"(will to power)에서 극점을 맞이했으며, 마침내는 하이데거의 "의지하지 않는 의지"(will-not-to-will)에로까지 전개되었다고 한나 아렌트는 추적한다.

아렌트의 탐구에 따르면 의지가 '행위의 원천'이라는 이해는 서구 정신사에서 어거스틴에게서 가장 먼저 나타났다. 우리 감각을 한 곳으로 집중하게 되면 기억에 모여진 인상들을 주재하여 이해에 재료들을 제공하여 행위가 일어날 수 있도록 기반을 준비한다.[14] 그런데 의지는 이 일에서 항상 두 갈래로 갈라진다. 즉 '원하는 것' (velle)과 '원치 않는 것' (nolle) 것 사이의 갈등인데, 그러나 그 갈등은 행위를 시작하는 순간 사라지고—이미 선택해서 시작한 것은 되돌릴 수 없으므로(행위의 환원불가능성)—의지는 행위를 시작함으로써 해방

13 ▶ Arendt(1978), Two/*Willing*, p. 140ff.
14 ▶ Arendt(1978), Two/*Willing*, p. 140ff.

된다고 한다.[15] 이 의지의 해방이란 그러나 결코 '원하지 않는 것을 원함' (the will-not-to-will)에서는 이루어지지 않는데, 그 '원하지 않는 것을 원함'이라는 것은 또 하나의 원함이고 아직 진정한 의미에서의 행위가 아니기 때문인데, 그리하여 어거스틴도 둔스 스코투스에게서도 아렌트에 따르면 이 의지가 바로 '사랑' (love)으로 변할 때, 즉 행위로 변할 때 드디어 의지는 휴식하고 만족하게 된다고 한다. 그런 의미에서 '사랑'은 의지(또는 知)와 행위가 가장 온전히 결합된 이상적인 지행합일의 경우라고 한다.[16] 아렌트가 소개하는 어거스틴에 의하면 신이 인간을 창조한 이유란 "시작이 있어야 하기 때문에"(a beginning must exist)이다. 그리고 인간은 다른 피조물의 종들과는 달리 '인격' (person)과 '개인' (individuality)으로 창조되었는데, 이 인격과 개인의 고유성이란 바로 그의 의지 속에서 표현되는 것이고, 그런 의미에서 시작(창조)할 수 있는 힘으로서의 의지란 '창조자 하느님의 형상' (the image of a creator God)이라는 것이다.[17]

의지는 한편으로는 욕망, 그리고 다른 한편으로는 이성에 대해서 일종의 '쿠데타' (a kind of coup d'etat)처럼 그렇게 행위한다. 이것은 '자유로운 행위란 예외적인 것'이고, … '우리가 의지한다는 것은 아주 드물게 일어난다'는 것을 말해준다. 다른 이야기로 하면 '의지하는 행위' (the willing activity)를 다룰 때 '자유의 문제' (the problem of freedom)를 다루지 않고는 가능하지 않다는 것을 말하는 것

15 ▶ Arendt (1978), Two/*Willing*, p. 101.
16 ▶ Arendt (1978), Two/*Willing*, p. 102.
17 ▶ Arendt (1978), Two/*Willing*, p. 109.

이다.[18]

III. 한나 아렌트의 '정신의 삶'과 양명의 '치량지'(致良知)

1. '판단력'과 '양지'의 발견을 위한 고통

이렇게 인간의 활동적 삶에 대한 조건을 이야기할 때의 인간 행위와 자유(의지)에 대한 아렌트의 깊은 신뢰는 그러나 그녀의 사고가 깊어짐에 따라 더욱 검토를 받는다. 아렌트는 『전체주의의 기원』에서부터 가지고 있었던 근본악에 대한 생각을 『인간의 조건』에서도 여전히 표명했고,[19] 그 근본악의 가능성에도 불구하고 인간 행위의 창발성을 믿었다. 이것은 어떻게 보면 인간의 '사고'와 '철학'과 '정신'보다는 '행위'와 '정치'와 '활동적 삶'을 더 우위에 두고 있던 아렌트의 정치철학이 비록 전통적 형이상학 이원론의 역전된 모습이긴 하지만 여전히 세계관적 이원론 아래 있는 것을 보여주는 것인데, 이 시기의 이원론이 무너지는 경험을 아렌트는 예루살렘의 아이히만(Eichmann in Jerusalem) 재판을 겪으면서 하게 된 것이다. 즉 그녀는 인간의 악한 행위가 어떤 확고한 악한 '의도'(volition)나 '신념'(will)

18 ▶ Arendt (1978), One/*Thinking*, pp. 213-214.
19 ▶ 한나 아렌트 (2001), 306쪽.

이 없이도 가능해지는 것을 보았고, 그래서 악을 인간의 의지만의 문제로 보거나 또 하나의 존재론적 실체(nature, destiny, original sinnfulness)로 볼 수 없다는 것을 알았다. 우리가 잘 아는 대로 그녀가 발견한 것은 "악의 평범성"(the banality of evil)이었다.

우리가 앞에서 지적한 대로 아렌트는 이미 『인간의 조건』 시대에 자유의 문제, 특히 정치와 관련된 자유의 문제를 개인의 의지문제로만 보는 것에 반대했다. 그녀에 따르면 루소 이후 근대 사회에서 '자유'(freedom)와 '주권'(sovereignty)의 일치는 '자유'와 '자유의지'(free will)를 일치시킨 철학적 시도의 "가장 유해하고 위험한 결과"이다.[20] 그 대신에 그녀는 이미 이 시절에 인간의 행위를 불러오는 것은 단지 사고(intellect)나 의지(will)의 문제가 아니고 이들보다 더 객관적인 "원리들"(principles)로 인한 것이라고 했는데, 이 원리들이란 결코 어느 한 개인이나 그룹의 동기(motives)나 목표(goal)가 아니라 몽테스키외에 의해서 '덕(목)'(virtue)이라고 불려진, 결코 이 세상의 한 개인이나 시대에 의해서 소진될 수 없고 항상 다시 인간의 기적 같은 행위 가운데서 현현되는 것이라고 한다.[21] 이러한 설명에서 우리는 이미 이때에 아렌트가 인간의 행위를 더욱 더 객관과 세계와 관계시키려고 하고, 그래서 개인의 주관과 의지에 휘둘려진 근대 이후의 세계와 역사를 치유하고, 이것은 다시 말하면 의지보다도 더 근원으로 내려가서 그 의지를 촉발하고, 의지가 의도하는 목표의 내용을 파악하는 인간의 '사고'를 다시 탐구하며, 그래서 그 사고가 항상 관계하

20 ▶ Arendt(1993), p. 164.
21 ▶ Arendt(1993), p. 152.

는 '사실'(fact)과 '그러함'(realness)의 세계성을 더욱 분명히 드러내고자 한 것임을 본다.

미완성이기는 하지만 이러한 전향의 산물인 『정신의 삶』 서문에 아렌트는 왜 항상 "행위의 감독자"(an action watcher)였던 자신이 다시 인간의 정신적 삶에 관심을 갖게 되었고, 그 정신적 삶과 인간의 행위가 어떻게 관계되는지를 살피게 되었는지 밝히고 있다. 거기서 아렌트는 서구 데카르트에게서 한 최고점을 보여준 주관의 '유아독존주의'(solipsism)야말로 철학의 가장 파괴적인 오류이고,[22] 근대에 올수록 사고의 대리인으로서의 의지를 가지고 특히 맑시즘이나 실존주의에서처럼 모든 것을 할 수 있다고 여긴 것이야말로 "(서구) 형이상학적 오류의 마지막"(the last of the metaphysical fallacies) 모습이라고 지적한다.[23]

아렌트는 그녀의 『인간의 조건』에서는 인간의 탄생성을 인간이 어떠한 상황에도 불구하고 행위할 수 있는 기적 같은 근거로 밝혀주었다. 그러나 『정신의 삶』에 대한 심도 깊은 탐구 중에 「판단」(Judging)을 남겨놓고 「의지」(Willing)를 마무리하는 부분에서는 그 탄생성이라는 것을 인간이 자기 스스로의 생산자이고 창조자가 아니라는 조건으로서의 인간 의지(행위)의 한계성을 드러내는 가장 뚜렷한 표시로 보고 있다. 그리하여 그녀는 마침내 인간 정신의 의지차원을 넘어서 좀 더 객관과 사실과 세계, 그리고 원리와 관계되는 '판단력' 검토에로 들어간다.

---

22 ▶ Arendt (1978), One/*Thinking*, p. 46.
23 ▶ Arendt (1978), One/*Thinking*, p. 215.

> 시작할 수 있는 힘이란 탄생성에 근거하는 것이지 결코 창조성(creativity)에 근거하는 것이 아니고, 그것은 한 선물(gift)이 아니라 인간 존재가, 새로운 인간이 계속해서 반복적으로 탄생하는 덕분으로 이 세상에 다시 출현한다는 '사실'(the fact)에 근거한 것이다. 우리가 탄생 덕분으로 자유에로 불려졌다는 것은, 우리가 그 자유를 좋아하든 또는 그 임의성에 질색을 하든 그것과 더불어 "기뻐하든"(pleased), 또는 일종의 운명주의를 내세우면서 그 끔찍한 책임감으로부터 벗어나는 것을 선택하든 관계가 없다. 이 짐은 그 자체로서 인간 정신력의 또 다른 힘, (행위 또는 의지의) 시작할 수 있는 능력보다 결코 덜 신비적이지 않은 '판단의 능력'을 검토함으로써만 풀 수 있는 문제이다. 그 검토는 적어도 우리에게 우리의 기쁨과 불쾌 속에 무엇이 관계되는지를 알려줄 것이다.[24]

아렌트에 대한 깊이 있는 전기를 쓴 영-브륄(E. Young-Bruehl)에 의하면 1972년경부터 아렌트는 자신을 '철학자'(a philosopher)로 부르는 것에 대해 주저하지 않게 되었으며, 『정신의 삶』을 쓸 무렵에는 그녀는 다시 자신의 "첫사랑"(first amour) 철학에로 돌아왔다고 말했다고 한다.[25]

일반적인 전통의 유학자와는 달리 학자이면서 동시에 문필가,

---

24 ▶ Arendt(1978), Two/*Wiling*, p. 217.

25 ▶ Elisabeth Young-Bruehl, *Hannah Arendt for Love of the World*(Yale University Press, New Heaven and London, 1982), p. 327.

정치가, 군인 등의 매우 활동적인 삶을 살았던 양명에게서도 우리는 지금까지 보아왔던 아렌트에게서의 전환을 유사하게 발견할 수 있다. 양명은 자신의 심즉리와 지행합일의 깨달음에 따라 이미 우리 마음 안에 만물에 대한 지식이 있고, 행한다는 것은 이미 아는 것을 포함하는 것이므로 오직 행함에 힘쓸 것을 강조했다. 그래서 우리가 앞에서 본 대로 양명은 성인이 되기 위한 유교 전통의 공부방법인 격물과 치지를 의(지)(意, intention)의 문제로 보았고, 책을 많이 읽고 외물에 대한 지식을 확충하는 방법 대신에 '뜻을 성실히 함'(誠意)과 '마음을 바르게 함'(正心)의 공부방법으로 가르쳤다. 이 무렵 양명은 제자들에게 책을 통한 공부방법 대신에 자기 마음 속의 심(心)의 활동을 살피는 '명상방법', 즉 '정좌'(靜坐)를 아주 효과적인 공부방법으로 가르쳤다고 한다. 이는 심즉리의 원리에 따라 "오경의 모든 말씀이 오직 내 마음의 각주인 것 같다"(乃以默記五經之言證之)는 체험을 바탕으로 뜻을 성실히 하고 행(行)을 독실하게 하는 방법을 통해서 모든 사람들이 "성현을 향한 보편적 가능성"을 가지고 있다는 믿음을 표현한 것이다.[26]

그러나 이렇게 지행합일을 강조하고 정좌의 방법을 추천했지만, 양명은 한편으로 제자들로부터 계속해서 왜 어떤 사람은 알고 있으면서도 행하지 않고, 예를 들어 왜 어떤 사람들은 그 부모를 마땅히 섬겨야 함을 알고 있으면서도 그 지식을 행하지 않고, 그 형에게 아우 노릇을 다해야 함을 알고 있지만 그렇게 하지 않느냐고 질문을

26 ▶ 쥴리아 칭(1998), 92쪽.

받는다. 또한 그는 자신이 추천한 정좌의 방법이 잘못하면 남용이 되어서 "신체를 '마른 장작' 으로, 또는 정신을 '불 꺼진 재' 로 돌아가게 하는" 위험이 있음을 보았다.[27]

이러한 부정하기 어려운 '지행분리' 의 현실 앞에서 양명은 자신의 심즉리와 지행합일의 가르침을 다시 '존천리거인욕' (存天理 去人慾, to preserve the heavenly Principle and get rid of selfish human desires)의 방법으로 재정리하여 제시한다. 즉 그는 그가 그토록 강조했던 마음은 그 '본체' (心之本體)가 '천리' (天理)인바, 이 천리를 보존하는 것이라고 강조한다. 이것은 앞에서 심의 핵심을 '의' (意)로 보았던 관점과는 또 다른 것인데, 앞에서 아렌트가 인간 자유의 문제를 개인의 의지가 아닌 '원리들' (principles)의 문제로 보면서 객관과 세계와 의지가 아닌 '사고' (理)의 영역에로 더욱 다가간 것과 유사하다고 하겠다.

이러한 해결 앞에서 그러나 양명은 그렇게 만족할 수가 없었다. 그가 여기서 지행분리(惡)의 현실을 설명하기 위해서 '인욕' (人慾, human selfish desires)이라는 전통의 언어를 가져오기는 했지만, 그리고 그 인욕의 현실에 그렇게 몰두하지 말고 우리의 주된 관심을 마음의 본체인 '천리' 에 두라고 강조했지만, 그러나 만약 이렇게 '천리' 와 '인욕' 을 나눈다면 그것은 그 자신이 심즉리와 지행합일의 깨달음으로 그렇게 반대했던 주희의 우주론적 이원론(性卽理, 즉 인간의 이성적 본성만이 선하다)에 스스로가 다시 빠지는 모습이 되기 때문이다. 양

27 ▶ 줄리아 칭(1998), 103쪽.

명은 현실에서 인욕의 현실을 부정할 수 없었지만 인간 심이 행위할 수 있는 능력을 믿었기 때문에 줄기차게 '존천리거인욕'을 이야기했다. 그렇지만 그 마음의 천리가 구체적으로 무엇을 말하는 것이냐는 제자들의 질문에는 잘 대답할 수가 없었다. 인간의 악의 문제를 인심(人心)에 두고서 설명하려고 했지만, 그것을 주희가 했던 것처럼 '기'(氣, the material force)라고 하는 또 하나의 우주론적 실체를 끌어들여서 관념론적·이원론적으로 해결하고 싶지 않았던 양명은 그래서 줄기차게 심체로서 천리에 집중하라고 했지만 그 천리를 명시적으로 기술할 수가 없었고, 단지 질문자들에게 그들 자신들이 직접 발견해야 한다고 권고했을 뿐이다.[28]

그렇게 거의 6여 년을 지내면서 그 사이에 군인이자 정치가로서 그가 겪었던 어려운 정치적 딜레마와 더불어 여러 변경지방에서 근무하면서 경험했던 민중들의 고통과 비참 앞에서 양명은 자신의 가르침에도 불구하고 깊은 무력감을 느낀다. 이 비관적 무력감을 양명은 1521년경 인간 심(心)의 또 다른 능력인 '양지'(良知, the innate knowledge of the good)를 발견하고서 극복한다. 즉 그는 인간 심(心)의 본체로서 그가 좀 더 분명하게 지시하기를 원했던 '천리'가 우리가 선천적으로 무엇이 옳고 그른지를 판단할 수 있는 '선한 판단력'(良知)이라는 것을 발견한 것이다. 그는 자신의 이 발견을 "백 번의 죽음과 천 번의 고난"(百死千難)을 통해서 얻은 것이라고 고백하였고, 이 이후부터는 그의 모든 노력을 바로 이 인간 지(知)의 본체인 양지를

28 ▶ 쥴리아 칭(1998), 144쪽.

신장시키고 그것에 대한 가르침(致良知)을 펼치는 데 주력한다.

우리가 앞에서 지적했듯이 아렌트는 예루살렘에서의 아이히만의 재판을 겪으면서 근본악의 문제를 '악의 평범성'으로 새롭게 볼 수 있었고, 인간의 행위와 의지가 그보다 더 근본적인 정신의 힘으로서의 '생각하는 힘'(thinking)과 거기서의 '판단력'(judging)에 좌우된다는 것을 알았다. 당시 아렌트는 자신의 이러한 발견을 솔직하게 밝히면서 내외의 비난으로 인해 너무나 많은 고통을 겪었고, 또 그 즈음에 교통사고로 거의 죽음을 경험하기도 하였으며 남편의 병도 발병했지만, 그녀의 친구 맥카시(M. McCarthy)에 의하면 아렌트는 고백하기를, 자신은 이 보고서를 "설명할 수 없는 기쁨"(a curious euphoria) 속에서 저술했다고 한다.[29]

2. 아렌트의 '판단력'과 양명의 '양지'(良知)

아렌트는 인간 '정신적 삶'에 대한 통찰에서 비록 완성을 하진 못했지만 칸트로부터 깊은 영향을 받아서 판단력에 집중했고, 양명은 맹자로부터 인간의 선천적인 선한 감수성인 양지를 재발견하고서 거기에 몰두하게 되었는데, 지금부터 우리는 이 인간 정신의 근원적인 힘이 과연 무엇인지 살펴보고자 한다.

앞에서 보았듯이 이들은 모두 인간의 '활동적 삶'(vita activa/心)

29 ▶ E. Bruehl-Young(1982), p. 337.

과 '행위'(action/行)에 관심을 가지다가 인간 정신의 '의지'(willing/意)에 희망을 걸게 되었고 또 그 인간 의지의 신뢰된 행위능력이란 항상 실망을 가져올 수 있음을 보았다. 그러나 이렇게 우주적 비관주의가 자리 잡고 악의 근본성이 드높게 주창될 때 그들은 그 비관주의를 실천적으로 극복할 새로운 대안을 발견했다. 그것은 인간 정신과 심(心)의 '의지'에서 한 단계 더 내려가서 그 의지를 더욱 기초적으로 발동시키는 선천적인 사고력인 '양지' 또는 '판단력'을 본 것이다. 그것은 의지가 지향하는 바의 대상을 제공해 주고 그것을 통해서 객관과 세상을 다시 주관과 인간의 조건으로 인식하도록 함으로써 참된 '도덕성'과 '간주간성'(intersubjectivity)의 기원이 되는 것임을 파악한 것이다.

> 악은 절대로 근본적(radical)이지 않고 다만 극단적(extreme)일 뿐이라는 것과, 그것은 어떤 깊이도 악마적인 차원도 갖고 있지 않다는 것이 참으로 나의 의견입니다. 그 악은 번창할 수 있고 세상을 황폐화시킬 수 있습니다. 왜냐하면 마치 표면의 곰팡이처럼 퍼지기 때문입니다. 그것은 "사고를 불가능하게 하는 것"(thought-defying)입니다. 왜냐하면 사고란 어떤 깊이에 도달하고 근본에 이르려고 하는 것인데, 악과 관련해서는 거기에는 아무 것도 없기 때문에(there is nothing) 사고는 매우 당황하게 되기 때문입니다. 그것이 악의 '평범성'입니다. 오직 선만이 깊이를 가지고 있고, 그래서 근본적일 수 있습니다(Only the good has depth and can be radical).[30]

---

30 ▶ E. Bruehl-Young(1982), "*The Arendt-Scholem Exchange*", p. 369에서 재인용.

> 성인의 (양)지는 맑은 하늘의 해와 같고, 현인의 것은 뜬구름이 낀 하늘의 해와 같으며, 어리석은 사람의 것은 어둡고 음산한 날의 것과 같다. 비록 밝고 어둠에 있어서는 서로 같지 않지만 그들 모두가 다 검고 흰 것을 분별할 수 있다는 점에서는 같다. 비록 캄캄한 밤중이라 하더라도 어렴풋하나마 검고 흰 것을 구별할 수 있다는 것은 해의 남은 빛이 다하지 않았기 때문이다. 곤경에 처해 배우고 공부하는 일이란 바로 이 빛의 흔적을 따라 그것을 출발점으로 해서 일을 자세히 살피는 것 외의 다른 것이 아니다.[31]

행위의 원천이었던 의지, 그렇다면 그 의지를 보다 앞서서 작동시키는 것은 무엇일까? 아렌트와 양명 모두에게 그것은 대상에 대한 '인식'(知)이라는 것이 분명해졌다. 아렌트는 그녀의 『정신의 삶』에서 "(인간) 정신적 활동에서의 의심할 여지없는 '보는 것'의 우선성"(the unquestioned priority of vision for mental activities)에 대해서 말하고, "현상적 세계의 절대적 우위성"(the absolute primacy of the world of appearances)에 대해서 언급한다. 이것은 그녀가 인간의 정치적 삶에서 어떻게 '사실적 진리'(factual truth)가 인간 공동의 삶에서 기초적 진실이 되는지를 밝혀주는 데서도 잘 드러난다.[32] 양명도 다음의 구절 속에서 인간의 몸과 정신, 판단력, 의지, 행위가 어떻게 서로 상관되

---

31 ▶ 『傳習錄』 下 289조, "聖人之知, 如靑天之日, 賢人如浮雲天日, 愚人如陰? 天日, 雖有昏明不同, 其能辨黑白則一. 雖昏黑夜裏, 亦影影見得黑白, 就是日之餘光未盡處. 因學功夫, 亦只從這點明處精察去耳."

32 ▶ Hannah (1993), "Truth and Politics", pp. 227–264.

는지를 밝혀주고 있다.

> 마음(心)은 몸의 주재이다. 그리고 그 마음의 텅 비어 있으면서도 밝게 깨닫는 것이 본연의 양지이다. 그 텅 비어 있으면서도 밝게 깨달은 양지가 감응하여 움직이는 것이 뜻(意)이다. 앎(知)이 있은 연후에야 뜻이 있는 것이다. 앎이 없으면 뜻도 없는 것이다. (그러니) 앎이란 뜻의 본체가 아니겠는가?[33]

아렌트는 그녀의 아이히만 경험에서 인간의 악한 행위가 '의도'(volition)나 '지능'(intelligence) 여부에 상관없이 '생각 없음'(thoughtlessness, the absence of thinking)에서 나올 수 있다는 것을 보았다. 여기서 아이히만이 전혀 "바보스럽지"(stupid) 않았다는 것을 통해서 아렌트는 이 생각 없음을 칸트의 '사고하는 능력'(the faculty of thinking/Vernunft(reason))과 '인지하는 능력'(the faculty of cognition/Verstand(intellect)) 사이의 구분을 따라서 먼저 "의미를 찾는 물음"(the quest for meaning), 진리(truth)가 아닌 의미(meaning)를 찾는 사고하는 능력(reasoning)의 부재로 해석한다.[34] '사고한다'는 것은 우리의 인지(cognition)나 지능(intellect)이 가르쳐 주는 사실적 진리의 한계를 뛰어넘어서 그 속에 담긴 '뜻'(meaning)을 찾는 행위라고 하는데, 이 뜻을 찾는 행위, 다른 말로 하면 사물과 일에서 무엇이 진정한 것인지를 가

---

33 ▶ 『傳習錄』 中 137조, "心者, 身之主也, 而心之虛靈明覺, 卽所謂本然之良知也. 其虛靈明覺之良知, 應感而動者, 謂之意. 有知而後有意, 無知則無意矣. 知非意之體乎?"

34 ▶ Arendt(1978), One/*Thinking*, p. 15.

려내는 행위가 사유의 핵심으로 이해된다.

그런 의미에서 아렌트의 사유에의 집중은 먼저 인간의 도덕적인 앎과 판단능력에로 향해지고, 칸트에게서의 '실천이성'이나 '양심'(conscience)과 밀접하게 연결되어서 탐구된다. 아렌트에 의하면 "(우리의) 생각하는 자아는 참으로 칸트가 말한 '물자체'이다."[35] 이것은 그러나 단순한 '나'(self)가 아닌 "활동자체"(sheer activity)이다. 그러므로 나이를 먹는 것이 아니고(ageless), 성(性)의 구별과 관계 있는 것이 아니며(sexless), 이렇게 겉으로 드러나는 보이는 것으로부터 무엇이 진정한 것인지를 끊임없이 구별하는 "사고활동(activity of thinking)의 경험이야말로 영성에 대한 우리 이해의 원초적 기원(the aboriginal source of our notion of spirituality)이 되는지도 모르겠다"고 고백한다.[36]

이러한 인간 사고의 핵심에 대한 이해가 양명에게서는 훨씬 더 도덕적이고 윤리적인 성격으로 나타난다. 맹자의 유명한 이야기, 한 아이가 우물에 빠지려는 것을 보고 사람이라면 누구나 나중의 이익이나 칭찬 등에 대한 고려 없이 즉각적으로 그 아이를 구하려고 뛰어들 것이라는 이야기에서 인간 본성의 본래적 선함과 능력을 서술하기 위해 쓰였던 '양지'(선한 지식)와 '양능'(선한 능력) 개념을 양명은 마치 신의 계시처럼 떠올리면서 그 자신이 인간 마음의 천리로서 파악한 것의 가장 적절한 이름으로 발견했다. 양명은 그것을 우리 마음의 "도"(the Way)로서, 마음의 "영단"(靈丹)으로서, 마치 항해자들에

35 ▶ Arendt(1978), One/*Thinking*, p. 42.
36 ▶ Arendt(1978), One/*Thinking*, p. 44.

게 방향을 알려주는 "지남침"(指南針)과 "시금석"(試金石)으로서 파악했다.

> 네가 가지고 있는 양지야말로 너 자신의 준칙이 되는 것이다. 만일 네 뜻에 품고 있는 일이 옳으면 그것이 옳다고 알고 그르면 그르다고 앎으로써 조금도 속여 넘길 수가 없는 것이다. 그것을 속이려 들지 말고, 다만 하나하나 그것에 따라서 행동하면 선은 보존되고 악은 곧 제거될 것이다. 이러한 경지가 되면 얼마나 안전되고 또한 기쁘겠는가? 이것이 바로 '격물'의 참된 묘결이며, '앎에 이르는'(致知) 참된 효과인 것이다.[37]

우리가 익히 아는 대로 칸트는 인간의 정신적 삶에서 의지와 더욱 연관되는 '실천이성'이란 특수를 이미 주어져 있는 보편(규칙이나 원리, 법칙)에 관련시키는 '규범적'(regulative) 인식작용인 데 반해서 '판단력'이란 오직 특수만이 주어져 있고, 그 특수에 대해서 보편을 찾아내야 하는 '반성적'(reflexive) 인식작용임을 밝혀주었다.[38] 이것은 인간의 인식활동을 더욱 더 그 직접적인 출발에서부터 이해하려는 시도인데, 칸트에 따르면 이 개별적인 대상의 직접적인 파악에 있어서도 인간은 본래부터 선험적인 인식구조를 지니고 있다는 것이다. 그것이란 대표적으로 미감적 판단력의 '합목적성'의 구조라고 한다. 일명 '취미판단'(the faculty of taste)으로도 불려지는 이 직접적

37 ▶ 『傳習錄』 下 205조, "爾那一點良知, 是爾自家底準則. 爾意念著扈, 他是便知是, 非便知非, 更瞞地一些不得. 爾只不要欺他, 實實落落, 依著他做去, 善便存, 惡便去, 他這裡何等穩當快樂? 此便是『格物』的眞訣,『致知』的實功."

38 ▶ I. 칸트, 이석윤 역, 『판단력비판』(박영사, 2003), 31쪽.

이고도 직관 반성적이고, 실천이성보다도 훨씬 더 활동적인—왜냐하면 매 순간의 개별대상에 대한 즉각적인 판단이므로—판단력에 대해서 아렌트는 매우 집중하고서, 거기에서 실천이성에 대한 신뢰보다도 더 근본적으로 인간 공동생활을 위한 가능성을 발견한다. 즉 (미감적) 판단력의 정치적 속성을 알아낸 것이다.

이 '판단력비판'을 유교적인 맥락에서 보면 '칠정'(七情/喜, 怒, 哀, 樂, 愛, 惡, 欲)에 대한 검토와 다르지 않다. 칸트의 판단력비판이 주로 인간적 쾌/불쾌 감정의 출현에 관한 탐구인바, 유교적 성인지도의 공부가 우리 칠정이 대상에 의해서 촉발되었을 때 어떻게 그것이 정도에 맞게 순수하게 발현되고 '사단'(四端, four beginnings of virtue)으로 연결되어 도덕적 행위가 나올 수 있을까라는 탐구라면, '판단력비판'이나 '사단칠정론' 논의는 모두 바로 인간 인식의 기초점(감정)을 잘 다듬어서 올바른 선택을 통해 행위(실천이성)가 가능해지도록 하겠는가의 노력이라고 하겠다. 양명은 인간의 양지란 '지'(知, 사고)이기도 하지만 '감정'(好惡)으로도 표현되며, 우리 마음의 본체를 '기쁨'(樂)이나 '즐거움'(喜)이라고 밝히기도 했다. 그는 말하기를 "양지란 옳고 그름을 아는 것과 다르지 않고, 그 옳고 그름을 안다는 것은 (옳은 것을) 좋아하고 (그른 것을) 싫어하는 것과 다르지 않다. (옳은 것을) 좋아하고 (그른 것을) 싫어하는 것은 옳고 그름의 판단을 모두 포함하는 것이며, 옳고 그름을 아는 것은 모든 일과 그들의 변화를 포괄하는 것이다."[39] 그는 또 말하기를 "기쁨, 노여움, 슬픔, 두려

---

39 ▶『傳習錄』下 288조, "良知只是箇是非之心. 是非只是箇好惡, 只好惡就盡了是非, 只是非就盡了萬事萬變"; *Instruction for Practical Living and other Neo-*

움, 좋아함, 싫어함, 욕구하는 것을 '일곱 가지 감정'(七情)이라고 한다. 그 일곱 가지 감정이란 모두 사람의 마음에는 마땅히 있어야 하는 것이다. 그러나 다만 양지에 대해서 분명히 알아야 한다. … '일곱 가지 감정'도 그 자연스러운 운행을 따르기만 하면 모두가 양지의 작용이다. 그러므로 선과 악을 구별할 수가 없다. 그러나 집착하는 것이 있으면 안 된다. '일곱 가지 감정'에 집착하는 것이 있으면 모두 욕망이라 부를 수 있으며, 모두 양지를 가리는 것이 된다"[40]고 했다.

이 인용문에서도 잘 나타나듯이 양지의 작용에는 대상에 대한 '감각들'(senses)이 들어가고, '감정'(love/hate, feelings)으로도 표현되며, 그것이 다시 행위를 위한 '판단'(judging)이 되는 것처럼 아렌트가 주목하는 (미감적) 판단력에서도 이러한 다면적인 인식작용들이 모두 포괄되어 있다.[41] 결국 아렌트와 양명은 이러한 '미감적 판단력'과 '양지'에 주목함으로써 인간 행위의 뿌리와 인식의 출발점에 내려가서 인간공동체의 삶을 치유할 수 있는, 다시 말하면 행(行)이 가능해지고 지행합일이 가능해질 수 있는 가능성을 찾기를 원한 것이다.

아렌트는 칸트가 인간의 판단력을 인간 감각 중 가장 내밀하고 즉각적인 선호가 나오는 '미각'(taste)과 관계시킨 것에 주목한다. 인간의 '오각'(시각, 청각, 촉각, 후각, 미각) 중에서도 그 감각의 반응이

Confucian Writings, trans. by Wing-tsit Chan(Columbia University Press), p. 228 참조.

40 ▶ 『傳習錄』下 290조, "喜, 怒, 哀, 懼, 愛, 惡, 欲, 謂之七情, 七者俱是人心台有的. 但要認得良知明白. … 七情順其自然之流行, 皆是良知之用, 不可分別善惡. 但不可有所著. 七情有著, 俱謂之欲, 俱爲良知之蔽."

41 ▶ 한나 아렌트, 김선욱 옮김, 『칸트 정치철학 강의』(푸른숲, 2000), 14쪽.

가장 개인적이고(private), 즉각적이며(immediate), 압도적이어서 부인하려야 부인할 수 없는 미각을 들어서 그는 인간의 판단이란 그렇게 각 개별자에 대해서 각 개인별로 고유하며, 또한 이 미각과의 유비를 통해서 인간의 판단능력이 누구에게나 선험적으로 직관과 같은 능력으로 내재함을 말하는 것으로 이해한다.[42] 양명도 양지를 우리 마음의 본체로서 누구에게나 천리로서 작용하는 것이라고 강조했다.

그런데 문제는 어떻게 이렇게 개인적이며 주관적이어서 상대방에게 그 느낌(sensation)을 잘 전달해 줄 수 없는 '미각'(취미)으로서의 판단력을 인간 공동 삶에서 판단력으로서 신뢰할 수 있겠는가 하는 것이다. 이것은 우리 판단력의 '확장'(enlargement)과 관련한 문제인데, 칸트가 우리의 미감이 제6감각이라고 할 수 있는 '공통감'(common sense, the sensus communis)의 조건 하에서 서로 통할 수 있다고 한 대로 아렌트는 여기서부터 우리 마음의 '공통감'에 대해서 집중한다. 공통감이란 토마스 아퀴나스 이래로 인간의 '제6감'(a kind of sixth sense)이라고 불리어졌고, 불어에서는 '좋은 감정'(bon sens), 영어로는 '상식'(common sense)이라고 불려서 우리의 '양심'(conscience)과도 통하는데, 이 공통감을 통해서 인간의 판단은 그것이 아무리 주관적이라고 하더라도 한 대상에 대해서 다른 사람도 나와 같은 감정을 가질 수 있다고 기대할 수 있다는 것이다. 인간은 항상 다른 사람과 같이 느끼고 있을 때에만 만족을 느끼고 쾌감을 느낄 수 있다는 사실은 인간의 판단, 특히 미감적 판단이 공통감이라는 것을 알 수 있게

---

42 ▶ Arendt(1978), Two/ *Willing*, Appendix/*Judging*, p. 264.

만든다고 한다. 또한 아렌트는 칸트가 인간이 만약 무인도에 홀로 떨어져 있다면 자신의 모자나 인격을 가꾸지 않을 것이고, 게임에서 남을 속였을 때 자기비하감은 있겠지만 만약 남에게 발각되지 않았다면 그렇게 '부끄러워' 하지는 않았을 것이라고 한 사실을 지적한다.[43]

공통감은 이렇게 항상 다른 사람을 염두에 두는 것이며, 다른 사람의 입장에서 생각해 보는 것이다. 그래서 이 공통감에 의해서 인간의 판단은 결코 사적이거나 주관적이지 않고 '간주관적'이고, 한 시대와 장소에서 공공의 감각이 된다고 한다.[44] 아렌트는 "판단에서 에고이즘은 극복되고"(In taste egoism is overcome), "나는 인간이고 이 인간적 공동체를 떠나서는 살 수 없기 때문에 이 공통감이 필요하다"고 말한다.[45] 이와 더불어 "모든 사람의 입장에서 생각해 보기"(to put ourself in thought in the place of everyone else)와 "자기 자신과 일치하는 일관성"(to be in agreement with oneself)이 판단력의 두 가지 핵심 규범(the maximes of the sensus communis)이 된다고 지적한다.[46]

우리는 이런 이야기를 듣고 있으면 유교 전통의 유명한 '사단'(四端, four beginnings of the virtue)에 대한 이야기가 생각난다. 여기서 '모든 사람의 입장에서 생각해 보기'란 다른 사람의 처지에 대해서 동정을 느끼는 '측은지심'(惻隱之心, the sense of commiseration)과 다른 사람에 대하여 부끄러움을 느끼는 '수오지심'(羞惡之心, the sense of shame), 다른 사람에 대하여 자기 자신을 낮추는 '겸양지심'(謙讓之

43 ▸ Arendt(1978), Two/ *Willing*, Appendix/*Judging*, p. 265.
44 ▸ Arendt(1978), Two/ *Willing*, Appendix/*Judging*, p. 265.
45 ▸ Arendt(1978), Two/ *Willing*, Appendix/*Judging*, p. 266.
46 ▸ Arendt(1978), Two/ *Willing*, Appendix/*Judging*, p. 269.

心, the senseof modesty), 그리고 무엇이 옳고 그른지를 분별할 수 있는 '시비지심' (是非之心, the sense of right and wrong)과 다르지 않다고 하겠는데, 이 네 가지 덕의 뿌리가 인간 누구에게나 있고 그것을 양지나 양능으로 표현한 맹자와 양명이야말로 인간 '공통감' 을 누구보다도 잘 이해하고 있었다고 하겠다. 양명은 지칠 줄 모르고 양지란 바로 하늘의 도리로서 인간 누구에게나 선천적으로(性, innate nature) 내재해 있는 선한 능력이라는 것을 강조한다. 그것은 마치 공자가 우리 모두의 마음 속에 있는 것과 마찬가지라고 한다.[47]

우리의 판단력이 '공통감' 이라는 사실은 우리의 판단은 반드시 다른 사람들과 이웃의 존재를 전제한다는 것이고, 그들의 존재가 아니고서는 우리의 판단력은 기능하지 않으며, 따라서 판단력은 공동생활을 통해서 길러지고 나 홀로 얻을 수 있는 것이 아니라는 사실을 밝혀준다. 이러한 맥락에서 아렌트가 주목하는 또 하나의 인간 정신의 능력이 "상상력" (imagination)이다. 상상력으로서의 판단력은 우리로 하여금 한 대상을 우리가 그와 직접적으로 대면했을 때 받았던 이미지 안에서 내면화시키고 다시 재현할 수 있는 능력이다. 쾌/불쾌의 판단이란 대상의 현존에서 얻은 직관과 더불은 '반성' (reflection)인데, 그런 의미에서 그 활동은 더 이상 하나의 '미각' 이 아니라 '판단' 이며, 우리들은 이 '재현' (representation) 안에서 대상의 현존으로부터 거리를 둠으로써 대상에 대한 평가를 '공평하게' (impartial) 할 수 있다는 것이다.[48] 상상력이란 인간의 판단에서 그 대상으로부터

47 ▶ 쥴리아 칭(1998), 217-218쪽.

48 ▶ Arendt(1978), Appendix/*Judging*, p. 265.

거리를 두고서 생각할 수 있는 능력이며, 다른 사람의 입장에서 생각할 수 있는 능력이고, 그래서 결정을 내릴 수 있는 능력이다. 이것은 인간이 자신이 직접 겪지 않고서도 어떤 대상에 대해서는 판단을 내려야 할 때가 있다는 것을 규정하는 근거인데, 그렇지 않고서는 법 심판의 실행이나 역사서술이 가능하지 않게 되고, 우리 공공의 삶은 이것으로써 크게 위협받는다고 한다.[49]

나치 정권의 아이히만은 그 끔직한 일을 하면서 결코 그 일을 당하는 유대인의 입장에서 생각해 볼 수 없었고, 그는 결코 바보는 아니었지만 그의 마음은 기계처럼 굳어서 시키는 대로는 했지만(cliché) 느끼지는 못했으며, 상상력과 공통감과 상식을 가지고 자신이 진정으로 다른 사람들에게 무엇을 하고 있는지를 생각해 볼 수 없었던 것이다.[50] 앞에서 우리가 이야기한 유교 전통의 '측은지심'이 아이가 우물에 빠지는 위험에 처했을 때 후에 얻어질 이익이나 명예에 대한 생각 없이 즉각적으로 뛰어드는 능력이고, 나의 부모에게 효를 다하면서 다른 노인들의 처지를 생각하는 마음이며, 양명에 따르면 이 마음을 잘 확장하면 심지어는 길에 깨어져 뒹구는 기왓장이나 돌조각에도 측은지심을 갖게 되는 만물일체의 마음이 된다고 했다.[51] 유교의 사단칠정론이란 앞에서 상상력으로서의 판단력은 더 이상 하나의 '감각'(미감)이 아니고 '반성'(판단)이라고 했듯이 여기서 '측

---

49 ▶ Hannah Arendt, *Eichmann in Jerusalem–A Report on the Banality of Evil*(Penguin Books, 1977) p. 295ff.

50 ▶ Arendt(1977), p. 287ff.

51 ▶ 왕양명, 『대학문』(大學文), "見瓦石之毁壞, 而有顧惜之心焉. 是基仁之與瓦石而爲一體也."

은지심'이나 '수오지심' 등을 과연 하나의 '감정'(七情, 氣)이라고 해야 할는지 아니면 '사고'(理)라고 해야 할는지, 사단과 칠정이 어떻게 관계하는지, 그들이 둘인지 아니면 하나인지를 탐구하는 논의들이다. 아렌트가 악의 평범성을 발견해서 근본악의 문제를 새롭게 보았고, 양명이 양지란 우리의 도덕심이기도 하지만 칠정도 결코 양지 밖에서 이루어지는 것이 아니라고 했다면 아렌트와 양명은 이 둘을 하나로 본 것이고, 인간 마음 안에서 모두 자연스러운 것이라고 보는 '이기일원론'(理氣一元論)의 입장을 취한 것이라고 하겠다.

한편, 아렌트는 칸트가 인간의 판단력을 표현하면서 아주 특이하게도 가장 사적이고 즉각적인 '미감'(취미)으로, 그래서 어쩌면 가장 반대되는 것으로 표현한 것에 대해 후회하지 않았는지 묻지만 결코 그렇지 않았고 오히려 거기에 확신을 가지고 있었다고 지적한다. 왜냐하면 미감이란 우리의 이차적인 반성이나 의도가 들어갈 여지가 없이 우리 자신을 잊고서 오직 그 대상의 현존에 의해서만 아주 직접적이고 즉각적으로 반응하는 것이기 때문에 우리의 판단을 말하기에 가장 적합한 모습이라고 한다. 따라서 칸트가 '미'(美)의 반대는 '추'(醜, ugly)가 아니고 '역겨움'(disgust)이라고 한 것은 매우 타당한 것이었다고 밝힌다.[52]

이렇게 미(美)란 세상의 대상과 만났을 때 가장 즉각적으로, 즉 어떤 사심이나 의도 없이 그 대상의 그러함에 의해서만 느끼는 것이고, 대상에서 내가 원하는 것을 보려는 것이 아니라 그 자체의 현현

52 ▶ Arendt(1978), Two/*Willing*, Appendix/*Judging*, p. 266.

그대로가 잘 드러날 때 느껴지는 것이다. 아렌트에 따르면, 칸트는 "미(美)란 우리로 하여금 자신의 사심(self-interest) 없이 사랑할 수 있는 법을 가르쳐 준다"고 지적했다.[53] 또한 "우리가 어떤 것을 아름답다고 부르는 것은 우리는 그의 현존 안에 기쁨을 가지고 있다"(pleasure in its existence)는 것을 말하는 것이며, 판단은 이렇게 우리가 미(美)를 느끼듯이 '취미'가 어떤 목적이나 의도 없이 그저 그 대상이 좋아서 거기에 빠져드는 것인 것처럼 나를 잊고서 가장 사심 없이(disinterested), 그 대상의 입장에서 생각해 보면서(impartiality) 그때마다 결정을 내릴 수 있는 능력이 되어야 한다. 또한 우리는 좋아할 때(사랑할 때) 가장 자연스럽게, 그리고 용이하게 그 존재를 위해서 우리 자신을 던질 수 있는 것처럼 그렇게 우리는 '사랑' 안에서 지(知)와 행(行)이 하나됨을 보고, 판단력은 그런 의미에서 지(知)이기도 하고 행(行)이기도 하다는 사실을 알게 된다.[54]

유사한 맥락에서 양명도 '성인'(聖人)이란 "아름다운 색을 좋아하듯이 선을 좋아하고, 역한 냄새를 싫어하듯이 악을 싫어한다"(好善如好好色, 惡惡如惡惡臭)고 하였고,[55] "편파적인 것은 고착되어 있는 것"(偏倚是有所染着, To be partial is to be attached)이라고[56] 지적하면서 우리들의 칠정이 어떤 대상에 고착됨이 없는 것이 '중'(中)이고, 그 고착에서 해방된 것이 '화'(化)라고 설명했다. 우리는 양명이 줄기차게 양지란 우리 마음에서 '사사로움'(私)과 '욕망'(欲)이 제거된 상

53 ▶ Arendt(1978), Two/*Willing*, Appendix/*Judging*, p. 270.
54 ▶ Arendt(1978), Two/*Willing*, p. 102.
55 ▶ 『傳習錄』 下 228조.
56 ▶ 『傳習錄』 上 76조.

태의 본체이고, 참된 공부란 바로 그 사적 욕망을 줄여나가서 다시 우리 마음의 본체를 회복하는 일이며, '양지를 확충하는 일'(致良知)이란 우리 마음의 편벽됨과 욕망을 버리고 본래적인 사랑과 인간다움(仁)을 되찾는 것이라고 한 것을 안다. 양지란 우리 마음의 '밝은 덕'(明德)이고, 그래서 양명은 양지를 '역'(易, the changes) 자체와 동일시하기도 한다.[57] 이렇게 해서 우리는 아렌트와 양명 모두에게서 '판단력'과 '양지'란 바로 인간 인식의 가장 기초적인 출발점이 되며, 그것이 지(知)가 되기도 하고 의지(意, 쾌/불쾌 love)가 되기도 하면서 거기서 행위(사랑하므로 너는 지금 여기 존재하라는 명령)가 나올 수 있는 '최고선'(至善)이 되는 것을 보았다. 이제 문제는 어떻게 그것이 확장된(enlarged) 것이 되고 확충(致知)이 되는가 하는 것이다.

IV. 한나 아렌트의 '탄생성'의 교육학'과 왕양명의 '치량지'(致良知)의 교육사상

이상에서와 같이 우리는 아렌트와 양명이 인간 '활동적 삶'(vita activa, 行)의 난점을 치유하기 위해서 '정신적 삶'(vita contemplativa, 知)을 다시 돌아보고, 어떻게 그 활동적 삶의 출발점과 기초를 발견함을

57 ▶『傳習錄』下 341조, "先生曰, 良知卽是『易』. 其爲道也屢遷, 變動不居, 周流六虛, 上下無常, 剛柔相易, 不可爲典要, 惟變所適. 此知如何捉摸得? 見得透時, 便是聖人."

통해서 다시 그 활동이 온전해질 수 있는 가능성을 발견한 것을 보았다. 그것은 '감각'과 '감정'과 '공통감'으로 표현되는 판단력과 양지의 발견이었으며, 이것으로써 이들은 지(知)와 행(行)이 하나될 수 있는 가능성을 다시 보았고, 우리가 사적 욕망과 과도한 목적의식에서 벗어나서 다시 세상과 이웃과 자연을 발견할 수 있는 길을 찾았다. 인간의 삶이란 정신적 삶이라고 해도 다양성과 객관과 공공의 영역이 없고는 이루어질 수 없는 것이라는 인간의 조건을 다시 발견한 것이다.

1. '판단력 확장'과 '치량지'(致良知)

여기서부터 이들은 '판단력의 확장'(the enlargement of the mind)과 '양지의 확충'(致良知)에 대해 강조한다. 아렌트는 그녀의 『정신의 삶』에서 판단력 부분을 전개시키지 못하고 갔기 때문에 어떻게 이 판단력의 확장 문제가 그녀에게서 더 세밀히 탐구되었는가는 볼 수 없다. 하지만 그녀 스스로가 자신의 저서 중에서 가장 마음에 드는 저서라고 말한 『과거와 미래 사이에서』에서 인간 판단력의 능력과 관련시키면서—직접적으로 또는 간접적으로—어떻게 인간 정신의 본유적인 능력을 잘 확장시키고 키움으로써 이 세계를 보존하고, 문화를 일구어내고, 진리가 담보될 수 있는 세상이 되게 할 수 있을까에 대한 사고를 펼친 것을 볼 수 있다. 또한 그녀의 『정신의 삶』에서도 전 부분에 걸쳐서 판단력에 대한 그녀의 이해들을 단편적으로 볼 수 있다. 이 부분들에서 우리는 그녀의 교육적 사고들을 핵심적으로 알아볼 수 있다.

아렌트에 따르면 우리의 확장된 의식(판단력)은 그 '사심 없음'으로 인해서 이 세상을 어떤 유용이나 개인의 이해관계, 조작, 또는 좁은 의미의 도덕적 분별도 넘어서서 그 자체의 현현의 미(美)로 판단할 수 있으므로 그것은 바로 이 세계를 있는 그대로 보존할 수 있는 힘이 되며, 그래서 문화를 생산하고 보존할 수 있는 능력으로 작용할 수 있다.[58] 근대 이후로 들어와서 문화가 철저히 개인의 욕구를 위해 사용되고(the educated philistine) 20세기 대중사회에 와서는 끊임없이 조작되고 소비되지만, 이러한 실리주의와 소비주의를 넘어서 우리가 사는 장소와 시간에 세계성을 주고 지속성을 주어서 살 만한 세상으로 만들어 주는 문화와 예술을 돌볼 줄 아는 사람들과 이들의 판단력을 아렌트는 참으로 귀하게 보았다. 이들에게는 세계가 우선이지 결코 인간이나 개인의 의도와 목적이 우선이 아니고, 자아가 중심이 아니라 다른 사람을 항상 염두에 둔다. 그래서 이들이야말로 판단을 위해서 가장 자격이 있는 사람들인데, 아렌트는 이렇게 사심이 없고 보는 것 그 자체만을 위해서 보고 판단하는 사람들이야말로 "모든 목적으로부터 자유로운 사람들"(the freest of all pursuits)이고, 이들의 모습은 문화와 마찬가지로 로마적 기원을 갖는 '휴머니스트'(humanist)의 참된 모습이다.[59] 아렌트에 따르면 문화의 핵심적인 일이란 이 판단력(취미)을 분류하는 일이고, 이 취미란 한 개인의 '자질'

---

58 ▶ Hannah Arendt, "The Crisis in Culture", *Between Past and Future*, pp. 197–226 ; 이은선, "한나 아렌트 사상에서 본 교육에서의 전통과 현대", 『교육철학』, 제30집(교육철학회 2003. 8), 1485쪽 이하.

59 ▶ 이은선(2003), 219, 224쪽.

(quality)을 나타내는 척도라고 한다. 이 휴머니스트와 문화인들의 판단력에 의해서 세계는 보존되고 문화가 생산되므로 이들의 육성이야말로 참으로 중요한 인간의 정치적 과제가 된다.

아렌트는 다른 논문 「진리와 정치」(Truth and Politics)에서 세상의 "사실적 진실"(factual truth)이라는 것도 결국에는 정치적으로 인간의 판단에 의해서 증명될 수밖에 없는 것이므로 이 진리의 확실성에 대한 증명을 사심 없이 자유롭게 해 줄 수 있는 사람들의 존재를 요청한다. 정치란 이 진리의 담보 위에서만 온전히 기능한다고 보는데, 이러한 역할을 하는 철학자, 과학자, 예술가, 역사가, 법관, 저널리스트 등의 존재 중에서도 특히 사법부와 고등교육기관의 역사가, 철학자 등의 휴머니스트를 요청한다. 이들이야말로 가장 사심 없이 자유롭게 정치 밖에서 진리를 지키는 사람들이라고 보는데, 오늘 우리 사회에서 인문학의 죽음을 염려하는 시대의 목소리와 연결된다고 하겠다.[60]

한편, 양명도 인간 정신력의 기초적 토대인 양지를 발견하고서 온 힘을 다해 그 양지의 확충을 주창한다. 그는 자신의 치량지란 당시의 일반적인 공부법처럼 그저 바깥의 사물에 대한 지식을 확충하려는 '치지'(致知)가 아니라 '치/량/지'(致/良/知) 인데, 즉 그것이란 단순한 외부적 지식의 축적보다는 그 뿌리를 다듬으려는 것이고, 이와 더불어 단순히 지적 공부에만 매달리는 것이 아니라 실천과 도덕과 행위에 몰두하는 것임을 말한다고 한다. 양명은 그의 말년의 대표

60 ▶ Arendt(1993), "Truth and Politics", p. 259ff.

적 명문(名文)인 「발본색원론」(拔本塞源論, Pulling up the Root and Stopping up the Source)에서 어떻게 전통의 성인지도의 학문이 우리가 본래부터 가지고 있는 선한 본성을 키우는 공부가 아니라 매우 표피적이고, 공허하며, 단편적인 지식들에 대한 엄청난 기억과 암송, 화려한 글쓰기와 주석 등의 지식을 늘리는 공부로 변해버려서 이기주의와 영달의 추구가 난무하고, 사람들은 자신이 하는 일에 만족하지 못하고 혼자서 모든 일을 하고 온갖 세력을 가지겠다고 다투는 도탄으로 빠져버리게 되었는가를 감동스럽게 이야기로 서술해내고 있다. 여기에 반해서 자신의 '선한 본성'(양지)을 기르는 '치량지'의 공부방법은 오직 덕행을 이루기 위해 애쓰는 것이라고 한다. 또한 그 덕행이라는 것은 가장 가까운 주변의 사람들에 대한 인(仁)으로부터 시작되어 넓혀지는 것인바, '효친'(孝親)이 그에게도 인(仁) 실천의 기본이 되는 것이다.[61]

양명에 따르면 효친과 붕우유신의 일과 인간관계를 바로 잡는 것이 공부의 기본이고, 이것은 누구나의 본성 속에 놓여 있는 가르침이므로 그렇게 밖에서 배우기 위해 정신 없이 쫓아다닐 필요가 없다. 그래서 양명은 공부를 오히려 "축적"이 아닌 이기심을 "줄이는 것"(只求日減 不求日增)이라고 하고, 이러한 공부는 너무나 즐겁고, 자유로운 것이며, 단순하고 쉽다고 한다. 그래서 양명은 이렇게 (도덕적) 행위에 힘쓰고 또한 그 행위를 가장 기초적으로 가능하게 하는 인간 마음의 출발점인 양지에 힘쓰는 치량지의 공부법이야말로 도탄에

61 ▶ 『傳習錄』 中, p. 318 ; 이은선, "왕양명 공부법에 대한 오늘의 성찰", 졸저, 『유교, 기독교 그리고 페미니즘』(서울 : 지식산업사, 2003), 357쪽 이하.

빠진 나라와 사회를 구하기 위한 '발본색원'의 방법이 된다고 제안한다.

> 옳고 그름을 가리는 마음은 생각하지 않아도 알고 배우지 않아도 능한 것으로 이른바 양지이다. 양지가 사람 마음에 있는 것은 성인과 어리석은 자의 차이가 없으며, 천하고금이 모두 같다. 세상의 군자들이 오직 이 양지를 확충하는 데에만 힘쓴다면 스스로 옳고 그른 판단을 공평하게 할 수 있고, 좋아하고 싫어하는 것을 함께 할 수 있으며, 남을 자기처럼 여기고 나라를 자기 집안처럼 여겨 천지만물이 한 몸이 될 수 있다. 천하가 다스려지지 않기를 구할지라도 할 수 없을 것이다.[62]

> 나는 이제 양지를 믿게 되었다. 나에게서 옳은 것은 옳은 것이고 그른 것은 그른 것이어서 다시는 약간이라도 덮어 감추려 들지 않게 되었다. 나는 이제 솔직하고 과감한 '광자'(狂者)와 같은 심경을 지니게 되었으니, 천하의 모든 사람들이 나의 행동과 말이 일치하지 않는다고 하더라도 상관하지 않는다.[63]

---

62 ▶ 『傳習錄』 中 179조, "是非之心, 不慮而知, 不學而能, 所謂「良知」也. 良知之在人心, 無間於聖愚, 天下古今之所同也, 世之君子, 惟務其良知, 則自能公是非, 同好惡, 視人猶己, 視國猶家, 而以天地萬物爲一體, 求天下無治, 不可得矣."

63 ▶ 『傳習錄』 下 312조, "我今信得這良知, 眞是眞非, 信手行去, 更不著些覆藏. 我今繞做得箇狂者的胸次. 使天下之人, 都說我行不掩言也罷."

2. 아렌트와 양명의 아동 교육사상

그러나 이상과 같은 아렌트의 '확장된 판단력'이나 '양지의 확충'에 대한 이상은 단지 어른들만을 위한 것이 아니다. 아렌트는 "교육의 본질은 탄생성"(the essence of education is natlaity)라고 하면서 탄생으로 계속해서 이 세상에 새로운 존재가 오므로 교육은 인간 사회의 가장 기초적인 일 중 하나라고 지적했다.[64] 교육문제가 정치문제가 될 정도로 점점 더 중요해지는 상황에서 그녀는 종종 그녀만의 독특한 교육에 대한 사고를 발표한다. 양명도 학자로, 행정가로, 군인으로 매우 분주한 삶을 살았지만, 그 일들을 하면서 동시에 그 일의 임지에 초등학교를 설치한다거나 향약을 만들어서 민생의 안정을 도모하고자 노력했다. 『전습록』에도 실려 있는 글로서 그가 유백송 등의 선생들에게 학생들을 잘 가르치기 위한 지침들로 준 글들을 보면 그가 아린 아이들의 교육에서 무엇을 제일 중시했는가가 잘 나타난다. 그의 치량지의 교육사상을 말한다.

이상과 같은 이유로 인해서 우리는 여기서부터 지금까지 아렌트나 양명이 밝힌 '판단력' 또는 '양지'의 특성을 크게 세 가지로 다시 정리해 보면서 그것들의 교육적 의미를 살펴보고자 한다. 즉 '판단력(탄생성) 확장'과 '양지 확충'의 교육학을 밝혀보려는 것이다.

64 ▶ Arendt(1993), "The Crisis in Education", p. 185.

첫째로 '미감적 감각'(감수성, 직관력) 또는 '감정'으로서의 판단력과 양지 이해와 관련해서이다. 인간의 판단력을 특히 미감적 판단력으로 보았고, 어떤 반성적 사고 대신에 직관적이고 직접적인 감각(sense)의 일로 보았다는 것은 인간의 교육에서 아직 사고가 발달하기 이전의, 신체나 감정이나 느낌의 차원을 중시하라는 것과 같은 의미라고 하겠다. 어린 시절 혹독한 삶의 현실 속에서 신체나 감정의 필요물들을 온전히 배려받지 못한 사람은 그 마음이 왜곡되기 쉽고, 자기 자신의 보존에 대한 본능이 강하고 두려움이 많아지기 때문에 자유롭게 세상과 만나지 못한다. 어린 시절 충분히 몸의 배려를 받지 못하고 가까움을 느끼지 못한 사람은 자기 안으로 빠져버리기 쉽고(introspected), 자신이 겪은 것을 밖으로 가지고 나와서 객관화시키지 못하고 세계에 대해 벽을 쌓고 자기 속에 침잠해 버리기 쉽다. 그런 사람의 판단력과 양지는 굳어서 잘 기능하지 못하고, 심한 경우 더 이상 움직이지 않는다. 예루살렘의 아이히만에서 그가 자신의 지나온 삶에 대해 서술한 것을 보면 어린 시절 날씨가 무척 추웠는데도 장갑조차 없었던 혹독한 경험을 유추해 볼 수 있다.[65] 아렌트의 분석에 의하면 아이히만의 부모는 19세기 말 제국주의 시대에 몰락한(declassà) 부르주아 사람들로서 큰 아들인 아이히만에게 학교도 잘 보내지 않았고 매우 혹독하게 대했던 것으로 보인다.[66]

아렌트 자신의 삶도 비록 경제적인 이유는 아니지만 어린 시절 그의 어머니가 한편으로는 육아일기를 쓸 정도로 교육적이었고 배

65 ▶ Arendt(1977), p. 35.
66 ▶ Arendt(1977), p. 28ff.

려적이었지만 아버지의 발병과 이른 죽음, 그런 가운데 종종 겪어야 했던 어머니의 긴 여행으로 깊은 외로움을 느꼈다. 그녀는 "우리는 슬픈 일에 대해서 너무 많이 생각하지 말아야 한다"고 어느 날 갑자기 말하면서 어린 아이의 명랑성을 잃어버렸고, 청소년 시절 온갖 것에 대한 책을 읽었지만 결코 사교적이거나 정치적이지 않고 자기 안에 들어가 있는 모습이었으며, 이것이 나중에 같은 유대인 여성 라헬 파른하겐(Rahel Varnhagen)을 만나서 그녀에게서 자신과 유사한 '패리아'(pariah)의 모습을 보고 그 전기를 쓰면서, 그리고 두 번째 남편 블뤼허(Brueher)를 만나고, 스승 야스퍼스와의 만남 등으로 서서히 극복된 것으로 그녀의 전기 작가 영-브륄(Young-Bruehl)은 해석해낸다.[67] 아렌트는 항상 '패리아'(이방인)처럼 느꼈지만 나중에는 스스로 "의식적인 패리아"(conscious pariah)로 남기를 원했다.

우리의 판단이 사고보다는 먼저 감정과 직접적인 감각에 달려 있다는 아렌트와 양명의 탐구는 어린 시절 우리들의 감수성과 감정이 왜곡 없이, 억눌림 없이 잘 표현되고 발휘될 수 있도록 하라고 가르친다. 폭압적인 외부의 환경으로 인해서, 또는 과도한 지적 공부의 무게로 인해서 자연스러운 감정의 발휘가 자주 억눌려지거나 왜곡될 때, 그렇게 자란 아이들은 나중에 어른이 되어서 자신의 판단을 잘 믿지 못하고, 그래서 판단을 자주 유보하거나 아예 판단력을 갖지 못하고 단지 수동적이고, 가식적이며, 엄격하고 차가운 기계처럼 굳어버린다. 아렌트가 지적한 아이히만이나 스위스의 여성 아동심리학

67 ▶ E. Bruehl-Young(1982), p. 87.

자 알리스 밀러(Alice Miller)가 히틀러의 어린 시절을 살펴보면서 소개한 그의 폭군 같은 아버지의 모습,[68] 또는 양명이 줄기차게 비판했던 당시 주희식 건조한 공부방식이 배출한 "혼동되고 어리석은", "미사여구로 탁상공론만 일삼고" "자기 이익과 영달만을 추구하는" "세상지식인들" 모두 어린 시절 그들의 신체와 감수성과 감정이, 즉 그들의 미감적 판단력(양지)이 배려받지 못한 결과들이라고 보고 싶다.

탄생성을 교육의 본질로 본 아렌트는 그래서 교육은 "보수적"이어야 한다고 강조한다. 교육은 기성세대 간의 일인 정치와는 달리 세상에 자신만의 고유한 "새로움"(the newness)을 간직하고 새로 오는 아이들과 관계하는 일이기 때문에 그 새로움이 잘 간직되어서 좋은 열매로 펼쳐질 수 있을 때까지 배려하고 간직해 주어야 한다는 점에서 보수적이어야 한다고 보는 것이다.[69] 이런 의미에서 아렌트는 20세기에 들어와서 학교가 난장판 같은 놀이장이나 직업훈련장, 또는 정치실험장처럼 변질되는 것을 비판하고, 가정적 · 사적 영역이 무너져서 아이들이 일찌감치 밖으로 내몰리는 것, 기성세대의 대변자로서의 교사들의 책임감과 권위가 무너져서 아이들이 보호받고 배려되지 못하고 그들만의 힘의 세계로 내몰리는 것 등은 모두 무엇인가를 '간직한다'(conserve)는 의미에서의 교육의 본래 모습에서 멀어진 것이라고 지적한다.[70]

그녀는 1960년대 미국에서 흑백 통합교육 논의가 뜨거웠을 때

---

68 ▶ Alice Miller, *Am Anfang war Erziehung*, Suhrkamp Taschenbuch 951, 1983, pp. 169–231.

69 ▶ Arendt(1993), "The Crisis in Education", p. 192.

70 ▶ Arendt(1993), "The Crisis in Education", p. 192.

평소 소수자의 권리와 인권을 위해서 싸웠던 그녀와는 달리 오히려 통합을 반대했다. 왜냐하면 그녀는 어린 흑인 아이들이 어린 시절 온전히 그들 자신의 세계에서 인정받고 받아들여지지 못하고 어른들의 정치적 이념의 싸움장이 된 통합학교에서 참된 권위에 대해서 배우지도 못하면서 부모들의 허영심의 희생자가 되는 것을 원치 않았기 때문이라고 한다.[71] 이상의 아렌트의 교육적 입장들에 대한 논란이 많지만,[72] 그러나 분명한 것은 그녀는 어린 시절일수록 좀 더 친밀하고 사적 영역의 모습을 띤 장소와 관계 속에서 책임 있는 기성세대의 보호와 배려를 받는 것이 매우 중요하다고 생각했다는 것이다. 인간의 모든 행위는, 특히 위대한 정치적 행위는 이 시절의 기초가 흔들려서는 기대하기 어렵고, 그 악영향이 매우 크고 오래 간다고 보았기 때문이다.

양명도 앞에서 그의 초등교육의 대의를 나타내는 글에서 당시의 교육이 과도하게 지적 교육과 책공부로만 흘렀고, 아이들의 감성과 의지, 예를 몸으로 익히는 것을 통한 신체의 건강과 도덕적인 자발성 등을 기르는 교육과는 너무나 거리가 멀다고 비판했다.[73] 양명에 따르면 아이들의 감정은 놀기를 좋아하고 구속하는 것을 싫어한다는 것이다. 그러므로 마치 싹을 틔우기 시작하는 초목처럼 그들을 자유롭게 놓아두면 잘 자라지만 억지로 비틀거나 방해하면 잘 자라

---

71 ▶ E. Bruehl-Young(1982), pp. 311-313.

72 ▶ Mordechi Gordon, "Hannah Arendt on Authority, Conservation in Education Reconsidered", *Educational Theory, Spring*, 1999, Vol. 49, No. 2, pp. 161-180 ; 이은선, 앞의 논문, 148쪽.

73 ▶ 『傳習錄』 中 195조 ff., "訓蒙大意示教讀劉伯頌等."

지 못하고 말라죽는다. 그러므로 아이들을 가르치려면 반드시 그들이 나아가려는 방향을 따라 격려해 주고, 마음 속으로 기쁘고 즐겁게 해주어야 스스로도 멈출 수 없을 정도로 발전할 것이라고 한다.[74] 이 맥락에서 양명은 '노래 부르기와 시배우기' 수업을 중시하는데, 그것은 단지 그들의 의지를 돋우는 것뿐만이 아니라 아이들이 고함치고 뛰노는 일을 노래하고 시를 읊는 것을 통해서 발설함으로써 그들의 속으로 억눌려 있고 맺혀 있는 것을 풀어주고 자유롭게 해주기 위한 것이라고 밝힌다.[75] 즉 아이들의 감정의 순화를 말하며, 이 감정이 순화되지 못할 때 바른 의지와 인식, 자발적인 행동이 나올 수 없다는 것을 알았기 때문이다. 그래서 그는 이와 같이 감정의 순화가 아이들 교육의 기초가 되어야 함을 말하는 것이다.

양명은 또한 몸으로 예절을 익히는 활동을 중시 여기는데, 그것은 단지 그들의 품행을 고상하게 해줄 뿐만 아니라 예의에 따라 나가고 물러가고 응대함으로써 그들 혈액의 순환을 원활히 해주고, 절하고 일어나고 몸을 굽히고 펴고 함으로써 그들의 근육과 뼈를 단련시킨다고 한다. 또한 그에 따르면 아이들에게 책을 읽는 것을 가르치는 것은 단순히 그들의 지식만 확장해 주는 것이 아니라 페이지와 문단들을 반복하면서 집중력을 키워주는 것이고 그들의 의지를 길러주는 것이다. 이러한 모든 교육 프로그램들은 결국 그들의 의지를 순조

74 ▶『傳習錄』中 195조, "大抵童子之情, 樂嬉遊而憚拘檢. 如草木之始萌芽, 舒暢之則利達, 摧撓之則衰痿. 今教童子, 必使其趨向鼓舞, 中心喜, 則其進自不能已. 譬之時雨春風, 霑被卉木, 莫不萌動發越, 自然日長月化."

75 ▶『傳習錄』中 195조, "故凡誘之歌詩者, 非但發其志意而已, 亦所以洩其跳號呼嘯於詠歌, 宣其幽抑結滯於音節也."

롭게 인도해 주고, 그들의 성정(性情)을 바로 잡아 주며, 속에 있는 나쁜 생각들을 말없이 변화시켜 주고, 그리하여 그들로 하여금 어렵다는 생각 없이 저절로 예와 의에 다가가고 중화(中和) 속에 자연스럽게 잠길 수 있도록 만드는 것이라고 한다.[76] 이러한 지적에서야말로 양명이 얼마나 우리의 감성으로서의 판단력 교육을 중시했고, 그것과 더불어 의지의 교육을 중시했으며, 지적 교육 이전에 어린이들 교육의 기초가 되어야 함을 밝힌 것이다. 왜냐하면 그 능력들이란 바로 인간 활동의 기초이고, 우리가 어렵다는 생각 없이 행위할 수 있도록 해주기 때문이다.

우리는 자기가 좋아하는 것을 행할 때 가장 자연스럽게 힘 안들이고 온전하게 행할 수 있다. 판단력(취미)과 양지를 확장시키는 일은 우리의 좋아할 수 있는 능력과 아름다움을 느낄 수 있는 감수성을 기르는 일이다. 그러므로 행위를 잘 할 수 있는 인간을 키우기 위해서는 이 미적 감수성으로서의 판단력과 양지를 기르고, 우리의 감정에 맺힌 것들을 풀어주어서 그것을 순화시키고, 그래서 대상이 그 앞에 왔을 때 대상이 그 자체로서 아름답게 현현될 수 있도록 하는 일이 기초이고 우선이다. 아렌트도 양명도 모두가 시를 썼으며, 시인들을 무척 좋아했고, 시와 예술의 정치적 속성과 기능을 잘 알고 있었다. 아렌트는 다시 지적하기를, 시의 정치적 기능이란 아리스토텔레스가 가르쳐 주듯이 우리 마음의 감정을 '순화' (catharsis)시켜 주어서 비로소 판단을 가능하게 하고, 거기서 행위가 나올 수 있도록 한다.[77]

---

76 ▶ 『傳習錄』 中 195조, "凡此皆所以順導其志意, 調理其性情, 潛消其鄙吝, 默化其麤頑, 日使之漸於禮義而不苦其難, 人於中和而不知其故."

사적 욕망에 사로잡힘이 없이 세상을 그 현현의 아름다움으로 전해주어서 우리로 하여금 다시 세상과 화해하게 하고, 그래서 우리도 그 세상을 사랑할 수 있게 하는 시인이나 역사가, 소설가(storyteller), 이들 모두는 우리의 감정의 순화, 판단력과 양지의 확장과 확충을 위해 역할을 한다.[78]

이것은 유교적 맥락에서 우리의 일곱 가지 감정이 일어났을 때 그것들을 잘 관찰하고 살펴서 과하거나 부족함이 없게 하고, 사적 욕망으로 물들지 않게 하여서 '화'(化)의 상태로 순화하는 일을 돕는 것과 다르지 않다. 양명은 우리 칠정의 감정도 포괄하는 양지의 강조를 통해서 이 칠정을 그냥 억누르거나 부인하려 하지 않고 그것을 잘 길들여서 순한 것이 되게 하는 일이 치량지의 한 가지 일임을 밝혔다. 그는 '생각에 사특함이 없다'(思無邪)라는 말이 『시경』(詩經)의 시 300편의 정신을 어떻게 모두 드러낼 수 있겠느냐는 제자의 질문에 『시경』(詩經)의 시 300편뿐아니라 더 나아가서 육경의 모든 경서가 결국 이 말을 뜻하는 것이라고 밝힌다.[79] 결국 우리 마음의 감정을 닦는 일이야말로 공부의 가장 기초가 되고 판단력과 양지가 우리 인식과 활동의 출발이 되는 것을 밝힌 것이라고 하겠다. 이런 맥락에서 아렌트의 판단력 확장과 양명의 치량지의 교육은 우리 아이들의 교육에 있어서 시와 음악교육, 예술교육과 취미교육을 더욱 강화시키

---

77 ▶ Arendt(1993), "Truth and Politics", p. 262.

78 ▶ Arendt(1993), "Truth and Politics", p. 262.

79 ▶ 『傳習錄』 下 249조, "『思無邪』 一言, 如何便蓋得三百篇之義?" 先生曰 : "豈特三百篇, 六經只此一言, 便可該貫, 以至窮古今天下聖賢的話, 『思無邪』 一言, 也可該貫. 此外便有何說? 此是一了百當的功夫."

고 기초로 삼아야 한다는 것을 가르쳐 주는 의미라고 하겠다.

아렌트와 양명이 파악한 판단력과 양지의 두 번째 특성은 그것들의 '사심 없음'(disinteressness), '불편부당함'(impartiality) 등이다. 이것은 원래 우리 마음의 순수한 상태로서 어떤 사적 욕망에 사로잡힘이 없는 것을 말하며, 자아가 중심이 아니라 세상이 중심이 되고 어떤 목적에 사로잡힘이 없이 여기·지금의 평안함(Gelassenheit, carelessness)으로 있는 것이다. 그런데 사람의 마음이 어떻게 하면 이런 상태로 될 수 있을까? 그것은 어린 시절 아직 세상과 본격적으로 만나기 전에 충분히 온전하게 자기 자신이어 본 경험으로 가능하고, 그 반대로 한 번도 자신이 세상의 중심이 되어본 적이 없는 아이, 항상 혹독하게 미래의 과제와 목표에 휘둘려서 온전히 현재에 살아보지 못한 아이는 그렇게 자연스럽게 '사심 없음'과 '공평함'의 평안함에 도달하기 힘들다는 것이다.

아렌트에 따르면 서구는 특히 19세기 이후 제국주의 시대 이래로부터 심한 목적주의에 사로잡혔다. 전 대륙적으로, 전 사회적으로, 그리고 가정적으로 부와 명예와 성공의 목적을 위해서 현재를 희생하고 미래를 위해서 살게 되었으며, 그 목적의 달성을 위한 혹독한 과정에서 제일 피해를 입는 것은 노약자, 이방인, 어린이들이다. 이 시기에 살았던 히틀러의 아버지는 의심 많은 출생과 가난, 외로움을 겪고 고된 노력을 통해 자수성가해서 국가공무원이 된 사람으로서 가정에서 '복종'을 가장 중요한 생활수칙으로 삼았던 전제군주 같은 사람이었다고 한다. 이러한 아버지 둘째 부인의 넷째 아들로 태어난 히틀러는 어린 시절 학업성적과 훈육을 이유로 거의 죽일 것 같이 때리는 아버지의 매질을 받고 자랐고, 그런 히틀러를 위해서 그의 어머

니는 거의 아무 것도 해줄 수가 없었으며, 그녀 역시 그 아버지 앞에서 철저히 약자였다고 한다.[80]

비슷한 시절에 나서 자란 스위스의 작가 헤르만 헤세의 자전적 소설 『수레바퀴 아래서』도 보면, 어떻게 한 아이가 그 부모와 그를 배출한 마을과 또한 허영심에 가득 찬 교육자들의 목적주의로 인해서 마치 '수레바퀴 아래에' 끼인 것처럼 무섭게 학업만 강요당하다가 죽어갔는지를 잘 그려주고 있다. 오늘 우리 사회에서의 모습과 다르지 않다. 루소는 그의 『에밀』에서 "자기애"와 "이기심"을 구별했다. 그러면서 온전히 자신만을 위해 존재하는 자연인인 유아시절에 자기애가 충족되지 못한 아이는 나중에 남을 위해서도 존재할 수 없다고 한다. 그런 사람은 전 생애를 통해서 두 개의 힘과 싸우고, 두 개의 힘 사이에서 방황하여 자신과 일치하지 못하며, 결국 자기를 위해서도 남을 위해서도 이바지하지 못하고 생을 마감할 뿐이라고 했다.[81]

의무와 과제와 미래에의 목표에로 내몰리기 전에 아이들은 충분히 여기 지금 현재에서 살 수 있어야 하며, 현재에서 항상 여유를 가지고, 힘이 남아서 주변을 돌아볼 여유가 생기고, 그래서 그 주변과 자연과 세상의 아름다움을 발견하고 기뻐하고 즐거워할 수 있어야 한다. 그때 발견한 세계와 자연을 사랑하기 때문에 그는 그 사랑하는 대상이 영원히 존재하기를 원하고, 그 사랑하는 존재를 위해서 그는 기꺼이 자신을 던질 수 있다. 여유를 가지고 있을 때 대상을 찬찬히

80 ▶ Alice Miller, *Am Anfang war Erziehung*(Suhrkamp Taschenbuch 951, 1983), p. 175ff.

81 ▶ J. J. 루소, 정봉구 옮김, 『에밀』(범우사, 2000), 33쪽.

볼 수 있고, 다른 사람의 시각에서 볼 수 있으며, 다른 사람의 상황을 상상해 볼 수 있다. 그래서 편파적이지 않을 수 있고, 무엇이 아름답고 역겨운가, 무엇이 옳고 그른가를 판단할 수 있다. 그래서 교육의 본질은 '기다림'이라고 한 루소나 페스탈로찌의 이해는 매우 타당하다. 『수레바퀴 아래서』의 한스는 그렇게 공부로 내몰리기 전에 풀을 말리던 일, 토끼하고 놀던 일, 낚시질 가서 강가에 누워 있었던 일, 불을 지펴 감자를 굽던 일들을 다시 해볼 수 있도록 여유가 생기기를 간절히 원했지만 그의 주변은 그를 더욱 학습에로 몰아갔고, 결국 거기서 그는 신경병에 걸리게 되었고, 아무 것도 판단하지 못하는 우왕좌왕하는 아이로, 나중에는 어떤 것도 배울 수 없는 화석 같은 아이가 되어서 결국 죽음을 택했다.

양명은 당시 일반적인 어린이 교육이 매일 오직 글귀를 읽고 과거시험 답안 쓰는 연습만 시키고 있다고 비판한다. 그들에게 몸가짐은 잘 할 것을 요구하면서도 예로써 인도할 줄 모르고, 총명할 것은 추구하면서도 선한 길을 가르쳐 줄 줄 모른다고 지적한다. 그들을 줄로 묶고 매질을 하여 마치 죄수처럼 다루니 학교 가는 것을 감옥 가는 것처럼 싫어하고, 선생이나 어른 보기를 마치 원수처럼 여긴다고 양명은 지적한다.[82] 이러한 싫은 감정을 감추고 더 놀고 즐기려고 거짓말하고 속이게 되어서 결국은 나쁜 아이들이 되고 만다고 하는데, 어떻게 그러한 강제와 억지, 주입식 교육에서 다른 아이들이 나오기

---

82 ▶ 『傳習錄』 中 195조, "若近世之訓蒙穉者, 日惟督以句讀課倣, 責其檢束, 而不知導之以禮, 求其聰明, 而不知養之以善. 鞭撻繩縛, 若待拘囚. 彼視學舍, 如囹獄, 而不肯入. 視師長如寇仇, 而不欲見, 窺避掩覆, 以遂其嬉遊, 設詐飾詭, 以肆其頑鄙, 偸薄庸劣, 日趨下流. 是蓋驅之於惡而求其爲善也, 何可得乎!"

를 기대하느냐고 반문한다.

그래서 양명은 강한 어조로 아이들 각자의 타고난 능력에 주의하라고 권고한다. 한 아이가 만약 200단어를 배울 수 있는 능력이 있으면 100단어만 가르쳐 주어 항상 에너지와 힘이 남아 있게 하는 것이 좋다고 한다. 그럴 때만이 그 아이가 즐겁고 쉬운 마음으로 공부에 임할 수 있고, 그래야만 나쁜 행동에 마음을 두지 않기 때문이다.[83] 즉 양이 문제가 아니라 얼마나 온전히 배웠는가가 중요하다고 하는데, 그래서 아이들이 글을 소리 내어 읽을 적에도 단지 거기에 그치는 것이 아니라 마음을 오로지 하여 그 뜻을 반복해서 되새기며 리듬과 목소리도 잘 맞도록 하라고 권고한다. 양명은 "공부란 언제나 상쾌한 마음을 유지하는 것"(常快活, 便是工夫)이라고 했다. 또한 마음의 본체를 '희'(喜)와 '락'(樂)으로 이해하면서 제자들과 함께 즐거운 시간을 갖도록 노력했다.

이러한 모든 이야기들은 아이들의 교육에서 너무나 학교공부에로만 몰아치며 미래의 과제와 의무에로만 밀어넣는 교육법에서 벗어나서 아이들에게 다시 여유를 돌려주고, 현재에 살게 하며, 그래서 기쁨과 힘을 회복하게 하고 주변을 돌아볼 수 있게 할 때 아이들의 판단력과 양지의 상상력이 살아난다는 것을 가르친다. 사심 없이 편벽되지 않고 자신들이 사랑하는 것을 선택할 수 있고, 그것을 위해 행위할 수 있는 힘을 가지고 온전히 자신이 되어서 살아갈 수 있다. 상상력을 잘 전개시키고 반성과 사고를 위해서 여유를 주는 것, 이것

83 ▶ 『傳習錄』 中 195조, "凡授書, 不在徒多. 但貴精熟. 量其資稟, 能二百字者, 止可授以一百字. 常使精神力量有餘, 則無厭苦之患, 而有自得之美."

이 아이히만이나 히틀러와 같은 사람을 내지 않는 지름길이다.

셋째, '공통감'(common sense, 상식)으로서의 판단력 이해와 '인(仁, 德의 뿌리)으로서의 양지 이해에서 오는 가르침이다. 아렌트는 줄기차게 판단력의 공통감각(상식)적 차원을 강조했다. 이것은 우리가 앞에서도 지적했지만 결국 우리의 탄생성, 판단력이란 나 홀로 확장할 수 있는 것이 아니라 공동생활 속에서, 인간 간의 관계 안에서 타인의 존재가 전제되어야지만 가능한 것임을 일깨워 준다. 교육은 무엇인가를 보호해 주어야 한다는 점에서 '보수적'이어야 한다고 말했던 아렌트는 오늘날 현대 교육에서의 일반적인 추세와는 달리 '교사'와 '전통'과 '종교'의 권위를 매우 중시한다. 이것은 다음 세대의 교육은 그저 그들 자신의 그룹 속에 던져두거나 기성세대의 인도함 없이 그 세대들 간의 일로서 놓아두어서는 안 되고 반드시 책임 있는 기성세대의 인도가 따라야 한다고 보았기 때문이다. 그녀에 따르면 자라나는 세대의 판단력은 과거와 전통에서 이미 실행되었던 판단력의 예들을 보고서 거기에 비추어서 자신들의 새로운 가능성을 실험해 보는 방법을 통해서 확장된다. 따라서 교사들은 기성세대의 대표자로서 이미 있었던 그리고 현존하는 세계를 소개해 주는 중요한 책임을 맡고 있다. 또한 그들은 그것을 통해서 "이 세계를 지속시키는 데 대한 책임"도 지고 있는 것이라고 한다.[84]

교사의 권위는 이 책임에서 나온다고 하는데, 아렌트는 오늘날 20세기 대중사회는 책임의식의 부재가 그 특징이라고 하는바, 바로

84 ▶ Arendt(1993), "The Crisis in Education", p. 186.

'어린이의 세기' 라고 하면서도 가정과 학교와 사회에서의 이 책임의식의 부재로 "교육에서의 위기"를 말하지 않을 수 없음을 밝힌다. '권위' (authority) 없이 산다는 것은, '전통' 없이 산다는 것은 삶의 어떠한 기준과 모델도 없이 여기에서 다시 완전히 새롭게 시작해야 한다는 것이므로 인간 인식과 행위의 기초가 되는 판단력이 '공통감' 이라는 데서도 드러나듯이 그것은 허구라는 것을 알 수 있다. 따라서 아렌트는 다시 '종교', '전통', '권위' 의 로마적 삼중주를 말하고 그것이 정치적 삶뿐 아니라 새로운 세대의 교육을 위해서도 필수불가결한 요소임을 밝힌다.[85]

인간의 양지를 단순히 지적 감수성이나 감각만이 아니라 인간 공동 삶의 구체적 덕목인 '인의예지' (仁義禮智) 또는 그것들의 '뿌리' (사단 : 측은지심, 수오지심, 사양지심, 시비지심)로도 파악하는 양명은 자신의 치량지가 물론 경전공부 등의 지적 공부를 무시하는 것은 아니지만 그 핵심은 바로 도덕적 실천, 구체적인 삶에서의 인간다움의 실행에 있다고 누누이 말한다. 이러한 관점에서 양명은 앞의 초등교육의 개선을 위한 제언에서 어떠한 교육내용보다 도덕 실천의 교육을 강조한다. 그는 매일 아이들이 학교에 오면 그들이 집에서 얼마나 부모를 사랑하고 어른을 공경하는 마음을 진실하게 가졌는지, 예절과 말과 행동, 마음가짐에 있어서 거짓이 없었고 편벽되거나 독실하지 못했는지를 묻는 일을 제일 먼저 하라고 권고한다. 그러면 학생들은 여기에 대해서 사실대로 대답하도록 힘써야 한다고 강조한다. 그

85 ▶ Arendt(1993), "The Crisis in Education", p. 193ff.

의 대답에 따라서 교사는 간곡히 가르치고, 아이들이 이 가르침을 깨우쳤을 때에야 조용히 물러가서 다른 공부를 할 수 있다고 한다. 오늘날의 시각에서 보면 자칫 경직된 도덕교육이 될 수 있는 것이 아닌가 의심도 갖게 하지만, 그러나 양명에 따르면 부모를 섬기고 어른을 공경하여 사람 간의 관계를 성실히 하는 것을 배우는 도덕교육이야말로 모든 다른 공부에 비해 우선이 된다. 그래서 그는 아이들의 예의와 몸가짐을 점검하는 날에는 과거시험 글짓기 공부를 면제시켜줄 것을 권고하고, 예의 공부를 위해서 규칙적으로 모든 학생들을 모아서 함께 모여 실행하라고 권한다.

양명은 자신의 치량지의 공부법을 맹자의 개념을 빌려서 '항산'(恒産, always doing something)으로 표현하기도 했다. 이것은 결코 지적 공부와 실천, 과거시험 공부와 사회적 책임, 책 읽는 것과 일상의 일들이 서로 완전히 나뉘는 것이 아니라 그와 같은 모든 일들 가운데서 24시간, 자는 동안에도, 일생 동안 오직 우리의 양지가 그때 그때마다 대상과 일을 만나서 잘 발휘될 수 있도록 확충하는 공부라는 의미라고 한다.[86] 이것은 마치 18세기 유럽에서의 페스탈로찌가 일생 동안의 자신의 교육적 탐구를 한 마디로 "삶이 곧 교육이다"(Das Leben bildet)라고 한 것을 상기시키고,[87] 아프리카 속담에 "아이 하나를 키우려면 마을 전체가 필요하다"(It takes a village to raise a child)라고 한 지혜를 생각나게 한다. 즉 진정한 교육이란 삶과 동떨어져서 일어나

86 ▸ 쥴리아 칭(1998), 163쪽.
87 ▸ 이은선, "뜨거운 영혼의 사상가 페스탈로찌의 교육사상", 졸저, 『한국 교육철학의 새 지평』(내일을 여는 책, 2000), 222쪽.

는 것이 아니라 삶의 한 가운데서, 그 삶에서 같이하는 다른 사람들과의 관계 안에서 일어나는 것이라는 사실을 밝혀주는 것이다.

한편, 이와 유사한 지혜를 우리는 아렌트의 '관객'(spector, 관찰자)의 이해에서 볼 수 있다. 그녀가 그렇게 '행위'와 '행위자'(actor)를 중시했음에도 불구하고 결국 우리 삶의 의미에 있어서 결정적인 열쇠는 '관객'(spector)이 가지고 있다고 보는 것이다.[88] 그녀에 따르면 '천재'(genius)와 '행위자'(actor or maker)가 위대한 것을 만들고 아름다운 것을 발견하여 그것을 '전달할 만한 것'(communicable)으로 만들어서 우리에게 보여주지만, 그러나 그것을 알아주고 판단하는 다수의 '관객'(spector)이 없이는 결코 그들의 위대성과 아름다움도 드러날 수가 없다고 한다. 따라서 인간 삶과 역사에서 의미의 열쇠를 쥐고 있는 것은 판단자인 관람자라는 것이다. 그녀에 의하면, 행위자는 사실 진정으로 자발적이지 않고 자유롭지 않다. 왜냐하면 그는 명성이나 자신의 행위를 판단하는 판단자들의 시선으로부터 완전히 자유롭기 어렵기 때문이다.[89] 또한 공론의 영역은 관객의 비판과 판단에 의해서 만들어지는 것이지 행위자나 창조자에 의해서 만들어지는 것이 아니라고 하는데,[90] 그런 의미에서 아렌트에게도 더 중요한 것은 행위자보다는 판단자인 관객들이고, 위대한 지식보다는 상식이며, 공동체의 삶에서 이루어진 공통감이다. 아렌트는 여기서 확장된 의식, 공평무사하고 개인의 사적 이익이나 명예로부터 자유로

88 ▶ Arendt(1978), One/*Thingking*, p. 95.
89 ▶ Arendt(1978), One/*Thingking*, p. 94.
90 ▶ Arendt(1978), Appendix/*Judging*, p. 262.

워야 하는 수칙을 가지고 있는 관객의 의식은 다시 "다른 관객들"의 판단을 염두에 두어야 한다고 지적한다.[91] 이렇게 함으로써 그녀는 공통감에서의 다수성의 조건을 강조하는데, 그녀에 따르면 칸트에게서의 관객은 '다수' (in the plural)이지만 헤겔에게서의 관객은 '단수' (in singular)로 나타나고, 그 단수도 절대정신의 철학자인 헤겔 자신이 된다고 지적한다. 그렇게 함으로써 다시 한 번 헤겔 철학의 독재성과 역사주의를 비판한다.[92]

관객으로서 판단력과 상식을 가지고 아름다움을 봐주고, 무엇이 인간적인가의 판단으로 이 세상에 계속 존재해야 할 것을 사심 없이 구별해 줄 수 있는 사람들, 이 사람들이야말로 비록 천재는 아니고 위대한 행위자는 아니지만 진정한 자유인으로서 세상을 유지하는 근간이 되는 것임을 밝힌 것이다. 세계를 전체주의의 폭압으로부터 구할 수 있는 가장 확실한 길은 이러한 상식을 가지고 있고 온갖 실리주의로부터 자유로운 관객들을 많이 배출하는 일이다. 또한 거기서의 상식이란 인간 간의 관계가 아니고서는 길러질 수 없는 것인데, 그 인간 간의 관계에서 길러진 인간적 덕목이 바로 상식의 내용이고 판단력의 내용인 것을 잘 드러내 준다.

어떤 스페셜리스트도 아니므로 그들 존재의 유용성에 대한 시비는 항상 있어왔지만 제너럴리스트로서 진정한 자유인이 되어서 세상을 판단해 주는 인문학자들, 철학자들, 이들의 공통감이 없이는 아름다움이 보존될 수 없고, 세상이 그 자체로서 지속될 수 없으며, 이

91 ▶ Arendt (1978), One/*Thingking*, p. 94.
92 ▶ Arendt (1978), One/*Thingking*, p. 96.

세계는 온통 실리주의의 잣대 앞에서 사라지게 되고 잉여물이 되어 버릴 것이다. 일상의 삶과 공동체 삶에서 길러진 상식, 인간 간의 관계맺음에서 기초적으로 길러져서 전 우주의 대상에 대한 사랑으로 확장될 수 있는 공통감, 이 공통감에 대한 희망과 신뢰로 아렌트와 양명은 인간의 또 다른 조건인 '사멸성'도 '무심하게'(careless) 받아들인다. 양명의 임종시 남긴 말은 "내 마음 광명하도다. 이제 무슨 말을 더 되풀이하겠는가?"(此心光明, 亦復何言)였고, 아렌트는 예루살렘의 아이히만에 관한 보고로 큰 어려움에 있었을 때에라도 그 시대의 위대한 판단자로 평가받는 로마 교황 요한 23세에 대한 글을 쓰면서 그의 임종시 한 말 "*Everyday is a good day to be born, everyday is a good day to die*"(모든 날이 태어나기에 좋은 날이고 모든 날이 죽기에 좋은 날이다)를 "그의 가장 위대한 말"로 삼은 데서 드러난다.[93]

V. 마무리하는 말

아렌트는 그녀의 『전체주의의 기원』에서 우리는 다시 언제든 새롭게 전체주의의 위협을 받을 수 있다고 경고했다. 그녀의 말이 예언이라도 되듯이 21세기 오늘, 세계는 다방면으로 다시 거대 세력들의 전체주의적 기도 앞에서 떨고 있으며, 우리 주변의 일상적인 삶에

93 ▶ E. Bruehl-Young(1982), p. 335.

서도 상황은 그렇게 다르지 않다. 이 중에서도 오늘날 한국 사회에서 목도되는 '교육적 전체주의'의 위협은 가공할 만하다. 교육이 온통 실리주의의 도구가 되어서 아이들이 모든 것을 할 수 있어야 하고, 모든 것이 되어야 하며, 그래도 안 되면 그 교육자들에 의해서 "전체주의적 해결"(totalitarian solution)의 희생자가 되는 것이 현실이다. 기러기 아빠, 대입성적을 위한 자퇴, 새벽이 되도록 불야성을 이루는 입시학원가, 대학도 온통 실리주의의 각축장이 되어서 누구라도 언제든지 잉여자가 되어서 뿌리뽑힐 수 있다. 이러한 상황에서는 많은 사람들이 "최종적 해결"(final solution)에 대한 유혹을 떨쳐버리지 못한다. 그것이 자살로, 가출로, 가족해체로, 도박 등 여러 가지로 나타나는데, 교육은 특히 인간의 '자연'과 관계하는 것이기 때문에 그 자연을 건드리려는 교육에서의 전체주의적 시도는 더욱 위험한 결과를 초래할 수 있다.[94] 아렌트는 지적하기를 자연은 "고쳐지는 것"(changing)이 아니라 "파괴될 뿐"(destroying)이라고 했다. 그래서 '자연'(性, nature)인 것이다. 이 자연의 조건을 겸허히 인정하는 것, 이 겸양의 덕목이 어느 때보다도 소중한 것 같다. 그래서 '비관주의'도 말고 '낙관주의'도 말고 "매 순간의 일"(die Sache des jeden Augenblicks)로서 다시 우리의 책임을 다하라는 '책임의 원리'(das Prinzip der Verantwortung)도 다시 생각나고,[95] 아렌트와 양명이 전해주는 가르침도 그렇게 다른 것이 아니라고 생각한다.

94 ▶ Arendt(1983), p. 459.

95 ▶ 이은선, "한스 요나스의 책임의 원리와 교육", 『한국 교육철학의 새 지평』(내일을 여는 책, 2000), 280쪽.

참고문헌

왕양명. 대학문(大學文). 『전습록』(傳習錄).
이은선. 2000. 『한국 교육철학의 새 지평』. 내일을 여는 책.
_____. 2003. 『유교, 기독교 그리고 페미니즘』. 서울 : 지식산업사.
이은선. 2003. "한나 아렌트 사상에서 본 교육에서의 전통과 현대." 『교육철학』. 제30집(교육철학회 2003. 8).
쥴리아 칭, 이은선 옮김. 1998. 『지혜를 찾아서-왕양명의 길』. 분도출판사.
I. 칸트, 이석윤 역. 2003. 『판단력비판』. 박영사.
J. J. 루소, 정봉구 옮김. 2000. 『에밀』. 범우사.
한나 아렌트, 김선욱 옮김. 2000. 『칸트 정치철학 강의』. 푸른숲.
_____, 이진우 · 태정호 역. 2001. 『인간의 조건』. 서울 : 한길사.

Alice Miller. 1983. Am Anfang war Erziehung, Suhrkamp Taschenbuch 951.
Elisabeth Young-Bruehl. 1982. *Hannah Arendt for Love of the World*. New Heaven and London, Yale University Press.
Hannah Arendt. 1977. *Eichmann in Jerusalem-A Report on the Banality of Evil*. Penguin Books.
_____. 1978. *The Life of the Mind*. One-Volume Edition, San Diego, New York and London, HBJ Book.
_____. 1983. *The Origins of Totalitarianism*. New York and London, A Harvest/HBJ Book.
_____. 1993. *Between Past and Future*. New York, Penguin book.

Hans Jonas, 1983. *Das Prinzip Verantwortung*. Vierte Auflage, Insel Verlag.

제8장

아렌트의 '정치적' 헌정주의*

김비환(성균관대학교)

I. 머리말

이 글의 목적은 아렌트의 헌정주의를 그의 규범적 정치관으로부터 도출·재구성하고, 그것을 현대의 자유-공화주의적 헌정주의(liberal-republican constitutionalism)와 차별성을 갖는 '정치적' 헌정주의로 규정, 그 근거를 제시하는 것이다. 일반적으로 아렌트는 공화주의 정치사상가로 분류된다. 때문에 그의 헌정주의를 '정치적' 헌정주의

* ▶ 본 논문은『한국정치학회보』, 제41집 2호(2007)에 수록되었다.

로 규정코자 하는 이 글의 시도는 현대 공화주의적 헌정주의의 내적 분화를 조명해 줌과 동시에 정치적 참여의 원리를 강화시킨 헌정주의의 한 가지 형태를 제시해 주는바, 헌정주의에 관한 학계의 논의에 일조할 수 있을 것으로 본다.

아렌트를 헌정주의 맥락에서 이해해 보려는 시도는 비교적 최근의 경향으로 그것은 헌정주의 혹은 법의 지배(the rule of law)에 대한 현대 사회의 고조된 관심을 반영한다. 그동안 아렌트의 정치사상에 대한 학문적 관심은 전체주의 지배의 원인과 구조, 활동적 삶의 다양한 양상들 및 정치적 행위의 본질과 성격, 악의 평범성과 무사려(thoughtless)의 관계, 판단능력의 정치적 의미, 정치에서의 폭력과 혁명의 문제, 그리고 다양한 이데올로기적 · 사상적 조류들—공화주의, 실존주의, 페미니즘, 포스트모더니즘 등—과의 관계 등 꽤나 광범위한 주제에 걸쳐 표출되었다.[1] 하지만 아렌트의 헌정주의적 견해

---

1 ▶ 이 주제들에 대한 연구는 국내 학자들에 의해서도 상당히 심도 있게 진행되었다. 따라서 아렌트의 (정치)사상을 연구하기 위해서는 일단 국내 학자들의 연구성과를 참고하는 것이 효과적이라고 생각한다. 다음 글들을 참조할 것. 김비환, 『축복과 저주의 정치사상 : 20세기와 한나 아렌트』(서울 : 한길사, 2001) ; 김선욱, 『한나 아렌트의 정치 판단 이론』(서울 : 푸른숲, 2002) ; 김선욱, “문화와 소통가능성 : 한나 아렌트 판단이론의 문화론적 함의”, 『정치사상연구』(제6집, 2002) ; 김인순, “아렌트의 정치적 판단의 이론과 그 의의”, 『시대와 철학』(제17집 1권, 2006) ; 서유경, “한나 아렌트의 정치 행위(action) 개념 분석”, 『정치사상연구』(제3집, 2000) ; 서유경, “정치, 거짓말, 그리고 한나 아렌트”, 『시민정치학회보』(제5권, 2002) ; 이은선, “한나 아렌트의 ‘인간의 조건’과 ‘공공성’에로의 교육”, 『교육철학』(제30호, 2003) ; 정윤석, “아렌트의 근대 비판과 새로운 정치의 모색”, 『철학사상』(제11집, 2000) ; 정윤석, “아렌트의 하이데거 비판–‘세계’ 개념을 중심으로”, 『철학』(제88권, 2006) ; 홍원표, “한나 아렌트의 ‘정신의 신화’와 그 정치적 함의”, 『한국정치학회보』(제33집 1호, 2002) ; 홍원표, “한나 아렌트 정치철학에서 선악의 문제”, 『정치사상연구』(제11집 2호, 2005).

들은 그 중요성에도 불구하고 거의 주목을 받지 못했거나 체계적인 조명을 받은 바 없었다.[2] 1996년에 최초로 아렌트 정치사상을 인권 개념을 중심으로 재구성한 아이삭(J. Isaac)의 경우도 아렌트의 정치사상에서 인권문제의 핵심적 중요성을 주장했을 뿐 그 주장을 헌정주의라는 보다 큰 맥락에서 다루지는 않았다.[3] 그러므로 아렌트의 정치사상을 헌정주의 맥락에서 비교적 상세히 조명한 본격적인 연구는 분석적 법철학자인 월드런(J. Waldron)의 시도라 할 수 있겠는데,

---

2 ▶ Waldren, Jeremy, "Arendt's Constitutional Politics", Dana Villa, ed., *The Cambridge Companion to Hannah Arendt*(Cambridge : Cambridge University Press), p. 202. 아렌트의 헌정주의에 대한 연구를 지연시켰던 중요한 한 가지 원인은 아렌트의 정치관과 관련하여 1990년대 초반까지 유력하게 받아들여졌던 몇 가지 해석들이다. 아렌트적 정치는 지나치게 개인주의적이고 경쟁적이며, (수행 자체가 목적이라는 점에서) 연극적일 뿐만 아니라 끊임없는 시작행위이기 때문에 그 자체의 존립을 위태롭게 할 정도로 급진적이라는 견해들이 바로 그것들이다 : Cannovan, Margaret, "The Contradictions of Hannah Arendt's Political Thought", *Political Theory* 6(February 1978), pp. 5–26 ; O'Sullivan N. K., "Hannah Arendt : Helenic Nostalgia and Industrial Society", in Anthony de Crespigny and Kenneth Minogue, eds., *Contemporary Political Philosophers*(New York : Dodd Mead, 1975) ; Nelson, John S., "Politics and Truth : Arendt's Problematics", *American Journal of Political Science* 22(May 1978), pp. 270–301 ; Jay, Martin, "Hannah Arendt : Opposing Views", *Partisan Review* 45(1978), pp. 348–64 ; Parekh Bhikhu, *Hannah Arendt and the Search for a New Political Philosophy*(London : The Macmillan Press LTD, 1981) ; Mackenna, George, "Bannisterless Politics : Hannah Arendt and Her Children", *History of Political Thought* 5(Summer 1984), pp. 333–60 ; Honig, Bonnie, *Political Theory and the Displacement of Politics*(Ithaca : Cornell University Press, 1993). 이런 해석들을 받아들일 경우 아렌트의 정치사상을 헌정주의 맥락에서 이해하려는 시도는 성공가능성이 낮아보일 수밖에 없다. 새로운 시작과 독특한 정체성을 경쟁적으로 과시하며 위대한 행위의 수행을 통해 불멸성을 획득하는 정치적 행위는 그런 행위의 가능성을 결정적으로 제약하는 듯한 헌정주의의 논리와 잘 부합하지 않기 때문이다.

3 ▶ Issac, Jeffrey, "A New Guarantee on Earth : Hannah Arendt on Human Dignity and the Politics of Human Rights", *American Political Science Review* 90, No. 1(1996).

이는 아렌트의 헌정주의 이해를 위한 중요한 자료가 되고 있다.[4]

하지만 월드론의 연구는 아렌트의 헌정주의를 온전히 체계화시켰다고 보기에는 아직 미흡한 부분이 있다. 기본권 체계의 핵심을 이루는 민권(civil rights)체계가 어떻게 도출·정당화되는지 설명하지 않고 있으며, 현대의 헌정주의 담론에서 아렌트의 헌정주의가 지닌 차별성을 어디에서 찾을 수 있는지도 전혀 다루고 있지 않다. 따라서 본 연구를 통해 필자는 아렌트의 헌정주의를 정치 및 정치와 다른 영역—사적 혹은 사회적인 영역—과의 관계에 대한 그의 견해로부터 연역적으로 도출해내는 한편, 그의 전체 저작에 산발적으로 흩어져 있는 헌정주의적 견해들을 동원하여 그 연역의 타당성을 뒷받침하고자 한다. 그리고 그것을 애커만(B. Ackerman), 선스타인(C. Sunstein) 그리고 마이클만(F. Michelman)으로 대변되는 자유-공화주의적 헌정주의와 대비시켜 평가해 봄으로써 그 독특성 혹은 차별성을 부각시켜 보려고 한다.

II. '정치'에서 헌정주의로

이 장에서는 아렌트의 정치관에서부터 어떻게 헌정주의가 도출될 수 있는가를 살펴본다. 아렌트의 헌정주의는 '특별한 공존양

4 ▶ Waldron(2000).

식'인 정치의 계속적 실현을 위한 불가피한 조건으로서, 다시 말해 정치의 영속적인 자기 실현을 위한 조직화한 관점에서 설명된다.

아렌트의 정치적 행위는 서로 평등하면서도 독특한 다수의 사람들이 언어와 행위를 통해 자기 자신의 정체(who)를 현시하는 동시에 '새로운 것을 시작하는 자', 곧 자유로운 존재로서 드러내는 활동이다.[5] 따라서 새로운 것을 시작하는 능력으로서의 자유는 어느 정도 자의성을 가질 수밖에 없으며, 그 순수 형식에 있어 실용적 목적을 초월해 있다. 하지만 행위의 목적초월적 성격에 대한 아렌트의 강조는 목적이 정치적 행위의 동기가 되어서는 안 된다는 것이 아니라, 정치적 행위를 고무하는 궁극적인 계기는 외부적인 목적이 아니라 행위에 내재하는 (정치의) 원리임을 강조하기 위한 것이다. 아렌트는 다음과 같이 진술한다.

> 시작의 행위를 그 자의성에서 구하는 것은 행위가 자신 속에 자체의 원리를 내포하고 있다는 사실이다. … 시작과 원리는 서로 관련되어 있을 뿐만 아니라 동시적이라는 사실 때문에 행위가 그 자의성에서 구제될 수 있는 것이다. 시작은 그 타당성의 근거가 되고 또 시작에 내재하는 자의성에서 자기를 구제해 주어야만 하는 절대자(the absolute)를 필요로 하는데, 그 절대자가 바로 시작과 함께 세계에 모습을 드러내는 [정치의] 원리인 것이다.[6]

5 ▶ Arendt, *The Human Condition*(Chicago : Chicago University Press, 1958), pp. 178–80.

6 ▶ Arendt, *On Revolution*(New York : Viking Press, 1963a), p. 214.

> 행위는 자유롭기 위해서는 한편으로는 동기에서 그리고 다른 한편으로는 예측 가능한 결과에서 자유로워야 한다. 이것은 물론 동기와 목적이 행위에서 중요한 요인이 아님을 의미하지는 않는다. 오히려 그것들은 행위의 결정요인들이다. 그러나 행위는 그것들을 초월하는 한에서 자유로워진다. … 행위의 목적과 달리 행위의 원리는 계속 반복될 수 있으며 소모되지 않는다.[7]

요컨대 아렌트의 주장은 행위가 목적을 가져서는 안 된다는 것이 아니라 단지 그런 목적들에 의해 규정되어서는 안 된다는 것이다. 행위의 목적들은 언제나 그 목적들에 중요성과 의미를 부여해 주는 보편적 원리들에 초월당한다. 개별 행위들이 특수한 목적을 추구한다고 해도 그 목적 추구가 정치의 보편적 원리에 일치하고 또 그 원리를 현시하는 것이라면 그것은 온전한 정치적 행위가 되며, 따라서 위대성—정치원리를 온전히 구현함으로써 정치세계의 지속성에 기여하는 정도—에 따라 평가될 수 있다.

그런데 '자기를 현시하는 활동' 및 '새로운 시작능력'으로서의 행위가 가능하기 위한 조건인 '다원성'(plurality)은 행위의 또 다른 측면인 '세계성'과 연관되어 있다. 아렌트의 세계 개념은 세 가지 차원을 포괄하지만[8] 행위와 직접 연관된 세계는 보다 축소된 의미의 공

7 ▶ Arendt, *Between Past and Future*(Cleveland : The World Publishing Co., 1963b), p. 152.

8 ▶ 첫째 차원은 현상성과 다양성을 특징으로 하는 모든 자연세계, 둘째 차원은 "인간의 직접적인 활동들에 의해 생산된 물건들로 구성된 인공물의 사물세계"를

적 영역(public realm)이다. 사적 영역(private realm)과 대비되는 공적 영역은 일차적으로 "발언과 행위를 통해 사람들이 함께 살아갈 때 존재하게 되는 출현의 공간"(the space of appearance)으로, 우리의 정체의식(the sense of identity)과 현실감(feeling for reality) 및 공동의식(상식, common sense)이 형성되는 곳일 뿐만 아니라 개인의 사고능력 발전에도 필수적이며 도덕의 원천이기도 하다.[9] 그 까닭은 공적 영역이 만인에게 공동으로 속하는 세계 자체로서, 말하자면 테이블처럼 사람들을 서로 결합시켜 주는 공간이기 때문이다.

그런데 공적 영역의 실재성은 전적으로 인공물들(the human artifact)과 그것들을 통해서 다수의 사람들이 함께 모여 사는 공동세계의 지속성에 달려 있다. 공동세계는 우리가 태어나면서 들어가고 죽음으로써 떠나는 곳으로, 미래와 과거로 우리의 생애를 초월하는 역사적인 공간이다. "하지만 공동세계는 공개적으로 드러날 때에만 오고 가는 세대를 초월하여 존속할 수 있는바, 공적 영역의 공개성은 사람들이 자연적인 시간의 파괴로부터 보존하기를 원하는 것을 흡수할 수 있고 또 빛나게 해줄 수 있다."[10] 다시 말해 공적 영역의 지속성에 의존함으로써 사람들은 '위대한' 행위를 통해 불멸에의 욕구를 충족시킬 수 있다.

하지만 문제는 공적 영역이 지속적인 공동세계와 관련되어 있으면서도 매우 취약하고 일시적인 성격을 갖고 있다는 점이다. 그 이

의미한다.

9 ▶ Arendt(1958), pp. 51, 245–246.

10 ▶ Arendt(1958), p. 55.

유는 모든 사람들이 다 행위와 발언의 능력을 지니고 있다고 해도 언제나 공적 공간에 살 수는 없기 때문이다.[11] 아렌트는 공적 공간의 성격을 다음과 같이 묘사하고 있다.

> 공적 공간의 특색은 … 공적 공간을 발생시키는 구체적인 활동이 끝난 이후에는 더 이상 존속하지 못하고 사람들이 흩어지는 동시에 사라지게 될 뿐만 아니라—인민의 정치체가 파괴되는 경우처럼—활동 자체의 사라짐 또는 정지와 함께 사라지게 된다는 점이다. 사람들이 함께 모이는 곳은 어디서나 잠재적으로 공적 공간이 존재하지만 그것은 단지 잠재적으로일 뿐, 필연적으로 또 영구적으로 그렇지는 않다.[12]

아렌트에 의하면 이와 같은 공적 공간의 불안정성 혹은 일시성을 구제해 주는 것이 바로 '권력'이다.[13] 불변적이지도 측정 가능하지도 않고 무력(force)이나 힘(strength)처럼 확실한 것도 아닌 권력은 "사람들이 가까이 모여 살아서 행위의 가능성이 항상 존재하는 곳에서만 그들과 함께 할 수 있다." 그러므로 모든 정치조직들의 전형적인 형태가 되어온 도시국가와 같은 조직의 설립은 권력이 발생하고 보존되는 가장 중요한 전제조건이며, 이곳에서 형성되는 "권력은 공적 공간과 출현공간을 보존하는, 말하자면 인공체[도시국가 혹은 조직]의 혈관이다." 아렌트는 정치조직과 권력의 관계를 다음과 같이

---

11 ▶ Arendt(1958), p. 199.
12 ▶ Arendt(1958), p. 199.
13 ▶ Arendt(1958), pp. 200-204.

설명한다.

> 인공체가 만약 행위와 발언, 인간사와 인간관계망 그리고 그로부터 일어나는 이야기들의 장이 아니라면 존재이유가 없게 된다. … 인공체의 영속성이 없다면 이후에 올 사람들과 더불어 있게 될 일들에 관한 어떤 기억도 있을 수 없다. 그리고 권력이 없다면 공개적인 행위와 발언을 통해 발생한 출현공간은 생생한 행위와 언어와 같이 신속하게 사라지게 될 것이다.[14]

그러므로 "다원성의 계속적 실현을 가능케 해주는" '특별한 공존양식'으로서의 정치조직의 결성과 그 보존 및 안정화 기제로서의 권력의 구성은 영속적으로 자기를 실현하고자 하는 행위에 내재된 욕구의 자연스런 귀결이다.

그런데 정치조직과 그 혈관인 권력의 구성과정은 "세계 구성능력의 일부", 곧 행위에 내재된 세계지향적 특성인 "약속하고 약속을 지키는 능력"에 의해 실현된다. 이 점에 대해 아렌트는 『혁명론』에서 다음과 같이 설명한다.

> 사람들이 어떤 특별한 행위나 행위과정을 통해 발생한 권력을 온전히 유지하는 데 성공한 곳에서는 사람들이 이미 창설의 과정, 곧 행위의 결합된 힘을 수용할 수 있는 안정된 세계적 구조를 구성하는 과정에 들어선 것이다. 약속하고 약속을 지키는 인간의 능력 속에는 세계 구성능력의 요소

---

14 ▶ Arendt (1958), pp. 203–204.

> 가 있다. 약속과 합의가 미래를 다루면서 도처에서 예기치 못한 일이 일어날 수 있는 미래의 불확실한 대양에 확실성을 부여해 주는 것처럼 인간의 창설능력이나 세계 구성능력은 항상 우리 자신이나 우리 시대보다는 우리의 후계자나 자손들과 더 관계가 있다. 요컨대 행위의 문법은 행위가 사람들의 다원성을 요구하는 유일한 인간의 능력이라는 것이다. 그리고 권력의 구문법(the syntax of power)은 권력이란 사람들이 상호 관련되어 있는 세계의 사이 공간(the worldly in-between space)에만 적용되는 유일한 인간적 속성이라는 것이다. 그리하여 행위의 문법과 권력의 구문법은 약속하고 약속을 지키는 미덕에 따라 창설행위에서 결합된다. 그러므로 약속하고 약속을 지키는 미덕은 정치의 영역에서는 최고의 인간능력인 것이다.[15]

아렌트처럼 정치조직의 창설을 행위의 영속적인 자기 실현의 욕구와 행위에 내재하는 약속하고 약속을 지키는 능력의 결합으로 볼 경우 정치적 행위의 지속적인 실현을 가능하게 해주는 형식적 틀, 곧 제도적 형태에 대한 관심은 정치적 사고의 부차적인 관심사가 아니라 가장 본질적이고 핵심적인 관심사로 부각된다. 월드런이 적절히 지적하듯이 (정치)조직을 필요로 하는 정치라는 주제는 아렌트의 저술에서 매우 두드러진 것으로, 조직의 차원을 무시할 경우 우리는 제도로부터의 배제—난민을 양산했던 양차 세계대전 사이 유럽과 [시민불복종이 거셌던] 현대 미국의 경우처럼—에 대한 아렌트의 현실세계적 관심을 부당하게 무시해 버리는 과오를 범하는 것이다.[16]

15 ▶ Arendt(1963a), pp. 174-175.

16 ▶ Waldren(2000), p. 203.

다시 말해 건국, 혁명, 권위, 헌법 혹은 법, 그리고 권력구조에 관련된 문제들은 그의 정치적 사고에서 주변적인 것들이 아닌 핵심적인 주제들이다. 1963년에 발표된 『과거와 미래 사이』와 『혁명론』은 본격적으로 이 주제들을 다룬 저술들이다. 특히 『혁명론』은 프랑스 혁명과 미국 혁명을 비교 분석하는 가운데 (헌)법과 정치의 관계를 조명함으로써 그가 선호하는 헌정주의 형태를 시사하고 있다.

아렌트는 정치조직의 핵심적 구성요소인 권위 개념의 역사를 추적함으로써 두 종류의 권위와 두 종류의 법을 구분한다. 먼저 권위와 관련해서는 로마 건국 행위를 향한 로마인들의 경건함 속에서 발견된 '세속적' 권위 개념과, 그 이후 그리스 철학 및 중세의 기독교의 영향 하에 변형된 '초월적' 권위 개념을 구분한다. 그런데 '초월적' 권위는 고대 로마의 권위 개념과는 전혀 다른 것, 즉 정치를 초월해 있으면서 외부로부터 정치에 정당성을 부여하는 절대적인 존재 혹은 원리를 의미하는 것으로, 이 권위 개념의 문제점은 인간사와 인간관계로 구성된 정치세계에 초월적인 절대적 기준을 부과함으로써 정치의 본질을 왜곡시킨다는 것이다.[17]

그런데 이보다 더 중요한 문제는 중세 기독교 사회를 거치면서 변형·완성된 권위 개념이 근대의 시민혁명들에도 깊은 영향을 미쳤다는 점이다. 아렌트가 유일하게 성공한 혁명으로 평가했던 미국 혁명도 예외는 아니었다. 혁명의 지도자들 역시 새로 창설한 공화국을 초월적인 권위 위에 세우려고 애썼다. 다시 말해 그들조차도 독립

---

17 ▶ Arendt (1963b), p. 132.

선언의 "자명한 진리들"이나 "불사의 입법가"(Immortal Legislator)에 호소함으로써 공화국을 지탱하는 실정법의 정당성을 확보하려 했던 것이다.[18] 미국 혁명의 지도자들이 상위법으로서의 초월적 토대에 호소하게 된 배경에 대해 아렌트는 다음과 같이 설명하고 있다.

> '인간의 통치가 아닌 법의 통치'에 기초한 공화국을 건설했다고 자부한 혁명의 사람들에게 권위의 문제는 이른바 '상위법'의 형태로 다가왔다. 의심의 여지없이 법률은 인민의 권력과 입법부의 대의원들로부터 발생했다. 하지만 이 사람들은 동시에 실정법이 그로부터 도출되는 상위법을 상정하지 않을 수 없었다. 왜냐하면 실정법이 다수나 소수자, 현세대나 미래세대 모두에게 권위가 있고 정당하게 간주되기 위해서는 상위법으로부터 도출된 것으로 설명되어야 했기 때문이다. 따라서 미국의 새로운 법을 정하는 과업은 … 프랑스에서와 마찬가지로 미국에서도 절대적인 원리(an absolute)에 대한 필요를 전면에 부각시켰다.[19]

그런데 인간의 행위영역인 정치세계와 독립적으로 존재하면서 외부로부터 정치세계를 규정하는 이런 초월적 법 혹은 법칙들에 대해 아렌트는 깊은 우려를 표명한다. 왜냐하면 정치세계의 원리를 인간의 행위에 내재하는 원리로부터가 아니라 정치세계 밖에 있는 초월적 근거에서 구할 경우, 인간의 다원성과 자유가 실현되는 정치의 영역은 그 독자성을 상실해 버리거나 다른 형태로 탈바꿈해 버릴 수

---

18 ▶ Arendt(1963a), pp. 182–1955.
19 ▶ Arendt(1963a), pp. 181–183.

도 있기 때문이다. 다시 말해 정치는 더 이상 인간의 자유로운 행위의 실현영역이 아니라, 초월적인 원리나 토대에 따라 질서를 만들어 가는 통치행위로 전락해 버릴 가능성이 있기 때문이다.

따라서 아렌트는 초월적 기원의 법 대신에 "인간에 의해 만들어진" 법 개념을 옹호한다. 그가 플라톤주의적으로 또는 기독교적으로 변형된 로마의 전통을 넘어 순수한 그리스와 로마의 전통으로 되돌아가는 것은 바로 이런 이유에서이다. 법에 대한 그리스인들과 로마인들의 이해는 서로 달랐음에도 불구하고 그들은 모두 권위의 초월적 원천보다는 시민들 사이의 '관계'에 관심을 갖고 있었다. "그리스의 nomos도 로마의 lex도 신적인 기원을 갖지 않았다. 때문에 그리스와 로마의 입법 개념 역시 신적인 영감을 필요로 하지 않았다."[20] 따라서 정당성을 인정받기 위해 초월적인 근거에 호소할 필요가 없었다.

아렌트에 의하면, 로마법의 권위는 법률을 발생시키는 공적인 약속행위 그 자체로부터 발생했기 때문에 정치적 행위와 밀접한 연관성이 있다. 다시 말해 로마법으로 대변되는 이 두 번째 법 개념은 행위의 자기 유지(self-maintaining) 욕구의 한 가지 구체적 표현으로 정치세계를 보존 · 유지 · 안정화시키는 목적을 갖는 것으로 이해된다. 법체계는 새로움을 향한 행위의 욕구를 정치적 규범들로 천명하되 정치적 행위가 추구할 수 있는 혁신과 변화의 폭을 미리 설정해 줌으로써 공적 공간과 정치를 안정화시켜 준다.[21]

---

20 ▶ Arendt(1963a), p. 186.

21 ▶ Arendt, *The Origins of Totalitarianism*(New York : Harcourt Brace Yovanowich,

만일 행위의 영역인 공적 공간이 헌법과 법률에 의해 보호되고 안정화되지 않는다면 행위는 자체 속에 내재된 "자의성"(arbitrariness)이나 "의외성"(unexpectedness)에 의해 저주를 받을 수도 있다.[22] 다시 말해 헌법과 법률에 의해 보호되고 규제되지 않는 '자의적인' 정치적 행위는 정치 자체를 파괴하는 '의외의' 결과—전체주의는 그 한 가지 예이다[23]—를 초래할 수도 있다. 그러므로 법의 진정한 권위 혹은 정당성은 그것이 다원적이고 자유로운 개인들 사이의 상호 행위—발언과 토론 및 합의—의 결과로 '만들어진' 경우에 한하여, 그리고 행위를 고무하고 행위에 의해서만 표현되는 '원리'—자유와 평등의 원리 및 다원성의 원리 등—를 표현 · 보호하는 경우에 한해서만 확보된다. 요컨대 정치의 핵심이 사람들을 결합시켜 줌과 동시에 분리시켜 주는 공적인 출현공간을 형성하고 지속시키는 것이라고 볼 때 헌법과 법률의 궁극적 목적은 사람들 사이의 관계를 분리시켜 주고 결합시켜 주는 제도적 장치들, 곧 권리 혹은 자유와 의무의 체계를 제공함으로써 공적 공간을 영속화 · 안정화시켜 줌에 있다.

혹자는 "새로운 시작을 할 수 있는 능력"으로서의 행위를 강조하는 아렌트가 그 행위에 제약을 가하는 법과 제도(조직)의 필요성을 역설한 것은 논리적 모순이라고 주장할 수 있다. 하지만 그것은 정치

1951), p. 465.

22 ▶ Arendt (1963a), p. 207 ; Arendt (1958), p. 178.

23 ▶ 물론 전체주의 하에서도 헌법과 법률이 있었다. 하지만 그 법률은 다원적이고 자유로운 행위를 보호하고 유지하기 위한 행위의 내적 욕구를 표현한 것이 아니라, 행위를 억압하고 불가능하게 하기 위한 법률이었다는 점에서 반(反)정치적인 것이었다. 나치의 인종주의 이데올로기는 실정법의 자의적 해석을 위한 초월적인 근거—상위법—로 작용했다고 할 수 있다.

의 자기 구속(self-restraint)의 결과이다. 다시 말해 그것은 구속 자체가 목적이 아니라 그 구속을 통해서 자기를 계속적으로 혹은 가능하다면 영구적으로 실현시키기 위한 것이다. 그러므로 개인들의 정치행위의 산물인 아렌트적 법과 제도는 자유로운 행위를 고무하는 진보적 측면과 함께 정치를 안정화시키는 보수적 성격을 통합하고 있다.[24]

III. '정치적' 헌정주의

정치의 계속적 실현을 보장해 줄 수 있는 정치조직의 성격 혹은 내용을 결정하는 헌법제정이 불가피하다면 이로부터 다음과 같은 질문들이 제기될 수 있다. 헌법은 어떤 내용으로 구성되어야 하는가? 그리고 헌법은 헌법 구성능력과 어떤 관계에 있으며 또 어떤 관계를 이루어야 하는가? 보다 구체적으로 헌법은 정치의 요구로부터 독립적이어야 하는가 아니면 정치의 요구를 반영해야 하는가? 다시 말해 그것은 불변적이며 그 내용 또한 객관적으로 자명한 것인가, 아니면 다양하게 해석될 수 있고 또 상황의 변화에 맞춰 새롭게 해석될 수 있는가? 또 그 과제는 궁극적으로 전문적인 소수의 법률가들에게 맡겨야 하는가 아니면 보다 광범위한 공적 심의에 맡겨야 하는가?

24 ▶ Arendt (1963a), pp. 225-226.

사실 이와 같은 헌정주의적 질문들에 대한 답변은 정치적 행위의 본질 및 정치가 가능한 조건에 대한 아렌트의 주장 속에 이미 어느 정도 함축되어 있다. 다시 말해 이 질문들은 "일차적으로는 다원성의 계속적 실현을 가능케 해주는 일정한 원리에 따르는 특별한 공존의 양식이며, 이차적으로는 그 공존양식의 원리를 구현하면서 그 공존양식을 지향 · 보존 · 강화시킬 의도 하에 취해지는 목적적 활동"인 아렌트적 정치에 이미 어느 정도는 함축되어 있다.[25] 그러므로 이 장에서는 이 정치관과 부합하는 헌정주의를 도출 · 구성해 보되 아렌트의 저술들에 산재해 있는 헌정주의적 요소들을 동원하여 그 헌정주의의 타당성을 뒷받침해 보고자 한다.

주지하듯이 헌법을 갖춘 정치조직, 곧 국가의 구성은 정치적 행위의 내적 욕구 및 약속하고 약속을 지키는 능력의 결합을 통해 실현되는데, 일차적으로 다원성의 계속적 실현을 가능케 해주는 정치적 원리들을 반영 · 보호해야 한다. 아렌트의 다원성 개념은 함께 모여 행위하는 사람들 사이의 '평등과 차이'를 표현한다. 그러므로 헌법 구성의 핵심 원리는 함께 국가를 구성하기로 합의하는 사람들 사이의 정치적 평등을 전제하지 않을 수 없다. 그리고 이 말은 국가의 모든 성인 구성원들이 정치적 행위를 취할 수 있는 적극적인 정치적 권리들을 인정받아야 한다는 것을 의미한다. 따라서 건국 및 헌법 구성은 근대의 헌정주의가 보호하고자 하는 중요한 정치적 권리들을 반영하지 않을 수 없다. 이런 적극적인 기본권을 헌법의 핵심 사항들로

25 ▶ 김비환(2001), p. 181.

천명함으로써 헌법은 정치의 지속적인 실현을 가능하게 해준다. 정치적 기본권을 갖는 시민이라는 개념은 근대의 헌정주의 질서의 주체됨을 의미하는 것으로, 헌법에 천명한 정치적 기본권을 향유하는 시민이라는 개념은 아렌트의 정치적 행위 개념으로부터 자연스럽게 도출된다.

정치적 평등원칙과 이와 연관된 정치적 권리들은 정치 자체가 헌법의 보호 속에서 반복될 수 있는 필수적 조건들이 된다. 국가에서 시민들은 이 권리들을 통해 자신의 생각과 정체성을 표현할 수 있으며, 서로 결합하고 집단적 행위를 취할 수 있고 또 공동체의 문제들에 대해 자유롭게 토론하고 심의하며 결정할 수 있다. 따라서 이 권리들은 정치적 행위의 특성인 자기현시적 특성과 시작능력으로서의 자유의 계속적 실현을 위한 필수조건으로서 아렌트적 참여정치의 지속에 필요한 가장 중요한 헌법적 요구사항이 된다.

정치적 평등원리의 제도화는 다양한 차원에서 구체화될 수 있다. 먼저 절차적 측면에서의 제도화를 생각해 볼 수 있다. 자유롭고 평등한 시민들 사이에 의제가 설정되고 토론이 수행되는 방식을 조직화하는 규칙 혹은 원칙들의 조합으로서의 제도가 필요하다. 표현의 자유, 결사의 자유, 공직에 출마할 수 있는 기회의 평등, 그리고 동등한 투표권 등으로 구성된 민주적인 제도적 절차가 필요한데, 이는 이미 언급한 다양한 권리들을 요구한다.

사실 아렌트는 자유주의적 대의민주주의 하에서의 투표의 성격에 비판적이다. 그 가장 큰 이유는 투표하는 것 외에는 사람들의 다양한 의견들이 공개적으로 알려질 수 있는 더 많은 기회가 주어지지 않는다는 점이다. 그러므로 투표행태에 대한 아렌트의 비판은 투표 자체에 대한 거부는 아니다. 아렌트는 모든 정치형태의 불가피한 결정기제로서의 다수결주의와 소수자를 억압하고 배제하는 다수의 지배(the rule of majority)를 구분하고, 투표는 진정하고 평등한 의견교환이 전제되고 다수지배로 타락하지 않는다는 전제를 충족시킬 경우 얼마든지 정당화될 수 있다고 본다.[26]

자기 현시와 시작능력으로서의 정치적 행위는 일차적으로 소극적 자유보다는 적극적 자유로 표현될 수 있으며, 따라서 정치적 기본권으로 구현된다. 하지만 그의 저술을 주의 깊게 살펴보면 아렌트는 적극적 자유와 함께 소극적 자유(시민적 자유들)도 적극적으로 옹호하고 있음이 분명하다. 그것은 아래와 같이 설명될 수 있다. 먼저 공적 영역에서의 정치적 행위는 사적인 영역에서의 안정 혹은 사유재산의 보호와 같은 조건이 갖춰지지 않으면 불가능하다는 아렌트의 논지를 지적할 수 있다. 『인간의 조건』에서 개진된 사적 영역과 사유재산에 대한 아렌트의 주장은 사적인 영역의 보호와 공적인 자유의 실현이 어떻게 연관되어 있는가를 잘 보여준다.

아렌트에 따르면 사적 영역은 공적 영역과 더불어 인간의 삶을 구성하는 핵심적인 영역이다. 비록 인간의 최고 능력인 자유가 실현되는 공간이 공적 영역이라고 해도 "자기 자신의 사적인 장소를 갖지 못하는 것은 더 이상 인간일 수 없다."[27] 아렌트는 고대 그리스와 로마에서 사유재산이 신성시되었던 이유가 오늘날과 같은 사유재산에 대한 존중 때문이 아니었다는 것을 강조한다. 하지만 그는 사적인 것

---

26 ▶ Waldron (2000), p. 211.
27 ▶ Arendt (1958), p. 64.

의 가치를 일방적으로 경멸하는 그리스인들과 달리 공적인 것과 사적인 것의 상호의존성을 잘 평가한 로마인들과 호흡을 같이 한다. 아렌트는 사적인 것 역시 인간의 삶에서 그 나름의 가치와 의미를 가졌다고 믿고 있다. 만일 "은폐장소"로서의 사적 영역이 없다면 사랑, 동정, 연민과 같은 감춰져야 할 인간적 가치들은 파괴되거나 왜곡될 수밖에 없을 것이라고 주장한다.[28] 아렌트는 다음과 같이 말한다.

> 사유재산의 사방의 담들은 공동의 공적 세계로부터 믿을 수 있는 유일한 은폐장소를 제공해 준다. … 타인들 앞에서 완전히 공개된 채로 보내는 삶은 얄팍하다고 할 수 있는 삶이 된다. 그러한 삶은 가시성은 갖고 있으나 매우 실질적이고 비주관적인 의미에서의 깊이를 잃지 않기 위해서는 반드시 갖춰져야 할 어떤 더욱 어두운 토대에서 나타나는 특질을 상실하고 있다. 공개성의 빛에 의해 감춰야 할 필요가 있는 것들을 감춰주는 어둠을 보호해 줄 수 있는 유일하고도 효율적인 수단은 사유재산, 곧 그 안에 무엇을 감출 수 있는 사적으로 소유된 장소이다.[29]

이처럼 아렌트에게 사적 영역은 공적 영역과 거의 비슷한 가치와 비중을 갖는 삶의 영역으로, 재산이 없다면 공적인 영역은 아무런 소용이 없다고 말할 수 있을지도 모른다.[30] 그러므로 아렌트는 사적 영역의 파괴는 공적 영역에도 큰 위협이 된다는 것을 다음과 같이 강

28 ▶ Arendt(1958), pp. 51–52.
29 ▶ Arendt(1958), pp. 51–52.
30 ▶ Arendt(1958), p. 70.

조한다. "고독한 대중인의 형성에 결정적인 역할을 했고 근대 이데올로기적 대중운동의 무세계적 정신상태의 형성에 그렇게 위험스런 역할을 한 공동의 공적 세계의 소멸은 세계에서의 사적으로 점유된 부분의 상실이라는 더 구체적인 현상과 더불어 시작되었다."[31] 이렇게 볼 때 사적인 것에 대해 공적인 것을 일방적으로 칭송하는 아렌트의 기술방식은 근대 사회가 시작하면서 사적인 것이 공적인 것에 비해 일방적으로 절대화된 불균형 상태를 배경으로 해서만 적절히 이해될 수 있는바, 공적인 것의 일방적 강조가 아렌트의 진의라고 보기는 어렵다. 그리고 공적인 삶에 대한 아렌트의 예찬이 공적인 영역과 사적인 영역의 상보적 관계를 전제하고 있다는 분석이 옳다면, 공적인 참여의 삶을 뒷받침하는 헌법적 기본권은 사적인 삶의 영역을 보호해 주는 헌법적 기본권—법의 지배에 의해 보호되는—을 전제하지 않으면 매우 비현실적인 것이 된다.

아렌트에 있어 기본권을 지닌 시민이란 개념은 근대 사회에서 인간됨을 규정하는 가장 중요한 요소이다. 제1차 세계대전의 결과 양산된 난민들과 소수민족들의 삶에 대한 아렌트의 설명은 이것을 드라마틱하게 보여준다. 제1차 세계대전은 다민족국가였던 러시아와 오스트리아-헝가리를 폐지시킴으로써 국가 없는 난민들과 소수민족을 출현시켰는데, 이들은 모든 국가들로부터 환영받지 못했고 어떠한 법적 지위도 누리지 못했다. 이들은 소위 민주적인 국가들에서조차 법적 지위를 인정받지 못한 채 제국주의 하에서의 원주민이나

31 ▶ Arendt (1958), p. 257.

전체주의 하에서의 인민들과 마찬가지로 경찰과 관리들의 지배를 받는 예외적인 존재들이었다. 난민들과 소수민족들이 겪은 이와 같은 역경은 이른바 인간의 불가양도의 권리들을 인정받으려면 우선적으로 국가의 일원, 곧 시민으로서 존재해야 한다는 것을 말해준다.

그런데 이 점은 아렌트와 자유주의 사상이 분기하는 지점이다. 전통적인 자유주의에서는 인간의 권리와 시민의 권리를 구분하지 않는 경향이 강한 데 비해 아렌트는 보편적인 인권 개념은 시민적 권리에 의해 뒷받침되지 않을 경우 무용한 개념이라고 본다. 이 주장은 인간의 도덕적 권리라는 개념이 존재할 수 없다거나 무의미하다는 것이 아니라 그 권리들을 효과적으로 보호해 줄 수 있는 국가의 일원, 곧 시민이 아닐 경우 그런 권리들이 갖는 실질적 가치는 쉽게 무시될 수 있다는 것이다. 더구나 아렌트적 정치에서 정치적 토론과 심의가 갖는 일차적 중요성을 두고 볼 때 보편적인 인권 개념의 실질적 유효성은 국가 구성원들의 자유로운 토론과 심의 그리고 집단적 결정을 거칠 때에야 시민적 기본권으로 채택될 수 있다는 것을 강조할 필요가 있다. 법과 법이 보호하는 기본권의 내용이 궁극적으로 시민적 토론과 합의의 결과로 확정된다면, 정치의 지속적 실현에 필요한 정치적 기본권들 및 최소치의 사적 기본권들을 제외한 다른 권리들은 시민들 사이의 자유로운 토론과 결정을 거쳐 확정되어야 할 것이다.

이 측면과 관련하여 아렌트의 정치관을 뒷받침해 줄 수 있는 경제적·물질적 조건과 관련된 기본권에 관하여 한 가지 지적할 점이 있다. 『혁명론』에서의 논지로 볼 때 적어도 모든 시민권자들의 절대적 빈곤으로부터의 해방, 곧 기본적 평등의 실현이 정치의 실현과 유지에 유리한 것만은 분명해 보인다. 하지만 복지권적 기본권을 헌법적으로 안치시키는 것이 과연 아렌트적 정치관에 부합한지는 분명하지 않다. 더 많은 기본권들을 헌법 속에 안치시킬 경우 그 기본권의 내용과 범위 그리고 보호방법에 관한 공적 심의의 여지는 그만큼 줄어들며, 그에 따라 아렌트적 정치가 실현될 수 있는 범위 역시 축소된다. 때문에 헌법적 기본권에 속할 만큼 중요한 사항들이라 할지라도 반드시 헌법적 기본권으로 안치시킬 필요가 있는가 하는 문제는 '정치적으로' 매우 중요한 문제가 된다.

다음으로는 정치(권력)구조에 관한 아렌트의 견해를 살펴볼 차례다. 아렌트의 『혁명론』은 비체계적인 방식이긴 하지만 정치구조에 대한 중요한 견해들을 제시하고 있다. 대의(representation), 연방주의, 타운 자치제도, 평의회 등이 그런 것들이다. 아렌트는 프랑스 혁명에 비해 미국 혁명을 성공한 혁명으로 평가하면서도 미국 혁명의 불완전성 혹은 부분적 실패가 "(공화국) 창설행위의 원천이 되었던 정신의 존속을 꾀하고, 또 창설행위를 고무시켰던 원리를 구현한다는 과제—특히 제퍼슨(T. Jefferson)이 새로운 정치체의 존속을 위해 가장 중요한 것으로 생각했던 과제—가" 출발단계부터 거의 좌절된 데서 기인했다고 주장하는 맥락에서 대의제도와 연방제에 대한 자신의 견해를 피력한다.[32] 그에 의하면, 혁명은 "인민에게 자유를 주었지만 이 자유가 표현될 수 있는 공간을 제공하지 못함으로써" 인민의 대의원들에게만 "표현하고 토론하며 결정할 수 있는 기회"를 제공했다.

32 ▶ Arendt(1963a), pp. 238-242.

"헌법에 타운십(township)과 타운홀 회합(town-hall meeting)을 수용하지 못한 건국자들의 실패는 당시의 가장 절박했던 문제들 중의 하나였던 대의의 문제에 골몰했던 데 기인했는바", 그들은 마침내 공화국을 민주주의와는 구분된 대의정부라는 관점에서 규정하게 되었다.[33]

이 맥락에서 아렌트는 대의제가 불가피하다는 사실을 받아들인다.[34] 대의제는 인민 모두를 수용할 수 있을 정도로 큰 방이 없기 때문에, 다시 말해 직접민주정치가 불가능하기 때문에 불가피하다. 필라델피아 제헌회의 당시만 해도 대의의 원리는 주로 인민의 직접적인 정치참여에 대한 단순한 대체물을 의미했다. 그래서 선거를 통해 선출된 대의원들은 선거구민들의 지시와 의사를 충실히 반영할 것으로 인식되었지 그들 마음대로 일을 수행할 수 있는 존재로 간주되지 않았다. 하지만 실제는 이런 이론과 믿음과는 정반대로 흘러갔다. 사실 그 당시 회의에 참석했던 대의원들 대부분은 인민의 정서와 의사가 무엇인지 전혀 알지 못했다. 때문에 그들은 "모든 권력이 인민으로부터 나오긴 하지만 인민은 선거 날에만 그 권력을 소유한다"고 주장하는 한편, "선거 이후 그 권력은 그들을 통치하는 지배자들의 소유물이다"라고 주장한 벤자민 러쉬(B. Rush)의 말에 공감할 수 있었다.[35]

아렌트가 볼 때 이런 정황은 혁명 이후 근대 정치에서 대의원리가 갖게 된 부정적인 정치적 함축성을 분명히 드러내 준다. 대의원리

---

33 ▶ Arendt(1963a), p. 238.
34 ▶ Arendt(1963a), pp. 238-239.
35 ▶ Arendt(1963a), p. 239.

가 인민의 직접참여에 대한 대체물로서 이해될 경우, 대의원은 "어떤 이유로든 공무에 관심을 가질 수 없거나 관심을 갖기 원하지 않는 인민"을 위해 임금을 받고 일하는 대리인(paid agents)으로서 간주된다. 이 경우 정부의 행위는 행정으로 타락하며 공적인 영역은 소멸됨으로써 인민이 행위를 통해 서로의 정체성을 확인할 수 있는 가능성은 사라진다. 그리고 대의원을 일정 기간 동안의 통치자들로 이해할 경우, 공화국의 수립을 통해 혁명이 폐기하고자 했던 통치자와 피치자의 구분이 되살아남에 따라 인민은 정치로부터 배제되고 특권적인 소수가 공무를 도맡게 된다. 그리하여 어떤 경우든 근대적 대의원리는 인민을 정치적으로 무기력하게 만들며 공적인 자유와 저항정신을 봉쇄해 버린다.

대의제의 결함에도 불구하고 미국은 제퍼슨이 우려했던 "선거전제정"(elective despotism)으로 타락하지는 않았다. 그 이유로 아렌트는 미국 헌법이 채택한 권력구조를 든다. 궁극적으로 미국을 "선거전제정"으로부터 구제한 것은 "건국자들의 정치과학(political science), 즉 권력의 분립이 견제와 균형을 통해 스스로를 통제할 수 있도록 한 정부구조의 수립이었다."[36] 미국 헌법이 혁명정신을 제대로 반영하지 못했음에도 불구하고 전제정으로 타락하지 않을 수 있었던 이유가 바로 공화주의적 제도의 채택에 있었다고 본 아렌트의 분석은 그가 공화국의 유지에 있어 제도적 절차와 기제들이 얼마나 중요한 비중을 차지하고 있는가를 잘 이해하고 있었다는 사실을 말해준다.

36 ▶ Arendt(1963a), p. 241.

아렌트의 헌정주의를 논함에 있어 이 권력구조 문제는 그 자체로서 매우 중요하고 흥미 있는 문제이다. 하지만 아렌트가 대의제를 고찰하는 맥락에서 견제와 균형원리에 입각한 권력분립 장치의 기여에 대해 언급한 이유는, 미국의 창설 시기 대의제의 성격을 볼 때 권력분립 장치가 없었더라면 미국은 "선거 전제정"으로 타락할 수밖에 없었다는 것을 강조하기 위한 것이었다. 다시 말해 미국의 대의제는 혁명정신을 반영하지 못한 결과 인민을 정치로부터 배제했고, 그 결과 전제정으로 타락할 가능성이 있었으나 다행스럽게도 미국 헌법이 채택한 권력구조로 인해 그나마 전제정으로 타락하지 않았다는 것이다. 그것은 그들이 활용한 정치과학의 덕분이었지 혁명정신이 살아 있었기 때문이 아니었다. 권력분립 기제와 장치는 "인민을 무기력과 공무에 대한 무관심으로부터는 결코 구제해 줄 수 없었다. 헌법 자체는 인민 자신에게가 아니라 인민의 대의원들에게만 공적인 공간을 제공했던 것이다."[37]

미국 헌법이 채택한 대의제에 대한 아렌트의 비판은 그가 다른 형태의 대의제를 선호하거나 구상했다는 예상을 가능케 한다. 아렌트는 미국이 채택한 대의민주주의에 대해 비판적이었지만 영구혁명을 수용하는 무정부적 체제도 비현실적이라고 보았다. 그는 시작능력으로서의 자유 실현을 가능케 해주면서도 안정성과 지속성을 갖는 정치체를 원했다. 따라서 이와 같은 희망이 "모든 인민을 수용할 수 있는 크기의 방은 없다"는 인식과 결합할 경우 그의 자유관 혹은

37 ▶ Arendt (1963a), p. 241.

정치관과 더 잘 어울릴 수 있는 형태의 대의방식이 불가피한 대안으로 부각된다.[38]

근·현대의 혁명 시기에 출현하여 정부와 시민을 연결시켜 주었던 중간제도로서의 평의회(council)는 아렌트가 선호하는 대의제의 윤곽을 이해하는 데 중요한 실마리를 제공한다. 평의회는 프랑스 혁명과 러시아 혁명 그리고 1956년의 헝가리 혁명에서 정당을 대신하여 일시적으로 출현했던 민초중심적 정치제도로, 민초들이 그들의 공동 관심사를 논의하고 처리했던 일종의 공적 공간이었다.[39]

역사적으로 출현했던 평의회들은 서로 어떤 연속성도 전통도 공유하지 않았지만 몇 가지 비슷한 특징들을 지니고 있다. 가장 중요한 공통점은 자발적으로 발생했다는 사실인데, 이는 직업 혁명가들에 의해 미리 계획되고 준비된 상황에서 수행된 20세기의 혁명 모델과는 극명히 대조된다. 그리고 둘째 공통점은 평의회들이 행위조직(organs of action)이었던 만큼 명령기관(organs of order)이기도 했다는 사실이다. 평의회는 이런 성격 때문에 평의회를 혁명의 수행기관 정도로만 삼고자 했던 직업 혁명가들과 충돌하곤 했다. "평의회의 멤버들은 정당이나 의회가 취한 조치들에 대해 논의하고 깨우치는 것에 만족하지 않았다. 그들은 의식적으로 그리고 분명하게 나라의 공공업무에 모든 시민들이 직접 참여하는 것을 원했다. 그리고 평의회가 존속하는 한 모든 개인들은 자신의 행위영역을 찾았으며, 말하자면 그날의 사건들에 대한 자신의 기여를 자신의 눈으로 확인할 수 있었

38 ▶ Arendt(1963a), p. 225.
39 ▶ Arendt(1963a), pp. 266–271.

다."[40] 때문에 이들은 미리 준비된 정책이나 프로그램을 제시하고 평의회가 이에 따라주기를 바랐던 혁명적 정당들에 대립할 수밖에 없었다. 이미 마련된 정책이나 프로그램은 자유로운 행위와 토론이 아닌 기계적인 수행을 요구하기 때문이다. 다시 말해 혁명정당의 요구는 "이미 알고 있는 정당의 전문가들과 전문가들이 제시한 지식을 수행하기로 되어 있는 다중 사이의 구분"을 상정하며, 자신의 의견을 형성하고 또 행위할 수 있는 보통 시민들의 능력을 폄훼하기 때문이다.[41]

아렌트에 의하면 이 자생적 조직들의 가장 놀라운 특징은 평의회들 상호 간에 자발적인 협력과 통합이 발생한다는 사실이다.[42] 이 협력과 통합의 과정에서 피라미드식 상향조직이 구성된다. 가장 기초적인 평의회들은 보다 지역을 대표하는 평의회에 보낼 대의원들을 선출하고, 이 지역 평의회는 그보다 큰 광역을 대표할 대의원들을 선출하며, 이 과정은 전체 국가 수준의 평의회가 구성될 때까지 계속된다. 이 과정에서 작용하는 연방원리(federal principle)에 관해 아렌트는 다음과 진술한다.

> 우리는 여기서 연방원리, 곧 독립적인 단위들 사이의 연맹과 동맹의 원리가 어떻게 행위 자체의 기본 조건들로부터 발생하는지를 보게 된다. … 공동의 목적은 새로운 정치체의 수립, 곧 '기초 공화국'(elementary republic)

---

40 ▶ Arendt(1963a), p. 267.
41 ▶ Arendt(1963a), p. 268.
42 ▶ Arendt(1963a), p. 271.

에 토대를 둔 새로운 공화정부의 수립이다. 이 공화국에서는 중앙권력이 스스로를 구성할 수 있는 기초 단체들('기초 공화국')의 원래의 권력을 박탈하지 않는다. 바꿔 말하면, 행위하고 의견을 형성할 수 있는 능력을 뺏기지 않으려고 하는 평의회들은 권력의 분할가능성 및 그 가장 중요한 결과인 정부권력의 분립원리를 발견하게 되어 있다.[43]

평의회 체제에 대한 반복적인 언급은 평의회 체제에 대한 아렌트의 분명한 선호를 입증해 준다. 하지만 역사적으로 출현했던 평의회 체제가 한결같이 단명했다는 사실은 아렌트가 선호하는 평의회 체제가 실현 가능한 것인지에 대한 회의를 불러일으키기에 충분하다. 아렌트 자신 역시 평의회의 단명함을 익히 알고 있었기 때문에 그 실현가능성에 대해 확신하기 어려웠던 것으로 보인다.[44] 때문에 벨머(A. Wellmer)는 아렌트가 선호하는 평의회 체제를 오늘날과 같이 복잡한 현대 사회에서 그대로 채택할 수는 없기 때문에 하나의 메타포로 해석해야 한다고 제안한다.[45] 그리하여 평의회에 대한 아렌트의 선호를 좀 더 자율적인 제도와 조직 그리고 결사들로 구성된 네트워크를 지향하는 정도로 이해하고 연방체제와 활성화된 시민사회 제도들의 복합체를 실현 가능한 형태로 제시한다. 하지만 실현가능성 여부 문제는 구체적인 역사적 상황과 조건에 달려 있는 만큼 벨머

43 ▶ Arendt(1963a), p. 271.

44 ▶ Cannovan, Margaret, *Hannah Arendt : A Reinterpretation of Her Political Thought* (Cambridge : Cambridge University Press, 1992), p. 236.

45 ▶ Wellmer, Albrecht, "Arendt on Revolution", Dana Villa, ed., *The Cambridge Companion to Hannah Arendt*(Cambridge : Cambridge University Press, 2000), p. 224.

처럼 평의회 체제에 대한 아렌트의 선호를 비현실적이라 단정하며 반드시 메타포로 이해할 필요는 없을 것 같다.

IV. 현대의 자유-공화주의적 헌정주의와 아렌트의 '정치적' 헌정주의

이 절에서는 지금까지 개관한 아렌트의 정치적 헌정주의를 현대의 공화주의적 헌정주의 이론들과 비교해 봄으로써 아렌트의 헌정주의가 지닌 차별성을 부각시켜 보고자 한다.

애커만, 선스타인 그리고 마이클만은 공화주의 전통에서 헌정주의를 새롭게 재해석한 대표적인 인물들이다. 그들은 1980년대 이래 공화주의에 입각하여 자유주의적 헌정주의의 전제들을 근본적으로 재검토, 헌정주의와 정치적으로 활성화된 시민사회를 가교하는 매우 흥미 있는 헌정민주주의 이론을 제시했다. 공화주의적 헌정주의는 정치와 법의 지배를 서로 대립적인 관계로 파악하지 않고 법(헌법)을 정치의 가능성을 제공해 줌으로써 정치공동체의 구체적 특징을 드러낼 수 있도록 해주는 촉진제 혹은 매개체 역할을 하는 것으로 재조명한다. 이들은 공동체의 문제에 대한 참여과정 자체를 중요한 선으로 간주하며, 이 참여의 과정에서 공동선에 대한 관념이 형성된다고 본다.[46] 따라서 자유주의자들처럼 정치를 적나라한 이해관계나 선호의 타협이나 거래란 관점에서 보려고 하기보다는 심의(deliberation)라는 측면에서 이해하는 경향을 공유한다. 이에 따라 다원적 이익집단들 사이의 정치적 거래과정은 토의 혹은 심의과정으로 대체되며, 이 과정에서 공민적 덕성이 발휘되고 계발되며 공동선에 대한 의식이 일깨워지는 것으로 본다.

애커만은 누구보다도 먼저 "이중헌법에 관한 [공화주의적] 약속"(promise of dualist constitution)에 입각하여 미국 헌법을 공화주의적으로 재해석했다. 그는 정치적 참여를 헌법정치(consitutional politics) 차원과 정상정치(normal politics) 차원으로 구분하고[47] 건국, 내란 그리고 뉴딜과 같이 특별한 헌법정치 시기에 분출하는 인민의 집단적 심의를 통해 미국 헌법이 새롭게 해석되어 왔다는 점을 부각시킨다. 그리고 정상정치는 헌법정치 시기에 확립된 입헌체제 하에서 진행되기 때문에 헌법정치의 계기들을 보호할 수 있는 대법원의 역할에 상당한 비중을 둔다. 대법원은 오래 지속되는 정상정치 시기에 걸쳐 일시적으로 한껏 고양되었던 민주적 헌법정치의 중요한 성취들을 보호 · 유지하는 기능을 수행해야 한다. 다시 말해 사법심사와 같은 기제를 사용하여 이해관계의 조정으로 점철되는 정상정치 과정에 개입함으로써 다양한 정치세력들에게 헌법의 의미를 상기시켜 주어야 한다. 따라서 판사들의 정당한 역할은 시민들이 헌법을 개혁할 충

46 ▶ 현대의 공화주의자들 모두가 참여를 본유적으로 가치 있는 활동으로 보지는 않는다. 자유주의에 가까운 공화주의자들은 참여를 개인의 권리보호에 기여하는 도구적 측면에서 정당화하는 경향이 있으며, 순수한 공화주의에 가까울수록 참여를 본유적으로 가치 있는 활동으로 인식하는 경향이 강하다. 이 글에서 다루어지는 공화주의자들은 자유주의를 수정 또는 보완하는 맥락에서 공화주의적 헌정주의를 주창한다는 점에서 고전적인 공민적 공화주의(civic republicanism)와는 차별성을 갖는다. 이 점을 지적해 준 곽준혁 교수께 감사드린다.

47 ▶ Ackermann, Bruce, *We the People : Foundations*(Cambridge, MA : Belknap, 1991), pp. 3–33.

분한 준비가 될 때까지 현재의 상태를 유지하는 것으로, 그들에게 헌법을 쇄신할 수 있는 책임과 권한이 주어져서는 안 된다.

선스타인과 마이클만은 정치를 개인들의 전(前)정치적 이해관계들을 보호하는 도구역할을 하는 것으로 보는 다원주의자들(pluralists)을 비판한다. 마이클만은 다원주의자들은 "법이 일단 제정되면 그 법은 즉시 정치로부터 벗어나 보다 더 높은 차원으로 격상된다"는 잘못된 가정을 가지고 법을 정치로부터 분리시킨 결과 법을 정치에 대립된 힘으로 간주한다고 비판한다.[48] 선스타인 역시 비슷한 관점에서 이익집단 다원주의는 정치를 순전히 시장적 행태와 원리들을 공적·정치적 영역에까지 연장시킨 것으로 이해함으로써 정치를 시민들의 선호를 집약하는 활동으로, 그리고 헌법은 그 안에서 정치적 요구와 필요 그리고 생각들이 타협·절충되는 틀로서 이해한다고 비판한다.[49]

이와 같은 다원주의자들의 견해에 대항하여 선스타인과 마이클만은 정치를 무엇보다 집단적인 심의활동으로 이해한다. 그들은 다원주의자들과 달리 자유를 일차적으로 적극적인 것으로, 다시 말해 정치적인 자치(self-government)라는 관점에서 이해한다. 그들은 정치를 자유와 자결을 가능하게 해주는, 특정한 공동체 내부에서 일어나는 대화 혹은 심의과정으로 간주한다. 이들은 정치가 단순히 다원적인 이해관계의 절충과 타협으로 타락하지 않도록 건국과 같은

48 ▶ Michelman, Frank, "Law's Republic", *Yale Law Journal* 97 (1988), p. 1509.

49 ▶ Sunstein, Cass, "Beyond the Republican Revival", *Yale Law Review* 97 (1988), pp. 1540, 1548.

특별한 시기에 나타나는 원리들에 주목하여 공화주의적 심의정치를 지속시킬 수 있는 이상적인 심의의 기준들을 마련하고자 한다. 그들은 개인적 선택을 공공선(public good)에 비추어 정당화할 수 있어야 한다는 기준과 공공선에 비추어 개인적 선택의 정당성을 비판적으로 평가할 수 있는 "비판적 성찰"(critical reflection)의 능력을 강조한다.[50]

선스타인과 마이클만이 공히 집단적 대화 혹은 심의를 통한 공공선의 발견을 강조하지만 이들은 다원성에 대해 둔감했던 옛 공화주의의 위험성을 경계한다. 그리하여 사회적인 문제들에 대한 공화주의적 심의절차에 다양한 시각과 입장들의 참여를 독려함으로써 구(舊)공화주의와 자신들의 공화주의를 차별화하려고 노력한다. 요컨대 그들은 정치를 다양한 시각과 입장을 갖고 있는 시민들이 자기 이익에 일정한 비판적 거리를 유지하면서 공동선을 추구하기 위해 참여하는 대화 혹은 심의절차로 간주한다. 그리고 이 집단적 심의과정을 통해 공동체의 실체가 구체화되는 것으로 본다.

그러면 이와 같은 공화주의적 심의정치는 어떤 제도적 장치들, 다시 말해 어떤 헌정주의 이론을 필요로 할까? 공동 관심사에 대한 "직접적이고 평등한 참여"를 핵심으로 하는 공화주의적 시민권(citizenship) 개념은 선스타인과 마이클만의 헌정주의가 근거하고 있는 공통의 토대를 제공한다. 이 시민권 개념은 정치체 전체에 관련된 문제에 대해 참여할 수 있는 권리이며, 그 참여의 과정에서 자기의 정

50 ▶ Sunstein (1988), p. 1544.

체성을 확인하고 자기를 비판적으로 성찰하며 스스로를 교정해 갈 수 있는 자격이다. 그리고 시민적 자치와 공동체는 구성적인 헌법적 계기(constitutive constitutional moment)를 통해 융합됨으로써 법과 정치는 상호침투적인 관계를 형성하는 것으로 이해되게 된다.[51]

그들은 법과 정치를 각각의 독립된 영역으로 분리시켜 이해하는 "다원주의적 오해"야말로 비켈(A. Bickel)의 이른바 "반(反)다수결주의적 역설"(anti-majoritarian paradox)의 원인이라고 비판한다. 다시 말해 "다원주의적 오해"는 법에 대한 정당화 근거를 자치의 내재적 특징에서 찾는 것이 아니라 정의나 이성, 혹은 자연이나 도덕과 같은 초월적 근거에서 찾음으로써 법의 지배와 자치(정치)를 대립적인 관계로 파악하는 경향이 있다. 선스타인과 마이클만은 헌법에서 법의 지배와 민주적 자치의 모순관계가 해결되는 통합의 계기를 발견한다. 헌법을 통해서 민주적 정치는 법의 지배가 되지만 (헌)법의 지배는 역으로 자치의 귀결이기 때문이다.

선스타인과 마이클만의 공화주의적 헌정주의는 지금까지 개관한 공화주의적 심의정치의 특징을 공유한다. 하지만 공화주의적 심의정치를 구현할 수 있는 최선의 제도적 장치를 제안함에 있어서는 다소의 차이를 드러낸다. 선스타인의 경우 심의정치의 이상은 덕스러운 입법자들로 구성된 입법체에서 가장 잘 실현될 수 있는 것으로 본다. 집단적 심의에 필요한 시간적 여유와 덕성을 지닌 입법자들로

51 ▶ Michelman(1988), p. 1503 ; Habermas, Jürgen, *Between Facts and Norms : Contribution to a Discourse Theory of Law and Democracy*, translated by W. Rehg(Cambridge, MA : MIT Press, 1996), p. 121.

구성된 입법체의 결정은 원칙에 의해 규제되는 대화와 심의에 따라 이루어짐으로써 공동선을 반영해낸다. 선스타인은 공화주의적 심의정치의 실현에 있어 입법자들의 동기가 매우 중요한 요인임을 강조하고, 입법자들의 "적나라한 선호들"이 집단적 심의과정에서 여과될 수 있는 다양한 헌법적 장치들을 제안한다. 이런 제안들 중에서 가장 특기할 만한 것은 대법원의 위헌심사 기능의 강화이다. 위헌심사제도는 입법자들로 하여금 "적나라한 이익"을 추구하지 못하게 함으로써 "원칙에 따른" 심의에 몰두할 수 있도록 해주는 장점이 있다. 그 제도는 입법자들이 공적인 덕성에 충실하도록 유인하는 도구역할을 한다. 그런 점에서 대법원은 공화주의 정치가 구현되는 주요 영역은 아니다. 그것은 입법부 내에서 일어나는 공화주의 정치를 감시하는 역할을 할 뿐이다.

심의정치의 주요 영역과 관련하여 마이클만은 다른 견해를 제시한다. 그는 입법부가 아닌 (대)법원을 공화주의적 심의정치의 핵심영역으로 격상시킨다. 마이클만은 전통적인 "반(反)다수결주의적 역설"의 딜레마에 대한 역발상을 통해 자신의 주장을 정당화한다. 그에 의하면 판사는 정치적 의사(political will)를 방해하기보다는 "법발생적인"(jurisgenerative) 정치참여를 보조하는 역할을 수행할 것으로 기대되는바, 무엇보다도 강제가 없는 자유로운 대화에 필요에 조건들을 유지하는 역할을 수행할 수 있다. 그는 사법심사제도가 다수 인민의 정치적 역량을 왜소화하고 인민의 정치적 책임의식을 약화시킬 수 있다는 우려에 공감하지 않는다. 그는 드워킨의 논리에 의거하여 법발생적인 인민의 정치(jurisgenerative popular politics)를 법발생적인 사법정치(jurisgenerative judicial politics)로 대체하는 것이 바람직하다고 주장한다. 그에 의하면 (사법부 중심의) 법발생적 정치는 미국 사회의 영구적인 특징으로, 이른바 정상정치의 시기에도 헌법정치를 지속시키는 미국 특유의 형식이라고 본다.

마이클만은 또한 법원은 인민이 정치에 직접 참여하는 공화주의 국가가 자기부정적인 정치로 나가지 않도록 보호하는 역할을 할 수 있다고 주장한다.[52] 다시 말해 인민은 현재 그들이 이룩한 도덕적 성취를 불변의 신성한 원리로 안치시킴으로써 자기수정적인 변혁능력을 스스로 부정하는 경향이 있는데, 사법정치는 그와 같은 자기부정적인 민주정치의 위험을 방지하는 역할을 할 수 있다고 본다.

지금까지 개관한 애커만, 선스타인 그리고 마이클만의 공화주의적 헌정주의 이론을 아렌트의 헌정주의와 비교해 보면 현대의 자유-공화주의적 헌정주의는 충분히, 그리고 일관되게 '정치적'이지 않음이 확연히 드러난다. 주지하듯이 애커만의 경우는 간헐적으로 출현하는 헌법정치와 일상정치를 엄격히 분리시킨다. 그리하여 대부분의 삶이 영위되는 일상정치 과정에서 시민들이 발휘할 수 있는 공적인 심의의 능력을 폄훼하고 소수 판사들의 심의능력을 지나치게 부각시키는 문제점이 있다. 다시 말해 대부분의 삶이 영위되는 일상적인 정상정치는 개인들이 (공적인 정치원리에 따르는 동시에 편협한 사익을 초월할 수 있는) 진정한 심의의 당사자들이 될 수 있는 가능성을 거의 인정하지도 허용하지도 않는다. 이것은 정치를 언어와 대화를 통해 자신의 정체성을 드러낼 수 있는 한편, 다양한 관점에서 공동체

52 ▶ Michelman(1988), p. 1533.

의 문제를 심의 · 결정할 수 있는 특별한 공존양식으로 보는 아렌트의 정치적 헌정주의와는 큰 차이가 있다. 아렌트적 관점에서 보면 애커만의 공화주의적 헌정주의는 정치적 심의를 '충분히' 그리고 '지속적으로' 시민의 삶과 연계시키지 못하는 한계가 있다.

사익을 초월해 있는 공공선의 발견을 심의의 주된 목적으로 삼는 선스타인과 마이클만의 헌정주의는 공히 다음과 같은 두 가지 비판에 직면할 수 있다. 첫째는, 구(舊)공화주의에 비해 다양한 시각과 입장의 수용을 강조하는 그들의 새로운 자유-공화주의는 공공선이라는 단일한 가치와 양립하기 어렵다는 점이다. 현대의 다원주의는 이사야 벌린(I. Berlin)이 "근원적 다원주의"(radical pluralism)라는 개념을 제시한 이래 현대 사회의 영구적인 사회학적 사실로 받아들여지고 있다.[53] 이것은 다양한 시각과 견해들의 "합당한 불일치"(reasonable disagreement)와 월드런과 벨라미(R. Bellamy)가 강조하는 "정치적 환경"(circumstances of politics)의 근거가 된다. 그러므로 다양한 관점과 입장에서 출발하지만 단일한 공공선 관념에 도달할 수 있다는 선스타인과 마이클만의 가정은 불가피한 현실로서의 다원주의에 대한 그들의 지지와 잘 부합하지 않는다.

반면에 다원성을 전제한 아렌트의 정치는 특정한 합의를 지향하지 않는다. 다시 말해 현대 사회의 불가피한 현실로서의 다원주의를 극복하거나 초월하려 하지 않는다. 주지하듯이 아렌트는 집단적

53 ▶ Rawls, John, *A Theory of Justice*(Oxford : Oxford University Press, 1971) ; Rawls, John, *Political Liberalism*(New York : Columbia University Press, 1993) ; Raz, Joseph, *The Morality of Freedom*(Oxford : Clarendon Press, 1986).

인 공적 결정의 경우 자유로운 의견교환을 전제하고 다수의 지배로 타락하지 않는다는 전제 하에 다수결주의적 투표를 정당한 결정기제로 받아들인다. 하지만 아렌트에 있어 그 결정은 가상적인 공동선을 구체적으로 드러내는 계기로서가 아니라 다원성 속에서의 공존을 위한 실용적 결정기제로서의 의미가 있을 뿐이다. 아렌트적 관점에서 보면 공동선에 대한 합의를 지향하는 심의정치는 정치 그 자체를 가능하게 해주는 조건에 대한 부정을 함축하고 있다.

아렌트적 관점에서 선스타인과 마이클만의 자유-공화주의적 헌정주의에 대해 가할 수 있는 또 하나의 비판은 그들의 헌정주의가 다분히 엘리트주의적이라는 점이다. 그들은 애커만에 비해 엘리트주의적 제도들—입법부와 법원—의 심의기능을 강조한다. 하지만 공화주의 정치 전통의 핵심은 인민 다수의 참여를 고무하고 유지하는 문제이다. 따라서 제도적인 해결책은 그와 같은 핵심 원리의 구현을 현실화시켜 주거나 보조하는 수준에서 고안되어야 한다. 그럼에도 불구하고 선스타인과 마이클만의 엘리트주의적인 제도적 해결책은 그 해결책을 통해 극복하고자 하는 문제 자체—엘리트 중심의 대중배제 정치—를 더 악화시키는 측면이 있다.

아렌트적 관점에서 볼 때 정체형성적인 특징을 갖는 정치참여는 개인과 정치공동체를 통합시켜 주는 중요한 계기이다. 참여를 통해 개인들은 자신의 정치적 정체성을 획득하며 공동체를 자신의 또는 우리들의 공동체로 인식한다. 하지만 다수 개인들의 정치참여를 배제시키는 엘리트주의적인 제도적 해결책은 개인과 공동체의 이와 같은 통합관계를 단절시킨다. 그리하여 개인들이 공동체를 자신의 또는 우리의 것으로 인식할 수 있는 근거를 앗아버리며, 나아가서 법을 자치의 결과물로 보지 못하게 만듦으로써 법을 순전히 외적인 제약으로, 다시 말해 정당성을 결여한 외적인 강제로 인식하게 만든다.

아렌트의 피라미드식 대의체제인 평의회 체제는 선스타인과 마이클만의 엘리트주의적 해결책과 달리 참여의 원리를 민초 평의회로부터 전국적인 규모의 평의회 체제에 이르기까지 일관되게 적용한 결과이다. 그것은 피라미드식 상향구조로 이루어져 있지만 평등한 참여의 원리를 극대화시킨 결과로 구성된 것이기 때문에 상명하복의 위계적인 권력구조가 아니다. 오히려 그 구조는 평등 혹은 비(非)위계성, 상호성, 비(非)집중성과 같은 민주적 원리에 의해 구성되어있다. 비록 아렌트가 입법부와 행정부 그리고 사법부 사이의 권력분립에 대해 분명한 견해를 제시하지는 않았지만, 권력분립의 원리 역시 이와 같은 민주 정치적 원리들의 실현에 유리하게 조직되어야 한다. 다시 말해 권력분립은 평등 혹은 비위계성의 원칙을 반영하는 동시에 각 조직들 내·외부에서의 대화와 심의를 극대화하는 방식으로 이루어져야 한다. 예컨대 법원의 재판과정에서 일반 시민들을 배심원으로 적극 활용하는 제도의 채택은 그 한 가지 예가 될 수 있으며, 법원의 판결이 반드시 기존의 판례들에 구속될 필요가 없게 하여 법조문에 대한 다양한 해석(시각)의 가능성을 제고하고 법원과 법원(혹은 상급 법원) 사이의 대화 혹은 심의를 유인하는 것도 그 한 가지 방법이 될 수 있을 것이다.[54]

54 ▶ 권력분립의 제도화에 대한 아렌트의 입장은 분명하지 않다. 때문에 그의 저술들 속에서 그에 대한 실마리들을 발견하여 재구성하는 작업이 필요하다. 여기서 간략히 제시한 배심원제도와 하위 법원 상호 간 그리고 하급 법원과 상급 법원 상호 간의 심의의 가능성을 높일 수 있는 제도형태는 단지 한 가지 예로서

선스타인과 마이클만은 자신들의 엘리트주의를 인지하고 이를 보완할 수 있는 시민사회적 참여기제들의 필요성을 인정한다. 그들은 지역공동체, 조합들, 종교단체와 같은 중간집단에서의 시민참여를 활성화시킴으로써 엘리트주의적 협의를 벗어나려고 한다.[55] 이와 같은 중간집단들에서의 공적인 문제 제기와 논의는 자연스럽게 대의체와 법원에서의 심의로 이어짐으로써 활성화된 시민사회와 국가적 심의기구는 유기적으로 통합될 수 있다고 보는 것이다.

하지만 전체적으로 볼 때 시민사회의 중간집단들에 거는 그들의 기대는 엘리트주의적인 경향을 완화시키는 정도의 것일 뿐, 궁극적으로 심의의 진정한 공간은 엘리트주의적 제도들에서 발생한다는 그들의 확신에는 변함이 없다. 법적 엘리트들의 덕성과 경험 그리고 전문지식은 보통 시민들과는 구분되는 것으로, 그들로 구성된 입법부와 법원에서의 공적 심의는 일반 시민들로 이루어진 중간집단들에서의 사회적 논쟁과는 질적으로 구분된다는 인식이 확고하기 때문이다. 주지한 바 있듯이 마이클만에 의하면 인민은 현재 그들이 이룩한 도덕적 성취를 불변의 신성한 원리로 안치시킴으로써 자기수정적인 변혁능력을 스스로 부정하는 경향이 있다. 그러므로 민주정치의 그와 같은 자기부정적인 위험을 방지하기 위해 법원과 같은 엘리트주의적 제도가 필요하다고 보는 것이다.

제시된 것일 뿐이다.

55 ▶ Sunstein(1988), pp. 1573, 1585–1589 ; Michelman(1988), p. 1531.

V. 맺음말

아렌트의 정치관에 부합하는 헌정주의 형식을 구성해 보려고 한 이 글의 의도는 아렌트의 정치는 제도적인 틀을 거부하거나 무시하는 맹목적인 급진성을 지닌다는 평가들이 근거가 없음을 주장하고, 아렌트의 정치적 헌정주의가 지닌 차별성에 주목하여 현대의 자유-공화주의적 헌정주의를 수정 또는 보완할 수 있는 가능성을 찾아보기 위함이었다. 따라서 이 글이 아렌트적 정치 역시 그것을 수용하고 구조화할 수 있는 헌정주의적 틀을 필수적으로 요구한다는 점과, 현대의 공화주의적 헌정주의에 대해 아렌트의 헌정주의가 지닌 민주적 급진성을 어느 정도 드러낼 수 있었다면 최소한의 성과는 거둔 것으로 자족하고 싶다.

그런데 아렌트의 참여체제는 포퓰리즘 경향을 지니고 있다는 우려가 있을 수 있는데, 이는 참여정치와 포퓰리즘의 차별성을 인지하지 못한 평가라는 것을 지적하고자 한다. 민주적 참여는 평등한 시민권의 이상 하에 그동안 정치과정으로부터 부당하게 배제되어 왔던 사람들을 포용하는 경향이 있으며, 공정한 제도적 절차를 중요시함으로써 공정성과 효율성을 제고하려는 경향을 갖는다. 그리하여 포용의 원리와 함께 공정하고 자유로우며 합리적인 선택을 할 수 있는 제도적 틀 내지 장치들—선거와 투표제도, 자유언론, 결사의 자유, 공직출마의 공정한 기회 등등—의 역할을 중요시한다. 하지만 포퓰리즘은 근본적으로 반체제적인(anti-systemic) 성격을 지닌다.[56] 그것은 빈번히 반(反)정치적인 성격을 지니며, 일시적이고 급진적이며 반(反)민주적인 변화를 산출해내는 경향이 있다. 때문에 민주정치 체제의 운용을 통한 권력통제보다 훨씬 더 열등한 결과를 산출해낼 가능성이 크며, 효과적인 헌정주의적 권력통제 기제를 산출해내기 어렵다.

하지만 아렌트의 정치관과 그것이 요구하는 헌정주의 체제는 정치 자체에 내재하는 원리들(정치원리들)과 정치를 영속화시킬 수 있는 제도적 틀(헌정주의적 제도들)을 구성하는 규칙들을 철저히 준수할 것을 요구하기 때문에 반(反)체제적인 경향이 있는 포퓰리즘과는 근본적인 차이가 있다. 포퓰리즘이 아렌트가 비판하는 사회문제에 집착하는 경향이 있는 반면, 아렌트의 정치적 헌정주의는 사회문제에 대한 해결을 위해 정치적 자유공간이 볼모로 잡혀서는 안 된다는 강력한 반(反)포퓰리즘적 성격을 지니고 있다.

마지막으로 아렌트의 정치적 헌정주의는 비현실적인 유토피아를 지향한다는 비판이 있을 수 있는데, 필자는 이 점을 부정하지 않는다. 다만 필자는 제도적 개혁에 대한 요구를 담고 있는 이론들이라면 모두가 다 어느 정도는 유토피아적이라는 사실과, 아렌트의 경우에는 더 근본적이고 많은 제도적 개혁을 요구한다는 점에서 유토피아적 성격이 더 강하다는 것만을 지적하고자 한다. 아렌트 자신은 정작 이런 비판에 대해 그다지 신경을 쓰지 않는다. 역사현상학적 탐구

---

56 ▶ Bellamy, Richard, "Introduction", in *Constitutionalism and Democracy : The International Library of Essays in Law and Legal Theory*, 2nd series (Dartmouth Publishing Company, 2006), p. xlii.

를 통해 지금은 잃어버렸지만 여전히 경험범위에 있다고 여겨지는 특별한 공존양식과 그것이 줄 수 있는 공적 행복을 보여줌으로써 아렌트는 만일 우리가 원한다면 그런 삶을 지향할 수 있다고 말할 뿐이다. 따라서 아렌트의 정치적 헌정주의가 공허한 유토피아에 불과한 것인지 실현 가능한 정치적 대안이 될 것인지는 우리의 선택 및 의지의 강도에 달려 있다.

제 9 장

한나 아렌트, 탈정치화(Entpolitisierung)와 삶의 형태로서의 정치(Politik als Lebensform)

임경석(한양대학교)

I. 들어가는 말

오늘날 현실정치의 주체라 불리는 시민들은 대의민주주의와 정당정치라는 정치 시스템 속에서 개인적 혹은 집단적 차원의 사적인 이해관심을 공적인 관심들에 우선시키며 살아가고 있다. 아울러 시민들은 자신들의 권리와 의무, 역할과 기능에 대한 회의나 무관심 속에서 넓은 의미의 정치적 무관심, 즉 탈정치화된 다양한 경향들[1]을

1 ▶ 현대 한국 정치와 관련해 드러나고 있는 낮은 선거율과 정치문화에 대한 혐오 속에서 등장하는 탈정치화의 현상들과 관련한 원인과 근거는 매우 복합적인

보여주고 있다. 무엇보다 이처럼 기성정치에 대한 시민들의 혐오와 정치를 부패와 타락한 행위로 취급하려는 부정적인 경향과 관련해 최근 선전성과 오락성 위주의 매스 미디어의 지대한 공헌을 무시할 수 없을 것이다. 왜냐하면 주기적이고 형식적으로 치러지는 선거들과 관련해 정치인들은 오락성을 대변하며 정당의 구호도 흡사 상품의 광고문구와 별반 다르지 않기 때문이다. 그런데 이처럼 일반화된 기성정치의 탈선들에 대항해 정치적 삶의 본래적인 의미 회복의 차원에서 시민들은 앞으로 공적 선을 향한 그들의 자발적인 관심과 능동적인 정치참여의 가능성을 어디서 발견할 수 있는가? 형식적이고 제도화된 기성정치의 공허함이 시민들의 민주적인 정치 에너지를 고갈시키도록 방치할 것인가? 더불어 새로운 형태로 등장하는 사회적인 갈등의 돌출은 시민들에게 거듭 인간 삶의 형태로서 정치적인 것의 의미와 필요성을 새롭게 각인시킬 것이다. 무엇보다도 미래지향적 시민들의 삶은 사적 영역과 공적 영역의 뒤엉킴과 혼돈 속에서 무력, 금력, 정치력 및 언론권력들의 다양한 형태 속에서 적어도 도덕을 바탕으로 사적인 것과 공적인 것의 고유한 의미와 상호작용에 대

연구대상이므로 본고에서 상세히 다루지 않겠다. 다만 이러한 경향들은 이미 미국의 정치학자 H. D. 라스웰과 카플란이 언급했던 탈정치화를 조장하게 되는 정치적인 무관심의 대표적인 3가지 형태들을 다음과 같이 요약하고 있다. "첫째, 예술 · 과학 등 비정치적인 영역에 열중해서 정치적인 관심을 잃게 되는 경우, 즉 무정치적인 형태, 둘째, 무정부주의자나 종교적 신비론자와 같이 자기의 신조가 정치와 충돌할 경우 등장하는, 즉 반정치적인 형태, 셋째, 요구나 기대가 권력행사에 의해서 만족스럽지 못하기 때문에 정치에서 물러나는 경우, 즉 정치이탈적인 형태"가 그것들이다. 본고에서 다루는 탈정치화(Entpolitisierung)란 개념은 상술한 3가지 정치형태들을 내용적으로 모두 포괄하려는 폭넓은 개념으로 사용되고 있다. http://100.naver.com/100.nhn?docid=154325 참조.

한 근원적인 고찰이 요구된다.

한나 아렌트는 자각한 " '주변인' (pariah)에서 균형 잡힌 '세계관찰자' (Weltbetrachter)로의 폭넓은 삶"[2]을 살았던 20세기의 정치사상가들 중 한 사람이다. 주지하다시피 그녀의 저작들은 서구 정치와 철학 이론 간에 긴장된 대화의 큰 틀 속에서 여러 다양한 주제들을 다루고 있다.[3] 특히 그녀는 플라톤에서 맑스에 이르는 정치사상가들의 저서를 독자적인 방식으로 강독하고 재해석하면서 복합적인 정치 이론을 전개하고 있다. 그런데 바로 이 점이 독자들로 하여금 그녀의 글이 매우 난해한 텍스트란 인상을 지울 수 없게 만든다.

이 글은 아렌트 작업의 핵심 문제를 인간 삶의 중심 형식으로 진정한 정치적인 것의 복권에 초점을 맞추고 있다. 이러한 목적을 위해 무엇보다 필자는 아렌트가 강조한 '사회적인 것' (the social)과 '정치적인 것' (the political)의 개념들에 내포된 의미와 차이점에 주목할 것이며, 현대인의 삶에서 탈정치화의 경향이 함축하는 위험성에 대한 숙고의 틀 안에서 정치적인 것의 회복이 지니는 중요성을 논할 것이다. 더불어 필자는 아렌트 정치 이론에 대한 현대 주석가들의 주요 논쟁점들 중 하나인 전기 행위 이론과 후기 판단 이론에 대한 구분보

---

2 ▶ 아렌트의 전기와 관련해 Elisabeth Young-Bruehl, *Hannah Arendt : For Love of the World*(New Haven/London, 1982)와 "What remains? The Language Remains?" : A Conversation with Günter Gaus, in : Jerome Kohn(ed.), *Essays in Understanding 1930-1954*(New York/San Diego/London, 1994), 1-23쪽. 그리고 김비환, 『축복과 저주의 정치사상 : 20세기와 한나 아렌트』(한길사, 2001), 27-80쪽 참조.

3 ▶ 이 점을 Dana R. Villa는 전체주의, 인간의 삶 속에서 정치행위의 위치, 아돌프 아이히만의 재판, 근대 혁명전통의 의미, 정치적 자유와 권위의 본성, 정신의 삶을 만드는 능력들로 열거하고 있다. Dana R. Villa(ed.), *The Cambridge Companion to Arendt*(Cambridge, 2000), 1-21쪽.

다는 통합의 가능성을 모색하고 옹호하는 입장을 견지하면서 작업을 수행할 것이다. 끝으로 본고는 그녀가 전개했던 정치 이론의 전개과정을 고유한 특성, 범위, 대안들 그리고 한계점들을 개관하고 나아가 그녀의 작업이 지닌 현대적인 적실성을 파악해 볼 것이다.

이 글은 크게 두 부분으로 구성된다. 하나는 탈정치의 현상들에 대한 아렌트 자신의 분석과 해명이다. 다른 하나는 그녀가 강조했던 인간 삶의 형식으로서 정치적인 것만이 지니게 되는 고유성을 부각시키는 것이다. 이러한 글의 전개순서를 통해 필자는 아렌트가 탈정치의 현상들을 분석하면서 정치적인 것을 위기로부터 본래의 위치로 복권시키기 위해 시도했던 핵심 용어들, 즉 정치적 행위, 권력, 권위, 판단, 자유 그리고 사유와 행위의 관계 등에 대한 연구와 분석방법이라고 할 수 있는 역사비판적인 해석의 틀을 잘 보여줄 것이다.

이 글의 세부적인 전개순서는 다음과 같다. 우선 존재론적 차원에서 탈정치화의 현상들과 관련해 첫째, 탈정치화의 대표적 현상으로 전체주의의 근본악을 살펴볼 것이다(II절 1). 둘째, 정치적인 것과 사회적인 것의 차이점과 더불어 근대 이후 강화된 사회적인 것의 일방적 우세가 인간의 공동체적 생활방식과 관련해 지니게 된 의미를 논할 것이다(II절 2). 셋째, '권력' (Macht)과 '폭력' (Gewalt)의 개념에 대한 아렌트의 구분을 주목하고, 양자의 혼동이 야기시킬 수 있는 탈정치화의 위험을 제시할 것이다(II절 3). 넷째, 인간 삶의 진정한 형태인 정치적인 것의 복권에 주목하면서 '사회적 동물' 이 아닌 '정치적 동물' 이 함축하는 아리스토텔레스 해석의 의미를 살펴본다(III절 1). 다섯째, 아렌트 정치 이론의 강조점이 행위 이론에서 판단 이론으로 이행되는 점과 관련해 그녀가 제시한 이론적 정합성의 문제를 간략히 논하겠다(III절 2). 여섯째, 오늘날 탈냉전과 세계화라는 화두 앞에서 아렌트가 전 생애에 걸쳐 추구했던 인간 삶의 본래적 형식인 정치적인 것과 동의어인 자유와 존엄이 향후 새로운 것의 시작과 관련해 지니게 되는 시대적 적실성을 조명해 볼 것이다(III절 3). 끝으로 아렌트 정치 이론에 대한 평가와 비판적인 해석과 관련해 제기될 수 있는 몇 가지 의문점들을 간략히 논하면서 이 글을 맺을 것이다.

II. 탈정치화의 현상들

탈정치화의 현상들과 원인들은 실로 다양하다. 그에 대한 구체적인 연구는 이 글의 범위를 넘어선다. 그럼에도 불구하고 한 가지 질문을 제기해 보자. 우리는 일상적인 삶 속에서 소위 정치영역으로부터 편안함을 느끼지 못할 뿐만 아니라, 정치적인 삶을 수호하는 법률과 제도들 그리고 일정하게 반복되는 선거방식을 통해 선출된 정치인들을 불신하고 있다. 그렇다면 그 근원적인 이유는 무엇일까? 한마디로 답한다면 다수의 시민들은 공적[4]인 정치의 장에서 자유와 행

4 ▶ 아렌트는 '공적'이란 용어를 통해 두 가지 상호 밀접하지만 상이한 현상을 묘사한다. 첫째, 이 용어는 "모든 사람들이 보고 들을 수 있는 일반성 앞에 현상하는 모든 것을 의미하는바, 이를 통해 모든 사람에게 가장 규모가 큰 가능성으로서 귀속되는 것을 의미한다. 둘째, 공적 개념은 이 세계가 우리에게 공통적인 것이며 그 자체 사적으로 소유한 것, 다시 말해 우리의 사적 소유로 명명되는 장소와 구분되는 것"을 뜻한다. 한나 아렌트, 이진우 · 태정호 옮김, 『인간의 조건』(한길사, 2000), 102쪽(이하 *VA*로 약칭 함).

복의 매력을 느끼지 못하기 때문이다. 더구나 선출된 직업 정치인들이 교묘하지만 일방적으로 시민들에게 순응주의만을 강요한다면 정치가 자행한 권모술수를 알게 된 시민들의 저항과 불복종의 폭발은 필연적일 수밖에 없다.

필자는 이 절에서 아렌트의 정치 이론과 연관해 정치라는 공적 영역의 부재와 본래적인 궤도 이탈에서 야기되는 탈정치화 현상들을 전체주의, 사회적인 것과 정치적인 것의 전도 그리고 폭력의 권력 찬탈이라는 표제어를 중심으로 살펴볼 것이다. 그녀는 전체주의라는 개인적 체험을 통해 정치적 악을 경고하며 17세기 이후부터 20세기 초기까지 근대의 등장과 더불어 불거진 정치적인 것에 대한 사회적인 것의 일방적인 우위, 그리고 기만적인 폭력 속에서 첨예화된 탈정치화 현상들의 지속적인 전개과정을 경고한다. 그녀의 분석에 따르면 이러한 현상의 귀결은 정치행위의 주체여야 할 시민들이 자신들의 정치적인 자유와 존엄의 실현과 관련된 공적 삶의 근원적 의미를 망각하는 것이다. 이 망각의 치명적인 위험은 바로 전체주의의 기원들에 대한 상세한 분석이 제시하고 있듯이 '비가시적인 이데올로기'와 외부적인 '테러'를 함축하는 넓은 의미의 폭력이 다양한 억압형태들로 작용한다는 점이다.

아렌트에 따르면 정치적 행위와 사유는 타인과 더불어 살아가는 복수적인 인간 삶의 고유한 조건인 것이다. 바로 이 점이야말로 여타 생명체들과 달리 인간이 행위자로서 타인 앞에 스스로를 드러내는 동시에 관찰자 혹은 관객으로서 공정하게 타인의 행위를 보고 듣는 공적 존재로 만들 수 있는 것이다. 그러므로 인간의 삶에 적극적인 자유와 인간성의 실현을 추구하려는 장소인 공적 삶의 영역이 부재할 때 그 결과는 '친밀성'과 '은폐성', 그리고 '생산-소비-재생산'을 축으로 삼는 사적·사회적 삶이라는 필연성 영역의 대두인 것이다. 무엇보다 이 필연성의 영역은 이데올로기와 테러라는 방식을 통해 자연 또는 역사의 운동을 기계적이며 획일적인 '자동주의'(automationism)로 만듦으로서 각 인간은 새로운 시작이며 세계는 자유로운 정치적 행위와 사유를 통해 새롭게 시작한다는 사실을 부정하게 됨을 보여주게 된다.

1. 근본악[5]으로서의 전체주의

지난 세기 인류의 역사에서 선례가 없었던 대규모의 조직화된 비도덕적 범죄가 횡행했었다. 그럼에도 불구하고 정작 비도덕성과 관련된 핵심 개념인 '악'(Böse)의 문제가 자주 언급되지 않았다는 사실은 매우 주목할 만한 점이다. 그런데 이 점과 관련해 아렌트는 분명 예외적이다. 왜냐하면 그녀는 새로운 정치적 시각에서 이 주제에 대한 연구를 시도한 중요한 인물 중 한 사람이기 때문이다.

아렌트는 자신의 대표적인 두 저서들에서 정치적 악의 현상형

5 ▶ 아렌트는 인간사의 업무들 중 기본적으로 주어진 다음과 같은 점을 특별히 주목한다. "우리는 달리 행동하거나 처벌할 수 있는 선택이 없는 경우 용서할 수 없고, 역으로 처벌할 수 없는 것으로의 범행은 우리가 용서할 수 없다. 이 후자의 개념은 우리가 칸트 이래 '근본악'(das radikal Böse)이라고 부르는 개념인데 그럼에도 이것이 무엇인지 정확히 알지 못한다. (…) 다만 우리가 이 근본악으로 알 수 있는 것은 인간의 업무를 넘어서고 인간 힘의 가능성을 벗어난 것으로 처벌할 수도 허용할 수도 없다는 점이다." *VA*, 307쪽.

식들을 다시금 두 가지 차원으로 분석·해명하는 동시에 그 각각의 고유한 특성을 밝히고 있다. 우선 『전체주의의 기원』에서는 악의 제도적 형태가 분석되고 있다. 이 저서는 그녀 스스로 체험한 비극적인 탈정치의 현상을 자신의 정치 이론의 출발 동기로 수용하는 동시에 정치적 악의 본질을 해명하려 시도한 적극적인 대응의 산물이다. 반면 『예루살렘의 아이히만』에서는 악의 개인적 형태를 다룬다. 여기서 그녀는 한 개인의 정치적 행위능력과 판단력에 있어 치명적 결함인 '무사유성'(thoughtlessness) 개념을 통해 당시 지성계에 상당한 논란을 일으켰던 '악의 평범성'(die Banalität des Bösen)이라는 개념을 제안한다. 이 개념에 따르면 나치 전범인 아이히만(Eichmann)이 저지른 반인륜적인 인종학살의 범죄는 결코 그의 악마적인 성격으로부터 기인한 것이 아니라, 그로 하여금 아무런 생각 없이 수동적인 임무를 수행토록 만든 사고력의 결여로부터 기인한 것임을 뜻한다.

아렌트의 제도화된 전체주의의 분석에 따르면 국가사회주의와 스탈린 치하의 전체주의는 그 태동의 상이함에도 불구하고 다음과 같은 공통적인 특성을 지닌다. 양자는 구성원들의 자유로운 정치적 행위능력과 상호 관계망을 형성하는 정치영역을 완전히 조직된 경찰국가를 통해 파괴하며, 고향 상실과 잉여성을 통한 고립의 극단적인 통치형태를 드러낸다. 더 나아가 이러한 통치형태는 동지들과 협력자들을 포함해 인간으로서의 인간을 거부하려는 인종주의와 대량학살의 극단적 형태에서 근본적인 악의 모습도 보여준다. 그러는 동시에 그녀는 "이해의 어려움들"[6]에도 불구하고 전체주의라는 새로운 통치형태의 성장과정을 추적한다. 그녀의 분석에 따르면 나치의 국가사회주의와 홀로코스트, 그리고 뒤이은 소비에트 스탈린주의의 숙청과 '굴락'(Gulag)의 등장과 같은 일련의 사건들은 호전성, 참주정치, 전제정치, 음모 그리고 제국주의 등 기존의 역사적으로 알려진 선례들의 단순한 확장으로는 결코 이해될 수 없었다. 오히려 전체주의라는 '새로운 통치형태'는 테러와 이데올로기라는 두 핵심 용어를 가지고 이해할 것이 제안된다.

과거의 폭군들이 테러를 정권의 확보와 유지를 위한 도구로 사용했다. 반면, 전체주의 정권의 테러 사용은 어느 정도 전술적인 합리성을 드러낸다. 그러면서 이 체제는 개인들로 하여금 공적 영역의 폐쇄를 통해 원자화된 고독과 두려움을 불러일으킨다. 그 결과 이들에게 테러는 정치적인 목적의 수단이 아닌 그 자체 목적으로 존재하는 것이다. 이러한 테러는 폭력이 모든 권력을 지상에서 파괴하면서 완전한 통치를 포기하지 않고 유지될 때 일체의 조직적인 대항을 사라지도록 하기 위해 행해지는 통치형식인 것이다.

또한 아렌트에 따르면 전체주의 정권은 체계적 거짓말의 이데올로기를 사용한다. 이러한 이데올로기가 호소력을 지니면서 대중을 동원할 수 있었던 이유는 체계적이고 안정된 삶의 황폐화로 인한 세계 상실감의 보상이라는 기만적인 약속의 현혹으로부터 기인한다. 예를 들면 당시 독일의 경우 제1차 세계대전과 대공황, 그리고 혁명

---

6 ▶ H. Arendt, "Understanding and Politics(The Difficulties of Understanding)", in J. Kohn, *Essays in Understanding 1930-1954*(New York/San Diego/London, 1994), 308. 310-311쪽 참조. 이 글에서 아렌트는 전체주의와 관련된 자신의 이해를 그 지속적인 과정과 연관해서 '예비적 이해'(preliminary understanding)와 '참된 이해'(true understanding)로 구분하고 있다. 또한 명백한 결과를 낳는 정보, 과학적인 지식과 구분되어 복잡한 과정으로 현실과 화해하는 이해를 '용서'(forgiving)와 '앎'(knowledge)으로 구분해 사용하고 있다.

적인 소요의 확산에 따른 충격은 대중들로 하여금 비탄의 책임을 할당할 수 있는 속죄양을 요구했고, 미래의 불안을 덜어줄 수 있는 단일하고 명료화된 이데올로기의 필요성도 열어놓았다. 전체주의 정권은 바로 이러한 동요적인 상황을 포착하면서 과거와 현재 그리고 미래의 사건들이 설명될 수 있다는 역사법칙주의의 발견을 대중들에게 주입하면서 거짓된 답변을 제공했다. 이 허구적으로 조작된 답변에 대한 대중들의 암묵적인 순종과 협력은 그 내부에 식민지 억압이라는 제국주의적 팽창주의와 민족주의에 기반을 둔 집단이익과 연관한 부르주아지의 국가 찬탈을 포함하는 사회병리학적 귀결로 부합되었다.

아렌트의 정치 이론에서 비극적 체험인 전체주의는 두 가지 교훈적인 관점으로 요약된다. 한편으로는, 전체주의 체제는 미래를 위한 새로운 시도를 억압하고 침묵시킴으로써 구성원들의 자율적이고 존엄한 참된 정치의 기반이어야 할 공적 역역과 참여민주주의의 가능성을 근원적으로 배제했다는 부정적인 관점에서 주어지는 교훈이다. 이 점이야말로 점차 정치 제도권의 정당성을 파괴하고 민주주의적 정치기획의 핵심인 시민권의 의미 박탈과 숙의적인 합의의 원리를 위축시킨 주된 요인이었다. 결국 전체주의의 출현은 자유의 영역이어야 할 공적 영역의 부식과 관련된다. 이러한 문제의식은 시민들의 연대 속에서 생동감을 발휘하는 공적 삶의 가능조건들을 잠식하는 탈정치현상들의 축적과정에 대한 저항의식과 관련해 이해될 수 있다.

다른 한편으로는, 이러한 비극적인 사건에 대한 기억은 인류가 당면한 공동운명체적인 문제들과 관련해 정치적 삶의 본원적인 의미 복원과 새로운 탄생의 시작을 위한 긍정적인 출발점으로 제기되고 있다는 점이다. 실제로 이 초기의 대표 저작들에서 우리는 향후 아렌트가 자신의 정치 이론 틀 속에서 지속적으로 추구했던 일련의 주제들을 발견할 수 있다. 예를 들면 인간적이고 민주적이라 불려질 수 있는 정치적 삶의 가능조건들, 정치적인 것을 위협하는 역사적인 것, 사회적인 것, 사적 이해관심과 공적 선의 갈등관계 등. 이런 주제들은 정치적인 것의 본질과 의미를 명확하게 해명하기 위한 그녀의 후기 저작들 속에서 보다 정교화된 형태로 다시 다룬다. 예를 들어 '오늘날 전체주의라는 체제는 사라졌는가?' 라는 질문과 관련해 아렌트는 인간의 정치적 행위능력을 말살하려는 전체주의의 근본악에 대한 체험을 『인간의 조건』에서 '행위적 삶' (vita activa)을 통해 재사유할 것을 제안한다.

2. 정치적인 것과 사회적인 것의 전도

아렌트는 『인간의 조건』 서론에서 다음과 같이 말하고 있다. "내가 아래에서 제안하고자 하는 것은 우리가 최근에 가진 경험과 공포를 고려하여 인간 조건을 다시 사유해 보자는 것이다. 이것은 명백히 사유의 문제이다. 사유하지 않음, 즉 무분별하며 혼란에 빠져 하찮고 공허한 진리들을 반복하는 것은 우리 시대의 뚜렷한 특징이라 생각된다. 그러므로 내가 여기서 제안하는 것은 단순하다. 우리가 활동할 때 우리가 진정 행하는 것은 무엇인가를 사색해 보는 것이다."[7]

아렌트는 고요함과 수동성을 특징으로 갖는 '관조적 삶' (Vita

contemplativa)과 구분되는 '행위적 삶' (Vita activa)을 대비한다. 그런데 이 행위적 삶은 "'노동' (Arbeit), '작업' (Herstellen), '행위' (Handeln)로 삼분"[8]된다. 그 각각의 특성은 다음과 같이 요약될 수 있다. 우선 노동은 인간 신체의 생물학적 과정에 상응하는 활동으로 생명의 유지와 관련된 현재적 활동이다. 그 다음으로 작업은 수단과 목적의 관계 속에서 마치 예술작품과 같은 인공물을 만드는 활동이며, 대상성과 객관성에 대한 인간 실존의 의존성을 낳는 미래적 활동이다. 끝으로 행위란 질료, 물질 그리고 사물들의 매개 없이 인간들 사이에서 직접적으로 수행되는 행위적 삶의 유일한 과거적 활동이다. 행위에 대응하는 근본조건은 "다원성의 사실(Das Faktum der Pluralität), 즉 한 인간(ein Mensch)이 아닌 무수한 인간들(viele Menschen)이 지구상에 살며 이 세계에 거주한다는 복수성의 관점이다. 바로 이 점으로 인해 실제로 인간 조건은 모든 측면들에서 정치적인 것에 관련되며 특별히 행위란 인간들 간에 정치와 같은 어떤 것이 있다는 점에서 인간의 고유한 관계 속에서 성립한다. 정치적 행위는 인간의 삶에 필요조건일 뿐만 아니라 절대적 조건이다. 이 행위는 모두가 인간이라는 점에서 동등한 다원성을 필요로 한다. 다만 이 경우의 다원성은 어느 누구도 지금껏 살았고, 현재 살고 있으며 앞으로 살게 될 타인과 동일하지 않다는 주목할 만한 방식"[9]을 전제한다.

아렌트에 따르면 이들 세 가지 활동들인 노동, 작업, 행위, 그리

---

7 ▸ *VA*, 14쪽.
8 ▸ *VA*, 16쪽.
9 ▸ *VA*, 17쪽.

고 이에 상응하는 조건들—삶 자체, 지구, 탄생성과 사멸성, 세계성 그리고 다원성—은 모두 인간 실존의 가장 일반적인 조건과 밀접하게 연관되어 있는 것이다. 그녀는 초월적인 세계를 관조하면서 인간의 한계를 넘어서려는 관조적 삶 대신 세계라는 장소, 유한한 생명 그리고 다원성이라는 조건을 수용하면서 자연적 세계가 아닌 인공적 정치세계에서 유한한 인간이 기억을 통한 '위대함' (greatness)의 불멸성과 말함과 행위를 기반으로 다원성을 아우르는 정치행위 이론에 주목했던 것이다. 이를 통해 아렌트는 유한한 '세계에 대한 사랑' (amor mundi)과 '새로운 시작' (new begining)을 위한 정치행위를 공적 영역에서 발견하고자 했다.

역사적으로 고대 '도시국가' (Polis)는 사적 영역과 공적 영역의 구분이 명확한 공동체였다. 고대 희랍인들에게 가계로 대표되는 가정의 '사적 영역' (oikos)은 생존이라는 생물학적 필연성의 삶을 해결하기 위한 친밀성과 동시에 가부장적인 위계질서 속에서 노예의 강압적인 경제활동이 수행되는 공간이었다. 필연성의 압박에서 벗어난 자유 시민은 광장이라는 정치공간에서 동등한 동료 시민들과 공적 사안에 대한 대화와 의견개진을 통해 자신의 탁월함을 드러내면서 자유롭게 정치적 행위와 사유를 추구한다. 이 영역에서 시민들은 상호 간에 보고 듣는 방식 속에서 타인들과 더불어 자유와 공적인 행복을 만끽한다. 바로 이 공간이야말로 공통의 관심사와 관련해 모든 시민들이 자기를 드러내는 인간관계망의 실현장소인 것이다.

그런데 아렌트의 분석에 따르면 근대의 등장과 더불어 공적 영역과 사적 영역의 구분은 철저하게 파괴된다. 이제 그녀는 '왜 인간 삶의 형식에서 자유로운 정치영역 대신 필연성이 지배하는 사회영역이 우세하게 되었는가'에 대한 상황변화에 주목한다. 이 점은 근대 이후 '사회적인 것'이 등장하면서 사회적인 것과 정치적인 것 사이의 경계선 및 개인의 사적 삶과 시민의 공적 삶의 의미와 중요성이 인식 불가능할 정도로 급변하고, 이러한 변화의 가장 큰 요인으로 과거 사적인 관심과 필연성의 영역이었던 노동과 제작이 사적 소유의 문제와 관련해 공적인 관심으로 전환된 데 기인한다. 다시 말해 공적 관심을 누르고 경제적인 문제만이 주된 관심사로 대두되는 것이다.

본래 경제적 관심은 개인의 생물학적 삶의 연장과 관련된 것으로 고대인들에게 재산의 소유는 공적 영역에 참여하기 위한 자유로운 '여가'(otium)의 전제조건이었다. 그런데 근대로 접어들면서 점차 소유가 재산의 증식을 통한 '부'(Reichtum)와 동일시되면서 자기 증식을 위한 부의 창출만이 주된 관심이 된다. 엄청난 부의 점유[10]는 이제 한 개인이 평생 소비할 수 없을 만큼 엄청나게 증대되고 자손들에게 물려주는 상속을 통해 가족 소유가 된다. 이것은 재산의 본래적인 의미가 개인의 생물학적 삶을 유지한다는 사적 성격을 넘어 사회적으로 부를 축적하면서 '자본'(capital)으로 성장하는 것을 의미한다. 이제 부의 소유자들은 자신의 소유물에 대한 법적 보호와 관련해 재산의 정치적 의미를 획득한다. 이렇게 축적된 자본은 재산과는 달리 소비를 통해 없어지지 않으며, 그 항구성은 끊임없는 축적과정의 운동을 통해 일정하게 지속된다.

10 ▶ 아렌트에게 소유(Eigentum)란 단순한 부(Reichtum) 혹은 점유(Besitztum)와 구별되는 것으로 그 본래적인 의미는 공동세계 내에서 사적으로 지니는 몫을 가리킨다.

이제 생산–소비–재생산의 순환구조를 통해 단지 생존에 관련된 활동이었던 노동과 자본은 급격한 팽창을 통해 인간의 삶에서 지녔던 정치적인 것의 의미변화와 축소를 가속화하게 된다. 이처럼 경제적 관심인 사회적인 것의 주도는 또한 화폐와 같이 특정한 기준이나 척도에 따라 차이, 개성, 다양성 그리고 인격적인 특수성을 거부하면서 일방적 평준화만을 옹호한다. 더불어 고대의 도시국가에서 '자유시간'(Skholē)은 자유로운 시민들이 공론 영역에서 동료 시민들과 함께 공적인 문제들을 논의하는 전제조건이었던 반면, 근대 이후 노동의 해방을 통한 여가 시간은 사적 삶과 소비 그리고 유희활동에 바쳐진다. 결국 아렌트에 따르면 경제지상주의라는 사회적인 것의 우세는 정치적인 것에 대한 망각과 냉소 그리고 비참여의 원인이 된다. 아렌트에 따르면 정치적인 것의 실종은 이성과 권위, 자유와 정의, 책임과 미덕, 권력과 영광이라는 개념의 상실을 의미한다.

마침내 인간의 삶은 이제 세계에서 정치적인 것을 통해 의미를 추구하기보다는 확장된 자연(우주)이라는 초월적인 것에로 향하거나 대중사회라는 인공물로의 함몰 혹은 사적으로 은폐된 고립의 삶에로 귀착되게 된다. 이것이 바로 지리상의 발견과 종교개혁 그리고 망원경을 통해 '지구로부터 우주로의 탈출'과 세계로부터 주관주의라는 자아 속으로의 도피라는 이중적 의미의 '세계 소외'(world–alienation)를 뜻한다. 이제 아렌트에게 있어 '인간은 어떻게 사회적인 것의 전횡을 바로 잡으면서 자유로운 정치적 삶을 다시금 시작할 수 있는가'라는 문제가 화두로 대두된다. 그것은 한 마디로 "고대 그리스를 모델"[11]로 한 정치적인 것의 복권에 있는 것이다.

이러한 일련의 논의과정의 전개 속에서 언급되어야 할 점은 아렌트가 사회적인 것의 힘을 과소평가하지 않았다는 점이다. 이 점과 관련해 그녀의 적절한 평가는 다음 인용문에서 잘 드러난다. "근대가 시작된 이래 사회적 · 경제적 삶과 관련된 영역의 경영이 정치영역에 그림자를 드리웠다. 현재도 여전히 적대감 혹은 호감을 숨기고 있는 까닭에 경제적인 요인들로만 설명할 수는 없는 국가 간의 관계만이 순수하게 정치적인 구역으로 남아 있는 듯하다. 그러나 여기에서조차도 국제권력의 문제와 경쟁관계는 궁극적으로 경제적 요인과 관심사에서 발생한다고 보는 것이 지배적인 경향"[12]이다.

3. 권력과 폭력

아렌트 정치 이론의 중심 개념 가운데 하나인 '권력'(power)에 대한 이해는 기존에 '폭력'(violence)과의 개념 혼동 속에서 만연한 부정적 권력현상에 대한 교정작업에서 시작된다. 흔히 '폭력은 권력의 가장 극악한 발현에 다름 아니다'라는 논지의 합의 혹은 정치권력을

---

11 ▶ 아렌트가 고대 도시국가의 직접민주주의를 모델로 자신의 정치 이론을 정당화하려 했다고 본다면 이는 분명 반쪽의 진리인 것이다. 왜냐하면 그녀의 고대에로의 회귀적 관심은 과거의 전통에 대한 낭만적 열정이라기보다 오히려 더 이상 존재하지 않는 과거의 전통 속에서 잉태된 긍정적인 요소가 왜 현재 계승되지 않고 망각되었는가에 대한 현재의 이해와 더불어 이를 통해 아직 도래하지 않은 미래를 지향하려는 의도에서 이해되어야 하기 때문이다. 그녀는 인간의 정치적인 행위가 지니는 가장 큰 특징을 예견될 수 없는 무엇을 새롭게 시작하려는 능력으로 파악한다.

12 ▶ 한나 아렌트, 서유경 옮김, 『과거와 미래 사이』(푸른숲, 2005), 212쪽. (이하 *BPF*로 약칭함.)

폭력의 조직화와 동등하게 다루는 문제는 그녀를 '권력에 대한 이해 문제'에 매달리게 했다. 야콥 부르크하르트의 "권력은 그 자체로 악이다"[13]라는 명제로 대변될 수 있는 부정적 권력관은 어두운 시대의 체험자인 아렌트에게 도구적으로 사용된 사이비 권력남용에 따른 정치적 냉소주의와 허무주의를 넘어서 권력에 대한 개방적이고 새로운 이해를 촉구한다. 아렌트는 말한다. "폭력의 반대 개념인 권력"[14]은 "사람들이 어떤 목적을 위해 함께 모이고 제휴할 때 발생하지만 그 목적이 달성되거나 상실되면 이내 사라진다."[15]

폭력과 권력의 근본적인 차이점은 다음과 같이 요약될 수 있다. 권력이 늘 다수를 필요로 하는 다원성이라는 인간의 조건에 부합한다. 반면, 폭력은 다수를 배제하려는 처리의 가능성을 찾는다. 이 점에서 권력의 극단적인 형태는 한 사람에 대항하는 모든 사람이며, 폭력의 극단적인 형태는 모든 사람에 대항하려는 한 사람의 등장에 있다. 시간적으로 권력은 과거에로의 호소 속에서 '정당성'(legitimacy)을 필요로 하는 데 반해, 폭력은 미래에 위치하는 목적과 관련하며 '정당화'(justification)를 필요로 한다. 물론 폭력이 권력을 파괴할 수도 있다. 그러나 폭력은 결코 권력을 낳을 수 없다는 점이 중요하다.

---

13 ▶ J. Burckhardt, *Weltgeschichtliche Betrachtungen*, Stuttgart, 1969, p. 36.

14 ▶ 아렌트는 정치적인 차원에서 "권력과 폭력이 동일하지 않다고 말하는 것으로는 불충분하다. 권력과 폭력은 대립적이다. 즉 하나가 절대적으로 지배하는 곳에서 다른 하나는 부재한다. 폭력은 권력이 위태로운 곳에서 나타나지만 제멋대로 내버려둔다면 그것은 권력의 소멸로 끝난다. 이것은 폭력의 대립물을 비폭력으로 사고하는 것이 올바르지 않다는 것을 함의한다"라는 점을 강조한다. 한나 아렌트, 김정한 옮김, 『폭력의 세기』(이후, 1999), 90쪽. (이하 *OV*로 약칭함.)

15 ▶ *OV*, 84f. 그리고 *BPF*, 347쪽.

아렌트의 강조점은 현상적으로 폭력으로부터 권력은 결코 도출될 수 없다는 점이다. 전체주의 정권의 집단수용소에서 발생한 사례에서 드러나듯이 "폭력이 절대적으로 지배하는 곳에서는 법뿐만 아니라 모든 것들이 침묵"[16]을 지킬 수밖에 없다.

아렌트는 일상적인 용어사용과 관련해 "'권력'(power), '강인함'(strength), '힘'(force), '권위'(authority) 그리고 '폭력'"(violence)[17]이라는 핵심 개념들을 구분하고 있다. 그녀에 따르면 '권력'은 결코 개인의 고유한 특성이 아닌 다수가 제휴하면서 행위할 수 있는 인간의 능력인 것이다. 반면, '강인함'이란 한 대상이나 인물에 내재하는 고유한 특성으로 다른 사물이나 인물과 관련하여 증명될 수도 있다. 그러나 강인함은 본질적으로 개별적인 존재자가 갖고 있는 독립성이다. 이에 반해 '힘'은 종종 일상어법에서 폭력과 동의어로 사용되지만 물리적 혹은 사회적인 운동을 통해 방출되는 에너지로 사용될 수 있다. 이와는 달리 '권위'는 '권위주의적 정부'라는 표현에서 볼 수 있듯이 빈번히 남용되는 개념이다. 아렌트에 따르면 권위는 부모와 자식 혹은 스승과 제자의 관계처럼 인격이나 '로마 원로원의 권위'(auctoritas in senatu)처럼 직위에 대한 존경을 의미한다. 끝으로 '폭력'은 그 도구적 특징을 통해 상술된 용어들과 구별된다.

아렌트에 따르면 한 나라의 제도에 권력을 제공하는 것은 '인민의 지지'(potestas in populo)이다. 그런데 이러한 지지는 법을 생성시켰던 동의의 지속에 불과하며, 결코 무조건적인 복종과 연관되지 않는

16 ▶ 한나 아렌트, 홍원표 옮김, 『혁명론』(한길사, 2005), 83쪽. (이하 *OR*로 약칭함.)
17 ▶ *OV*, 72-77쪽.

다. 이 점과 관련해 왜 정치적 자율성을 지닌 권력 개념과 더불어 정당한 법과 제도의 탄생이 시민의 의사소통적인 자유를 동원할 수 있어야만 하는지가 설명된다. 이 설명은 강압적인 권력과 전혀 다른 형태의 유연적인 권력유형을 제시한다. 즉 아렌트가 말하는 아래로부터의 소위 '의사소통적 권력'(die kommunikative Macht)은 누군가가 일방적으로 소유할 수 없는 것이다. 이 점을 아렌트는 아래로부터 인민의 지지라는 점에서 잘 말하고 있다. 이 의사소통적 권력 모델에 따르면 법과 권력은 동일한 권력의 원천인 시민들이 공적으로 합의한 의견으로부터 기원한다. 정치적 자율성에 기반을 둔 이러한 권력의 이해는 정치적 권력 개념에 대한 기존의 부정적인 이해와의 차등화를 요구한다.

그 한 예로 이제 "정치행위의 가장 성공적인 양태들이 폭력이 아닌 음모, 책동 혹은 거짓말이라는 견해"[18]와 관련해 대표적인 폭력의 한 형태로 정치적인 거짓말을 생각해 보자. 이러한 거짓말은 흔히 체제를 전복하려는 집단에 의해 용의주도하게 자행되는 경우 시민들에게 상당한 혼동을 야기할 수 있다. 그러나 거짓말은 또한 정당체제의 수호와 부정적 의미의 민족주의와 편협한 애국주의를 조장하면서 시민들에게 역사적 사실을 은폐하고 의도적인 혼동을 조장하기도 한다. 그런데 왜 사람들은 정치영역의 본질이 진리의 부정이나 왜곡이라고 의심하게 되는가? 아렌트는 『과거와 미래 사이』라는 제목에 수록된 논문인 「진리와 정치」에서 '세계가 멸망할지라도 진리

18 ▶ *OR*, 192–193쪽.

가 실현되게 하라' (Fiat veritas, et pereat mundus)라는 옛 라틴어 경구를 무조건 믿을 것인가를 물으면서 이 논쟁에 거짓말이 사용되었는지 여부를 묻는다. "정치와 거짓말의 관계"[19]는 탈정치화된 경향을 가속화시킨 주된 요인들 중 하나이다. 아렌트는 공적 영역을 지배하는 체계적인 거짓말의 관계를 두 가지 관점에서 주목한다. 첫째, 양자는 모두 세계를 변혁하려는 행위이다. 둘째, 양자는 모두 공적 영역에서 발생한다.

아렌트는 플라톤의 "고상한 거짓말"(noble lie)[20]의 문제에도 주목한다. 플라톤은 거짓말의 '비의도적인 거짓말' (*Ψεῦδος* error)과 '의도적인 거짓말' (lie)을 구분하는데, 아렌트가 주목하려고 의도한 것은 사실성의 진리에 대한 대응물은 과오가 아닌 의도적인 허위성과 거짓이라는 점이다. 특히 정치영역의 거짓말은 사실과 의견의 조작과 연관된다. 사실적 진술은 예컨대 역사 왜곡의 문제와 같이 해석적 맥락과 관련해 엄청난 정치적 함의와 파급효과를 획득한다. 이러한 행위는 분명 사실기록을 변조하려는 시도이며 허위를 가장한 기만적인 행위의 한 형태이다.

직접적이고 현실적인 정치목적과 관련해 아렌트는 "'이성적 진리'와 '사실적 진리'"[21]를 구분하고 있다. 그런데 이성적 진리는 정치철학사적 관점에서 볼 때 절대적인 진리를 옹호하는 전제적인 성격 때문에 주로 비판된다. 반면, 사실적 진리를 말하는 사람이 정치

19 ▶ 흔히 일상적인 정치의 영역에서 거짓말은 진리 탐구의 역설적인 조건 혹은 폭력의 대체수단으로서 무해한 정치적 도구의 연장으로 보곤 한다.

20 ▶ Platon, *Politeia*, 382, 388, 414c.

21 ▶ *BPF*, 335쪽.

영역에 진입하여 편파적 이익이나 권력의 형성에 관여할 때 그는 불편부당성, 고결성, 자주성 등이 보장하는 개인적인 진실성, 즉 자신의 진리를 타인들과 더불어 수긍할 만한 것으로 만들 수 있는 유일한 특성과 타협하게 될 것이다.

아울러 아렌트는 역사 왜곡, 이미지 구축 그리고 정부의 실제 정책에서 사실과 의견의 대중 조작이라는 문제에도 주목한다. 전통적으로 외교와 안보의 차원에서 정치적인 거짓말은 진짜 비밀을 유지하려는 은폐의 의도를 지닌다. 반면, 근대적인 정치적 거짓말은 이미지 조작의 경우처럼 드러난 것을 의도적으로 조작한다는 차원에서 과거에 비해 훨씬 더한 폭력적인 요소와 가공할 파괴력을 지닌다. 아렌트는 전통적인 거짓말을 특수한 것과 관련해 다루고 있다. 즉 이 거짓말은 모든 사람을 속이려는 의도보다는 대내외의 적을 겨냥하는 소극적인 차원에서 문제된다. 반면, 근대 이후 오늘날까지 거짓말은 완전성과 잠재적 완결성을 특징으로 삼으려는 점에서 사실 조작으로 인해 발생하는 위험이 과거에 비해 크다는 점에서 적극적인 대응을 요구한다.

정치적인 관점에서 거짓말과 관련한 아렌트의 요점은 근대의 자기 기만 기술이 외부적 사안을 내부의 문제로 변형시켜 국제적 갈등이나 집단 간의 갈등이 국내 정치의 장으로 되돌아와서 번지게 하는 부메랑 효과를 낼 것이라는 점이다. 무엇보다 정치적 거짓말의 가장 큰 폐해는 의미를 읽어내는 우리의 감각이 파괴되어 간다는 사실이다. 오늘날 정보화 시대에 이미지 조작의 위험과 관련한 경고의 예는 무수히 많다. 아울러 조작과 기만을 수반한 거짓말하기의 가능성은 분명 전 방위적으로 증대될 수 있다. 그렇다면 이 문제에 대한 효과적인 처방책은 무엇인가?

III. 인간 삶의 형태로서의 정치

아렌트가 독창적인 정치 이론을 제시했다고 할 때 그 핵심적 의미는 그녀가 새롭게 이해한 정치적인 것의 규정에 있는 것이다. 이 점을 중심으로 이 절에서는 인간의 조건과 관련한 정치적 동물의 의미, 타당성의 확보와 관련한 정치 판단, 그리고 새로운 시작함으로써의 정치와 연관한 소주제들에 주목할 것이다. 그녀에게서 정치란 구성원들의 자율적인 참여 속에서 공동체 내부의 첨예한 공적인 현안 문제들을 의제화하면서 대화, 토론, 논쟁과 협의를 통한 개혁과 아울러 향후 실현 가능한 새로운 복수의 대안들을 지속적으로 준비하면서 구성원들에게 미래의 비전과 화합을 추구하려는 공적인 영역에서의 행위와 사고 일반으로 이해될 수 있다.

이 점에서 아렌트가 강조했던 정치의 자기 목적은 절대적인 철학적 진리라는 용어와 부합될 수 없는 것이다. 왜냐하면 그녀에게 인간 삶의 조건인 '다원성'(plurality)과 철학적 진리라는 절대성은 상이한 관점의 척도를 채택하며 결코 양립할 수 없기 때문이다. 바로 이 점이 그녀가 서구 전통 철학의 사상가들과 비판적으로 대면한 이유이다. 그렇다면 그녀는 어떻게 복수성을 지니는 개체의 자율성과 다수에 기인하는 의견의 상대주의를 극복할 수 있었는가? 바로 이러한 관점이 그녀로 하여금 언어를 기반으로 하는 행위와 토론의 두 가지 인간 능력에 칸트가 강조했던 '공통감'(sensus communis)을 수용하면서 열린 과정의 합의호소를 정치영역에서 추구하도록 한다.

1. 정치적 동물

아렌트가 본 정치적 삶의 실질적 내용은 "우리의 벗들과 함께 있고, 함께 행동하고 공적인 장에 나타나고, 말과 행위를 통해 우리 스스로가 세계에 관여하여 개인적 정체성을 획득하고 지탱하며 무언가 전적으로 새로운 것을 시작하는 기쁨과 만족"[22]에 다름 아니다.

인간의 삶은 언제나 타인들과 그들이 만든 사물의 세계에 의존한다. 이러한 외적 환경이 없다면 인간의 활동은 무의미할 뿐이다. 역으로 인간의 정치적 활동이 부재한다면 환경도 역시 그 의미를 상실하고 인간과 관련해 존재할 수 없는 것이다. 마찬가지로 정치적 활동의 삶은 세계라는 환경을 필요로 한다. 더 나아가 모든 인간의 정치적 활동은 개체로서가 아닌 공동으로 살아간다는 사실에 조건지워져 있는 것이다. 이러한 인간의 정치행위와 공동생활 양자 간의 상관관계는 아리스토텔레스의 『정치학』에서 등장하는 인간은 "본성적으로 정치적 동물"(physei politikon zoon)[23]이라는 정치적 인간학의 첫 번째 정의와 '이성과 언어를 가진 동물'(zoon logon echon)이라는 두 번째 정의와 함께 이해할 때 비로소 완전히 이해될 수 있는 것이다.

---

22 ▶ *BPF*, 353쪽.

23 ▶ Aristoteles, *Historia animalium* I. 1, 그리고 Aristoteles, *Politik* I. 2 1253a 2 참조.

아렌트에 따르면 고대 희랍인들은 정치적 조직체를 갖출 수 있는 인간의 능력과 관련해 '개인적인 것' (idion)으로서의 사적인 삶과 '공동의 것' (koinon)인 공적 삶을 명확히 구분했다. 특히 아리스토텔레스가 강조한 '정치적 삶' (bios politikos)의 고유한 두 구성요소인 '행위' (praxis)와 '언어' (lexis)는 노동의 필연성과 제작의 유용성과 구분되어 주목된다. 그러나 이 양자는 원래의 동등한 지위에서 점차 정치적 행위에 대한 설득과 관련한 말의 우위로 옮겨진다.

정치적 행위는 공적 영역에서 생활하면서 힘과 폭력이 아닌 말과 설득을 통해 공적 업무를 결정하는 것이다. 따라서 공적 문제의 정치적 해결은 당리당략과 이해관심만으로 해결될 수 없다. 오히려 그러한 해결은 인간의 새로운 시도능력을 "세계관찰자" (Weltbetrachter)[24]의 관점에서 보고 듣는 영역의 확장을 통해서 실현될 수 있는 것이다. 그리하여 아렌트에 따르면 정치적 행위는 "결코 고립 속에서 가능할 수 없고, 고립은 곧 인간의 정치적 행위를 박탈"[25]하는 것을 의미한다. 이 점에서 사적 삶에로의 은둔은 인간에게 부여된 탄생 이후의 두 번째 삶의 형태인 정치적 삶의 포기를 의미한다.

정치적 행위는 복수적인 인간들 상호 간에 의사소통적 합의를 위한 가능성의 모색으로 피할 수 없는 사실이다. 사람들이 함께 모여 살아가는 가운데 말함과 실행을 통해 자신의 독특성을 인정받기 위해서는 자신의 누구임을 드러내야 한다. 또한 타인의 누구임을 알기

24 ▶ Vgl. H. Arendt, *Lecture's on Kant's political Philosophy*, Brighton, Harvester Press, 1982, 75f ; H. Arendt, *Men in Dark Times*, New York, Harcourt, 1968, p. 25.

25 ▶ *VA*, 188쪽.

위해서도 동일한 요청이 필수적이다. 반면, 사심 없는 타당성의 확보는 중립적인 입장과 불편부당성, 즉 자기 이익으로부터의 자유를 요구한다. 아렌트는 이러한 입장의 기원을 호메로스가 희랍인과 트로이인의 영광을 찬양했던 장구한 순간에까지 거슬러올라가 추적하면서 정치적 삶 속에서 공평한 시선에 따른 객관성의 뿌리를 확립하고자 한다.

아렌트에 따르면 공적 삶의 포기가 인간으로 하여금 야기할 수 있는 문제점은 다음과 같다. 1) 타인과의 보고 들음을 통한 접촉의 부재(고독)로 인한 현실성의 박탈, 2) 노동을 통한 사물세계와의 중재를 바탕으로 타인과 관계를 맺거나 분리됨으로써 형성되는 객관적 관계맺음의 박탈, 3) 유한자의 삶에서 벗어나 영속성을 획득할 수 있는 기회의 박탈(예를 들어 공적 차원의 영웅적인 위대함의 실현), 4) 공적 영역의 활동 대신 사적 이익만을 추구하려는 필연성의 종으로서 노예적 삶으로의 전락 등이 그것이다.

2. 정치행위 이론에서 정치판단 이론에로

이제 아렌트의 정치 이론과 관련해 활발히 논의되고 있는 전·후기 사상의 이론적 정합성의 문제를 살펴보자. 그녀의 주저로 알려진 『인간의 조건』에서 아렌트는 '행위적 삶' (Vita activa)과 '관조적 삶' (Vita contemplativa)의 명료한 구분 속에서 '행위자' (actor) 중심의 정치행위 이론을 논한다. 이에 반해 그녀의 후기 이론은 관조적 삶의 관점에서 '관찰자' (spectator) 혹은 관객의 관점이 부각된다. 그렇다면 이처럼 아렌트의 정치 이론에서 보여지고 있는 흡사 관점의 이동 원인은 무엇인가? 이것은 그녀가 제시한 정치 이론의 내부에 명백한 모순을 내포하는 것인가? 그렇지 않다면 이러한 변화는 통합의 가능성을 제시할 수 있는 아렌트 정치 이론의 내적 발전으로 이해될 수 있는가? 바로 이러한 질문들이 여러 아렌트 주석자들에 의해 문제점[26]으로 제기되어 오고 있다.

먼저 아렌트가 자신의 이론적 관점을 변화시킨 근거를 살펴보자. 아렌트는 인간이 정치적 행위 속에서 말함과 행위를 통해 합의가 도출될 수 있다고 보았다. 그런데 20세기 전체주의라는 사건과 아이히만의 재판과정에서 그녀는 다음과 같은 질문과 대면하게 된다. 어떠한 토대에서 우리는 전대미문의 사건을 판단할 수 있는가? 정치의 영역에서 올바른 선택과 관계하는 판단의 타당성은 과연 무엇을 통해 보장될 수 있는가? 수많은 동등한 사람들이 각자 자신의 우월함을 의견을 통해 드러내면서 자기 표현을 하는 이 갈등상황 속에서 과연 누가 자신의 이해관계에 함몰되지 않고 공정한 판단에 이를 수 있는가? 행위자는 자기 표현의 가치를 공정하게 판단할 수 있는가? 아렌트는 공적 영역에서 각자가 자유롭게 의견표출의 행위자인 동시에 타인의 입장에 대한 관찰자여야 한다는 이중성을 직시하면서 피타

26 ▶ James T. Knauer, "Hannah Arendt on Judgement, Philosophy and Praxis", in : *International Studies of Philosophy*, Vol. 21, 1987, p. 71 ; Richard J. Bernstein, *Judging–the Actor and the Spectator, Philosophical Profile : Essay in a Pragmatic Mode*, Philadelphia, 1986, pp. 232–233 ; Ronald Beiner, Interpretive Essay, Hannah Arendt on Judging, in *Lectures on Kant's Political Philosophy by Hannah Arendt*(Chicago, 1982) ; 김선욱, "한나 아렌트 정치사상의 해석상의 문제", 『철학연구』, 제53집(철학연구회, 2001 여름), 249–267쪽.

고라스의 예에서 볼 수 있듯이 공정한 관중인 관찰자의 입장에서 판단의 타당성을 모색한다.

이제 전례가 없는 전체주의라는 새로운 사건을 공적 타당성을 가지고 판단하려면 이 판단은 실재하는 기존의 법이나 공적 여론의 다수결에 의해서 지지되어서는 안 된다. 오히려 충분한 시민들의 자기 드러냄의 자발성 속에서 새로운 모든 행위와 의도를 판단할 수 있는 독립적인 인간의 능력이 요구된다. 이러한 능력을 전통 서구 철학은 아리스토텔레스에게서 볼 수 있는 '프로네시스'(phronesis) 혹은 칸트가 『실천이성비판』에서 이성의 보편적 입법능력인 '정언명령'을 통해 강조한 "너의 의지의 준칙이 항상 그리고 동시에 보편적 입법의 원리에 타당하게 행동하라"[27]는 도덕에 입각해 설명해 왔다. 그러나 아렌트는 '자신의 도덕적 양심과의 합의원칙'을 출발점으로 삼지 않는다. 왜냐하면 그녀의 정치 판단은 이미 언급한 것처럼 타인과의 의사소통적 합의를 기반으로 하기 때문이다. 바로 이 점이 그녀로 하여금 후기에 정치 판단의 본성과 기능에 보다 적극적으로 관여하게 한다.

아렌트는 칸트의 『판단력비판』에서 '미감적 판단'(das ästhetische Urteil)을 주목한다. 사실 칸트의 미감적 판단은 판단하는 관찰자의 관점에서 미를 분석하고 아름다운 것과의 관계에서 '취향'(Geschmack)이라는 현상을 분석하려는 데 주된 목적이 있다. 이러한 미학적 판단능력이 아렌트에게 정치적 의미를 함축하는 점은 다음 사실과

27 ▶ Kant, *Kritik der praktischen Vernunft*, § 7, A 54.

관계한다. 칸트의 미감적 판단은 자신의 양심과의 합의원칙인 도덕을 넘어서 상호주관적인 타당성의 확보를 위해 "다른 모든 사람의 입장에서 생각"[28]할 수 있는 '확장된 사유방식' (eine erweiterte Denkungsart)이라고 부르는 것을 포함한다. 칸트는 이러한 사유방식을 통해 회의주의와 상대주의라는 두 가지 난점을 극복하면서 "우리는 동일한 기쁨을 다른 사람들과 공유하기를 희망하며 다른 모든 사람들과의 합의를 기대"[29]할 수 있다고 보았다. 바로 이 잠재적 합의가능성이 아렌트가 미감적 판단에서 추출한 정치 판단 이론의 요소인 것이다. 그녀는 '확장된 정신'을 통해 판단의 자의적이고 주관적인 요소를 배제하면서 타인과의 광대한 합의가능성을 제시했다.

동시에 아렌트는 현상의 영역에서 개별적 행위자들이 부분적인 인식의 편협성을 극복할 수 있는 가능성을 칸트의 "특수한 것을 보편적인 것에 포함되어 있는 것으로 사고하는 판단력"[30]의 두 형식과 관련해 주목한다. 칸트는 판단력을 이미 주어진 보편적인 것 아래에 개별적인 것을 흡수하는 '규정적 판단' (das bestimmende Urteil)과 주어진 특수한 것에서 보편적인 것을 추구하는 '반성적 판단' (das reflektierende Urteil)으로 구분한다. 그녀가 칸트의 미적 판단 이론에서 발견한 또 다른 요소는 바로 모든 인간이 소유한 능력으로 특수한 것을 보편적인 것으로 사고하는 반성적 판단의 작동에 있다.

아렌트에 따르면 정치적 사유는 다름 아닌 재현적인 것이다. 이

---

28 ▶ *BPF*, 294쪽.
29 ▶ Kant, *Kritik der Urteilskraft*, § 6. 7. 8. 참조. A 17–27.
30 ▶ Kant, *Kritik der Urteilskraft*, Einleitung IV, A XXIV.

러한 "재현적 사유"(das repräsentative Denken)는 주어진 문제를 부재하는 타인의 입장에서 내 생각에 도입하여 하나의 의견을 형성하는 것으로서 맹목적인 감정이입이나 다수의 의견을 따르려는 수동적인 것이 아니다. 이 사유는 어떤 문제를 성찰할 때 더 많은 사람의 입장을 '상상력'(Einbildungskraft)의 발휘를 통해 끌어들임으로써 그의 입장에서 느끼고 생각하는 능력이다. 이제 확장된 정신으로 사유한다는 것은 우리가 상상력을 통해 타인을 방문하도록 훈련함을 의미한다. 이러한 방식의 방문함은 우리로 하여금 개별적이고 특수한 판단의 행위에 공적인 타당함을 요구할 수 있게 한다. 아렌트는 정신의 이러한 능력에서 새롭게 직면한 개별적 상황에 대한 정치 판단의 타당성을 발견한다."[31] 그녀는 우리가 이기적이고 사적인 이해관심을 넘어서서 '불편부당성'(Impartiality)과 '무관심성'(Disinterestedness) 속에서 판단할 것을 요구한다. 왜냐하면 반성적 판단이 판단자에게 개별적이고 특수한 것을 보편적으로 파악하기 위해서는 사적인 관심과의 적절한 거리두기가 필요하기 때문이다.

그러면서 동시에 아렌트는 개별자와 관련된 정치 판단의 난점도 제거하려 한다. 확장된 정치 판단은 타인의 동의를 통해 개별적인 것을 일반적인 타당한 판단으로 이르도록 하는데, 이 경우의 타당성은 어떠한 성격인가? 아렌트는 정치적 판단의 타당성을 강요적 성격의 인지적 타당성이나 과학적 명제의 타당성과 구분한다. 다시금 칸트의 예로 돌아가자. 칸트는 '이 꽃은 아름답다'에 대한 미적 판단은

31 ▶ *BPF*, 323쪽.

그 타당성의 기준을 경험이나 외부에서 도출할 수 없음을 알고 두 개의 다른 해결책을 제시한다. 그 하나는 인류 전체의 원초적 계약이라는 인간성의 이념이다. 다른 하나는 아렌트가 주목한 칸트의 "예들이란 판단의 보행기이다"[32]로 이해되는 '예증적 타당성' (die exemplarische Gültigkeit)의 개념이다. 이것의 의미는 우리가 개별적인 하나의 예를 통해 특수성만이 아닌 일반성을 '선발' (eximere) 할 수 있다는 것이다. 즉 '아킬레스는 용기가 있다' 라고 하는 경우 아킬레스란 예를 통해 모든 사람이 편파성 없이 용기의 일반성을 판단할 수 있다는 것이다.

앞서 언급한 아렌트의 전 · 후기 정치 이론에 등장하는 행위 이론에서 판단 이론에로의 변화와 관련한 문제점을 이제 간략히 논해 보자. 아렌트는 초기의 저서에서 "근대의 관조적 삶과 활동적 삶의 위계의 전도"[33]를 말하지만 후기에 오면 정신의 삶인 관조에 명백히 우위를 두고 있다. 이러한 변화는 과연 아렌트 정치 이론이 행위로부터 사유로 이행했음을 의미하는 것인가? 우선 번스타인은 아렌트가 『전체주의의 기원』과 『인간의 조건』에서 판단을 행위자의 기능으로 본 반면, 『정신의 삶』과 『칸트 정치철학 강의』와 같은 후기 저서에서는 관조자의 기능으로 설명하고 있음을 지적한다. 베이너(Beiner) 역시 인간의 정치적 능력으로서 판단 이론에 대한 아렌트의 고조된 관심은 두 개의 판단 이론으로 구성된다고 본다. 전기의 경우 판단 이론은 사유라는 큰 범주 속에서 관련되지만 『과거와 미래 사이』에 수

32 ▶ I. Kant, *Kritik der reinen Vernunft*, B 173.
33 ▶ *VA*, 375쪽.

록된 논문인 「자유란 무엇인가?」, 「문화의 위기」 그리고 「진리와 정치」 등에서 행위 이론에 묻혀 있다. 반면, 후기의 이론은 칸트의 『판단력비판』과의 의미연관 속에서 『사유와 도덕적 고려점들』(*Thinking and Moral Considerations*) 이후에 출간된 『정신의 삶』과 『칸트 정치철학 강의』에서처럼 판단 이론으로 두드러지게 나타난다는 것이다. 베이너의 분석에 따르면 "초기의 경우 판단이 '재현적 사유' (representativa thinking)를 통해서 산출되는 것으로 설명되며, 현실의 사태에 대한 '일차적 반성' (first-order reflection)이고 구체적인 정치행위의 지침으로 작용되는 실천적 성격을 가지며, 정신의 세 기능인 사유, 의지 그리고 판단의 구분을 배경으로 하지 않는다는 특징을 가지고 있다. 이에 반해 후기의 판단 이론에서는 판단이 구체적인 정치행위자의 입장이 아니라 역사가나 이야기꾼의 회고적 판단의 성격을 갖는 관조자의 판단으로 설명되며, 관조자의 비참여적 특성으로 인해 가능하게 되는 무관심성을 그 특징으로 하고, 정치행위자의 판단에 대하여 이루어지는 판단이므로 '이차적 반성' (second-order reflection)이며, 정치행위와 상반되는 관조의 성격을 갖는 것으로 설명"[34]된다.

여기서 분명한 점은 아렌트의 전 · 후기 판단 이론의 중심점이 구분되며, 나름대로 상이한 형태로 제시되고 있다는 점이다. 이제 흥미로운 점은 그녀가 왜 이러한 이행을 했는가에 대한 의도를 살펴보는 것일 것이다. 주지하다시피 아렌트 판단 이론의 주 텍스트인 『칸트 정치철학 강의』는 출간을 위한 저서가 아니었다. 아울러 그녀가

34 ▶ 김선욱, "한나 아렌트 정치사상의 해석상의 문제", 『철학연구』, 제53집 (철학연구회, 2001 여름), 253쪽 이하.

후기 판단에서 사용하는 정신의 기능은 절대적 진리를 추구하는 관조의 의미도 아니라는 점이다. 이 점은 공적 영역에 참여하는 사람은 누구나 의견을 드러내는 순간 행위자이지만 동시에 보고 듣는 관찰자가 된다는 사실로 알 수 있다. 후기 판단 이론의 목적은 행위자의 의지의 편협성의 위험을 방지하면서 정치적 사건에 대한 공동체 구성원들의 확장된 판단을 추구하려는 것이다. 따라서 정치적 행위의 판단자는 결코 공적 영역을 떠나서 고립된 주체 속에서 판단할 수 없다. 정신의 판단은 현상의 세계를 관객의 입장에서 무관심성과 불편부당성을 바탕으로 상대방의 동의에 '호소'(woo)하거나 '간청'(co-urt)함으로써 타당성을 확보하기 위한 적극적인 노력인 것이다. 아렌트 후기 판단 이론의 이러한 강조는 비가시적인 정신의 삶을 가시적인 행위 이론과 연계하면서 자신의 정치 이론을 발전시키려는 목표로 보인다.

결국 아렌트에 따르면 정치 판단은 현상계의 과거적 사건의 의미를 이해하기 위해 우리가 조우하는 부단한 질문들의 의미를 이해하려는 모험이다. 그러나 이러한 판단의 가치는 앎을 통한 해결 가능한 긍정적인 결과의 획득에만 있는 것이 아니다. 판단의 가치는 또한 우리가 다양한 상황들 속에서 경험하고 행위하면서 제시하는 의미들과 관련해 끝없이 질문을 지속한다는 점에 있는 것이다.

3. 새로운 정치적 삶

최근 제기되고 있는 새로운 정치 이론의 필요성에 대한 관심의 증대는 무엇보다 탈냉전과 세계화를 배경으로 한다. 아렌트에 따르면 진정한 정치적인 것은 다수의 인간이 자신의 동료들 사이에서 정치적인 행위와 사유를 통해 자기 자신을 드러내며, 공적 자유와 공적 행복에 고무된 동료 시민들이 공적인 현안문제에 대한 열의를 가지고 자유롭고 평등하게 의견을 개진·타협·해결하는 삶의 과정에서 '인간성'(humanity)의 일부를 늘 새롭게 실현하는 과정의 연속을 의미한다. 그녀가 아우구스티누스에게서 수용한 이 "탄생성"(Natalität)[35] 개념은 정치적인 것이 늘 무언가 새롭게 시작할 수 있는 능력임을 이해하도록 만든다. 이 개념에 따르면 "정치행위에 개방되어 있는 것은 과거가 아니며, 과거의 산물인 현재도 아니다. 오직 미래만이 현재에 개방되어 있다."[36]

아렌트는 근대 이후의 혁명들을 "단순한 변동이" 아닌 "새로운 것을 발현시키는"[37] 정치적 행위의 대표적인 활동으로 본다. 미국 혁

35 ▶ 이 점은 하버마스의 다음과 같은 강조에서 충분히 부각될 수 있다. "단순화와 연관된 세계역사는 과거로부터 현재를 탈연계하려는 미래지향적 행위에 대한 추상적 연계체계로서 이바지한다. 그 배후에는 전통과 단절의 체험이 설정된다. 이것은 문화적인 전승들과 사회적인 제도들과의 반성적인 교제의 문턱을 넘어서려는 것이다. 근대화의 과정은 목표를 추구하면서 집단적인 간섭을 개방한 사건들의 가속화로 체험된다. 현 세대는 미래 세대들의 운명에 대한 책임으로 부담지워지고 있음을 본다. 반면, 과거 세대들의 전형은 그 결속력을 상실한다. 미래의 가능성들에 대한 확장된 지평 속에서 현 순간의 시급한 현실성은 현재에서만 두드러지는 현존하는 것의 규범성에 대해 명성과 중요성을 획득한다. 이러한 열광적인 신뢰를 아렌트는 우리의 능력인 탄생성과 연계해 제시한다.– 새로 탄생하는 신참자들의 고찰 속에서 거듭 제시되는 보다 나은 미래에 대한 기대의 저 감동적인 애호와 함께"(번역 필자). J. Habermas, *Faktizität und Geltung : Beiträge zur Diskurstheorie des Rechts und des demokratischen Rechtsstaats*, Frankfurt am Main, 1997[5], p. 605.

36 ▶ *BPF*, 346쪽.

37 ▶ *OR*, 96쪽.

명과 프랑스 혁명은 인간이 혁명의 정신을 통해 스스로를 드러냄으로써 적극적인 자유를 경험했던 역사적인 사건들이다. 그러나 아렌트는 건국을 통한 새로운 정부 구성에 주목했던 "미국 혁명과 달리 동정과 연민 속에서 사회문제에 압도된 프랑스 대혁명은 실패한 것"[38]으로 평가한다.

아렌트에 따르면 새로운 것을 시작할 수 있는 능력과 관련해 미국 혁명 역시 그 한계를 드러내는데, 모든 구성원들이 참여할 수 있는 혁명정신의 상실과 위기가 논구된다. 이 위기는 변화된 역사의식의 반영을 통해 새로운 것을 실현하려는 혁명의식의 실종과 직접적으로 연관된다. 결국 미국 혁명은 "국민에게 자유를 제공했지만 이 자유가 행사될 수 있는 공간은 제공되지 못했다. 대의민주주의는 국민 자신이 아닌 국민의 대표자들만이 '표현하고 논의하고 결정하는' 행위를 허용한다. 특히 연방정부가 정치적인 중요성에서도 읍과 읍민회관(town-hall)을 압도"[39]하게 된다.

아렌트에게 모든 공동체의 구성원들이 자유로운 공적인 정치 활동에 참여하면서 자신의 정체성과 행복감을 추구할 때 그것은 필연성이 지배하는 삶의 영역에서 벗어남을 의미한다. 이 점이 인간의 존엄과 위대함의 추구와 관련해 인간 삶의 형식으로 진정한 정치적

38 ▶ 아렌트는 이 점을 다음과 같이 강조한다. "프랑스 혁명의 운명은 (…) 궁핍으로부터의 해방이 자유의 확립보다 항상 선행하기 마련이라는 사실뿐 아니라 부자들에 대한 빈자들의 봉기가 억압자들에 대한 피억압자들의 반란과는 완전히 다른, 더 커다란 계기를 가지고 있다는 훨씬 더 중요하고 위험스런 사실이다." *OR*, 201쪽.

39 ▶ *OR*, 365쪽.

인 것의 복권이 그녀에게서 요구되는 이유이다. 아렌트는 공적 영역을 토대로 대의민주주의나 엘리트 민주주의의 결함 대신 참여민주주의의 정치적 행위를 '새로운 시작'이라고 보았다. 이 점은 『혁명론』에서 그녀가 "대표자와 유권자, 국민과 의회 사이에 의사소통이 존재하더라도 이러한 의사소통은 결코 동등한 사람들 사이의 의사소통이 아니라 지배하고자 하는 사람들과 지배받기로 동의한 사람들 사이의 의사소통이다. '인민에 의한 인민의 정부'라는 공식을 '인민에 의해 배출된 엘리트에 의한 인민의 정부'라는 공식으로 대체하는 것이 정당체제의 본질"[40]에 속한다고 강조한 구절을 통해 알 수 있다.

그녀의 기초 자치제의 고유한 기능과 관련한 지역 평의회는 바로 모든 공동체 구성원의 자유롭고 실질적인 정치참여의 기회와 관련한다. 아렌트에게 혁명의 궁극적인 목적은 "자유였고, 자유가 출현할 수 있는 공적 공간의 구성, 자유의 확립이라면 모든 사람이 자유로울 수 있는 유일하게 가시적 공간인 구 단위의 기초 자치체가 실제로 대규모 공화국의 주요 목적이다. 국내 문제에서 공화국의 주요 목적이 인민들에게 그러한 자유의 공간을 제공하고 그들을 보호해야 하는 것이기 때문이다. 제퍼슨이 이해했든 이해하지 못했든 구체계의 기본적인 가정은 어느 누구도 공적 행복을 향유하지 않은 채 행복하다고 할 수는 없다는 것이었다. 아울러 공적 권력에 참여하지 않고 몫을 보유하지 않은 어느 누구도 행복하거나 자유로울 수 없다"[41]는

40 ▶ *OR*, 417쪽.

것이다.

Ⅳ. 맺는 말

아렌트의 정치 이론과 관련해 제기될 수 있는 몇 가지 질문으로 이 글을 끝맺고자 한다. 첫째, 아렌트의 정치적 행위로서의 삶은 인간의 가능성을 의심하려는 회의주의자들과 반대로 인간성에 대한 무한한 신뢰 속에서 정치적인 활동공간을 통한 무수한 가능성들을 추구하고 있다. 동시에 그녀는 기술과 과학 그리고 경제의 일방적 우세에 대한 근대적 회의에 동감하면서도 참여민주주의와 인간의 존엄성에 대한 확고한 자기 의식을 전면에 등장시킨다. 이러한 믿음의 배후에는 아주 도전적으로 그녀가 정치적인 것과 관련해 희랍의 폴리스를 근대와 비교하면서 우월한 전형으로 평가한다는 점이 작동하고 있다.

그러나 고대 희랍의 이상적인 시각 속에서 그녀는 분명 일반적인 평가를 전도하면서 근대가 위대한 진보로서 자축한 노동자와 여성의 해방은 부차적인 성과물로 취급되면서 논의하지 않는다. 반면, 정치적인 것을 대신한 사회적인 것으로서의 노동세계의 등장만이 커다란 손실로 부각될 뿐이다. 분명 아렌트가 제시한 것처럼 근대 이

41 ▶ *OR*, 390쪽.

후 인간의 삶에 노정된 '노동의 물신성'과 '세계 소외'에 대한 평가는 전적으로 옳다. 그럼에도 불구하고 그녀가 삶의 필연성의 영역일 뿐이라고 본 노동에 대한 이해는 매우 협소한 것이다. 헤겔 이래로 우리는 노동이 단순한 생존이라는 그 근원적인 목적을 넘어 자기 의식과 사회적 인정의 차원에 도달하고 있음을 알고 있다.

또한 이 노동에는 아렌트 자신이 높이 평가한 서로 말함, 드러냄, 대화 그리고 의사소통의 세계가 포함된다는 점이다. 아울러 '노동하는 인간'(homo laborans)의 엄청난 기여 속에 민주화라는 필연적인 보상도 주어진 것이다. 인류의 과거 계급사회에서 무수히 많은 다수들이 노동을 수행하는 동안 사제, 학자, 예술가 그리고 정치가들은 '여가'(otium)를 보내곤 했다. 그러나 현대적인 노동 개념의 이해에 따르면 이제 모든 사람들이 노동을 하고 있다. 그런데 아렌트는 노동세계에 대한 평가절하에서 공적 행복을 강조하면서 대부분의 현대인들이 사적으로 행복한 삶과 관련해 이해하고 있는 다양한 삶의 전망들인 욕구와 관심의 만족, 신분의 상징물들과 결합된 풍요성 속에서의 안락하고 안정된 삶 등을 단번에 제기하는 듯하다.

둘째, 아렌트는 정치와 도덕의 분리를 강조한다. 실제로 그녀는 도덕과 관련해 어떠한 저서도 출간하지 않았다. 여기서 이 문제는 상세히 논구될 수 없지만 이 점은 향후 아렌트 연구와 관련해 제기되고 논의되어야 할 중요한 문제이다. 물론 윤리적인 측면들이 그녀의 사유에서도 낯설지 않다. 예를 들어 칸트의 정언명령이나 의지의 자유에 대한 대안은 아니지만 그녀 역시 자기 목적이라는 의미의 자유를 변호한다. 만일 윤리가 좋은 삶의 물음을 제기한다면 그녀도 정치적 삶이 제공하는 공적 행복과 관련해 좋은 삶을 추구하려는 것일 것이다.

셋째, 아렌트의 핵심 개념 중 하나인 '자기 목적'(Selbstzweck)과 실천으로서 정치적인 것과 관련해 한 대담에서 그녀는 "행위는 즐거움이다"라고 말했다. 그녀의 행위적 삶은 정치적인 것에서 스스로를 타인들 앞에서 열정적으로 드러내는 것인바, 이 "공적 영역으로의 모험"[42]은 위대함과 불멸의 명성을 위한 '경쟁'(Agon)의 장에서 수행된다. 그러나 동시에 그녀는 이러한 드러냄과 관련된 많은 것들인 정치의 전략적인 요소들, 제도적인 틀, 더 중요한 것으로 경제적인 것과의 연계성 등을 은폐하고 있다. 더불어 아렌트는 고대 도시국가의 전형에 따라 경제적인 것을 공적인 것과 사적인 가계의 영역과 엄밀하게 구분한다. 그녀에 따르면 비로소 근대와 더불어 상품거래가 공적인 업무로 부각된 것이다. 그러나 사실은 다르다. 이미 고대 도시국가

42 ▶ 아렌트는 Günter Gaus와의 대담 중 마지막 질문에 다음과 같이 답하고 있다. "사람들은 인격적 개인으로서 공적인 빛에 스스로를 드러낸다. 비록 나는 사람들이 공적인 것에서 수줍어하면서 등장하거나 행위해서는 안 된다는 의견이지만, 여전히 나는 모든 행위에 있어서 그 사람이 다른 인간의 활동 속에 없는 것처럼 표현되고 있다는 점을 안다. 말함은 그러므로 행위의 한 형태이다. 그것은 하나의 모험이다. 또 다른 모험은 우리가 어떤 것을 시작한다는 것이다. 우리는 관계들의 망 속에서 실타래를 짜고 있다. 거기에서 무엇이 등장할지 우리는 결코 알 수 없다. 우리는 모두 이렇게 말하도록 가르쳐져 왔다. '주여 그들을 용서하소서. 왜냐하면 그들은 그들이 무엇을 하는지 알지 못하기 때문입니다.' 이 점은 모든 행위와 관련해 참이다. 아주 단순하면서 구체적인 참이다. 왜냐하면 우리는 알 수 없기 때문이다. 이 점이 (공적) 모험에 의해 의미되어지는 것이다. 그리고 이제 나는 이 모험이 오직 사람들 간에 신뢰가 있을 때만 가능하다고 말한다. 모든 사람들이 인간적이라는 것에 대한 하나의 신뢰—정형화하기가 어렵지만 근본적인 것으로—. 그렇지 않다면 그러한 모험은 만들어질 수 없다"(번역 필자). "What remains? The Language Remains?" : A Conversation with Günter Gaus, in : Jerome Kohn(ed.), *Essays in Understanding 1930–1954*(New York/San Diego/London, 1994), p. 23.

내에서 공적 삶의 영역인 시장에서의 상품거래가 등장하며, 게다가 아테네 도시국가는 경제적인 관점이 직접 정치와도 연관된다.

끝으로 우리는 전 지구적 차원에서 벌어지고 있는 경제의 정치에 대한 역할을 과소평가해서는 안 된다. 아렌트의 정치적인 것은 너무 소박하게 위대함과 공적 행복을 위해 시민들을 경쟁으로 끌어들이고 있다. 그 결과 그녀의 정치 이론은 갈등과 경쟁의 상황 속에 놓인 많은 경우 생존에 중대한 결단을 내려야만 하는 정치로서는 부족한 감이 없지 않다.[43]

물론 이러한 점들이 아렌트가 추구했던 열정적인 정치적인 것의 유산들을 축소시킬 수는 없다. 그녀가 제기했던 정치적 삶과 연관된 많은 물음들이 있을 수 있다. 우선 정치와 국가 또는 정부는 동일한 것인가? 현존하는 흡사 자연상태의 세계화 속에서 과연 우리는 왜 공동체적 삶을 살아야 하는가에 대해 전 지구적 구성원들은 진정한 합의에 도달할 수 있는가? 오늘날 한국 사회에서 정치는 무엇을 의미하는가? 공동체, 연대감, 공적인 삶, 민주주의와 같은 관념들은 실제적인 의미에서 우리가 공적 영역 속에서 더불어 살아가고 있음을 밝혀주고 있는가? 냉전의 종식과 전쟁 그리고 세계화라는 화두 앞에서

43 ▶ 이 점은 하버마스의 다음과 같은 지적에서도 잘 드러난다. "의사소통적으로 산출된 권력은 아렌트가 규범적 차원의 모델로 설정한 것인데 우리는 복지국가의 실현과 관련해 행정적으로 적용되는 또 다른 권력의 의미를 정치의 영역에서 고찰해야 한다. 자율적이며 공적인 것들 속에서 자발적인 의견형성과 대중의 충성심으로 조직된 의견창출의 두 과정이 어떻게 상호 관통하며 누가 누구를 제압할 것인가라는 문제는 경험에 속한 것이다. 민주적인 법률공동체로서 국가조직에 대한 규범적 이해는 변화를 필요로 한다" (번역 필자). J. Habermas, *Faktizität und Geltung*, p. 622.

생각할 수 있는 최근의 정치현상들은 현대인의 삶 속에서 과연 공적 영역으로서의 정치가 무엇을 의미해야만 하는지와 관련해 새로운 정치 패러다임의 확립을 위한 도전과 용기[44]를 요구하고 있는가?

공적 삶의 영역으로서 '정치적인 것'에 대한 연구와 관련해 아렌트의 고유하고 가치 있는 공헌은 바로 우리 시대에 요구되고 있는 탈정치적인 것의 의미와 본질을 개관하려는 시도와 관련시키려는 노력일 것이다. 이러한 시도는 우리로 하여금 어떠한 방식으로 공동체 내에서 자신의 자율성을 지니면서 타인과 결속하며, 우리는 누구이며 무엇을 할 수 있는가에 대한 물음을 묻고 답할 기회를 제공한다.

이상의 논의를 통해 필자는 아렌트의 정치 이론이 향후 계속해서 지니는 현대적인 적실성을 다음과 같이 세 가지로 요약하겠다. 그녀의 정치 이론은 1) 탈정치화의 경향에 대항해 인간의 삶에서 공적인 자유와 존엄의 중요성에 대한 의미 망각으로부터의 깨어남에 대한 진지한 호소로 작용할 수 있다. 2) 공적 영역에로 시민들의 용기있고 자발적인 참여가능성을 모색함으로써 진정한 참여민주주의의 실현가능성에 기여할 수 있다. 3) 인간 상호 간의 규범원리로서 "약속을 하고 지키는 능력과 용서하는 능력"[45]의 회복을 통해 시민들 간

44 ▶ 아렌트는 정치적인 삶을 수행하는 데 있어 용기의 중요성을 다음과 같이 강조한다. "심지어 혼자만의 방이 주는 안전함을 떠나 공적 영역에 들어서는 일에도 용기가 필요하다. (…) 정치에서는 생활이 아니라 세계가 문제되므로 용기는 정치에 필수 불가결한 요소이다" (*BPF*, 213쪽). 아렌트는 용기라는 덕을 기본적인 정치태도의 하나로 이해하며 그 중요성을 이해한 유일한 고대 이후 정치사상가로 마키아벨리를 주목하고 있다.(*VA*, 87쪽 참조).

45 ▶ *VA*, 300–312쪽.

의 고유성과 복수성에 대한 인정과 더불어 연대감을 통한 '조화로운 행위' (action-in-concert) 속에서 '세계사랑' (Amor Mundi)의 부단한 실현 노력과 관련해 그녀의 정치 이론은 그 의미와 역할을 한층 고양시킬 수 있을 것이다.

참고문헌

1. 한나 아렌트 저작

Arendt, Hannah. 1951. *The Origins of Totalitarianism*. New York : Harcourt. 한나 아렌트, 박미애 옮김. 2006. 『전체주의의 기원 1/2』. 한길사(이하 *OT*로 약칭함).

_____. 1997(9판). *Vita activa oder Vom tätigen Leben*. München. *The Human Condition*. Chicago, University of Chicago Press. 1958. 한나 아렌트, 이진우 · 태정호 옮김. 2000. 『인간의 조건』. 한길사(이하 *VA*로 약칭함).

_____. 1961. *Between Past and Future*. London : Faber & Faber. 한나 아렌트, 서유경 옮김. 2005. 『과거와 미래 사이』. 푸른숲(이하 *BPF*로 약칭함).

_____. 1962. *On Revolution*. New York : Penguin. 한나 아렌트, 홍원표 옮김. 2005. 『혁명론』. 한길사(이하 *OR*로 약칭함).

_____. 1963. *Eichmann in Jerusalem : a Report on the Banality of Evil*. London : Faber & Faber. 한나 아렌트, 김선욱 옮김. 2006. 『예루살렘의 아이히만』. 한길사(이하 *EJ*로 약칭함).

_____. 1970. *On Violence*. New York : Harcourt. 한나 아렌트, 김정한 옮김. 1999. 『폭력의 세기』. 이후(이하 *OV*로 약칭함).

_____. 1968. *Men in Dark Times*. New York : Harcourt. 한나 아렌트, 권영빈 옮김. 1983. 『어두운 시대의 사람들』. 문학과지성사(이하 *MDT*로 약칭함).

_____. 1972. *Crisis of the Republic*. New York : Harcourt(이하 *CR*로 약칭함).

______. 1978. *The Life of the Mind*. 2 vols., London : Secker & Warburg. 한나 아렌트, 홍원표 옮김. 2004.『정신의 삶 1-사유』. 푸른숲(이하 *LM*로 약칭함).

______. 1982. *Lectures on Kant's Political Philosophy*. Brighton : Harvester Press. 한나 아렌트, 김선욱 옮김. 2002.『칸트 정치철학 강의』. 푸른숲(이하 *LKPP*로 약칭함).

______. 1996. *Love and St. Augustin*. Chicago (이하 *LA*로 약칭함).

2. 기타 문헌

김비환. 2001.『축복과 저주의 정치사상 : 20세기와 한나 아렌트』. 한길사.

김선욱. 2002.『한나 아렌트 정치판단이론』. 푸른숲. 2002.

______. 2002.『한나 아렌트 칸트 정치철학 강의』. 푸른숲. 2002.

______. 2001. "한나 아렌트 정치사상의 해석상의 문제".『철학연구』. 제53집 (철학연구회). 249-267쪽.

Benhabib Seyla. 1996. *The Reluctant Modernism of Hannah Arendt*. London.

Bernstein Richard J. 1977. *Hannah Arendt : The Ambiguities of Theory and Practice*. in : Political Theory and Praxis : New Perspectives. Terence Ball (ed.). Minneapolis.

______. 1986. *Philosophical Profiles, Essays in a Pragmatic Mode*. Cambridge.

______. 1986. *Judging-the Actor and the Spectator, Philosophical Profile : Essay in a Pragmatic Mode*. Philadelphia.

Beiner Ronald. 1982. "Hannah Arendt on Judging." in *Lectures on Kant's Political Philosophy by Hannah Arendt*. Chicago.

Burckhardt Jacob. 1969. *Weltgeschichtliche Betrachtungen*. Stuttgart.

d'Entrèves Maurizio Passerin. 1994. *The Political Philosophy of Hannah Arendt*. London.

Flynn Bernard. 1992. *Political Philosophy at the Closure of Metaphysics*. New Jersey/ London.

Habermas Jürgen. 1983. "Hannah Arendt : On the Concept of Power." in *Philosophical-Political Profiles*. London. Heinemman.

Habermas Jürgen. 1997[5]. *Faktizität und Geltung : Beiträge zur Diskurstheorie des Rechts und des demokratischen Rechtsstaats*. Frankfurt am Main.

Hinchman Lewis P. & Hinchman Sandra K. 1984. "In Heidegger's Shadow : Hannah Arendt's Phenomenological Humanism." in *The Review of Politics*. 46, 2, pp. 183–211.

Immanuel Kant. 1983. *Kritik der Urteilskraft*(Bd. 8). hrsg. von Wilhelm Weischedel. Darmstadt.

Knauer James. 1987. "Hannah Arendt on Judgement, Philosophy and Praxis." in *International Studies of Philosophy*. Vol. 21, pp. 71–83.

Kohn Jerome(ed.). 1994. *Essays in Understanding 1930–1954*. New York/San Diego/London.

Larry May and Jerome Kohn(ed.). 1997. *Hannah Arendt : Twenty Years Later*. The MIT Press.

Parekh Bhikhu. 1981. *Hannah Arendt & The Search for a New Political Philosophy*. London & Basingstoke.

Patrica Bowen–Moore. 1989. *Hannah Arendt's Philosophy of Natality*. London.

Philip Hansen. 1993. *Hannah Arendt : Politics, History and Citizenship*. Oxford.

Platon. 1971. *Der Staat*. Bd. IV., übers. v. Fr. D. E. Schleiermacher, hrsg. von. Günther Eigler. Darmstadt.

Villa Dana. 1996. *Arendt and Heidegger : The Fate of the Political*. Princeton/New Jersey. 서유경 옮김. 2000. 『아렌트와 하이데거』. 교보문고.

_____(ed.). 2000. *The Cambridge Companion to Arendt*. Cambridge.

Weber Max. 1976. *Wirtschaft und Gesellschaft*. Tübingen.

Young–Bruehl Elisabeth. 1982. *Hannah Arendt : For Love of the World*. New Haven/London. 엘리자베스 영–브륄, 홍원표 옮김. 2007. 『한나 아렌트 전기–세계 사랑을 위하여』. 인간사랑.

제10장

탈속과 귀환의 중도에서 만난 아렌트

전향적 사유(견성見性)와 수행(정치政治)에서 동행하다

고옥(古玉, 가산불교문화연구원)

I. 우정과 동행

이 글은 불교라는 독특하게 내면화된 전통 속에 망명중인 불교 수행자가 한나 아렌트와 동행한 기록의 일부이다. 그녀가 지상에서의 치연하고 품위 있는 정신의 삶을 거두어 가던 1975년 12월, 글을 쓰는 필자는 그때 탈속을 감행했다. 아렌트는 "정신을 잘 닦은 사람이란 과거는 물론 현재의 사람들, 사물들, 사상들 가운데서 자신의 동행(同行)을 선택하는 방법을 알고 있는 자"[1]라고 말하였다. 1700여 년의 전통을 유지해 왔지만 우리 사회가 오히려 낯설어하는 오래된 유산(遺産)—불교와 그 공동체, 즉 승가(僧伽, Saṃgha) 내부에서만 전승되고 있는 독특한 사물과 사상 등의 전통—과 특별히 동행하고 있는 필자에게 아렌트는 이 유산들을 성찰하고 그 의미를 더욱 확장시켜 준 특별한 우정이라고 말할 수 있다.

아렌트는 레싱론[2]에서 "우정(友情)이—동정심이 평등주의적임에 비해서 우정은 선택적이다—참된 인간성을 입증시킬 수 있는 중심적 현상"[3]이며, 나아가 "세계가 인간에 의해 만들어지고 인간의 소리가 그 속에 있다고 해서 인간적이 되는 것이 아니다. 세계가 대화(對話)의 대상이 될 때만이 인간적이다. … 우정어린 대화 속에서 이루어지는 인간적인 것—필란드로피아(philanthropia), 즉 인간애(人間愛)라고 부르는데—이것은 타인과 세계를 공유하는 마음가짐 자체를 나타내는 것"[4]이라고 말하였으며, "인간적이라는 것은 감상적이기보다는 엄숙하고 냉정한 것이고, 인간성이란 것은 동포애 속에서 나타나기보다는 우정 속에서 나타나는 것이며, 우정이란 개인적 친밀감이 아니라 세계에 대해 정치적 요구와 언급을 하는 것"[5]이라고 말하고 있다. 인간 사이의 유대와 우정이 세계를 빛으로 충만하게 하는 가치 있는 인간의 행위라고 강조한 아렌트는 세간으로부터의 탈속과 세간에로의 귀환 중도에서 서성이는 필자에게 있어 중요한

1 ▶ Hannah Arendt, *Between Past and Future*(New York : Penguin Books, 1968), p. 222 ; 한나 아렌트, 서유경 옮김, 『과거와 미래 사이』(서울 : 푸른숲, 2005), 302쪽.

2 ▶ Hannah Arendt, "On Humanity in Dark Times : Thought about Lessing", *Men in Dark Times*(New York : A Harvest Books, 1968), p. 21 ; 한나 아렌트, 권영빈 역, 『어두운 시대의 사람들』(서울 : 문학과지성사, 1983), 21쪽.

3 ▶ Arendt(1968), p. 21 ; 한나 아렌트, 권영빈 역(1983), 21쪽.

4 ▶ Arendt(1968), p. 24 ; 한나 아렌트, 권영빈 역(1983), 34쪽.

5 ▶ Arendt(1968), p. 35 ; 한나 아렌트, 권영빈 역(1983), 35쪽.

대화자였다.

우리들이 정치철학자라고 부르는 아렌트에게 있어 정신의 영역을 수행하는 일과 세계를 사랑하는 일은 둘이 아니었듯이 아시아의 대승불교 전통에서도 중생사랑이라는 세간으로의 귀환을 담보한 잠정적 탈속(脫俗)을 공부의 바른 길로 강조하고 있다. 그러나 이 전통을 오랫동안 내면화해 온 특별한 불교 대중공동체—승가—는 엄연히 공동체로서 실재함에도 불구하고 전근대적 유산으로 정체되거나 은폐된 채 무연대비(無緣大悲), 즉 세계사랑(*Amor Mundi*)이라는 필연의 행로에서 머뭇거리고 있다.

특히 불교 그리고 그 공동체는 종교학 또는 철학이라는 협의의 영역에서만 논의되기에는 충분치 않은 발생의 기원과 역사를 갖고 있다. 2,500여 년이라는 오랜 시간 동안 공화(共和)를 실현해 온 특별한 공동체임에도 불구하고 사회 또는 정치철학의 범주에서 활발하게 논의되지 못하였다. 뿐만 아니라 모호하게 수용된 문학, 종교, 철학 등 근대 학문의 갈래잡기에 근거한 지식체계는 아시아의 사유전통을 제대로 전승 · 이해할 수 없게 됨으로써 오히려 심광(心光)하고 오래된 정신의 영역을 분열시키는 결과를 가져왔다. '공론의 장에서 우정으로 이야기하기' 라는 아렌트의 처방이 이 분열의 장을 치유해 가는 특별한 인연이 되기를 바라면서 몇 가지 주제를 선택하여 동행의 기록을 소개하려 한다.

전통의 성찰과 탄생의 기원 그리고 약속과 불멸을 통해 세계사랑을 풀어낸 유장한 아렌트의 사유여정이 자신의 해탈을 위한 탈속, 즉 자리행(自利行)은 마침내 세계에로 귀환함으로써 비로소 완성된다(이타행, 利他行)는 승가의 전통과 만나는 지점들을 정리해 보았다.

II. 전통의 성찰

형이상학적 전통에 대한 전향적인 비판은 아렌트 사상의 새로운 탄생을 갈래짓는 중요한 시작이다. 아렌트는 "신이나 제일의 원리와 원인들, 이데아들과 같이 감각에 드러나지 않는 모든 것은 단순히 나타나는 것보다 더 실재적이고 진실되며 유의미하다는 생각(적어도 파르메니데스만큼 오래된 개념), 그리고 감각지각을 초월하지는 않지만 감각세계 위에 존재한다는 생각으로 바뀌면서 감각과 초감각 사이의 기본적 구분은 종결되었다"[6]고 단언하면서 생물학자 포르트만(Adolf Portman)의 연구를 인용하여 "형이상학적 가정과 편견, 이것에 따르면 본질적인 것은 겉모습 이면에 놓여 있으며 겉모습은 피상적이다"[7]에 깊이 뿌리를 두고 있는 "우리의 습관적인 판단기준은 잘못"[8]되었으며, 나아가 "우리 자신의 내면에 존재하는 것, 즉 내면적 삶이 외부현상보다 우리의 본질과 더 깊이 연계되어 있다는 공통적 확신은 환상"[9]이라고 단언하며 형이상학적 계서의 반전을 촉구한다.

더욱이 형이상학과 철학의 종말을 논함에 있어서는 "이성의 필요는 진리탐구가 아니라 의미탐구에 의해 촉진되고, 진리와 의미는

6 ▶ Hannah Arendt, *The Life of the Mind*(New York : A Harvest Book, 1971), p. 10 ; 한나 아렌트, 홍원표 옮김, 『정신의 삶』(서울 : 푸른숲, 2004), 27쪽.
7 ▶ 한나 아렌트, 홍원표 옮김(2004), 48-54쪽.
8 ▶ 한나 아렌트, 홍원표 옮김(2004), 34쪽.
9 ▶ Arendt(1971), p. 30 ; 한나 아렌트, 홍원표 옮김(2004), 54쪽.

동일하지 않다"고, 또 한편으로는 "형이상학적 오류들에 선행하는 기본적인 오류는 진리의 모델에 입각해 의미를 해석하는 것이다"[10] 라고 진술하며 자명했던 진리의 성채(城砦)마저 해체해 버린다. 한편, "점점 더 강한 주장으로 소수의 형이상학 옹호자들은 이러한 현상에 내재된 허무주의의 위험을 우리들에게 경고해 왔으며",[11] 칸트 또한 이성과 지성을 구분하고 이성의 불명예를 말하며 우리들이 사유하지 않을 수 없는 문제들과 질문들(신, 자유, 불멸성 등)에 관한 확실하고 검증 가능한 지점을 포착할 수 없음을 고백하고, 정신의 능력에서의 지성과 이성의 중대한 필요와 차이를 주장했지만 형이상학 전통의 엄청난 무게에는 아주 강력하게 제약받았다[12]고 분석하면서 형이상학적 전통의 해체를 두려워하는 정신들의 내면 또한 지적하고 있다.

기원전 6세기 불교는 바로 이상과 같은 상황을 '세계와 우리의 존재를 가능하게 하는 무엇인가가 있다고 전제' 하는 형이상학의 전통인 상견(常見, sassata-diṭṭhi)과 '현상의 저 뒤편에는 아무 것도 찾을 수 없다' 는 허무주의적 단견(斷見, uccheda-diṭṭhi)의 대항적 사유를 모두 비판 · 성찰으로부터 출발하여 중도의 길을 열었다.

따라서 동서양 사유의 전통에서 되돌아보면 불교교설은 오래된 이단이다. 불교는 당대(B.C. 6세기경) 인도 사상계에서 전통의 성역으로 권위를 보장받던 사유의 정초들, 즉 신과 형이상학적 또는 물

10 ▶ Arendt(1971), p. 15 ; 한나 아렌트, 홍원표 옮김(2004), 34쪽.
11 ▶ Arendt(1971), p. 10 ; 한나 아렌트, 홍원표 옮김(2004), 27쪽.
12 ▶ 한나 아렌트, 홍원표 옮김(2004), 27–33쪽.

적 제일자, 나아가 사유와 행위의 주체인 자아의 정체마저도 전향적으로 부정하고 해체하며 사상계의 반정통(nāstika),[13] 즉 이단으로 출발하였다. 오래된 계시(śruti) 전통의 베다 권위를 비판하고 새롭게 등장한 자유롭고 진보한 사문(沙門), 즉 사라마나(śaramaṇa) 그룹은 당대 사상계에 혁신을 주도하였다. 유물론 학파인 자르와까(Cārvāka)와 자이나교 그리고 불교가 그 대표적인 그룹이었다.

사라마나 그룹은 유행자(遊行者)로서 혼인과 출산 그리고 생산에 의한 소유(所有), 잉여(剩餘), 상속(相續)이라는 세속의 일체 업을 온전히 벗어나 무소유(無所有)의 행각을 하되, 그 중 당대 영향력을 가졌던 사문 그룹은 지도자가 이끄는 다인(多人)의 수행공동체에 귀속되어 있었다. 그 중에서도 초기 불교교단의 출가자들은 비구(比丘, bhikṣu)라는 이름 그대로 걸사(乞士)로서 성직의 브라흐만과 엄연히 구별되었으니, 형이상학적이며 계시(啓示, śruti)적 전통을 이은 브라흐만 교단의 성역, 즉 교리의 비공개와 비의(秘義)의 세습과 제사집전, 그리고 입문자의 제한 등 전통사제(傳統司祭)로서의 성직수행(聖職遂行)은 비판적으로 계승하지 않았다.

이렇게 성(聖)과 속(俗)의 두 경계를 모두 성찰하고 새롭게 출발한 불교교단은 이후 다른 종교단체와 구별하여 특별히 승가라고 불리게 되었다. 승가는 다수(多數), 조합(組合), 중회(衆會) 등으로 한역되어 전승되었고, 기원전 6세기 고대 인도 사회의 공화제(共和制)

---

13 ▶ 인도 철학계는 신성하고 오래된 베다(Veda)의 권위를 수용하는 정통파(astika)와 비정통파(nāstika)로 구분하며, 불교는 대표적인 비정통계로 분류된다. R. Puligandla, 이지수 역, 『인도철학』(서울 : 민족사, 1991), 24쪽.

전통으로 알려진 상공회의(商工會議) 내지 정치단체 조직인 가나(gaṇa)에서 그 기원을 찾고 있다.[14] 결혼, 생산, 소유의 순환적 토대인 세속의 굴레는 물론 은폐된 성역마저 떠나 교의(敎義)의 공개와 입문(入門)의 자유를 보증하는 공화(共和)의 중도공동체(中道共同體)로서의 불교교단은 승가 내부에 강력하게 내재화된 전통에 따라 출가비구를 브라만 등의 성직자(聖職者)와 엄연히 구분하고 있다.

근대 이후 우리 사회는 서구적 관습에 근거한 성직의 범주에 모든 종교인들을 동일하게 묶었고, 사목(司牧)과 사제(司祭) 그리고 비구(比丘) 등 그 전통과 차이에는 주목하지 않고 있다. 그래서 아직까지도 불교계의 스님들을 '역동적이고 전문적인 화쟁(和諍)의 공동체'로서 여기기보다는 '비밀스럽고 성스러운 성직자, 즉 브라흐만'이기를 더욱 기대한다.

1. 세계사랑을 가로막는 잘못 열린 세 갈래의 길, 삼도처(三度處)

인도 사유전통에 있어서도 신 또는 초월자 등 부사의(不思義)한

14 ▶ "기원전 7세기 말에 이(인도) 16지역(16대국, ṣoḍaśamahājanapada)에 살고 있던 일부 주민들은 공화국(gana)으로 조직되었다. 그들에게는 군주가 없었다. 국사(國事)는 장로회(長老會)와 민중집회에서 처리되었다. … 붓다는 교단을 조직하기 위해 그것에서 영감을 얻었다." 에띠엔 라모뜨, 호진 옮김, 『인도불교사』 권1(서울 : 시공사, 2006), 42–43쪽 ; B.C. Law, *Some Kṣatriya Tribes of Ancient India*(Calcutta, 1924) ; *Tribes of Ancient India*(Poona, 1943) ; U.N. Ghoshl, *The constitution of the Licchavis of Vaiśālī*, IHQ, XX(Calcutta, 1944), pp. 334–340 ; 平川彰, 『原始佛教の硏究–敎團組織の原型』(東京 : 春秋社, 昭和 55), pp. 3–9.

영역은 인간의 인식으로 정복될 수 없는 성역이었으며, 유신 또는 유물적 사유의 정초로서 작동하거나 궁극의 귀의처로서의 그 권위를 아주 오랫동안 유지해 왔다.

바라문 전통으로 유신적 신념체계에 바탕한 전변설(轉變說 : 因中有果論), 삼라만상의 근거를 물적(物的) 기원에서 사유하는 유물론적 전통인 적취설(積聚說 : 因中無果論) 등 불교는 이러한 전통을 영원에 집착하는 상견(常見)과 인과(因果)의 연속성을 부인하는 단견(斷見)이라 강력히 부정하며 고유한 중도연기설(中道緣起說)을 주창하기에 이른다.[15]

아렌트는 '레싱론'을 빌려 다음과 같이 말한다. "사고란 진리를 향한 탐구가 아니다. 모든 진리란 끝내는 어떤 사고의 움직임에 이르게 되는 사고과정의 결과이기 때문이다. … 어떤 의미에서 기둥도, 주석도, 또는 기준이나 전통도 필요 없는, 미지의 땅에 자유롭게 움직일 수 있는 새로운 형태의 사고를 추진시키는 것이 매우 유리하지만 사람들은 그렇게 하지 않는다. … 인간은 연속성을 보장하기 위해 진리의 기둥, 즉 정치적 질서의 기둥을 원한다."[16]

불교 출생의 기원 또한 이와 같았다. 새로운 형태의 사고를 출생시키고 실현시켜 왔으며, 자명한 것들을 상속받아 안주하지도 않았고, 새로운 주석이나 기둥도 세우지 않았다. 더 나아가 사유의 정초를 왜곡하고 강제하는 오래된 전통 그 자체를 해체하는 것으로서 전통을 삼아왔다고 볼 수 있다.

15 ▶ 水野弘元, 『原始佛教』(東京 : 平樂社書店, 1956), p. 88.
16 ▶ 한나 아렌트, 권영빈 역(1983), 19-20쪽.

석존은 당대의 사문이나 브라만 사상가들에 의해 세상을 구원하는 진리라 하여 대중에게 존숭되어 오던 사상을 크게 세 개의 범주로 구분하여 비판하였다. 이를 『아함경』에서는 세상을 구원하겠다고 열어놓은 세 갈래의 길이라 하여 삼도처(三度處)라 이름하였는데, 숙명론(宿命論)과 존우론(尊祐論), 무인무과론(無因無果論)이 그것이다. "세 갈래 구원의 길이 있다고 하나 지혜롭다는 자들이 지극히 섬기고 또 타인을 위해 가르치지만 결코 세간의 이익되는 일이 아니다"라 하며, "세간이 숙명이나 위대한 존재에 의해 지배된다거나 우리가 행하는 모든 일에 인과의 연속성이 없다고 주장하는 무인무과 등의 가르침은 스스로 해야 할 일과 하지 않아야 될 일[內因內作而不作]에 대하여 진실 그대로를 알지[正知] 못하게 한다. 알지 못하게 함은 물론 알지 못하면 바르게 기억[正念]할 수 없고, 의욕도 방편도 일어나지 않을 것이니, 세간을 위해 결코 유익한 가르침이라고 할 수 없다"고 단언했다.[17]

석존의 관심은 오직 고통으로부터의 중생 해방과 이를 방해하는 사견들을 바로 잡는 일이었다. 이는 불교교설의 궁극적 목표로서

---

17 ▶ "一時佛在舍衛國 在勝林給孤獨園 爾時世尊告諸比丘 有三度處 異姓異名異宗異說 爲有慧者 善受極持 而爲他說 然獲不利 云何爲三 或有沙門梵志 如是見如是說 爲人所謂一切皆因 宿命造 復有沙門梵志 如是見如是說 爲人所謂一切皆因 尊祐造 復有沙門梵志 如是見如是說 爲人所謂一切皆因無因無緣 … 我更往彼到而卽問 諸賢 實如是見如是說 偉人所謂一切皆因尊祐造耶 彼答言爾 我復於彼 若如是者 諸賢等 皆是殺生 所以者何 以其一切皆因尊祐造故 如是諸賢 皆是不與取邪淫妄言乃至邪見 所以者何 以其一切尊祐造故 諸賢 若一切皆因尊祐造 見如眞者 於內因內作而不作 都無欲無方便 諸賢 若於作而不作 不知如眞者 更失正念 無正智 卽無可而敎"(『中阿含』 3 業相應品 「度經」, 대정장 1, 435쪽 ; 『中阿含』 3 業相應品 「尼乾經」, 대정장 1, 442쪽 ; *A.N.*, p. 173 ; *M.N.* 2, p. 222, ; *M.N.* 3, p. 1).

세계에 대한 사랑, 즉 중생을 위하는 '요익성'(饒益性)이라고 말한다. 설사 진리라 이름하더라도 수행해탈과 중생요익에 부합하지 않으면 그것은 더 이상 사유의 대상이 되지 못하였다. 삼종외도설인 삼도처 외에도 오종악견(五種惡見),[18] 육십이견설비판(六十二見說批判)[19] 등이 경설상에 전승되고 있다.

2. 허공에 그려진 이름들, 무기(無記, avyākata)

불교 흥기 시대에 있어 형이상학 범주들에 대한 강한 비판은 많은 논쟁과 저항을 야기했다. 앞서 살펴본 봐와 같이 그럴 때마다 붓다는 적극적으로 그들과 논의하고 대화하였다. 당대를 실존했던 유명한 바라문이나 사문과의 대화록을 전승하거나 그 이름이 경의 제목으로 전승된 경우도 있다.

당시 사상계의 전통적 주류는 물론 현상계 이외에 형이상학적 본체계를 시공간을 지배하거나 초월해 있는 영원불변의 존재로 간주하는 사상이었다. 베다 이래 정통 바라문계의 우주적 최고 원리로서의 브라흐만과 개체 원리로서의 아트만을 일치하는 것으로 해탈의 목표를 삼는 범아일여(梵我一如)의 일원론으로서, 유아론(有我論)과 형이상학적 실체론의 전형이라고 할 수 있었으며, 나아가 물활론(物活論) 등 다원론을 전개하는 비정통파의 입장 또한 강력한 대응주

18 ▶ 『중아함』 4 「니건경」(대정장 1, 443-444쪽).
19 ▶ 『장아함』 14 「범동경」(대정장 1, 88쪽 ; *D.N.* 1, 3쪽 ; *M.N.* 2, 228쪽).

류로 사상계를 자극하고 있었다.

그러나 석존은 형이상학적 본체를 설정하고 사후의 영원불멸을 꿈꾸는 모든 견해를 상견(常見)으로, 죽음 그후에는 어떠한 연속성도 없으며 우리의 행위를 의미 있게 하거나 구속하는 어떠한 것도 있을 수 없다는 공무주의(空無主義)를 단견(斷見)이라 단호하게 비판했다. 아렌트도 단견을 두려워하는 상견논자들에 의해 형이상학적 전통이 옹호되어 왔다고 지적하였다.

우리들의 경험을 초월해 있으며 우리들의 인식과 판단을 가능하게 할 수 없는 대상은 사유와 수행의 범주에서 배제할 수밖에 없다고 결정하였으며, 우리가 전념해야 할 문제는 우리들이 살아가고 있고 번민하며 우리들의 의지와 노력으로 자유로워질 수 있는 현상(現象)하는 세간(世間)일 뿐이라는 것이다.

이렇게 적극 배제된 범주를 불교교설의 특징으로 언급할 때 무기(無記, avyākata)라 부른다. avyākata는 '기술하거나 설명할 수 없는 것' 이란 뜻으로, 시공간에 현상하지 않으며 우리들의 인식이나 경험의 범주에 들어올 수 없는 것들을 말한다. 오랫동안 허공에 수놓아진 그 이름만으로 우리들의 사유에 참여하여 활동하는 대상이다. 전승경설상에는 10종 또는 14종의 범주로 설명되고 있다.

이를 분류해 보면 (1) 자아와 세계는 시간적으로 불멸인가 아닌가, (2) 세계는 공간적으로 유한한가 무한한가, (3) 영혼과 육체는 동일한가 다른가, (4) 여래는 사후에 영생하는가 아닌가, (5) 자아와 세계는 자작(自作 : 창조자)인가 타작(他作 : 피조물)인가, (6) 고(苦)와 락(樂), 자아(自我)와 세계(世界)는 영원할 수 있는가 아닌가 등의 범주들이다. 대개가 사상판단(事象判斷)에 기초가 되는 사구분별(四句

分別 : 긍정, 부정, 긍정역부정, 불긍정불부정)의 범주에서 상견(常見)과 단견(斷見) 또는 회의(懷疑)의 함정만을 불러들이고는 우리를 고통으로부터 자유롭게 하는 어떠한 방편도 되지 못하는 주제들이다. 붓다는 독화살을 맞은 사람에게 의미 있는 처신은 빠르게 그 화살을 뽑아주는 일이지, 화살을 누가 무엇 때문에 왜 쏘았는지를 생각하는 것은 무의미하다는 유명한 '독화살의 비유'를 들어 이를 경계했다.[20] 또한 이러한 것들은 법에 요익하거나 의(義)에 요익한 일이 아니기 때문에 논의의 대상이 아니라고 단언하였다.[21] 불교교상에는 '진리'와 '인간'이라는 술어는 등장하지 않는다. 다만 법과 중생이 그 자리를 대신한다. 법에 요익하다는 것은 이치에 맞고 도덕적 정의로움에 합치한다는 뜻이며, 의에 요익하다는 말은 의미 있는 일이라는 뜻이다.[22]

---

20 ▶ 『중아함』 221 「箭喩經」(대정장 1, 804b쪽).

21 ▶ "我不一向說此耶 此非義相應 非法相應 非梵行本 不趣智 不趣覺 不趣涅槃" (『중아함』 221 「箭喩經」, 대정장 1, 805b27쪽).

22 ▶ 법(法)과 의(義) : 법(dharma, dhamma)은 √dhṛ(지지하다)에서 유래했으며, 다른 고대민족과 같이 고대 인도인들도 인간의 제의적 · 윤리적 행위와 자연현상을 상관관계로 이해하여 인간의 행위와 자연현상 등을 총체적인 한 세계로 보고 그 모든 것이 법에 의해 유지된다고 생각하였다. 그렇게 해서 법은 형이상학적 본질로서의 진리, 이법(理法), 세계질서 등으로, 반면 윤리적인 측면에서는 정의, 개인 도덕, 사회규범 등으로, 또 의무, 법률 등 다양한 의미를 갖게 되었다. 궁극의 정의, 진리로서의 법은 종교적 성격으로 나타나게 되었고, 불교에 있어서도 법은 교설과 깨달음을 상징하는 주요 술어로 자리하였다. 경전에서는 여러 가지 의미의 법이 기술되어 있지만 간추려 정리해 보면 다음과 같다. 5세기 대주석가 붓다고사는 법을 ① 성전(聖典, pariyatti), ② 인(因, hetu), ③ 덕(德, guṇa), ④ 비정물(非情物, nissatta), ⑤ 교설(敎說, desanā)의 5종으로 분류하였으며, 근대 독일의 인도학자 가이거는 이를 다르게 이름하여 ① 법칙(예 : kāya bhedana dhammo), ② 교설(예 : Buddhassa dhammo), ③ 진실(예 : dhammo mayādbhis buddho), ④ 최고의 실재(예 : sabbedhammā anatta), ⑤ 경험적 사물 등

영원과 허무 모두 세계사랑을 매개하는 다리가 될 수 없다고 말하기 시작하는 지점에서 아렌트와 불교는 연속해서 이야기를 할 수밖에 없게 된다. 존재와 현상은 일치하고, 진리가 의미에게 자리를 내어주며 필멸(必滅)의 조건이 탄생의 기원을 거쳐 불멸의 빛으로 채워진다는 그녀의 이야기는 연기하는 현장은 실상(實相)이며, 의미 있는 것만이 수행해탈의 방편이 될 수 있으며, 무상하고 고통스러우며 주체마저 불확실한 우리들의 어두운 세계는 새로운 마음으로 시작하는 인간들에 의해 환하게 빛날 수 있다고 말하는 불교교상과 거듭 교차

5종으로 분류하였고, 스체르바스키 교수는 후대의 구사론의 체계에서 보여주는 법을 철학적으로 해명해서 법은 '존재의 구성요소'를 의미하는 것이라고 주장했다. 그의 제자 로젠부르그는 '의식의 흐름과 그 내용을 분해하는 모든 요소의 진실재적 · 초월적 · 불가인식적 임지자 혹은 기체'라고 보기도 하였다. 일본의 와츠지 데츠로(和辻哲郎)는 존재자의 존재하는 바탕으로서의 법 자체와 법에 의해서 존재하는 것(自相)을 구별하고 있으며, 히라카와 아키라(平川彰)는 다음과 같이 정리하고 있다. 그 첫째는 교법(desanā 또는 desana)으로서의 법이다. 즉 불타의 교설 전부를 일컫는다. 그 둘째는 법보로서의 법이니 경전으로서의 구분교를 말하며, 셋째 인(hetu)으로서의 법이니, 사무애해(四無碍解) 중에 법무애해지(法無碍解智)가 열리는 것은 인의 성질을 가진 법이 있다는 증거이며, 의무애해지(義無碍解智), 사무애해지(詞無碍解智), 무애애해지(無碍碍解智)가 열리는 것도 모두가 인으로서의 법이 있기 때문이라고 보았다. 넷째 덕(guṇa)으로서의 법이니, 법인 선과 비법인 악이 있다. 이숙계(異熟界)를 가지는 유위법을 말한다. 지혜나 열반은 제외한 무루선(無漏善), 여래십팔불공법(如來十八不共法) 등은 모두 덕을 가진다. 다섯째 물(nissatta-nijjīva)로서의 법이니, 오온 등 생기하는 방향과 소멸하는 방향인 속성만 가졌을 뿐 성을 가진 실체는 없는 무상, 고, 무아한 법을 말한다. 여섯째는 존재(존재 : bhava)로서의 법이니, 유루법(有漏法)인 허망법(虛妄法)과 승의법(勝義法)으로서의 열반을 모두 말한다. 이렇게 히라카와는 존재양식으로서의 법은 색온(色蘊 : 물질적 형태), 심리작용(心理作用), 심불상응행법(心不相應行法)까지도 포함한다고 말하면서 나아가 무위법(無爲法)까지도 존재하는 법에 포함시켜야 한다고 보고 있다. 平川彰, 『法と縁起』(東京 : 春秋社, 1999), pp. 37-44 ; 졸고, "연기교설의 존재양식", 『공과 연기의 현대적 조명』(서울 : 고려대장경연구소, 1999), 140-142쪽.

하게 된다.

아렌트는 '20세기 초 신형이상학 철학, 그리고 의미상 실증주의의 근대적 쇠락'을 비판적으로 지적하면서도 "우리의 사유방식이 이러한 위기에 깊이 연관된다고 하더라도 우리의 사유능력은 위태롭지 않다. 인간은 지식의 한계를 넘어서서 사유하며, 인식과 행위의 도구로 사용하기보다 이 능력을 통해 스스로 더 많은 것을 행하려는 성향과 필요성을 갖는다"고 말하며 인간 사유의 긍정적 능동성을 강조하였으며, 형이상학과 철학의 종말에 의하여 촉진될 수도 있는 두 가지 장점을 부연하기도 하였다. 첫째 장점은, 그 어떤 전통에 얽매이거나 이끌리지 않고 새로운 눈으로 과거를 고찰할 수 있고, 어떠한 규범에도 제약받지 않으면서 생생한 경험이라는 막대한 혜택을 누릴 수 있다는 것이다. 둘째 장점은, 사유전통이 다수인 모두에게로 돌아올 수 있다는 것이다. 감각세계가 아닌 그것을 넘어선 세계는 소수를 위한 세계였다. 플라톤이 "신의 친구로 분류되어야 하고 불멸성을 누리는 것이 인간에게 허용된다면 불멸성은 철학자에게 부여되어야 한다"라고 한 말이 설득력을 얻을 수 있겠지만, "사유가 옳고 그름을 말할 수 있는 능력이라면 박학과 무지, 지성과 우매함에 관계없이 모든 사람에게 사유능력을 행사할 것을 주장해야 하며, 사유의 문제는 더 이상 전문가에게 맡길 일이 아니다. 그것이 도덕적 근거라면 더더욱 그렇다"[23]고 주장하며 과거 전통의 성찰과 비판 못지않게 미래를 위해 위안적 전망을 준비할 수 있게 하였다.

23 ▶ 한나 아렌트, 홍원표 역(2004), 22-32쪽.

3. 유아론 비판과 무아(無我)의 사유

아렌트는 "모든 유아론은 자아 이외에 아무 것도 '존재하지' 않는다고 근본적으로 주장하거나, 또는 자아와 자아 자체에 대한 자기 의식이 검증 가능한 지식의 일차적 대상이라고 좀더 온건하게 주장한다."[24] 그리고 "유아론은 개방적이든 폐쇄적이든 제한적이든 그렇지 않든 철학에서 가장 일관되고 해로운 태도로 오류였다"[25]고 지적하고 있다.

불교는 그 출생의 기원에서 철학적 사유 또한 종교적 신념의 정초가 되는 모호한 가설을 부정했을 뿐만 아니라, 이러한 활동의 주체가 되고 더구나 우리들의 감각적 실존을 가능하게 하는 개별적 자아의 정체성마저 부정하기에 이른다. 전통적 사유의 정초가 되었던 신과 무한, 그리고 부사의(不思議)의 정초인 실체(sat), 그리고 그 정초를 성취할 자아(ātman)를 부정함으로써 무아설(anātman)은 불교의 독자적 교설이 되었다.

불교 출생의 독특한 기원이 된 핵심적인 교설로서의 무기설(無記說)과 무아설(無我說)은 형이상학적 계서의 반전과 유아설 비판을 근간으로 세계 이해의 새로운 지평을 연 아렌트 사유와 그 기원에서부터 동행한다.

불교교설에서는 자아인 듯 행세하며 탈속을 방해하는 꼭두각

---

24 ▶ 한나 아렌트, 홍원표 역(2004), 78쪽.
25 ▶ 한나 아렌트, 홍원표 역(2004), 79쪽.

시를 오온(五蘊 : 色受想行識)이라 부른다. 그리고 그 오온은 자아일 수 없어서 무아이다. 무아설에 대한 끊임없는 논란은 정신작용과 의식을 통일하는 통각작용의 주체, 기억의 연속성, 행위책임의 귀속, 윤회의 주체 등인데, 이 모든 논란의 중심에는 '개별적 자아 없음'을 오류로 수용할 수밖에 없다는 유아론이 깊이 뿌리박혀 있다.

데카르트가 지적한 '사유의 자급자족성과 무세계성',[26] 그리고 '어떠한 지위도 필요로 하지 않으며 어떤 물질적 대상에게 의존하지도 않는다'는 것, '나는 육신도 갖고 있지 않으며 내가 존재할 세계나 자리도 없다'는 것, '죽으면 세계는 변화하는 것이 아니라 끝나게 되며, 죽음은 삶 속에서의 사건이 아니며 우리는 죽음을 영위하지 않는다'는 비트겐슈타인의 지적, 소르손의 말을 빌려 '환경이 생물학적 진화와 연결되어 있는 것과 같이 실재는 사유과정과 연계되어 있다'는 것, 그런가 하면 칸트의 지적대로 "고정적이고 불변하는 자아는 이러한 내부현상의 유동성 속에서 자신을 노정할 수가 없다. 내부의 '현상'에 대해서 언급하는 것은 실질적으로 오류다. 우리가 알고 있는 것은 내혹(inner sensation)이며, 내부의 시선은 어디에, 언제, 어떻게, 여전히 존재하고 있는가. 정신주의는 그 자체로 모호하다"라든가 "내적 직관의 유일한 형식은 영구적인 것을 갖고 있지 않다"라는 등의[27] 유아론 논쟁과 오류를 자세히 언급하는 지점에서는 오랫동안 지속되어 온 불교 내외의 논쟁형식과 다르지 않다.

---

26 ▶ 한나 아렌트, 홍원표 옮김(2004), 80쪽.
27 ▶ 한나 아렌트, 홍원표 옮김(2004), 68-69쪽.

III. 세계의 명암(明暗, vidyā-avidyā)

1. 어둠(darkness)과 계시성(啓示性, illumination)

어둠과 계시성은 아렌트를 회고하는 어느 지점에서든지 선명하게 현현하는 상징적 은유다. 밝음(明)과 어두움(無明)은 불교전통에서 세간으로 회귀하는 지점, 즉 탈속과 귀환의 교차로이다. "무명은 지혜를 장애하니 능히 세간을 위한 본래의 지혜를 장애한다. 번뇌의 마음으로 능히 보고 활동해서 그릇되게 경계를 취하여 평등한 성품을 그르치고는 … 능히 세상의 모든 경계를 따라 지혜를 낼 수 없게 한다."[28] 진속(眞俗)이 불이(不二)한 대승의 길에서는 탈속은 빛을 등지고 어둠으로 들어간 격이며, 귀환은 어둠에 덮인 세간의 빛을 드러내는 일이다.

폭력적 전제성이 다원성을 잠식하는 지점, 즉 정신들이 세계로부터 사라지는 그 시간 어둠은 작동한다고 말하는 아렌트도 "어두운 시대란 실제로 참신함을 지닌 금세기의 극악무도한 행위 그 자체와 동일한 것은 아니다. 어두운 시대는 새로운 것도, 역사상 드문 것도 아니다"[29]라고 하면서 어두운 시간은 역사적으로 특별한 것이 아니

28 ▶ "無明義者 名爲智障 能障世間自然業智故 此義云何 以依染心 能見能現 違平等性苦 … 故不能得隨順世間一切境界種種知"(원효, 『대승기신론소』, 한불전 1, 764c8쪽).

29 ▶ 한나 아렌트, 권영빈 역(1983), 10쪽.

며 언제든 우리를 덮칠 수 있다고 경고한다. 나아가 "공적인 삶이 원래 그것의 속성이었던 계시의 힘을 상실하면 어둠이 닥치며, 세계에 대한 자명한 손실이 일어나게 되고, 독자적 가치를 지닌 무엇으로도 보상할 수 없는 사람과 사람 간의 관계로서의 세계는 사라지고 만다"[30]고 말한다. 나아가 어둠이 사라지고 빛을 회복하는 정신의 은유 속에 열정을 지지하고 동정을 비판하는 지점에서는 아픔은 반드시 대비(大悲)여야 하며 사랑은 언제나 대자(大慈)여야 한다는 대승보살의 인상이 그대로 수사되기도 한다.

아렌트는 레싱을 논하는 글에서 그의 말을 빌려 정열과 정신의 관계를 언급했는데, "모든 정열, 즉 가장 불리한 정열까지도 정열로서는 유쾌하며, 정열은 우리의 존재를 더욱 의식케 만든다. 그것은 우리에게 보다 강한 현실을 느끼게 하기 때문이며, 정열이 정신에 미치는 힘에 의해서 정열이 지닌 현실성이 측정된다는 의미가 아니라, 정열이 정신에 전달하는 현실의 총체에 의해서 그것이 측량된다는 의미가 된다"고 말한다.[31]

중생들이 고유한 그들의 자성(自性)을 마음껏 다르게 복수로 드러낼 수 있을 때 무한한 광명은 비로자나(毘盧遮那, virocana)의 세계로 돌아온다. 세간을 떠나는 탈속의 열반은 중생을 무명, 즉 어둠의 세계에 방치하는 행위이며. 귀환은 중생사랑이라는 열정에서 기원하지만 그 사랑의 행태는 동정적이지 않다. 지혜와 사랑을 구족한[智悲具足] 대승불교의 이상적 정신을 이짠띠까(icchahtika)라 부르는데, 그

30 ▶ 한나 아렌트, 권영빈 역(1983), 12-13쪽.
31 ▶ 한나 아렌트, 권영빈 역(1983), 14쪽.

뜻을 풀이해 보면 '열정의 화신' 또는 '불구'의 의미이다. 모두가 열반을 꿈꿀 때 그 꿈을 영원히 접은 중생인데, 중생계가 다하는 날까지 열반에 들지 않겠다는 약속 때문에 불멸의 불구정신으로 남게 된 경우이다.[32]

아렌트는 계시성, 즉 세상이 빛을 잃고 어둠에 갇히는 상황을 전제적 폭력성에 의한 다원성의 사라짐으로 설명하고 있다. 불교도 세간의 중생들이 다양한 경계에서 지혜롭게 활동할 수 없게 되었을 때를 어둠의 세계, 즉 무명의 세계라고 이해한다. 중생은 다원성의 다른 이름이고 명 또한 계시성에 상응한다.

2. 세계현현(世界顯現)과 십이처(十二處)

과거 현상세계의 근거라고 여겨졌던 형이상학적 토대가 해체되고 나면 현상계는 과연 어떻게 현현할 수 있을까? 그 토대로부터 자유로워진 불교와 아렌트의 사유지역에서 세계현상은 어떻게 설명되고 있을까?

아렌트는 "현상적(現象的) 자연으로서의 세계에서 현상의 수용자들이 존재하지 않았다면 아무 것도 나타나지 않았을 것이며, 나아가 피조물들은 단순히 존재하는 것만이 아니라 자신들에게도 나타난다 … 따라서 우리가 참여하고 있는 세계에서 존재(Bing)와 현상(Appearing)은 일치하며, 정신의 눈을 뜨기 위해 육신의 눈을 감을지

32 ▶ 졸고, "열반을 거부한 무한대비 icchantika", 『가산학보』 11호, 200-201쪽.

라도 우리의 특성인 현상(現象)은 소멸하지 않는다"고 말한다. 또한 "현상에 의존하면서도 현상 아닌 것이 바탕을 지녀야 한다는 주도적인 생각에 변함이 없었던 칸트와 과학자들의 실제적 성과도 현상들의 희생을 통해 이루어졌다"고 보면서 "현상의 우위성은 과학자도 철학자도 피할 수 없는 일상으로서의 진상이다"라고 강조한다. 또한 '원인이 결과보다 높은 위상에 있어야 한다는 신념은 가장 오래되고 가장 강력한 형이상학적 오류'이며, '존재와 현상의 이분법에 의존하고 있는 모든 이론' 또한 기본적으로 명백한 오류라고 지적한다.[33]

나아가 "감각적으로 지각할 수 있는 세계의 속성은 오감(五感)에 각기 조응하고, 육감(六感, six sense)에 조응하는 세계는 다른 감각적 속성과 같이 지각될 수 없는 실재성으로 우리 자신이 다른 현상적 피조물들 사이에 존재한다는 맥락과 연계되어 있으며, 세계는 시각과 청각, 촉각, 미각 등과 그것에 조응하는 대상들로 가득 차 있다"고 말했다. 또한 "볼 수 있는 모든 것은 보이기를 원하며, 들을 수 있는 모든 것은 모두 자신의 소리를 듣도록 소리를 내고, 만질 수 있는 모든 것은 자신을 느낄 수 있도록 자신을 드러내면서 내가 나의 존재를 느끼고 보이고 들리고 하는 것은 의미하는 자기 현시를 실현하고 있다"고 보았다.[34]

불교에서도 안이비설신의(眼耳鼻舌身意) 내육근(內六根)과 색성향미촉법(色聲香味觸法) 외육경(外六境)으로 세계현현을 설명한다.[35] 아렌트가 구분지은 오감과 육감(six sense)으로 굳이 배대(配對)

33 ▶ 한나 아렌트, 홍원표 옮김(2004), 37-48쪽.
34 ▶ 한나 아렌트, 홍원표 옮김(2004), 53쪽.

한다면 육감은 의근(意根, manas)이며, 이에 상대하는 바 법경(法境, dhamma)은 결국 육감이 대상하는 바의 의식의 경계로서, 아렌트가 법경을 실재성으로 파악하고 있는 점에서 의근을 사유작용으로 해석하는 불교 내의 입장에 상응한다.

불교교설에서는 이 오감과 육감 그리고 그 대상경계인 6경을 합하여 12처(āyatana)라 이름하고, 현상하는 모든 것(一切)은 이 12처로부터 발현한다고 말한다. "일체는 십이처(十二處)에 들어간다" 하였으니, 세계의 모든 사물과 사상(事象), 즉 생로병사와 과거, 현재, 미래, 고통과 쾌락, 심지어 열반까지도 모든 것이 이 주객십이처(主客十二處), 즉 육내입처(六內入處, ajjhattika-āyatana)와 육외입처(六外入處, bāhira-āyatana)에 섭수(攝受)된다는 뜻이다. 내외 각 6처는 상호의존적이어서 작용반응의 관계성 속에서만 현현할 수 있으며, 나아가 유기체적 중생계와 자연계, 즉 물질계와 정신계가 불일불이하게 상섭(相攝)하여 현상하는 상의적 관계로 설명할 수 있다.[36]

35 ▶ 졸고(1999), 156쪽.

36 ▶ 고익진, 『아함법상의 체계성 연구』(서울 : 동국대학교출판부, 1970), pp. 35-43 ; "색(色)은 무아(無我)이며, 색(色)의 생기(生起)의 인(因)과 연(緣)도 무아(無我)이다. 비구여, 무아(無我)로부터 생한 색(色)이 어떻게 유아(有我)일 수 있겠는가? 성(聲)·향(香)·미(味)·촉(觸)·법(法)도 무아(無我)이며, 법(法)의 생기(生起)의 인(因)과 연(緣)도 무아(無我)이니, 무아(無我)로부터 생한 법(法)이 어떻게 유아(有我)이겠는가? 인(人)의 색(色)을 환희(歡喜)하며 고(苦)를 환희(歡喜)하게 되고, 인(人)의 고(苦)를 환희(歡喜)하게 되면 고(苦)를 여읠 수 없으니, 인(人)의 색(色)을 환희(歡喜)하지 말고, 인(人)의 성(聲)을 환희(歡喜)하지 말며, 인(人)의 법(法)을 환희(歡喜)하지 않으면 고(苦)를 여읠 수 있느니라. 안(眼)의 생기(生起), 주립(住立), 출생(出生), 현현(顯現)은 고(苦)의 생기(生起), 제병(諸病)의 주립(住立), 생사(老死)의 현현(顯現)이며, 이(耳)의 생기(生起), 주립(住立), 출생(出生), 현현(顯現)은 고(苦)의 생기(生起), 제병(諸病)의 주립(住立), 노사(老死)의 현현(顯現)이며, …의(意)의 생

육근육경의 상의상섭 관계는 "하나의 멍에에 걸려 있는 흰 소 또는 검은 소와 같아서 흰 소가 검은 소에 매여 있다고도 검은 소가 흰소에 매여 있다고도 말할 수 없다"는 비유[37]는 향수자가 개입하여 노정하고 있는 현상계를 외부로 완벽하게 관찰할 수 없다는 아렌트의 이해를 뒷받침해 주는 적절한 비유이며, 인식과 행위의 독자적 주재성이나 자아를 상정할 수 없다는 무아설 주장을 뒷받침해 준다.

"내부와 외부에 대한 전도몽상(顚倒夢想)과 영혼과 육체에 관한 우리들의 불확실한 신념 … 우리는 오류의 제거나 환상의 축출을 통해 현상(現象)을 넘어선 영역에 도달할 수 없다"고 본 아렌트는 "우리가 살고 있는 이 세계에서 세계의 겉모습들이 거의 무한할 정도로 다양하다는 것, 세계의 모습, 소리, 냄새가 전적으로 향유될 가치가 있다는 것은 무엇보다도 놀라운 것이다. 그러나 사상가들이나 철학자들은 이것에 대해 거의 언급하지 않는다"[38] 말하며 포르트만의 말을 빌려 "중요한 것이 무엇인가보다는 그것이 '어떻게 나타나는가'

기(生起), 주립(住立), 출생(出生), 현현(顯現)은 고(苦)의 생기(生起), 제병(諸病)의 주립(住立), 노사(老死)의 현현(顯現)이며, 마찬가지로 안(眼)의 멸진(滅盡), 식지(息止), 소멸(消滅)은 고(苦)의 멸진(滅盡), 병(病)의 식지(息止), 노사(老死)의 소멸(消滅)이다. …의(意)의 멸진(滅盡), 식지(息止), 소멸(消滅)은 고(苦)의 멸진(滅盡), 병(病)의 식지(息止), 노사(老死)의 소멸(消滅)이다. 과거(過去), 미래(未來)의 색(色)은 무아(無我)이다. 어떻게 하물며 현재의 색(色)에 있어서이겠는가. 성(聲)·향(香)·미(味)·촉(觸)·법(法)도 마찬가지이니, 이와 같이 보고 들은 성제자(聖弟子)는 과거(過去)의 법(法)에 대해서는 바라는 바가 없고, 미래(未來)의 법(法)에 대해서도 열락(悅樂)하는 바가 없고, 현재(現在)의 법(法)에 있어서 염오(厭惡)하여 이욕(離欲)하기 때문에 멸진(滅盡)의 도(道)를 걸어가니라." 『상응부경전』, 남전장 15, 11, 23, 24, 244, 251쪽.

37 ▶ 『잡아함』 9, 250쪽(대정장 2, 56쪽).

38 ▶ 한나 아렌트, 홍원표 옮김(2004), 39쪽.

가 중요하다" (Not what something is, but how it 'appears' is the research problem)[39]고 강조한다.

또한 "단순한 기능적 보존본능 못지않게 강력한 생득적 충동의 존재를 확인할 수 있는 인상적 증거로서의 자기 현시의 본능은 생명 유지의 관점에서는 필요하지 않다. 이는 성적 매력에 필요한 정도를 훨씬 능가하며, 이러한 발견의 결과들은 외부현상의 우위성이 우리 감각의 단순한 수용성과 별도로 '자발적 활동'을 함축하고 있기 때문"[40]이라고 보고 있다.

볼 수 있는 모든 것은 보이기를 원하며(whatever can see wants to be seen), 들을 수 있는 모든 것은 모두 자신의 소리를 듣도록 소리를 내고(whatever can hear calls out to be heard), 만질 수 있는 모든 것은 자신을 느낄 수 있도록 자신을 드러낸다(whatever can touch presents itself to be touched). 자기 현시란 내가 나의 존재를 적극적으로 느끼고 보이고 들리게 하는 것을 의미한다. … 겉모습의 중요성, 즉 현상은 훨씬 원시적인 등급의 기능을 담당하는 내부와 비교할 때 최대의 표현력을 보여준다.

"표현(surface)의 난점은 '표현이 나타내는 것은 무엇인가' 하는 불가피한 질문에 대한 해답은 항상 이념, 사상, 정서 등 내부의 어떤 것이기 때문이다. 형이상학적 가정과 편견 이것에 따르면 본질적인 것은 겉모습의 이면에 놓여 있으며 겉모습은 피상적이다에 깊이 뿌리를 두고 있는 우리의 습관적인 판단기준은 잘못되었다. 그리고 우

39 ▶ 한나 아렌트, 홍원표 옮김(2004), 51쪽.
40 ▶ 한나 아렌트, 홍원표 옮김(2004), 53쪽.

리 자신의 내면에 존재하는 것, 즉 외면적 삶이 외부현상보다 우리의 '본질'과 더 많이 연계되어 있다는 공통적 확신은 환상이다"[41]라고 아렌트는 단언한다.

6근과 6경이 상의상섭하는 그 틈새에서 세계는 현현하며, 이 12처밖에 세간 어디에도 더 중요하거나 또 근저가 되는 어떠한 것도 있을 수 없다[42]는 불교교설은 결국 우리가 세계 속에 들어와 있는 것이 아니라 우리들 사이에서 세계가 현상하고 있다고 말하는 방식에 있어서 아렌트의 입장에 전적으로 동의할 수밖에 없게 된다.

IV. 탄생과 상속

형이상학적 토대로부터 나와 모호하고 불확실한 유아론의 근거마저 부정하고 나면 우리에게 남는 것은 무엇인가? 아렌트는 초자연적 기원을 필요로 하지 않는 우리 스스로의 '시작'을 사유의 기원으로 설정하고 '시작이 곧 원리'가 되는 탄생성에 실존적 의미를 부여한다. 혁명의 은유 속에서 건국, 확장, 보존으로 상속되는 탄생성의 성장은 결국 필멸의 인간 조건을 극복하고 불멸의 피안으로 인도하는 유일한 통로로 빛을 발한다. "흔히 새로운 시작을 감행하는 혁명

---

41 ▶ 한나 아렌트, 홍원표 옮김(2004), 54쪽.

42 ▶ "一切謂十二入處 眼色耳聲鼻香舌味身觸意法 是名一切 若復說言非一切 所謂一切 我今捨別如一切者 彼但有言說 聞已不知 增其疑惑 所以者何 非其境界故 時生聞婆羅門聞佛所說 歡喜隨喜奉行"(『잡아함』 13, 대정장 2, 91a27쪽).

참가자들은 필연적으로 절대자를 찾는다"고 말하며, "신적 존재를 설정하는 것이 아닌 절대적 시작, 인간세계의 시작 그 자체가 원리"(arche)가 되어 "시작 스스로가 자신의 권위를 위해 초자연적 권위를 필요로 하지 않아야 함"을 강조한다.[43]

불교전통에서 불교 출생의 기원은 말 그대로 처음의 깨달음 '초성정각'(初成正覺)[44]이다. 불교는 물론 실존했던 싯다르타 태자의 '처음의 완전한 깨달음, 즉 초성정각'을 기원으로 시작되었다. 아누다라삼막삼보리심(anuttara-samya-ksaṃbodhi-citta, 無上正等正覺心)은 위없는 깨달음의 마음으로 더 이상의 어떠한 기원을 필요로 하지 않는 아르케(arche)로서, 처음 출생하였으나 위없는 권위를 가진 탄생성을 의미한다. 그러나 석존은 그 출생에 앞서 정각을 이룬 과거칠불(過去七佛)의 역사[45]와 수억 겁 자신의 본생(本生)[46]을 이야기하며 탄생을 과거에로 상속시켜 권위를 창출하였으며, 미래 또한 이 전통의 보존과 상속을 가장 중요한 사건으로 내면화하였다. 그러나 과거도 미래도 누구든 깨달음은 '처음'이어서 탄생성을 새롭게 확보할 수 있게 된다. 아렌트도 '수행된 행위의 이야기하기'를 아주 중요한 행위로 간주했듯이 『본생』 또는 『본기』로 분류되는 경전들은 모두 시작을 탄생시킨 부처들의 과거생 이야기이다. 그리고 그 본생에는 반드시 먼

---

43 ▶ 한나 아렌트, 홍원표 옮김, "새로운 시작과 자유를 기리는 혁명송", 『혁명론』(서울 : 한길사, 2000), 13-69쪽 참조.

44 ▶ "佛昔於鬱鞞羅泥連禪河水邊 阿遊波尼俱律樹下 初成佛道"(『장아함』 3 「유행경」)

45 ▶ 『칠불경』(대정장 1, 17쪽).

46 ▶ 『수행본기경』(대정장 3, 461-471쪽).

저 시작한, 처음 깨달은 사람에 의해 미래의 부처가 되리라는 약속을 상속받는다는 것이다. 이는 불교전승을 위한 내밀한 연속성으로 이해되어 온 수기(受記)사상이다. 석존도 백 겁의 시간을 거슬러 동자의 모습으로 과거불로부터 백 겁의 세월이 지나서는 미래의 부처가 되리라는 약속, 즉 수기를 받는다.[47] 백 겁의 세월은 불멸의 시간이나 다름없다.

문제는 깨달음의 내용을 전수하는 것이 아니라 '스스로의 시작', 즉 '정각을 통한 발보리심'(發菩提心)을 수기 또는 전승의 요체로 삼는다는 것이다. 부처가 부처에게 '탄생'을 전승하는 이 수기전통은 전법(傳法)과 전등(傳燈) 그리고 스승과 제자가 직접 수수하는 '사자상승'(師資相承)이라는 실체적 사건으로 역사화했고, 실제로 승가 내 불법상속의 요체로 삼는 주요한 전통이 되어왔다.

이상의 전통은 다시 집단의 기억으로 불멸화의 작업을 수행해 왔으며 『능가사자기』(I 楞伽師資記),[48] 『전법보기』(傳法寶記),[49] 『경덕전등록』(景德傳燈錄)[50] 등의 결집을 거쳐 현재 승가 내의 소의어록으로 전승되고 있다.

깨달은 자가 깨달음을 성취한 자에게만 전승할 수 있는 전등의 사건은 몸과 마음을 다 던져버리고 얻을 수 있는 절대의 시작을 의미한다. 그래서 전법과 사자상승에는 생사를 거는 정신의 투쟁이 내재한다. 혜가 스님의 전법을 위한 단비(斷臂)는 불법상속의 전통을 상

47 ▶ "佛告童子 汝却後百劫 當得作佛 名釋迦文"(『수행본기경』, 462b18쪽).
48 ▶ 대정장 85, 1283a2쪽.
49 ▶ 대정장 85, 1291a1쪽.
50 ▶ 대정장 51, 196b9쪽.

징하는 수많은 이야기 중 한 예일 뿐이다.

불교에 있어서 부처의 탄생은 무한시간 속에서 상속되는 '탄생'과 '약속의 이행과정'일 뿐이며, 사자상승 또한 불멸하는 '약속의 사건'일 뿐이다.

"진리의 전승은 시간의 연속선상에 있는 것이 아니라 공간적 공존성으로 전환되었다. 그것은 위대한 정신들의 세기(世紀)의 길이에 달려 있는 것이 아니라 그 정신들의 자유스럽게 선택하는 지점에 달려 있다. 인간이 존재하는 한 영원히 확대되고 지속될 이 정신의 영역은 초월적인 것도, 유토피아(utopia)적인 것도, 어제의 것도 내일의 것도 아니다. 오늘과 오늘에 속한 것으로서 이성이 그것을 창조해 내고 자유가 그것을 지배하는 것이다. 그 정신의 영역은 어디엔가 자리잡고 무엇인가를 조작하지 않는다. 지구상의 모든 나라, 그리고 그들의 모든 과정에 이르는 것이다. 그것은 현재적이나 보이지 않으며, 그리고 이 속에 들어간 사람은 서로를 인식한다. 섬광처럼 보다 밝게 빛나서 보이지 않게 사라지는 이 끊임없는 운동을 되풀이하는 … 각자의 불꽃은 다른 불꽃을 볼 수 있으며, 서로 더욱 밝아지는 다른 불꽃마저 볼 수 있기 때문에"[51] 이상은 『어두운 시대의 사람들』에서 아렌트가 묘사한 정신의 영역 '전등하는' 풍경이다. 시간에 근거하여 계속되는 정신의 탄생을 공간적 공존성으로 전환시켰다는 야스퍼스에 대한 찬사의 글이다. 그러나 정신의 현존만은 진실을 전수하는 필수불가결한 조건이라는 진실을 확인시켜 주는 충분한 시선이다.

"전통과 역사를 말함에 있어 과거는 전통으로서 전달되는 한 권

51 ▶ 한나 아렌트, 권영빈 역(1983), 90-91쪽.

위를 유지하고, 그 권위가 역사적으로 노출시키는 한 그것은 전통이 된다"[52]고 아렌트도 말하였듯이 위대한 정신의 자취는 법당 안의 부처나 팔만수의 경전으로 전승될 수 없으며, 오직 '새롭게 시작하는' 인간의 위대한 탄생만으로 보장받을 수 있다고 생각하는 것이 수천 년 변함 없이 전승된 불교 내부의 전통이다. 의상도 원효도 처음 마음을 일으켰을 때 이미 깨달음을 얻은 것이라는 '초발심시편정각'(初發心時便正覺)[53]과 중생을 애호하려는 마음, 즉 시작하는 마음인 '발보리심'(發菩提心)[54]으로 '시작'의 전통을 일깨웠으며, 그 전통은 일천 년 이후까지 상속되고 있다.

홍원표는 아렌트의 '이야기하기'를 공동체를 구성해 가는 중요한 요소이며 정치적 행위라고 지적했다. '이야기하기'와 '회상하기'를 기억을 통한 불멸화 또는 영속성의 주제로 한 아렌트 사유의 한 축으로 "말을 수반하지 않는 행위는 계시적 성격을 상실할 뿐만 아니라 우리가 결합하기를 원하는 타인의 현존에 자극받으며, 말을 수반하지 않는 행위는 계시적(啓示的) 성격을 상실할 뿐만 아니라 자신의 주체도 상실한다"고 말하며, "의사소통 등 정보의 수단에 있어서 말은 부차적이지만 행위에 있어서 말은 매우 중요한 의미여서 사람은 행위하고 말하면서 자신을 보여주고, 능동적으로 고유한 인격적 정체성을 드러내며 인간세계에 자신의 모습을 나타낸다"고 보고 있다. "말과 행위는 주체를 계시하며, 세계의 대상적 실재에 관해 이

52 ▶ 한나 아렌트, 권영빈 역(1983), 206쪽.
53 ▶ 『華嚴一乘法界圖』(한불전 2, 7b5쪽).
54 ▶ 『發心修行章』(한불전 1, 1a1쪽).

루어지고, 제작과 달리 행위는 고립되어서는 결코 가능하지 않으며, 고립은 행위의 박탈을 의미하기 때문에 행위와 말은 타인의 현존을 반드시 필요로 한다"고 강조한다.[55]

불교전통에서도 대화와 대면은 전법수수 전통에 있어서 필수 불가결의 조건이다. 법을 대면 없이 또는 대화 없이 수수(授受)한 일은 매우 드물다. 흔히 깨달음을 언어도단(言語道斷)하고 심행처멸(心行處滅)한 경계라고 표현하지만 그 전수의 과정에는 얼굴과 얼굴이 대면하고 대화하는 언어도(言語道)와 심행처(心行處)가 역설적인 풍경으로 개입하고 있다. 아렌트는 '회상하기' 또한 기억의 확인과 그 전승이라는 면에서 불멸화의 역사적 전통으로 중요하게 언급하고 있다.

불교는 석존의 45년간의 설법은 '결집'이라는 독특한 전통에 의해 전승되었다. 결집(結集, Samgha)은 samgiti, 즉 합송(合誦)으로서 불멸 후 세 차례에 걸쳐 행해진 삼장결집의 사건을 말한다. 그 처음은 불멸 후 바로 행해졌다. 왕사성에 모인 500의 비구들은 45년간의 석존의 이야기를 일일이 회상하고 합송하며 불멸화의 작업에 동참했다. 제2결집은 불멸 후 100년경, 제3차 결집은 마우리아 왕조 시대로 추정한다. 그 이후에도 불멸 후 출생한 경전과 논서 및 사서들은 삼장결집이라는 공간 탄생의 과정을 거쳐 계속해서 이야기되고 전승되어 왔다. 원효와 원측 등의 저술들이 중국에서 진행된 삼장결집 공간에 편재되거나 고려대장경 편찬에 중국 등의 찬술들이 섭입되기도 하였다.

55 ▶ 한나 아렌트, 이진우 외 역, 『인간의 조건』(서울 : 한길사, 1996), 235-248쪽.

아렌트의 의견을 따른다면 이러한 전통은 담론, 즉 의견의 전통에서 기능한 일이지 진리의 전통에서는 불가능한 일이다. 진리(眞理)를 견지(堅持)하는 주석(柱石)전통과 담론(談論)의 의견(意見)전통이 어떻게 다른가에 대한 아렌트의 진술은 다음과 같다.

"사실이 의견이나 해석에서 독립적으로 존재할 수 있을까. 이성적 진리의 반대인 사실적 진리는 의견에 적대적이지 않다"는 그 반대인 진리는 "모든 진리는 타당성을 주장하는 양식에서 의견과 상반된다", "진리는 그 자체에 강제적 요소를 포함한다", 나아가 "개탄스럽게도 전문적으로 진리를 말하는 사람들 사이에 확실히 존재하는 전제적 성향은 성격상의 결함보다 일종의 강박관념 아래서 살아가는 습관적 기질 때문일 것이다", "진실은 매우 다른 경로를 거쳐 나왔지만 일단 진실로 인식되고, 그렇게 선언된 후에도 합의, 논쟁, 동의의 차원 너머에 존재한다는 공통점을 갖게 된다", "정치적 관점에서 볼 때 진리는 전제적 성격을 갖는다. 진리를 다루는 사상과 소통의 양식들은 부득이 위압적일 수밖에 없다. 그것들은 타인의 의견을 고려하지 않는다. 그러나 타인의 의견을 고려하는 것은 정신적 사고의 특징이다", "정치사상은 표상적(表象的)이다. 주어진 문제를 다양한 관점에서 고려한다. … 내가 실재로 존재하지 않는 곳에서 나 자신의 정체성을 모색하는 것 … 나의 표상적 사유능력은 더 강해지는 것이며, 나의 최종결론, 즉 내 의견의 타당성은 더 커질 것이다. 인간이 판단을 하게하는 '확장된 사유방식'(enlarged mentality)이 바로 이런 능력이다"라고 칸트는 『판단력비판』 1부에서 발견했지만 자신의 발견이 지닌 정치적 · 도덕적 함의는 이해하지 못했다.

의견형성의 과정은 그 입장이 되어 생각하고 자신의 정신을 사용하도록 만드는 당사자들에 의해 결정된다. 이 격심한 상상력의 활동을 위한 유일한 조검은 사심(私心) 없음, 즉 사적인 관심사로부터의 해방이다. … 그 어떤 의견도 자명하지 못하다. … 진리의 문제가 아닌 의견의 문제에서 우리의 사유함은 정말로 담론적(談論的)이다. … 사유함은 이 장소에서 저 장소로, 세계의 한 부분에서 다른 한 부분으로 종횡무진하면서 모든 상충하는 의견들을 거쳐 이 모든 특수성으로부터 출발하여 어떤 불편부당한 일반성에 도달할 때까지 계속된다. 이때 특수한 주제가 인간 이해력의 충만한 빛으로 가득 채워지고 투명해질 때까지 모든 가능성과 관점에서 다양하게 논의되고 공개적인 장으로 끌려들어 가게 된다. 빛의 본질상 개명(開明)을 거부하는 것과 마찬가지로 진리는 본질적으로 더 이상 해명을 거부한다. '사실적 진리' 도 '의견' 과 같이 자명하지 않다.

"모든 사람들이 평등하게 창조되었다는 진술은 자명하지도 않고 또 증명될 수도 없다. 단지 우리는 자유가 오직 평등한 사람들 사이에서만 가능하기 때문이다", "선택의 타당성도 자유로운 합의와 동의에 달려 있고, 합의와 동의는 담론적(談論的) · 표상적(表象的) 사유함에 의해 이루어지고 설득과 만류를 통해 소통된다. '실재' 는 사건과 사실의 총체 그 이상이며 그와 다르다. 이 총체는 어떤 방법으로도 확인할 수 없다. 실재하는 것들을 말하는 사람들과 항상 어떤 이야기를 말하며, 그 이야기 속에 특수한 사실들은 우연성을 상실한, 인간적으로 이해할 수 있는 의미를 획득한다", "만약 당신이 슬픔을 이야기로 만들거나 그것에 관한 이야기를 한다면 모든 슬픔은 다시 태어날 수 있을 것이다"라는 디네센의 통찰은 완벽한 사실이다.[56]

형이상학적 전통을 통렬히 성찰하고 진리의 기둥을 해체하였으며, 나아가 인간의 시작을 불멸의 기원으로 삼은 아렌트 사유의 여정에 합의될 수밖에 없는 진리 아닌 사유와 담론의 과정을 반드시 수행하는 의견에 대한 옹호이다.

불교 또한 '정해진 법은 없다'는 무유정법(無有定法)의 전통에서 이에 동의한다. 초기 불전의 비유(譬喩)설과 후대 선종어록을 평정하고 있는 은유는 담론전통의 정화(精華)라고 할 수 있다. 『금강반야바라밀경』이 선사(禪師)와 인연하는 순간 범주적 정의로부터 일거에 자유로워짐은 물론 시적 유희로 한층 높이 진동한다.[57]

홍원표는 아렌트의 사유활동으로서의 언어와 은유에 대한 태도를 "언어 자체는 시적(詩的)이다. 영혼은 자신을 드러내기 위해 신체기관의 일부와 연계한다. 정신은 언어와 은유를 통해 세계와 관계한다"라고 말하고 있으며, "사유가 그 자체의 목적을 지닌 활동이라면, 그리고 사유와 관련하여 일상적 경험에서 도출된 적절한 은유가 유일하게 '살아 있는 감각지각'(感覺知覺)이라면 사유의 모든 목적과 관련된 질문들은 삶의 목적에 관한 질문들과 마찬가지로 답변할 수 있는 성질의 것이 아니다"[58]라고 정리하고 있다.

선종선사들의 선문답 전통 또한 이에 상응하며, 그들이 침묵과 은유 그 틈새에서 끊임없이 유희한다.

---

56 ▶ 한나 아렌트, 서유경 역(2005), 305-351쪽 참조.

57 ▶ "修菩提 如我解佛所說義 無有定法 名阿耨多羅三藐三菩提 亦無有定法 如來可說 〈六祖口訣〉 阿耨多羅 非從外得 但心無我所 卽是也 〈冶夫頌〉 寒卽言寒 熱卽言熱 雲起南山雨北山 驢名馬字幾多般 請看浩渺無情水 幾處隨方幾處圓"(『금강경오가해』 권상, 한불전 7, 43a-b쪽).

58 ▶ 홍원표, "정신의 삶과 정치적 삶의 원형을 찾아서", 『정신의 삶』(서울 : 푸른숲, 2004), 371쪽.

V. 약속과 불멸

아렌트는 용서와 약속 그리고 이행이라는 인간의 능동적 행위는 과거와 미래 사이에 끼어 있는 필멸의 현존을 구원하여 불멸의 피안으로 인도 할 수 있다고 이야기한다. 나아가 인간의 조건에서 행위가 야기하는 세 가지 좌절을 미래의 예측불가능성과 과거의 불가역성 그리고 익명성을 거역할 수 없음으로 이해하고는 약속과 용서 그리고 다원성을 회복하는 일로 그 치유의 길을 열었다. 약속은 인간의 탄생성과도 뿌리를 같이하는 것으로서 필멸의 조건으로부터 나와 시작하는 것이기도 하다. '모순의 삶 속에서 그 어둠에서 어둠을 건어낼 수 있는 길은 공론(公論)의 영역을 덮고 있는 빛이다. 이 빛은 약속을 하고 지키는 사람의 동일성(同一性)을 보장해 주는 타인의 현존을 통해서 빛난다. 따라서 이 두 능력은 타인의 현존과 행위를 의미하는 다원성(多元性)에 의존한다. 왜냐하면 누구나 자신에게만 행하는 약속과 용서는 실재성(實在性)을 갖지 못하며, 단지 자기 앞에서 행하는 역할에 지나지 않기 때문이다.

고독과 고립 속에서 행하는 약속과 용서는 실재성을 갖지 못하며, 단지 자기 앞에서 행하는 역할에 지나지 않는다. "그리고 행위가 타인들 속에서 빛날 수 없는 경우는 모든 사람을 위해 사는 사람, 모든 사람을 대항해서 사는 사람들은 모두 경계(境界) 밖에서 고독한 사람이다. 특히 부패나 분열, 정치적 붕괴의 시기에 역사에 등장하는 주변적 인물들이 그렇다. 전쟁의 경우도 행위가 완전히 현상하기 위해서 필요한 경우는 우리가 한때 영광이라고 불렀던 빛나는 밝음, 공론(公論)의 영역에서 뿐이다." "두 능력 '용서와 약속'은 복수, 즉 함께 존재하고 행동하는 사람들이 존재한다는 조건 아래서만 입증할 수 있다. 왜냐하면 자기 자신을 용서할 수 있는 사람은 없으며, 단지 자기 자신에게만 했던 약속으로 의무감을 느끼는 사람은 없기 때문이다. 내가 내 자신에게 하는 약속과 내 자신에게 허락한 용서는 거울 앞의 몸짓과 마찬가지로 구속력이 없다"[59]고 말한다.

약속과 참회 그리고 그 이행을 다수 속에서 확인해가는 전통은 이미 오래된 승가전통이다. 출가자는 '능히 지키겠습니다'(能持)는 약속을 시작으로 승가공동체에 합류한다. 비구는 250번을, 비구니는 그보다 더 많은 조목의 약속들을 대중 앞에서 일일이 수행한다. 그 공간에는 약속을 증명하는 사람들이 들어차고 얼굴과 얼굴을 마주한 약속의 당사자들은 큰 소리로 약속사항들을 확인한다. 이후 이행되지 못한 약속들에 대해서는 참회법이 행해지며, 참회의 행위들은 일일이 대중과 논의하고 공개된다. 승가의 규범과 원칙은 이렇게 승가 스스로 포살(布薩)과 자자법(自恣法)을 통해 스스로 만들고 전승해 왔다.

이러한 약속을 견지해 가는 능지(能持)전통과 참회한 과거의 일을 다시 하지 않고 새롭게 약속한 일들을 어김없이 지켜가는 지범지계(止犯持戒)의 전통, 이 모든 약속들을 기억하여 잊지 않으려는 계속되는 결집(結集)과 사자상승의 전법전통(傳法傳統)은 바로 이러한 전통들을 스스로 출생시켜 온 대중공동체 승가의 탄생으로부터 모

59 ▶ 한나 아렌트, 이진우 외 역(1996), 294-312쪽.

두 출생하였다.

교의공개(敎義公開)와 입문의 자유를 보장하는 자유사상가 사문들에 의해 시작된 승가는 사제 간의 비공개의 비의전수(秘義傳受)를 원칙으로 하는 폐쇄적이고 배타적인 우파니샤드 전통의 브라흐만 사제들의 교단인 성스런 집합, 즉 ṛsi-saṃgha와는 처음부터 구분되었다. 불교교단을 이름하는 승가는 원래 상공업자들의 조합이나 정치단체에서 유래한 것으로 알려져 있으며, 사제전통의 종교적 교회가 아닌 매우 개방적인 사회단체 전통에서 유래했다고 보고 있다.[60]

교의의 공개와 평등 그리고 화쟁을 그 바탕으로 약속된 내용, 즉 계율의 수지를 정기적으로 확인하고 재서약하는 설계행사인 포살(布薩), 교의 등을 공개적으로 논의하는 자자(自恣), 대중공동의 다반사를 공개적으로 논의해 가는 갈마(羯磨), 그리고 일상사 등을 공동으로 영위한다. 현재 남방승가와 한국승가는 이 전통을 충실하게 전승하고 있다.

아렌트의 말을 빌리면 위와 같은 대중공동체는 자유와 권력을 출생시키는 충실한 조건이라고 말할 수 있다. 그녀는 다원성을 제2의 탄생의 조건으로 말하면서 자유는 의지의 특권이 아니라 다원성에 의해 보장되며, 인간이 가시적 실재로서 자유로운 상황을 처음에 경험하지 못했다면 내면적 자유에 대해서도 이해하지 못했을 것이다라고 말하고 있다. 우리는 다른 사람과의 상호 접촉을 통해서만 자유를 자각하게 된다. 그런데 자유는 해방과 달리 동일한 상태에 있는 다른 사람들의 무리를 필요로 한다고 보고, 내면적 자유와 달리 정치적 자

60 ▶ 平川彰, 『原始佛教の教團組織 I』(東京 : 春秋社, 2000), pp. 3-10.

유는 그것이 출현하기 의해서는 다원성에 근거할 수밖에 없으며, '무엇인가를 시작하기 위해서도 출생이라는 조건에' 다원성을 고려할 수밖에 없다고 말한다.

불교도 깨달음을 성취케 하는 보리심, 즉 시작하는 마음도 중생으로부터 출생하고 그 행위의 완성 또한 대중 속에서 성취된다고 근본적으로 주장해 왔으며, 대중공동체 전승은 그런 의미에서 매우 중요한 전통으로 남아 있다고 볼 수 있다.

"공적 자유는 사람들이 세계의 압력으로부터 마음대로 통치하려는 내적 영역이 아니며, 의지로 하여금 양자 중에 선택하도록 강요하는 자유로운 선택도 아니었다. 자유란 공적으로만 존재한다. 자유란 재능이나 능력이 아니라 사람들이 향유하고자 창조한 것, 즉 가시적이고 세계적인 실재"이며, "이러한 자유의 지속적 유지를 위한 권력과 권위는 평등과 유대에 기초한 집단적 심의나 정책결정으로부터 나오며, 권력은 공동으로 활동하는 능력으로서, 공동으로 활동한다는 것은 시각과 관점의 차이에도 불구하고 합의에 도달함을 목적으로 한다는 뜻이고, 이런 측면에서 권력은 현상공간을 형성하는 원동력이다"라고 말하는 아렌트의 진술은 대중공의의 공동체인 승가의 역동적 실상을 잘 설명해 주는 표현이라고 볼 수 있다.

나아가 '우정의 대화를 통해 인간애, 즉 인간에 대한 사랑을 성취하는' 공동의 장에서는 한 개인이 독자적으로 소유하는 힘과는 다른 사람들이 공동으로 행동할 때 형성되는 권력이 활동하며 그 권력의 상위 개념은 출발정신, 즉 건국정신이라고 강조하는 데에 이르면 불교 출생의 기원을 강조하는 전등(傳燈)과 사자상승의 전통에 목숨을 거는 승가 내부의 치연함은 다시 회고해 볼 만한 전통이라고 생각한다.

“영혼의 구원에 전념하는 사람은 절대적 도덕에 집착하는 까닭에 본질적으로 자체 내에서 인간의 위대성을 실현하는 공적 영역 정치에 결코 관심을 가질 수 없으며, 정치적 결사(結社)는 본질적으로 사람들의 도덕적 · 인간적 활동을 증진하는 데 이바지하는 일련의 교육제도”라고 단언하는 입장에서 보면 승가는 영혼의 구원과 비의(秘義)를 전승하는 출세간적 경계로부터 쉽게 자유로울 수 있으며, 정치철학에서 사유하는 독특한 인간공동체의 한 유형으로서도 성찰의 대상이 될 수 있지 않을까 하며 아렌트와의 동행을 감행하고 있다.

어둠과 빛으로 교차하는 전통과 과거를 지혜롭게 성찰하고, 우리에게 인간으로서의 새로운 탄생을 고무시키며 우정 어린 동행으로 세계사랑의 지평을 열어보인 아렌트의 사유와 은유로 필자가 동행하고 있는 전통의 현재를 성찰해 보았다.

승가는 탈속(脫俗)의 성역(聖域)이 되어서도 안 되지만 그렇다고 세속(世俗)의 영역이라고도 말할 수도 없다. 끊임없이 인간의 조건을 성찰하고 정신의 삶을 수행하며 중도(中道)의 공간(空間)으로 확장함이 승가탄생의 기원을 상속하고 세계사랑(*Amor Mundi*), 즉 무한대비(無限大悲)를 실현하는 의미 있는 길일 것이다.

참고문헌

義湘. 1979.『華嚴一乘法界圖』. 韓國佛敎全書 제2책. 서울 : 동국대학교출판부.

元曉. 1979.『發心修行章』. 韓國佛敎全書 제1책. 서울 : 동국대학교출판부.

己和. 1979.『金剛般若波羅蜜經五家解說誼』. 한국불교전서 제7책. 서울 : 동국대학교출판부.

伽山智冠. 2005.『한국불교계율전통』. 서울 : 가산불교문화연구원.

김동식. 1979.『공화국의 위기』. 서울 : 두레.

김비환. 2001.『축복과 저주의 정치사상』. 서울 : 한길사.

김선욱. 2002.『칸트 정치철학 강의』. 서울 : 푸른숲.

김정한. 1999.『폭력의 세기』. 서울 : 이후.

서유경. 2005.『과거와 미래 사이』. 서울 : 푸른숲.

平川彰. 2000.『原始佛敎の敎團組織』I. 東京 : 株式會社春秋社.

______. 2000.『原始佛敎の敎團組織』II. 東京 : 株式會社春秋社.

Arent, Hannah. 1951. *The Origins of Totallitarianism*. San Diego, New York and London : A Harvest Book.

______. 1963. *On Revollution*. New York : Viking Press ; 홍원표. 2004.『혁명론』. 서울 : 한길사.

______. 1958. *The Human Condition*. Chicago and London : The University of Chcago Press ; 이진우 · 태정호 역. 1996.『인간의 조건』. 서울 : 한길사.

Arent, Hannah. 1968. *Men in Dark Times*. New York : Penguin Books ; 권영빈

역. 1983. 『어두운 시대의 사람들』. 서울 : 문학과지성사.
_____. 1978. *The Life of Mind : Thinking.* San Diego, New York. and London : A Harvest Book ; 홍원표. 2004. 『정신의 삶』. 서울 : 푸른숲.
_____. 1994. *Essays in Understanding : 1934–1954.* New York. San Diego, and London : A Harvest Book.

한불전 ; 韓國佛敎全書. 1986. 서울 : 동국대학교출판부.
대정장 ; 大正新修大藏經. 大正 13. 東京 : 大正一切經刊行會.
남전장 ; 南傳大藏經. 昭和 49. 東京 : 大正一切經刊行會.
D.N. ; Dīgha–nikāya. 1975. London : P.T.S.
M.N. ; Majjima–nikāya. 1977. London : P.T.S.
S.N. ; Saṃyutta–nikāya.1973. London : P.T.S.
A.N. ; Aṅguttara–nikāya. 1976. London : P.T.S.

한나 아렌트와 세계사랑

초판1쇄 / 2009년 10월 20일

지은이 **홍원표 외**
펴낸이 **여국동**
펴낸곳 **도서출판 인간사랑**
인 쇄 **백왕인쇄**
제 본 **은정제책사**

출판등록 1983. 1. 26. / 제일 3호

(411- 815) 경기도 고양시 일산구 백석동 1178-1
TEL (031)901-8144, 907-2003
FAX (031)905-5815
e-mail/igsr@yahoo.co.kr / igsr@naver.com

정가 20,000원

ISBN 978-89-7418-293-9 93300

※ 잘못된 책은 교환해 드립니다.